Frank Krause
**Geruch und Glaube in der Literatur**

Frank Krause

# Geruch und Glaube in der Literatur

—

Selbst und Natur in deutschsprachigen Texten
von Brockes bis Handke

düsseldorf university press

Gedruckt mit Unterstützung des Departments of English and Creative Writing am Goldsmiths' College der University of London.

ISBN 978-3-11-110856-8
e-ISBN (PDF) 978-3-11-111277-0
e-ISBN (EPUB) 978-3-11-111420-0

**Library of Congress Control Number: 2023935914**

**Bibliografische Information der Deutschen Nationalbibliothek**
Die Deutsche Nationalbibliothek verzeichnet diese Publikation in der Deutschen Nationalbibliografie; detaillierte bibliografische Daten sind im Internet über http://dnb.dnb.de abrufbar.

© 2023 Walter de Gruyter GmbH, Berlin/Boston
d|u|p düsseldorf university press ist ein Imprint der Walter de Gruyter GmbH.
Einbandabbildung: Peter Paul Rubens and Jan Brueghel the Elder (Jan ‚Velvet' Brueghel), *The Sense of Smell*, 1617–1618, Oil on panel, height: 66.5 cm, width: 110 cm, inventory number P001396, Madrid, Museo Nacional del Prado. © Photographic Archive Museo Nacional del Prado.
Druck und Bindung: CPI books GmbH, Leck

dup.degruyter.com

# Inhalt

Vorwort —— VII

1. Einführung, Überblick und Stand der Forschung —— 1

2. Natur im sakralen Kontext: Wirkungsmächtige Geruchsmotive aus der Literatur von Antike und Mittelalter —— 18

3. Gerüche im sakralen Kontext: Überlieferte Fehldeutungen aus antiker und mittelalterlicher Literatur —— 31

4. Barocke Schwellen zur Aufklärung: Liebe, Natur und Geruch bei Johannes Scheffler, Catharina von Greiffenberg und den Pegnitz-Schäfern —— 45

5. Physiko-Theologie der Gerüche: Barthold Heinrich Brockes —— 59

6. Fegefeuer-Ängste eines durchteufelten Katholiken: Johann Gottfried Schnabels *Wunderliche Fata einiger See-Fahrer* (1731) —— 71

7. Duft, Freundschaft und Liebe: Von Ewald Christian von Kleist zu Friedrich Gottlieb Klopstock —— 82

8. Entzauberung empfindsamer Geister-Riecher: Christoph Martin Wieland —— 96

9. Pathogene Schwärmer-Atmosphären: Karl Philipp Moritz —— 111

10. Bürgerliches Schwelgen im Duft: Johann Heinrich Voß —— 121

11. Die Lehre der frommen Katze: Johann Wolfgang Goethe —— 135

12. Duft und Klang im Heiligtum der Natur-Poesie: Friedrich von Hardenberg, Joseph von Eichendorff und E.T.A. Hoffmann —— 149

13. Profaner Geruch und religiöser Anspruch: Gottfried Keller und Wilhelm Raabe —— 163

14 Duftende Landschaft im kultischen Artefakt: Von Hugo von Hofmannsthal zu Hermann Hesse —— 184

15 Geistige Substanz im organischen Prozess: Olfaktorische Diagnosen des Expressionismus —— 195

16 Natur als eratmetes Geschenk: Wilhelm Lehmann —— 205

17 Nachwirkende Realpräsenzen: Elisabeth Langgässer und Johannes Bobrowski —— 218

18 Gerüche erzauberter Spiel-Räume: Peter Handke —— 230

19 Verzeitlichte Unendlichkeit: Ralf Rothmann und Marion Poschmann —— 242

20 Gläubiges Riechen im literarhistorischen Befreiungsnarrativ —— 256

Bibliographie —— 267

Personenregister —— 280

Sachregister —— 284

# Vorwort

Die wachsende Bedeutung des Designs und der medialen Vermittlung von Gerüchen hat das zeitgeschichtliche Bewusstsein für den Beitrag von Kultur und Gesellschaft zur olfaktorischen Wahrnehmung geschärft und das Interesse an der Geschichte des Riechens verstärkt.[1] In nur drei Jahrzehnten hat sich die historische Forschung zur kulturellen Bedeutung der Gerüche auch im Feld der Literatur vom Nischenansatz zu einem gewichtigen Forschungszweig entwickelt, an dem die Germanistik seit kurzem wieder intensiver Anteil nimmt.[2] Der Erfolg der literarhistorischen Geruchsforschung verdankt sich zum einen der heuristisch produktiven Annahme, dass olfaktorische Motive meist zuverlässige Indikatoren der affektiven Schwerpunkte ethischer und ästhetischer Wertungen sind. Zum anderen hat die Forschung zur Geschichte der kulturellen Auslegung von Gerüchen in einzelnen Wissensgebieten – wie Architektur, Ästhetik, Hygiene, Medizin, Recht oder Religion – und Praktiken – wie der Einbeziehung und Ausschließung des Anderen, des urbanen Lebens oder der Kulinarik – Perspektiven erschlossen, die auch literarische Zugänge zu einschlägigen Themen in neues Licht rücken.

Das evaluative Interesse dieser Forschung galt anfänglich vor allem den Haltungen literarischer Texte zur fremdbestimmten Disziplinierung der Sinne und zur sozialen Ausschließung durch sinnliche Urteile; in der deutschsprachigen Literatur seit der Mitte des 19. Jahrhunderts wurden zunächst vier Tendenzen des Zugangs

---

1 Zur Medialität der Gerüche siehe Jean-Alexandre Perras u. Érika Wicky (Hg.): Mediality of Smells/ Médialité des Odeurs. Oxford u. a. 2021 und Mark W. D. Paterson: Digital Scratch and Virtual Sniff. Simulating Scents. In: Jim Drobnick (Hg.): The Smell Culture Reader. Oxford/New York 2006, S. 358– 367. Zum Geruchsdesign im sozialen Raum siehe Peter Damian u. Kate Damian: Environmental Fragrancing. In: Drobnick (Hg.), S. 148–160. Zur Geruchskunst der Gegenwart siehe Larry Shiner: Art Scents. Exploring the Aesthetics of Smell and the Olfactory Arts. Oxford/New York 2020 und Mădălina Diaconu: Being and Making the Olfactory Self. Lessons from Contemporary Artistic Practices. In: Nicola Di Stefano u. Maria Teresa Russo (Hg.): Olfaction. An Interdisciplinary Perspective from Philosophy to Life Sciences. Cham 2022, S. 55–73.
2 Siehe Katharina Herold: „European noses […] have never smelt anything like it". Satirical Scents in Paul Scheerbart's Decadent Orient. In: Katharina Herold u. Frank Krause (Hg.): Smell and Social Life. Aspects of English, French and German Literature (1880–1939). München 2021, S. 127–144; Andreas Kramer: „Dada smells like nothing". Sniffing out the Dada Corpus. In: Herold u. Krause (Hg.), S. 210– 226; Frank Krause: „Follow the scent: one will seldom err". The Stench of Failed Nietzschean Practice in André Gide's *The Immoralist* (1902) and Thomas Mann's *Death in Venice* (1912). In: Herold u. Krause (Hg.), S. 267–284; Sergej Rickenbacher: Literary Halitosis. Bad Breath and *Odol* in German Literature around 1900. In: Herold u. Krause (Hg.), S. 145–160; und Frank Krause: Avantgarde, Olfaktion und Vernetzung: *Die Vergiftung* (1920) von Maria Lazar (1895–1948). In: Zagreber germanistische Beiträge (2023), H. 23 (im Erscheinen).

zur Olfaktion unterschieden. Demnach ist der Realismus weitgehend durch das Ideal der Frischluft in hygienisch desodorierten Räumen geprägt; gute Gerüche entstammen meist einer zweckrational angeeigneten Natur und verweisen oft auf die moralisch einzuhegende Attraktivität des Weiblichen. Im Symbolismus wird das Riechen zum Mittel der ekstatischen Welterschließung aufgewertet, was im Ausgang des 19. Jahrhunderts zu einer schlagartigen Zunahme von Geruchsmotiven führt. Vom Expressionismus bis in die 1950er Jahre hinein rückt die Literatur Zusammenhänge zwischen sozialer Macht und der Herrschaft über Spielräume der Geruchswahrnehmung in den Vordergrund. Seither ermächtigen postmoderne Autoren den zunehmend von Warendesign und sensorischem Marketing umworbenen Geruchssinn, den Universalismus der Vernunft kritisch zu überschreiten.[3]

Diese Skizze epochentypischer Etappen eines Befreiungskampfes des olfaktorischen Begehrens, mit der Hans J. Rindisbacher Anfang der 1990er Jahre die historische Forschung zur Geruchskultur der deutschsprachigen Literatur begründete,[4] ist seither durch eine Reihe von Einzelstudien ergänzt worden, die stärker den Zeichencharakter literarischer Geruchsmotive betonen. Studien zu Gerüchen als ethisch bedeutsamen Eindrücken oder Vorstellungen, als mehrdeutigen oder ambivalenten Wahrnehmungen, die eingespielte kulturelle Deutungen komplizieren, oder als Erkenntnismitteln eigener Art haben das historische Profil der Geruchswahrnehmung in der Literatur präzisiert;[5] dabei rücken auch Texte aus der Zeit vor 1850 in den Blick.[6] Die Befreiungserzählung vom Riechen wird so durch eine breiter angelegte Codierungserzählung ergänzt, die im Anschluss an die Stereotypenforschung auch weiterhin Probleme der sozialen Einbeziehung und Ausgrenzung behandelt;[7] zudem haben diese Studien ältere Thesen zur Disziplinierung der Sinne im Blick auf Hygieneregimes zum Teil bestätigt.[8] Das Interesse der neueren

---

[3] Hans J. Rindisbacher: The Smell of Books. A Cultural-Historical Study of Olfactory Perception in Literature. Ann Arbor, MI 1992.
[4] Rindisbacher berücksichtigt dabei auch die französische, englische und russische Literatur und betont, dass seine Darstellung des Zeitraums von der Jahrhundertwende bis zur Nachkriegszeit quer zu den gängigen literarhistorischen Epochenbegriffen liegt (Rindisbacher, S. 222).
[5] Katharina Herold u. Frank Krause: Introduction. In: dies (Hg.), S. 10–21, hier S. 17–20.
[6] Siehe Frank Krause: Barthold Heinrich Brockes und das Nature Writing. In: Gabriele Dürbeck u. Christine Kanz: Deutschsprachiges Nature Writing von Goethe bis zur Gegenwart. Kontroversen, Positionen, Perspektiven. Stuttgart 2020, S. 39–55. Vorrealistische Texte berührt auch Frank Krause: Smell-Sound Synaesthesia as Revelatory Medium. A Brief History with Emphasis on German Literature (1900–1930). In: Perras u. Wicky (Hg.), S. 323–340.
[7] Siehe Maria Weilandt: Stereotyped Scents and „Elegant Reality" in Edmond de Goncourt's Chérie (1884). In: Herold u. Krause (Hg.), S. 55–66.
[8] Siehe Rickenbacher.

Ansätze gilt der Aufklärung über meist hintergründige Wirkungen eines emotional eindringlichen Motivtyps auf der ganzen Breite seiner Spielarten.

Über den literarischen Zugängen zu Triebschicksalen des olfaktorischen Begehrens im sozialhistorischen Wandel hat die Forschung die Darstellung religiös bedeutsamer Gerüche der Natur zu Unrecht vernachlässigt. In den Inszenierungen eines Selbst, das sich der Sinnenwelt auf religiös bedeutsame Weise körperlich öffnet, werden epochen- und bewegungsspezifische ethische Haltungen zu affektiven Höhepunkten gesteigert, deren mentalitätsgeschichtliches Gewicht bislang unterbestimmt wurde. Wie sich zeigen wird, steigert das religiöse Riechen von der Aufklärung bis zum Sturm und Drang die emotionale Intensität des sinnlichen Genusses einer liebesethisch bedeutsamen Natur; von der Romantik bis zum Expressionismus steckt das gläubige Riechen in der Natur Spielräume der Aktualisierung autonomer poetischer Formen in der Sinnenwelt ab; und seit der Neuen Sachlichkeit wittern Gläubige die Schwellen zu Gelegenheiten der Erkundung eines Eigensinns naturwüchsiger Formen, der in menschlichen Lebensentwürfen nicht aufgeht. Das gläubige Riechen in der Natur hat seit der Aufklärung ein besonderes literarhistorisches Gewicht; es richtet sich gegen moralische, instrumentelle oder kreative Zurichtungen der Sinne, die den Spielraum der Naturerfahrung zu Unrecht begrenzen, und gehört ebenso zur Problemgeschichte der literarischen Geruchskultur wie die gegenläufigen Entzauberungen von Gerüchen in der Literatur der Aufklärung, der Klassik und des Realismus.

Die ältere Forschung betont die befreiende Rolle des Symbolismus, der das Riechen aus dem Dienst an Naturbeherrschung und moralischer Orientierung entlässt und den diesseitigen Eigensinn des olfaktorischen Begehrens entfesselt, dessen anarchisches Potential seither durch neue Techniken der Sozialhygiene neutralisiert und mit dem Geruchsdesign von Konsumgütern kanalisiert wird.[9] Die Literatur der Jahrhundertwende erscheint als olfaktorische Avantgarde,[10] deren Verheißung einer ungezwungenen Sinnlichkeit seither immer wieder hygienisch beschränkt, konsumistisch verengt und des utopischen Gehalts beraubt wird. Der Blick dieses Ansatzes richtet sich auf eine literarische Moderne, die den Eigensinn ästhetischer Erfahrungen von den Zwängen der Arbeit und Moral emanzipiert,[11] dabei dem intrinsischen Wert des entgrenzenden Riechens nachgeht und sich seither an gegenläufigen Ansprüchen der Vernunft abarbeitet. Das gläubige Riechen

---

**9** Zur Frage nach dem subversiven Potential von Gerüchen im Kontext des Warenkonsums siehe Mark Graham: Queer Smells. Fragrances of Late Capitalism or Scents of Subversion? In: Drobnick (Hg.), S. 305–319.
**10** Rindisbacher, S. 161.
**11** Vgl. Jürgen Habermas: Die Moderne – ein unvollendetes Projekt [1980]. In: ders.: Die Moderne – ein unvollendetes Projekt. Philosophisch-politische Aufsätze. Leipzig 1994, S. 32–54, hier S. 34–38.

in der Literatur seit der Aufklärung flankiert hingegen ein Selbst, das die profane Vernunft in ästhetischen Erfahrungen des Heiligen zu überschreiten sucht; hier begleiten Gerüche ethisch maßgebende Weltbeziehungen. Diese Tradition setzt mit der ästhetisch-religiösen Naturerfahrung der Aufklärung ein, wird seit der Frühromantik aus produktionsästhetischer Sicht erneuert, um instrumentellen Verkürzungen der Vernunft zu begegnen,[12] überschneidet sich nach 1850 teilweise mit dem transgressiven olfaktorischen Begehren der Moderne und wirkt in kosmozentrischen Spielarten der modernen Sprachmagie nach, die auch an der olfaktorisch inspirierten Vernunftkritik der Gegenwart beteiligt ist.[13] Diese heterodoxen Überbietungen der profanen Vernunft zehren von der Tradition der Aufklärung; auch sie arbeiten seit dem 18. Jahrhundert – gewiss auf *ihre* Weise – an der Säkularisierung.

Die These, dass sich die Geschichte religiös bedeutsamer Geruchsmotive in der Literatur seit der Aufklärung als Resultat von Prozessen der Säkularisierung darstellen lässt, bedarf der Erläuterung. Bei der Säkularisierung als der „säkularen Übersetzung semantischer Gehalte aus religiösen Überlieferungen"[14] lernt ein Denken, das ermächtigt ist, die Welt mit den Mitteln des endlichen Bewusstseins zu erkennen, von der religiösen Tradition – und löst sich zugleich von ihr. Wenn das weltliche Denken an einzelne Sinngehalte der religiösen Überlieferung anknüpft, indem es sie aus dem Bezugsrahmen der Offenbarung löst, übersetzt es Fragen oder Antworten der Religion in seine eigene Sprache. Der Streit, der die „Säkularisierungsdebatte im Deutschland der Nachkriegszeit" noch prägte, verfehlt die Pointe dieser Lernprozesse:[15] ob das säkulare Denken bei solchen Übersetzungen auch Illusionen erbt, sich unbemerkt vom Glauben abhängig macht oder seine Fähigkeit vernachlässigt, Probleme aus eigener Kraft zu lösen, steht nicht von vornherein fest. Es kann von der Religion lernen, weil deren Probleme und Lösungen mit den eigenen Ansätzen auch dann sinnverwandt bleiben, wenn der aufgenommene Dialog mit dem Glauben im Dissens endet.

Die Forschung zur Frühen Neuzeit hat den Begriff der Säkularisierung erweitert, um Prozessen der säkularen Übersetzung auch innerhalb des religiösen Denkens nachspüren zu können. Gewiss, wenn semantische Gehalte säkularer Traditionen in religiöse Lehren einbezogen werden, ohne die sakrale Autorität der Offenbarung anzutasten, stehen die diesseitigen Erkenntnismittel im Dienst am Glauben. Die Religion gerät aber selbst in den Sog der Säkularisierung, wenn sie

---

12 Vgl. Silvio Vietta: Die literarische Moderne. Eine problemgeschichtliche Darstellung der deutschsprachigen Literatur von Hölderlin bis Thomas Bernhard. Stuttgart 1992, S. 30–33 u. 111–131.
13 Vgl. Rindisbacher, S. 320–322.
14 Jürgen Habermas: Nachmetaphysisches Denken II. Berlin 2012, S. 139.
15 Habermas: Nachmetaphysisches Denken II, S. 138.

Gehalte der Offenbarung kraft einer *eigenen* Autorität des endlichen Geistes oder Gefühls exegetisch *rechtfertigt*. Wenn sie eigenständigen Leistungen des endlichen Geistes oder Gefühls gar eine *sakrale* Autorität zuschreibt, stattet sie diesseitige Sollgeltungen mit einem spezifisch religiösen Erkenntnisgehalt aus und ergänzt oder ersetzt die tradierte Offenbarung mit Gehalten einer säkularen Religiosität.[16] Da schon die Literatur des Mittelalters die ästhetische Erfahrung nicht nur als weltliches Anzeichen einer vorgängigen Offenbarung, sondern teils auch als – gewiss noch durch Glaubenslehren zu legitimierenden – antwortenden Spiegel religiöser Introspektion oder als Quelle ethischer Gewissheiten über höfische Fragen würdigte,[17] ist der Säkularisierungsbegriff gelegentlich auch auf die Literatur vor der Frühen Neuzeit angewandt worden.

Die unten besprochenen Texte übertragen die Autorität des Heiligen von religiösen Offenbarungen und Kulten auf diesseitige Sinngehalte der Literatur. Sie arbeiten an der Säkularisierung der Religiosität, die mit der Aufklärung und ihren empfindsamen Ablegern bis zum Sturm und Drang nicht erschöpft ist. In diesem besonderen *Zeitalter* der Säkularisierung wird die transzendente Position Gottes anthropozentrisch umgekehrt.[18] Die Frühaufklärung überträgt die Autorität sakraler Schriften, die ein transzendenter Gott den Menschen imponiert, teils auf diesseitige Sinngehalte der Natur, die sich der Mensch selbst vergegenwärtigen kann; die Empfindsamkeit erkennt die gesetzgebende Autorität Gottes in der moralischen Natur menschlicher Gefühle; und das heilige Genie des Sturm und Drang ahmt den Schöpfergott nach. Der *soziologische* Säkularisierungsbegriff fasst mit der innerweltlichen Begründung des Staates einen *bleibenden* institutionellen Sachverhalt ins Auge, der sich mit rein säkulären Mitteln ausbauen lässt; der *geistesgeschichtliche* Begriff bezieht sich auf einen Prozess, an dessen Beginn der Präzedenzfall einer anthropozentrischen Umkehr des Gottesstandpunktes steht, der in jeweils neuen Säkularisierungsschritten in zunehmend anspruchsvollere Menschenbilder übersetzt wird. In der Empfindsamkeit wird zudem die Autorität der

---

16 So erhebt die Barock-Mystik die Poesie zum Medium der religiösen Selbsterlösung; siehe Hans-Georg Kemper: Deutsche Lyrik der frühen Neuzeit. Bd. 3: Barock-Mystik. Tübingen 1988, S. 277–278. Zwar ist die *unio mystica* auf göttliche Mitwirkung angewiesen; das magische Exerzitium ihrer Vorbereitung ist aber eine eigenständige Leistung des bis zur Vereinigung endlichen Geistes. Die Neologie als Theologie der Empfindsamkeit hatte die Emotionen zum weltlichen Ursprung einer natürlichen Frömmigkeit des Herzens aufgewertet; siehe dazu Hans-Georg Kemper: Deutsche Lyrik der frühen Neuzeit. Bd. 6/I: Empfindsamkeit. Tübingen 1997, S. 156–157.
17 Niklaus Largier: Säkularisierung? Mystische Kontemplation und ästhetisches Experiment. In: Susanne Köbele u. Bruno Quast (Hg.): Literarische Säkularisierung im Mittelalter. Berlin 2014, S. 357–369.
18 Vgl. Habermas: Nachmetaphysisches Denken II, S. 140.

ästhetischen Erfahrung sakralisiert;[19] diese Heiligung des Ästhetischen, die immer auch eine Ästhetisierung des Heiligen bedeutet, überliefert den Nachgeborenen aber keine säkulare Erkenntnismethode, über die der endliche Geist seither eigenständig verfügte. Bei der Ästhetisierung des Heiligen wird der Sprung in den Glauben an die sakrale Autorität der ästhetischen Erfahrung mit jedem Wandel des Weltbildes aufs Neue vollzogen.

Mit dem Übergang zur Romantik tritt die literarische Säkularisierung des Glaubens in eine neue Phase; die Autorität des Heiligen geht nun auf die ästhetische Erfahrung *autonomer* poetischer Formen über, die den Glauben an eine sinnstiftende immaterielle Substanz der Wirklichkeit rechtfertigen, der sich aus seiner christlichen Einbindung zunehmend löst. Von der panentheistisch verstandenen *natura naturans* der Romantik über monistische Spielarten des Glaubens an eine Allbeseelung im Symbolismus bis hin zur Sakralisierung der Selbsterfahrung im Expressionismus fungiert die diskursiv uneinholbare und reflexiv unüberbietbare Autorität des Ästhetischen als Index der Heiligkeit eigengesetzlicher poetischer Prozesse. Mit der Neuen Sachlichkeit beginnt eine dritte, bis heute andauernde Phase der literarischen Säkularisierung religiöser Gehalte. Der sprachmagische Anspruch der Literatur, das Heilige sinnenfällig zu machen, wird in der poetischen Schau der kosmischen Substanz eigensinniger Formen der sichtbaren Natur erneuert.

In der Traditionslinie seit der Romantik wird der Glaube an überzeitliche Ursprungsmächte aus *metaphysischer* oder *kosmologischer* Perspektive mit ästhetischen Mitteln bestätigt; es wäre verfehlt, einschlägige Heiligungen des Ästhetischen als Religionsersatz zu deuten und der ästhetischen Moderne ihre Eigenständigkeit abzusprechen. Die Ästhetisierung des Heiligen wird vielmehr schon bei Platon vorgedacht, der eine metaphysische Lehre mit dem Glauben an die Nachwirkung überhimmlischer Zustände im göttlichen Wahn der ästhetischen Erfahrung verknüpft; das so verstandene Schöne wird im Lichte der Bindung an nachahmenswerte Götter wahrgenommen.[20] In diesem Kontext bedeutet Säkularisierung, den sakralen Sinn kultischer Praktiken in den Horizont eines Weltbildes einzuholen, das sich mit den Mitteln des inkarnierten Geistes von der Autorität heiliger Erzählungen emanzipiert. Hier geht es nicht um die anthropozentrische Übernahme

---

19 „Die der Ästhetik eigene Erkenntnisweise der diskursiv uneinholbaren und reflexiv unüberbietbaren ‚cognitio sensitiva' enthält", wie Hans-Georg Kemper im Anschluss an Thomas Rentsch mit Blick auf die Empfindsamkeit referiert, „genau diejenigen Qualitäten, die vormals der ‚visio Dei beatifica' ... zugeschrieben wurden'" (Kemper. Deutsche Lyrik der frühen Neuzeit. Bd. 6/I: Empfindsamkeit, S. 216).
20 Platon: Phaidros. In: ders.: Sämtliche Werke. Bd. 2, hg. von Ursula Wolf. Reinbek bei Hamburg 1994, S. 539–609, hier S. 546–547 (230b–c), 568 (247c–e), 571 (249e–250b) u. 574–575 (252e–253c).

des einen Gottesstandpunkts, sondern um die poetische Erneuerung des Kultischen im Rahmen eines innerweltlichen universalistischen Denkens. Während sich Platon von der Autorität traditioneller Mythen emanzipiert, dient die Ästhetisierung des Heiligen in der Literatur seit der Romantik freilich dem Versuch, die sowohl entgötterte als auch entzauberte Wirklichkeit einer bloß profanen Vernunft im Glauben an innerweltliche Ursprungsmächte sprachmagisch zu übersteigen.

Ein Begriff der Säkularisierung, der die profanierende Aneignung *und* den säkularen Umbau *verschiedenartiger* Traditionen des Glaubens umfasst, reicht weiter als die historische Phase der Aufklärung, in der sich die menschliche Vernunft vom bloßen Dienst an der geoffenbarten Religion emanzipiert. Er bezieht die seither beständig erneuerte Tradition der säkularen Religiosität ein, das Ästhetische zu heiligen und das Heilige zu ästhetisieren. Dieser Ansatz erlaubt es, im Blick auf die nur narrativ darstellbare Genealogie gläubiger Einstellungen zum Ästhetischen einen besonderen Typ literarischer Geruchsmotive in seiner Geschichtlichkeit zu erfassen. Der mit Hilfe dieses Säkularisierungsbegriffs gewonnene Überblick über die Geschichte säkularer Religiosität in der Literatur liefert keine Theorie eines besonderen Zweigs der literarischen Säkularisierung, der drei Jahrhunderte der Literaturgeschichte in neues Licht rückt. Er eröffnet den Zugang zu einem vernachlässigten Zweig der Motivgeschichte und trägt dazu bei, literarhistorische Epochenbilder um neue Aspekte zu ergänzen.

# 1 Einführung, Überblick und Stand der Forschung

Die Gretchenfrage („Nun sag, wie hast du's mit der Religion?")[1] ist für die säkulare Literatur seit der Aufklärung von gewichtiger Bedeutung. Gretchens Ruf nach dem Riechfläschchen („Nachbarin! Euer Fläschchen! –")[2] hat hingegen keine vergleichbare Relevanz; er kämpft gegen die körperliche Entkräftung durch den bösen Geist der religiösen Verzweiflung an,[3] während jene Literatur die Lebensgeister häufig mit religiös bedeutsamen Gerüchen der Natur wecken will. Weder die Abwertung und kultische Einhegung des leiblichen Riechens im Christentum noch die Geringschätzung des Geruchssinns in der Philosophie oder das Mitte des 18. Jahrhunderts aufkommende, sozialhygienische Ideal desodorierter Frischluft haben der Literatur *diesen* Sinn für Gerüche ausgetrieben.[4] Die Forschung hat zu Recht die schlagartige Zunahme olfaktorischer Motive in der Literatur seit dem ausgehenden 19. Jahrhundert betont,[5] und sie hat auch die Religiosität der Literatur von der frühen Neuzeit bis zur Moderne seit der Frühromantik herausgearbeitet.[6] Die Gerüche der Natur, die seit der Aufklärung im literarhistorischen Wandel der Epochen

---

1 Johann Wolfgang Goethe: Faust. Eine Tragödie. In: Goethes Werke. Hamburger Ausgabe in 14 Bänden (= HA). Bd. 3: Dramatische Dichtungen. Erster Band. Hamburg 1964, S. 109 (V. 3415).
2 Goethe: Faust, S. 121 (V. 3834). Mit dem Riechfläschchen öffnet sich das Selbst nicht zur Mitwelt, sondern schließt sich von ihr ab; siehe dazu William Tullett: Material Cultures of Scent. The Curious Smelling Bottle. In: ders.: Smell in Eighteenth-Century England. A Social Sense. Oxford 2019, S. 154–178.
3 Zum Beitrag überwältigender Atmosphären im Vorfeld religiös bedeutsamer Krisen siehe Hubert Tellenbach: Geschmack und Atmosphäre. Salzburg 1968, S. 69–116.
4 Siehe Daniela Babilon: The Power of Smell in American Literature. Odor, Affect, and Social Inequality. Frankfurt am Main u. a. 2017, S. 57–64 (zur Abwertung des Geruchssinns im Christentum); Susan Ashbrook Harvey: Scenting Salvation. Ancient Christianity and the Olfactory Imagination. Berkeley u. a. 2006 (zum Gebrauch von Gerüchen in christlichen Riten); Mădălina Diaconu: Tasten – Riechen – Schmecken. Eine Ästhetik der anästhesierten Sinne. Würzburg 2005, S. 185–195 (zur Herabsetzung des Riechens in der Philosophie); und Alain Corbin: Pesthauch und Blütenduft. Eine Geschichte des Geruchs [frz. 1982]. Berlin 1984 (zum sozialhygienischen Projekt der Desodorierung).
5 Hans J. Rindisbacher: The Smell of Books. A Cultural-Historical Study of Olfactory Perception in Literature. Ann Arbor, MI 1992, S. 143–219.
6 Hans-Georg Kemper: Von der Reformation bis zum Sturm und Drang. Stuttgart 2012 (Geschichte der deutschen Lyrik. Bd. 2); Silvio Vietta: Die literarische Moderne. Eine problemgeschichtliche Darstellung der deutschsprachigen Literatur von Hölderlin bis Thomas Bernhard. Stuttgart 1992, S. 111–131; siehe auch S. 131–158; Monika Fick: Sinnenwelt und Weltseele. Der psychophysische Monismus in der Literatur der Jahrhundertwende. Tübingen 1993; dies.: Sinnstiftung durch Sinnlichkeit. Monistisches Denken um 1900. In: Wolfgang Braungart, Gotthard Fuchs u. Manfred Koch (Hg.): Ästhetische und religiöse Erfahrungen der Jahrhundertwenden. Bd. II: um 1900. Paderborn u. a. 1998, S. 69–83.

immer wieder neu religiös bewertet werden, sind bislang jedoch vernachlässigt worden, und auch die literarische Kritik solcher Bewertungen wird kaum gewürdigt. Mit den Darstellungen eines gläubigen Riechens inszeniert die im Folgenden untersuchte Literatur emotionale Höhepunkte eines ethisch maßgebenden Naturbezugs des Selbst „als einer körperlichen und geistigen Einheit, die räumlich zusammenhängt und zeitlich fortdauert";[7] beim Riechen öffnet sich das Selbst der Umwelt körperlich, und beim bewussten Riechen erlebt es seine Weltbezüge oft mit besonderer Intensität.[8] Die Forschung ist einschlägigen Motiven meist in Einzelanalysen nachgegangen und hat gelegentlich auch ihr epochenspezifisches Gewicht

---

[7] Heinz Kohut: Narzißmus. Eine Theorie der psychoanalytischen Behandlung narzißtischer Persönlichkeitsstörungen. Frankfurt am Main 1988, S. 143. Als vorreflexive Grundlage des Zusammenhangs von Gewissheiten ist das Selbst kein Inhalt der Erfahrung, sondern übersteigt seine introspektiv erfassbaren Manifestationen, in denen es eine konkrete Gestalt annimmt (vgl. Heinz Kohut: Die Heilung des Selbst. Frankfurt am Main 2021, S. 299). Der Begriff des Selbst lässt offen, ob und inwieweit es als ein eigenständiges, von der Um- und Mitwelt unabhängiges Zentrum von Antrieben und Wahrnehmungen erlebt wird. Der tiefenpsychologische Unterschied zwischen dem Selbst als Inhalt eines psychischen Apparates, in dessen Kontext es zum Gegenstand von Triebregungen wird, und dem Selbst als Zusammenhang von Strebungen, Fähigkeiten und Idealen, der den Spielraum des psychischen Apparates konfiguriert, kann hier ausgeklammert werden; er ist unter metapsychologischen Aspekten von Interesse, die im Zusammenhang mit dieser Arbeit erst dann relevant würden, wenn ihre Ergebnisse in Folgestudien mit Befunden einer triebtheoretisch orientierten Geruchsforschung in Beziehung gesetzt würden. – Der phänomenologische Begriff der Leiblichkeit hält die Mehrdeutigkeit des gelebten Körpers fest: „Unsere Erfahrung der Leiblichkeit unserer Existenz repräsentiert unsere ‚ambiguose Existenz', denn wir sind nie ganz Objekt, Physis, Sache, Naturding und nie ganz Subjekt, Psyche, Bewußtsein oder geistige Substanz." (Käte Meyer-Drawe: Leiblichkeit und Sozialität. Phänomenologische Beiträge zu eine pädagogischen Theorie der Inter-Subjektivität. München 1984, S. 18–19). Die Psychologie des Selbst erkennt diese Ambiguität an, löst sie mit Begriffen wie „Körper-Selbst" (Kohut: Die Heilung des Selbst, S. 263) analytisch aber wieder auf, wenn es darum geht, besondere Aspekte der Erfahrung herauszuarbeiten; für die vorliegende Studie ist dies hilfreich, um die körperlich permeable Gestalt des riechenden Selbst zu betonen. Dessen Porösität verdankt sich der Stellung des Riechens zwischen Nah- und Fernsinnen (vgl. zu dieser Zwischenstellung auch Aristoteles: Über die Wahrnehmung. In: ders.: Kleine naturwissenschaftliche Schriften (Parva naturalia), hg. von Eugen Dönt. Stuttgart 2010, S. 47–86, hier S. 72; Aristoteles spricht hier allerdings nicht von Porösität, da seine Theorie der Wahrnehmung von sinnesspezifischen Medien ausgeht, die zwischen Gegenstand und Sinnesorgan vermitteln).
[8] Zur Auslösung von Affekten durch Gerüche siehe Sandra T. Weber u. Eva Heuberger: Smell and Be Well – Influence of Ambient Odors on Basic Emotions and Affect. In: Mădălina Diaconu, Eva Heuberger, Ruth Mateus-Berr u. Lukas Marcel Vosicky (Hg.): Senses and the City. An Interdisciplinary Approach to Urban Sensescapes. Wien/Berlin 2011, S. 165–188.

betont;[9] eine Studie, die den historischen Wandel von literarischen Geruchsmotiven als Mitteln religiös-emotionaler Verständigung über Natur herausarbeitet, steht jedoch noch aus. Die Geschichtlichkeit dieser Motive erschließt sich erst im Kontext jenes Wandels und rechtfertigt einen breit angelegten Überblick; einführend sei skizziert, inwiefern sich diese Motive epochenübergreifend vergleichen lassen. Als Beispiele mögen Motive von Düften der Bohnenblüte dienen, die mit ihrer Nähe zum Küchengarten zur frommen Vergegenwärtigung religiöser Sinngebung scheinbar kaum geeignet ist; jedenfalls ist es kein Zufall, dass Wilhelm Raabes (1831–1910) Roman *Stopfkuchen* (1891)[10] (siehe Kap. 13) rote Bohnenblüten mit Stallgeruch kombiniert, um ein Arbeiterviertel *ironisch* zu auratisieren. Solche möglichen Spannungen zwischen Sinnlichkeit und Religiosität führen aber zum Kern unseres Themas, denn die Aufwertung der diesseitigen Sinnenwelt rückt, wie sich zeigen wird, auch Eindrücke in religiöses Licht, die sich traditionell nicht zur poetisch-kultischen Inszenierung eignen.

Barthold Heinrich Brockes' (1680–1747) aposteriorischer Gottesbeweis arbeitet sich in der Frühaufklärung unter anderem am Duft der Bohnenblüte ab. Der Geruch ist im Gedicht „Bohnen-Felder" (1740) fast überwältigend; im Grenzbereich zur Bedrückung wirkt er dennoch belebend, kann im Verein mit anderen Blüten sogar erfrischen, verweist so auf eine zweckmäßig eingerichtete Schöpfung – und entflammt den inhalierenden Betrachter für das andächtige Vernehmen ihres göttlichen Ursprungs:

> Dieß sind nun Felder grüner Bohnen, die, wenn sie, wie sie jetzo blühn,
> Mit so balsamischem Geruch die Luft, durch ihre Menge, füllen;
> Daß unser Hirn und unsre Lunge, vor großer Anmuth fast gedrückt,
> Und durch den fast zu starken Schwall, zugleich gepreßt wird und erquickt.
> Zumal, wenn von gemachtem Heu, von blühndem Flieder und Camillen,
> Woraus, in solchem Überfluß, die Düft, itzt aller Orten, quillen,
> Die Ambra-reich-und gleichen Theilchen sich mit der Blühte Balsam mischen.
> Durch die so süß vermengten Dünste, fühlt man das hitzige Geblüte,
> Nicht nur sich gleichsam recht erhohlen, nicht nur sich kühlen und erfrischen,
> Es fühlt ein, durch so süsse Luft, durch Gott getriebenes Gemüthe
> Ein innerlich erquickend Feuer, ein fast entzückendes Empfinden,
> Und durch den holden Hauch in ihr, ein' Andacht-Flamme sich entzünden,
> Ein' unausdrücklich angenehme, ein' innigliche süsse Lust.

---

9 Schon Hans-Georg Kemper erkennt in der Empfänglichkeit für Düfte ein epochenspezifisches Merkmal des Sturm und Drang. Siehe Hans-Georg Kemper: Deutsche Lyrik der frühen Neuzeit. Bd. 6/II: Sturm und Drang. Tübingen 2002, S. 279.
10 Wenn nicht anders vermerkt, beziehen sich die Angaben zu Werken im Folgenden auf das Jahr der Erstveröffentlichung.

> Es öffnet sich daher die Nase; es dehnt sich die gewölbte Brust,
> In einem widerhohlten Schnaufen, wo möglich, immer mehr zu fassen,
> Und sucht, was sie einst eingesogen, nicht gerne wieder weg zu lassen.[11]

Mit seiner überwältigenden Wirkung kann der Bohnenduft indessen auch eine Neigung zur Hingabe begünstigen. Der frühe Johann Gottfried Herder (1744–1803) zelebriert in „St. Johans Nachtstraum" (verf. 1772) das beglückende Eintauchen in die Gerüche einer liebenden All-Natur, in der auch der Bohnenduft seinen Platz findet, dessen emotionale Wirkung zum spannungsarmen Metrum passt:

> Ich schwimm' in Rosen und blühnden Bohnen
> und Blumen und Hecken und Nachtviolen,
> in Tausend Düften! [...][12]

Gottfried August Bürger (1747–1794), der als Dichter im Grenzbereich zum Sturm und Drang die Natur ebenfalls als Domäne einer heiligen sinnlichen Liebe feiert, stellt in der Ballade „Des Pfarrers Tochter von Taubenhain" (1782) die folgenreiche Hingabe der Leonore an einen lügnerischen Junker dar. Sie wird schwanger, der Geliebte verweigert aus Standesgründen die Ehe, der Vater verstößt sie, und in der Not, in der sie weder für sich noch andere sorgen kann, tötet sie ihr Kind. Das Gedicht stellt die ausweglose Zwangslage der Mutter als leidhafte Folge der Ausbeutung ihres sexuellen Verlangens dar:

> Er zog sie zur Laube, so düster und still,
> Von blühenden Bohnen umdüftet.
> Da pocht' ihr das Herzchen; da schwoll ihr die Brust;
> Da wurde vom glühenden Hauche der Lust
> Die Unschuld zu Tode vergiftet. – – –
>
> Bald, als auf duftendem Bohnenbeet
> Die rötlichen Blumen verblühten,
> Da wurde dem Mädel so übel und weh;
> Da bleichten die rosichten Wangen zu Schnee;
> Die funkelnden Augen verglühten.[13]

---

**11** In: Barthold Heinrich Brockes: Irdisches Vergnügen in Gott, bestehend in Physicalisch- und Moralischen Gedichten, Sechster Theil. Hamburg 1740, S. 133–136, hier S. 133–134 'https://www.deutschestextarchiv.de/book/show/brockes_vergnuegen06_1740' (Zugriff 22. September 2022).
**12** Zit. n. Kemper: Sturm und Drang, S. 278; zum sexuellen Bezug der Duftmotive siehe S. 279.
**13** Gottfried August Bürger: Des Pfarrers Tochter von Taubenhain. In: ders.: Gedichte, hg. von Jost Hermand. Stuttgart 1981, S. 17–23, hier S. 19–20.

Der Bohnenblütengeruch verweist auf eine enthemmende Atmosphäre,[14] deren Nähe zur Feldarbeit auch Leonores sozialen Abstand zum Junker unterstreicht. In der Idylle *Luise* (Ausg. l. Hd. 1825) von Johann Heinrich Voß (1751–1826) wirkt dieser Duft im Garten eines ländlichen Pfarrhauses deutlich verträglicher; hier ermöglicht die „blühende Bohne", die „betäubet",[15] ein bürgerliches Behagen des ältlichen Pfarrers am Mittagsschlaf. Auf diese Weise werden Leib und Seele, die zum christlich eingehegten Schwelgen in den Gerüchen von Gottes schöner und auch kulinarisch ansprechender Natur ermächtigt sind, mittelbar erquickt.

In Walter Paters (1839–1894) *Fin-de-Siècle*-Roman *Marius the Epicurean* (1885) mischt sich bei einem römischen Fruchtbarkeitskult im Freien „the scent of the bean-fields [...] pleasantly with the cloud of incense".[16] Im Unterschied zu den übrigen Prozessionsteilnehmern, die in der üppigen olfaktorischen Atmosphäre einem religiösen Schweigegebot fraglos Folge leisten, bringt Marius eine gesunde Lebensfreude in die Zeremonie ein und muss sich auf die äußere Stille in der Introspektion erst aktiv einstellen. Das Ritual ruft Gedanken und Reminiszenzen an seine Kindheit in ihm hervor, die sich mit der Heiligkeit seiner Akte poetisch verbinden. Seine poetisch-kultische Aktivität wird mit dem Wind verglichen, der die Landschaft durchweht und mit der steif-monotonen Erscheinung der Priester auffällig kontrastiert.[17]

Wilhelm Lehmanns (1982–1968) Eintauchen in spätsommerliche Bohnendüfte, die er im *Bukolischen Tagebuch aus den Jahren 1927–1932* (1948) festhält, verlangsamt das Lebenstempo und hilft so, die Natur als allbeseelte Mitwelt zu erschließen:

> Aber wenn man sich Zeit nimmt, unter dem Baum lagert, der Sommerluft hingegeben, in der der Geruch des Weißdorns nur noch eine Erinnerung ist, schwelgend verdrängt von der Woge

---

**14** Auch bei Voß ist das Motiv der Bohnenblüte gelegentlich erotisch konnotiert; in seiner Idylle „Der Hagestolz" heißt es: „Wenn du vor Langerweil' und Verdruß in die Laube dich setzest, / Welche die türkische Bohne mit purpurnen Blüten umranket; / Flieg' ich in Taubengestalt mit silbergrauem Gefieder / Säuselnd vom Dach [...] / [...] und gurre: O Mann, dir fehlet die Männin" (Johann Heinrich Voß: Luise. Ein ländliches Gedicht; Idyllen. Leipzig 1869, S. 133–136, hier S. 135).
**15** In: Johann Heinrich Voß: Luise. Ein ländliches Gedicht; Idyllen. Leipzig 1869, S. 1–75, hier S. 4 (I 42).
**16** Walter Pater: The Religion of Numa. In: Marius the Epicurean. Harmondsworth 1985, S. 37–42, hier S. 39. Zum Zusammenhang dieser Passage mit Paters Verknüpfung von Seele und Sinnen siehe Catherine Maxwell: „Unguent from a Carven Jar". Odour and Perfume in Arthur Machen's *The Hill of Dreams* (1907). In: Adeline Grand-Clément u. Charlotte Ribeyrol (Hg.): The Smells and Senses of Antiquity in the Modern Imagination. London u. a. 2022, S. 27–51, hier S. 30.
**17** Die Auswahl eines englischen Textes verdankt sich nur dem Umstand, dass mir bislang kein deutschsprachiger symbolistischer Text bekannt ist, der Düfte von Bohnenblüten preist.

des Duftes, die vom nahen Felde von den „großen" Bohnen aufsteigt, entdeckt man ein Stück vom Leben der Krähengemeinschaft.[18]

Diese Beispiele mögen genügen, um die Heterogenität der literarischen Perspektiven anzudeuten, aus denen Gerüche der Natur im hier untersuchten Zeitraum bedeutsam werden. Brockes stellt sie aus naturkundlich-religiöser Sicht dar, für Herder dienen sie als Medium einer ekstatisch-religiösen Entgrenzung in die Natur, und Lehmann verzeichnet den Duft als Beitrag zur Einstimmung auf eine besondere, auf einer Exkursion erkundete Landschaft; Gerüche fungieren als Anlässe zur Naturbeobachtung, zur emotionalen Selbstaussprache oder zum feldbiologischen Aufmerken. Bürger setzt Duftmotive in rhetorischer Absicht ein, um den Anteil der Natur an einem Begehren zu unterstreichen, dessen Ausbeutung die Pfarrerstochter in eine prekäre Lage bringt, und Paters Roman stellt die geistig anregend duftende Atmosphäre einer sakralen Prozession im Freien dar.

Vergleichbar sind diese Motive zum einen, weil Bohnenblütenduft geeignet ist, innere Spannungen zu lösen; da er einer Neigung zur Hingabe entgegenkommt, fordert er zu ethischen Stellungnahmen auf. Brockes kann den Duft preisen, weil seine Überfülle das Selbst nicht nur bedrängt, sondern eben wegen seiner Stärke auch belebt; bei Voß erquickt er mittelbar, da er zum erholsamen Schlaf führt; Pater gestaltet eine von Blüten- und Kräuteropfern, Weihrauch und Bohnenduft getränkte Atmosphäre, durch die ein Wind weht, was einem belebenden Rausch angemessen ist; und Lehmann nimmt die Bohnenduftwelle als entschleunigende Einstimmung zur gesteigerten feldbiologischen Achtsamkeit dankbar an. Im Sturm und Drang und seinem Umfeld kommt jener Duft der Neigung zum berauschten Schwelgen im Heiligtum der Natur entgegen, in das aber auch vertrauensbrüchige Akteure eindringen. Eine solche Reihe von Motiven erlaubt eine vergleichende Darstellung ethischer Haltungen zu den Wirkungen besonderer Pflanzen, doch zur Gliederung einer Darstellung epochaler Ansichten zu Gerüchen der Natur sind botanische Taxonomien – bei aller Hilfestellung, die sie der motivgeschichtlichen Forschung auch im Blick auf Düfte leisten können[19] – wenig geeignet. Innerhalb einzelner Zeiträume ragen gelegentlich spezifische Motivtypen heraus, die eine gesonderte Behandlung rechtfertigen, weil sie auf vergleichbare Weisen codiert werden – so sind Frühlingsdüfte oft mit erotischen Gefühlen verbunden, während sich Synästhesien von Gerüchen und Klängen häufig zur Gestaltung ekstatischer oder tagtraumartiger Erfahrungen anbieten –, doch botanische Taxonomien greifen hier

---

[18] Wilhelm Lehmann: Bukolisches Tagebuch und weitere Schriften zur Natur. Berlin 2017, S. 138.
[19] Vgl. Giulia Corrente: The „Persistence" of an Ancient Perfume. The Rose of Paestum. In: Grand-Clément u. Ribeyrol (Hg.), S. 174–192, hier S. 177.

nicht.[20] *Mutas mutandis* gilt, was Johann Wolfgang Goethe (1749–1832) angesichts der Formen der Natur empfand, auch für den Zugang zur Geschichte ihrer schöpferischen Nachahmung:

> Nun habe ich zwar meinen Linné bei mir und seine Terminologie wohl eingeprägt, wo soll aber Zeit und Ruhe zum Analysieren herkommen, das ohnehin, wenn ich mich recht kenne, meine Stärke niemals werden kann? Daher schärf' ich mein Auge aufs Allgemeine […].[21]

Den bislang besprochenen Texten ist gemeinsam, dass sie Wirkungen eines Geruchs im Kontext eines Verhaltens zur Natur darstellen, in dem sich ein *epochenspezifisches Ethos* verkörpert; das gilt auch für Bürgers Gedicht, in dem nicht die sexuelle Lust, sondern ihre unredliche Ausbeutung verwerflich ist. Brockes' poetische Frömmigkeit ist frühaufklärerisch, Herders ekstatische Feier der All-Liebe sakralisiert das einzigartige Selbst im Geiste des Sturm und Drang, und Bürger heiligt das liebende Begehren im Grenzbereich dieser Bewegung; Voß überträgt die im Göttinger Hain kultivierte Steigerung der Empfindsamkeit zur tugendhaften Leidenschaft aufs Lob des sinnlichen Schwelgens in den Schranken bürgerlich-christlicher Werte; Pater gestaltet das lebensgeschichtliche Erwachen einer Empfindlichkeit für den ästhetischen Eigensinn sakraler Akte im Geiste des Symbolismus; und Lehmann übt eine Haltung ein, die sich im Grenzbereich zur Neuen Sachlichkeit bewegt (siehe Kap. 16).

Zu fragen bleibt, ob die Geruchsmotive im Epochenwandel nur die Variation von Welt- und Menschenbildern spiegeln, oder ob sie untereinander auch als Gerüche vergleichbar sind. Da Gerüche beim Atmen als Austausch des Körper-Selbst mit der Sinnenwelt wahrgenommen werden, loten Darstellungen des gläubigen Riechens Gelegenheiten zur legitimen topophilen Entgrenzung in der Natur aus. Die im 18. Jahrhundert zunehmende Empfindlichkeit für und gegen Gerüche deutet zudem auf gewachsene Spielräume für narzisstische, auf das Selbst bezogene Erfüllungen und Kränkungen;[22] wer nach der religiösen Bedeutung von Gerüchen

---

20 Eine *poetische* Taxonomie, mit der die „fluide Welt" in ein „Raster der Bezeichnungen" eingetragen wird, um den Sinn für bedeutsame Konstellationen von Details zu schärfen, die sich dem ordnenden Zugriff entziehen, ist mit der botanischen Taxonomie unter dem Aspekt typischer Unschärfen ihrer Anwendung verwandt (Marion Poschmann: Kunst der Unterscheidung. Poetische Taxonomie. In: dies.: Mondbetrachtung in mondloser Nacht. Über Dichtung. Berlin 2016, S. 113–132, hier S. 129), eignet sich aber nicht zur literarhistorischen Analyse.
21 Johann Wolfgang Goethe: Italienische Reise. In: HA. Bd. 11: Autobiographische Schriften. Dritter Band. Hamburg 1964, S. 7–349, hier S. 19.
22 Vgl. Corbin: Pesthauch und Blütenduft, S. 17 u. 308, Endn. 30 (zum Narzissmus) u. Robert Muchembled: Smells. A Cultural History of Odours in Early Modern Times. Cambridge 2000, S. 136–159 (zum historischen Wandel der olfaktorischen Sensibilität).

fragt, steckt immer auch Spielräume für legitime Bejahungen eines permeablen Körper-Selbst ab.[23] Als der fünfeinhalbjährige Louis, Sohn des Henri IV und *Dauphin de France*, seinen Vater am Hof bei der zeremoniellen österlichen Fußwaschung der Armen im Jahr 1607 vertreten sollte, gab er zur Antwort: „Je veu point i [ils] son puan [puants]";[24] die höfische Erziehung zur christlichen Selbstüberwindung verlangte dem Jungen indessen ab, seinen Geruchsekel zu ertragen. Wenn Ewald Christian von Kleist (1715–1759) den Rosentälern im Frühling knapp 150 Jahre später zuruft, er wolle „die Wollust in mich mit eurem Balsamhauch ziehen",[25] ehrt er den christlichen Schöpfer hingegen im sinnlich erfüllenden Weltbau (siehe Kap. 7). Wenn sich die kosmozentrische Religiosität des 20. und 21. Jahrhunderts auch bedeutsam verstörenden Gerüchen zuwendet, wird das sinnliche Begehren nicht wieder entwertet, sondern durchs Aufmerken auf eigenwertige Intensitäten der Natur ergänzt, die in menschlicher Sinngebung nicht aufgehen (siehe Kap. 16–20); zudem können unangenehme Gerüche auch die *Grenzen* erfüllender Spielräume des Verhaltens mit besonderer Intensität markieren.[26]

Das epochenspezifische Ethos, das sich im Riechen verkörpert, und der riechende Weltbezug, der aus diesem Ethos hervorgeht, situieren das Körper-Selbst auf vielfältige Weisen. Brockes lässt einen naturkundlichen Landschafts-Beobachter zu Wort kommen, der natürliche Quellen von Gerüchen in Feldern identifiziert und ihre körperliche, emotionale und geistige Wirkung introspektiv erkundet; Herders lyrisches Ich nimmt das ekstatische Schwelgen im Duft eines Gartens zum Anlass, mit Spekulationen über eine göttliche All-Liebe in anderen Lebewesen imaginativ seine Einsamkeit zu überwinden; Bürger stellt die sexuelle Hingabe einer liebenden Frau in einer verführerischen Garten-Atmosphäre dar, deren kurzlebiger Schein von Liebesfülle trügt; Voß feiert das moderate Behagen am Genuss einer arbeitsam eingehegten und verständig genutzten Natur; Pater stellt die Teilnahme an einer Prozession in einer duftenden Agrarlandschaft als poetisch anregendes Exerzitium dar; und Lehmann notiert zustimmend, dass er sich bei der Landschaftserkundung

---

[23] Zur Bedeutung der Gerüche für topophile Bindungen des Selbst an Landschaften und andere Umwelten im Zusammenhang mit der Formierung von Identität siehe Mădălina Diaconu: Being and Making the Olfactory Self. Lessons from Contemporary Artistic Practices. In: Nicola Di Stefano u. Maria Teresa Russo (Hg.): Olfaction. An Interdisciplinary Perspective from Philosophy to Life Sciences. Cham 2022, S. 55–73, hier S. 56–61.
[24] Zit. in Marie-Claude Canova-Green: Faire le roi. L'autre corps de Louis XIII. Paris 2018, S. 59.
[25] Ewald Christian von Kleist: Der Frühling [1749]. In: ders.: Sämtliche Werke, hg. von Jürgen Stenzel. Stuttgart 1971, S. 8–57, hier S. 10 (V. 12).
[26] Georg Simmel betont den Beitrag des atmend einziehenden Geruchssinns zur unfreiwilligen Wahrnehmung intimer Nähe und einem entsprechenden Bedürfnis nach Abgrenzung; siehe dazu Rüdiger Görner: Das parfümierte Wort. Die fünf Sinne in literarischer Theorie und Praxis. Baden-Baden 2014, S. 48.

von Gerüchen der Natur auf ein Tempo einstimmen lässt, das dem Aufmerken auf die Natur als einer Mitwelt angemessen ist. Vergleichbar sind diese Situationen insofern, als die Riechenden sich jeweils sozial und kulturell positionieren. Den bislang besprochenen Texten ist gemeinsam, dass ein beim Riechen *durchlässiges* Körper-Selbst einen affektiven *Höhepunkt* sozialkulturell gefilterter *Zugehörigkeiten* zur äußeren Natur erschließt; je nach Epoche kennzeichnet dieser Zenit sinnlich zentrierte Lebensfreuden, erfüllende Zustände eines kreativen Selbst oder die Teilhabe am Anspruch eines eigensinnigen Anderen. Als Forscher, Gatte im Wartestand, getäuschte Geliebte, bürgerlicher Genießer, Ritenträger oder Naturkundler werden Figuren zur religiösen Achtsamkeit inspiriert, in ihrer Sehnsucht bestärkt, als Begehrende ausgenutzt, behaglich vitalisiert, zur ästhetischen Religiosität erweckt oder für lokale Rhythmen natürlicher Umwelten sensibilisiert. Unter solchen Voraussetzungen bilden sich teils epochentypische literarische Topoi heraus, die für die emotionale Verständigung über ethische Fragen – vor allem im Zusammenhang mit Ansprüchen auf Liebe, Freiheit und Anerkennung – von erheblichem Gewicht sind.

Das historische Gewicht jener Motive zeigt sich auch darin, dass sie in Früh- und Spätaufklärung, Klassik und Realismus aus kritischer Sicht variiert oder verfremdet werden. Aufklärerische und klassische Kritiker irrgläubiger oder schwärmerischer Deutungen entlarven die Verzerrung des natürlichen Riechens unter dem unbegriffenen Zwang religiöser Projektionen. Der Realismus fragt hingegen, inwieweit sakralisierende Deutungen olfaktorischer Wahrnehmungen eine konkrete Situation tatsächlich erhellen; der sakrale Schein dieser Deutungen wird teils als irrige Bewertung realer Probleme ironisiert, teils als erhellender Beitrag zum symbolischen Weltwissen gewürdigt und teils mit einer profanen Symbolik kontrastiert, die den illusionären Anspruch des gläubigen Pendants abgestreift hat.

Seit der Aufklärung wird das religiöse Denken aus säkularer Sicht immer wieder erneuert und kritisiert. An dessen langer und verzweigter Tradition, Gerüche als bedeutsame Merkmale in sakralen Zusammenhängen zu deuten, ist auch die Literatur beteiligt. Die deutschsprachige Literatur seit der Aufklärung beerbt diese Tradition in gläubigen Zugängen zur Natur, stellt solche Auslegungen aber auch als illusionäre oder ungesicherte Projektionen dar, die sich über die profane Sinnenwelt legen. Die Forschung hat die Geschichte dieser literarischen Beiträge zur religiösen Geruchskultur, die auf meist hintergründige, emotional gewichtige Weisen an der adressierten Wirkung jeweiliger Texte beteiligt sind, bislang nur lückenhaft erschlossen. Im Interesse an einem nuancierten Textverständnis, das auch die Geschichtlichkeit einschlägiger Motive berücksichtigt, wären diese Lücken erst noch zu schließen.

Dieser Band geht der Säkularisierung der religiösen Geruchskultur in der Literatur seit der Aufklärung nach. Diese Säkularisierung resultiert aus einem veränderten Bezug zur Natur, die nun aus der Sicht eines weltlichen Wissens bestimmt wird, das keiner Rechtfertigung durch den christlichen Glauben bedarf. Schon im Barock finden sich heterodoxe Lehren von einer geistig verfassten Natur, die aus Gott ausfließt und einer weltlichen Erkenntnis zugänglich ist, die am himmlischen Geschehen teilhat. Hier ist die Vernunft aber noch im Glauben legitimiert, während das aufklärerische Christentum geoffenbarte Sinngehalte durch eigenständige weltliche Erkenntnismittel ergänzt und teils auch überbietet.[27] Spätere, säkulare Genie- und Kunst-Religionen, -Metaphysiken und -Kosmologien vom Sturm und Drang über die Romantik bis hin zum Expressionismus stützen sich ebenso auf weltliche Gewissheiten wie die modernen Sprachmagier, die sich ohne Rückhalt in begrifflich bestimmbaren Weltordnungen auf die ästhetische Überzeugungskraft kultischer Inszenierungen verlassen. Konfessions- und schwärmerkritische Texte der Aufklärung und Klassik kritisieren unterdessen die Verzerrung der profanen Natur durch religiöse Projektionen, während sich der Realismus stärker für die Frage interessiert, was religiöse Situationsdefinitionen zum Umgang mit spezifischen Lebensproblemen beitragen.

Die gläubigen und skeptischen Beiträge zur Säkularisierung der religiösen Geruchskultur knüpfen an vielfältige Traditionen an: säkulare Idyllen greifen auf Geruchsmotive der Bukolik zurück und setzen zum Teil antike Traditionen der naturfrommen Verkündung olfaktorischer Artenkenntnis fort, bukolische Motive des *locus amoenus* und *locus horribilis* werden epochentypisch variiert, einzelne Texte spielen auf wohlriechende Epiphanien oder magisch relevante Gerüche in Epen der Antike und des Mittelalters an, und liebesethische Zugänge des Barock zu Gerüchen der Natur werden radikalisiert, während skeptische Autoren christliche Vorstellungen von heiligem Wohlgeruch und teuflischem Gestank entwerten. Solche Rückgriffe auf ältere Motive dürfen aber nicht den Blick dafür verstellen, dass der Spielraum für literarische Darstellungen von Gerüchen der Natur in sa-

---

27 Die Übergänge zwischen einer im Glauben legitimierten Vernunft, die zu eigenständigen Erkenntnissen ermächtigt ist, und einer innerweltlich gerechtfertigten Vernunft, die sich der Welt als geordneter Schöpfung vergewissert, sind insofern fließend, als sich die Vernunft in beiden Fällen mit weltlichen Verfahren auf das Diesseits bezieht. Der entscheidende Unterschied liegt in der Weise der philosophischen bzw. theologischen Legitimation der menschlichen Vernunft, die sich in der Aufklärung zumindest in Teilbereichen vom Offenbarungswissen emanzipiert. Wenn Autoren des Barock in ihrer erotischen Poesie eine säkulare Liebesreligion feiern, werden die latenten Konflikte ihres christlichen Glaubens mit ihrem weltlichen Ethos indessen nicht offen ausgetragen; diese Poesie leistet dem Anspruch des Menschen auf Autonomie schon vor der Aufklärung Vorschub (vgl. Kemper: Von der Reformation bis zum Sturm und Drang, S. 110–113).

kralen Kontexten bis zum 18. Jahrhundert deutlich begrenzt ist; kursorische Lektüren von Texten aus Antike und Mittelalter mögen dies verdeutlichen (Kap. 2). Literarische Inszenierungen von Irrtümern über den Sinn von Gerüchen in sakralen Kontexten haben eine lange Tradition, wandeln sich mit dem Übergang zur aufklärerischen Psychologie der Einbildungskraft aber grundlegend; im antiken Drama bringt der dramaturgische Einsatz von Bezugnahmen auf verkannte Gerüche die Macht der Affekte zur Darstellung, während christlich orientierte Epen religiöse Fehlschlüsse thematisieren, die der suggestiven Kraft der Sinne entspringen. Erst die Aufklärung interessiert sich für gläubige Verkennungen von Gerüchen, die aus imaginativen Verzerrungen der diesseitigen Natur resultieren; der Realismus bewertet solche Projektionen als überschießende symbolische Auslegungen, die den praktischen Zugang zu realen Problemen mehr oder weniger instruktiv anleiten (Kap. 3). Allerdings hat die Literatur des Barock dem Säkularisierungsprozess, der mit der Aufklärung einsetzt, auch im Blick auf Geruchsmotive bereits Vorschub geleistet (Kap. 4).

Diese Studie arbeitet drei Richtungen der Aneignung von Traditionen der literarisch-religiösen Geruchskultur heraus. Im aufgeklärten Ausgang der frühen Neuzeit fungiert die religiös gedeutete Natur meist als dankenswerte Ressource eines zwanglosen Weltgenusses (Kap. 5, 7 u. 10); von der Aufklärung bis zum Göttinger Hain, dem Sturm und Drang und seinen Grenzgängern[28] nimmt das gläubige Riechen erfüllende Kräfte einer von heiliger Liebe durchwirkten Natur wahr. Die epochen- und werktypischen Zugänge zu Gerüchen gestalten affektive Höhepunkte eines sinnlich guten Lebens. Die Bandbreite erfüllender Augenblicke reicht von der taxonomisch belehrten Naturbeobachtung über Erlebnisse von Landschaften im Lichte von Gefühlen der Freundschaft und Liebe bis hin zu einem ekstatischen Naturempfinden mit erotischen oder sexuellen Unter- und Obertönen. Auch die Düfte der Bohnenblüte bei Brockes, Herder, Bürger und Voß gehören in diesen Zusammenhang.

Von der Romantik bis zum Expressionismus verlagert sich die Heiligung des Riechens in der Natur auf Prozesse der Aktualisierung autonomer poetischer Formen. Mit dem Übergang zum modernen Geschichtsbewusstsein wollen die säkularen Kunstreligionen der Klassik und Romantik die Bedingungen einer Versöhnung des Menschen mit der Natur allererst hervorbringen. Die Klassik vernimmt den geistigen Sinn von Gerüchen der Natur in Situationen, die als *Sinnbilder* wahrgenommen werden (Kap. 11). Die Romantik stellt Gerüche der Natur, die tagtraumartig oder synästhetisch mit expressiven Klängen verbunden sind, als Kenn-

---

28 Der Begriff ist der Epochendarstellung von Hans-Georg Kemper entnommen; siehe z. B. Kemper: Von der Reformation bis zum Sturm und Drang, S. 178–200.

zeichen von Orten der heiligen Entgrenzung von Poesie und Sinnenwelt dar; in dieser Bewegung wittert das permeable Körper-Selbst die Quellen der poetischen Inspiration (Kap. 12). Skeptische Einschätzungen des utopischen Anspruchs, innere und äußere Natur mit Hilfe der Poesie umfassend zu versöhnen, finden sich schon in der Romantik; der Symbolismus nimmt ihn zugunsten einer punktuellen Fülle in autonomen künstlichen Welten zurück (Kap. 14). Die Versöhnung von innerer und äußerer Natur überlebt allenfalls in Gestalt verlorener Paradiese, die erinnernd ins Kunstwerk gerettet werden, und in prekären Momenten, in denen Gebilde der Natur als äußere Entsprechung des kreativen Zustands erfahren werden, den sie evozieren; ansonsten finden nur Bilder von *Fragmenten* der Natur in *künstliche* Welten Eingang. Gerüche der Natur, die auch hier häufig mit expressiven Klängen korrespondieren, werden im Kontext von Artefakten bedeutsam, die sich vom Konnex der äußeren Natur gelöst haben. Bei Pater stimmen Bohnenduft, zeremonielle Gerüche und ein meditatives Schweigen den Ritenträger auf seine Aufgabe ein, namentlich häusliche Götter anzurufen; diese Anrufung weckt Kindheitserinnerungen, so dass ihm der kultische Akt zu einer heiligen poetischen Performanz gerät. Beim anschließenden Festessen hält sich Marius zurück, denn die Autonomie poetischer Prozesse findet am Körper des schöpferischen Selbst ihre Grenze; der Einbezug von Gerüchen der Natur ins symbolistische Artefakt markiert einen Höhepunkt der körperlichen Reichweite geistig bedeutsamer Gebilde. Im Expressionismus, der einen sakralen *Eigensinn* des Selbst zur Geltung bringen will, verhält es sich ähnlich wie im Symbolismus, der mit einem rauschhaft *dezentrierten* Selbst rechnet. Er inszeniert Gerüche der Natur oft als Merkmale visionär verfremdeter Landschaften, in denen sich die ethische Bedeutsamkeit der Einbindung eines unerlösten oder verklärten Körper-Selbst in den organischen Lebensprozess offenbart. Hier markieren Gerüche der Natur emotionale Höhepunkte und körperliche Reichweiten von entfremdenden oder erlösenden Prozessen (Kap. 15).

Seit der Neuen Sachlichkeit verlegt sich das gläubige Riechen in der Natur auf eine eigensinnige Umwelt, die in menschlichen Lebensentwürfen nicht mehr aufgeht (Kap. 16, 17, 18 u. 19). Naturfromme Darstellungen von Gerüchen in der Literatur beschränken sich darauf, Orte der Ausübung oder Brechung eines eigenwilligen Zaubers sichtbarer Gestalten des organischen Lebens zu markieren. Aus dieser Sicht werden auch unangenehme Gerüche bedeutsam; das Körper-Selbst öffnet sich der umweltethisch relevanten Erfahrung, Teil eines Ganzen zu sein, das der menschlichen Verfügung entrückt bleibt. Die bedeutsamen Gerüche des organischen Lebens reichen von Landschaften und ihren Gewächsen über kohabitierende Tiere bis hin zu menschlichen Körpern; das Riechen erschließt affektiv intensive Situationen der Einbindung des Körper-Selbst in die äußere Natur. So markiert Lehmanns Lob der Bohnendüfte das freudige körperliche Eintauchen in einen Bezirk der gefiederten Mitwelt; den kultischen Aspekt des Aufmerkens auf die

Natur arbeitet er – wie andere Autoren dieser Richtung auch – nur an einzelnen Stellen ausdrücklich heraus. Zwischendurch werden gläubige Zugänge zu Gerüchen der Natur immer wieder einmal als Projektion entlarvt: die aufklärerische Kritik arbeitet sich an der Sinnesangst rückständiger Geisterriecher ab (Kap. 6 u. 9) und nimmt empfindsam geheiligte Atmosphären der sinnlichen Liebe und erhabener Erfahrungen der All-Einheit satirisch ins Visier (Kap. 8 u. 9); Goethe desakralisiert im Übergang zur Klassik die im Sturm und Drang auch von ihm noch gefeierte Hingabe an die Naturgewalt des Riechens und versucht, den Geruchssinn in unverfängliche Bahnen zu lenken (Kap. 11); und der Realismus inszeniert Gerüche der Natur auch, um religiöse Topoi ironisch oder agnostisch zu verfremden, das gläubige Riechen als Symptom unbewältigter Lebensprobleme darzustellen oder den profanen Erkenntniswert religiöser Geruchssymbole aus profaner Sicht zu würdigen (Kap. 13). Im Folgenden werden diese kritischen Perspektiven chronologisch im Kontext der gegenläufigen Positionen dargestellt.

Diese Befunde erhellen einen bislang wenig beachteten Ausschnitt der Geschichte des Geruchssinns als eines Organs der vorreflexiven ethischen Wertung. Friedrich Nietzsche (1844–1900) hatte die Nase, deren Beitrag zur Welterschließung in der Philosophie bis dahin wenig ins Gewicht fiel, zum bevorzugten Organ seines Genius aufgewertet; er lokalisierte die schöpferische kreative Substanz des Menschen – unter Beibehaltung des Inspirationstopos – im Leib, naturalisierte die traditionell geistgläubige Geniereligion und trieb so die Säkularisierung der religiösen Geruchskultur voran.[29] Der vorliegende Band zeigt indessen, dass dieser Prozess schon im frühen 18. Jahrhundert einsetzt und auch bei Nietzsche nicht ans Ende kommt. Dieser wollte den ästhetischen Weltbezug der Dekadenz, die den Rückzug in den schönen Schein heiligt, aus der Sicht der profanen ästhetischen Wertungen eines verkörperten Willens vom Kopf auf die Füße stellen, doch Totgesagte leben länger: das gläubige Riechen regeneriert sich nach Nietzsche in den kosmozentrischen Spielarten einer noch immer vitalen literarischen Sprachmagie. Abschließend sei gefragt, welche Rolle das gläubige Riechen in der Natur im historischen Kampf um die Befreiung des olfaktorischen Begehrens spielt, und wie der Anspruch zu bewerten wäre, die profane Vernunft beim Riechen im sakralen Kontext zu überbieten (Kap. 20).

Diese Studie schließt eine Lücke, die sich der internationalen Forschungslage verdankt. Die in den 1980er Jahren einsetzende, vor allem im französisch- und englischsprachigen Raum betriebene Forschung zur Kulturgeschichte des Riechens

---

29 Friedrich Nietzsche: Ecce Homo [verf. 1888]. Frankfurt 1979, S. 106–107 u. 127.

wendet sich seit den 1990er Jahren verstärkt Gerüchen in religiösen Kontexten zu. Die literarhistorische, ebenfalls meist franko- oder anglophone Forschung zu Darstellungen von Gerüchen hat den religionsgeschichtlichen Kontext olfaktorischer Motive indessen vernachlässigt, und sie hat nach ihren Anfängen in den 1990er Jahren die deutschsprachige Literatur nur wenig berücksichtigt. Sie konzentriert sich vornehmlich auf franko- und anglophone Texte seit dem 18. Jahrhundert, die im Unterschied zur deutschsprachigen Literatur oftmals weniger religiös geprägt sind.[30] Die Forschung über den Zusammenhang von Literatur- und Religionsgeschichte im deutschsprachigen Raum wird wiederum meist in Deutschland betrieben und schenkt dem Riechen wenig Beachtung.[31] Zudem liegt der Zeitraum, den eine Studie zur Geschichte des gläubigen Riechens in der Natur ins Auge fassen müsste, quer zur eingespielten Periodisierung der Makro-Epochen von früher Neuzeit und Moderne. Erst seit kurzem sind Studien zur Geschichte der Gerüche in der deutschsprachigen Literatur stärker an religiösen und kultischen Kontexten interessiert und stammen bezeichnenderweise aus der Auslandsgermanistik.[32] Die Forschungslage lässt eine Kooperation jener literatur-, religions- und kulturhistorischen Forschungszweige vermissen – und kommt ihr zugleich entgegen.

Geruchsmotive leisten einen emotional gewichtigen Beitrag zur adressierten Wirkung literarischer Texte. Sie wirken meist hintergründig und überraschen daher, wenn sie in auffälliger Weise eingesetzt werden. Im Interesse an einem nuancierten Textverständnis werden sie in der Regel im Rahmen untergeordneter Teilfragen breiter angelegter Studien behandelt.[33] Seit dem späten 19. Jahrhundert

---

[30] Als ernstzunehmendes Thema hat die Religion „die deutsche Kultur- und Literaturgeschichte im Zeitraum zwischen Luther und Goethe [...] intensiver und länger als die der benachbarten europäischen Länder beschäftigt" (Kemper: Von der Reformation bis zum Sturm und Drang, S. 7). Zum vergleichsweise langsamen Abschied des deutschen Realismus von der Metaphysik siehe Stephan Kohl: Realismus. Theorie und Geschichte. München 1977, S. 110; zum Anspruch des englischen Realismus auf Nähe zur sozialen Wirklichkeit – auch im Blick auf seine idealisierenden Tendenzen – siehe ebd., S. 97–98.
[31] Zum Zusammenhang von Literatur- und Religionsgeschichte in der frühen Neuzeit siehe einführend Kemper: Von der Reformation bis zum Sturm und Drang; zur Religiosität der Moderne seit der Frühromantik siehe Vietta: Die literarische Moderne.
[32] Frank Krause: Barthold Heinrich Brockes und das Nature Writing. In: Gabriele Dürbeck u. Christine Kanz: Deutschsprachiges Nature Writing von Goethe bis zur Gegenwart. Kontroversen, Positionen, Perspektiven. Stuttgart 2020, S. 39–55; ders.: „sie werden in dionysischen Sandalen stinken ..." Zur Problemgeschichte von Geruchsmotiven im Werk von Carl Einstein. In: Juni (2022), H. 59/60, S. 99–104.
[33] Vgl. Peter Utz: Das Auge und das Ohr im Text. Literarische Sinneswahrnehmung in der Goethezeit. München 1990; Silke Pasewalck: „Die fünffingrige Hand". Die Bedeutung der sinnlichen Wahrnehmung beim späten Rilke. Berlin/New York 2002; Haru Hamanaka: *Körper* und *Sinne* in der

hat die Literaturwissenschaft solche Motive auch in gesonderten Studien untersucht. Frühe Arbeiten zum Thema fragten nach Gründen für prägnante zeitgeschichtliche Abweichungen von der Tradition, Gerüche spärlich zu thematisieren,[34] und erste einschlägige literarhistorische Aufsätze der 1960er und 1970er Jahre widmeten sich der humorvollen Verwendung von Motiven des Gestanks in der englischsprachigen Satire aus der ersten Hälfte des 18. Jahrhunderts, die der Gegenwart fremdartig anmuten.[35] Zusammenhänge der Literatur mit anderen Arten des Wissens über Gerüche wurden zunächst aus kulturanthropologischer Sicht als Beispiele für allgemeinere Tendenzen der Geruchskultur ausgewertet.[36]

Anfang der 1980er Jahre begann die sozial- und kulturhistorische Forschung, Profile besonderer Epochen der Geruchskultur herauszuarbeiten. Alain Corbins grundlegende, sozial- und kulturgeschichtlich orientierte Studie über den Wandel der Bedeutung des Geruchssinns ab der zweiten Hälfte des 18. bis zum Ende des 19. Jahrhunderts schärfte den Sinn für die Geschichtlichkeit der meist fraglos geltenden Grundlagen unserer Geruchskultur;[37] sie erweiterte die Spielräume der

---

deutschen Gartenliteratur um 1800. In: Neue Beiträge zur Germanistik (2004), H. 1, S. 32–46; Görner: Das parfümierte Wort.
34 Siehe Léopold Bernard: Les odeurs dans les romans de Zola. Montpellier 1899 u. Edward Larocque Tinker: Lafcadio Hearn and the Sense of Smell. In: The Bookman (1924), H. 1, S. 519–527; beide Texte sind heute nur noch in Fachbibliotheken zu finden. Vgl. Rindisbacher, S. 144, Fn. 2 und Catherine Maxwell: Scents and Sensibility. Perfume in Victorian Literary Culture. Oxford 2017, S. 163, Fn. 109. Diese Tradition wird fortgesetzt in John Sutherland: Orwell's Nose. A Pathological Biography. London 2016. Vgl. auch Margot Szarke: Modern Sensitivity. Émile Zola's Synaesthetic Cheeses. In: French Studies (2020), H. 2, S. 203–222.
35 Siehe Philip Stevick: The Augustan Nose. In: University of Toronto Quarterly (1965), H. 2, S. 110–117, u. Paul C. Davies: Augustan Smells. In: Essays in Criticism (1975), H. 4, S. 395–406; die kulturanthropologische Anregung zu diesen Studien ging aus von Adrian Stokes: Strong Smells and Polite Society. In: Encounter (1961), H. 9, S. 50–56.
36 Siehe Tellenbach sowie Annick le Guérer: Scent. The Mysterious and Essential Powers of Smell [frz. 1988]. New York 1992. Im Grenzbereich zum Infotainment bewegt sich Jim Dawson: Who Cut the Cheese? A Cultural History of the Fart. Berkeley 1999.
37 Die von Corbin in *Pesthauch und Blütenduft* entwickelte These, dass die Sozialhygiene seit dem ausgehenden 18. Jahrhundert an ein neues, chemisches Verständnis der Luft als einem gemischten Gas anknüpft, dessen Zusammensetzung sich zum Zweck der Seuchenprävention kontrollieren und riechend auf ansteckende Gase untersuchen lässt, ist in der jüngeren Forschung implizit oder explizit kompliziert worden. Auch Cornelia Zumbusch (in: Die Immunität der Klassik. Berlin 2012, S. 36–40) betont die Bedeutung der Luftreinheit für die moderne Seuchenprävention, zeigt aber zugleich, dass sich die zeitgenössische Medizin vom Erklärungsmodell schädlicher Gerüche bzw. Gase, die älteren Ansätzen vor allem als Pestursache galten (Zumbusch, S. 54), löst; so führt Christian Wilhelm Hufeland die atmosphärische, im Medium der Luft erfolgende Variante der Ansteckung weder auf deren chemische Zusammensetzung noch auf inorganische Partikel zurück, sondern auf eine Art lebenserzeugenden Samens (siehe dazu Zumbusch, S. 57–59; zu älteren Zweifeln am Mi-

historischen Kontextualisierung olfaktorischer Motive in der Literatur und regte Rindisbacher zu Beginn der 1990er Jahre dazu an, die Geschichte der Geruchswahrnehmung in der Literatur seit dem 19. Jahrhundert mit Blick auf das Triebschicksal des olfaktorischen Begehrens im Wechselspiel von hygienischer Geruchskontrolle und machtkritischer Sinnlichkeit darzustellen. Seither hat die sozial- und kulturhistorische Forschung einzelne Aspekte der Geruchskultur in Antike, Mittelalter, früher Neuzeit und Moderne genauer herausgearbeitet;[38] literarhistorische Studien konzentrieren sich auf die englisch- und französischsprachige Literatur des 18. und 19. Jahrhunderts, gehen den Codierungen von Blütendüften und Parfums nach, fragen nach epochentypischen Geruchsthemen und arbeiten besondere Techniken der Codierung von Gerüchen in sozialen Beziehungen heraus. Neuere Studien zur deutschen Literatur haben sich auf Leichengeruch im Ersten Weltkrieg, ausgewählte Werke einzelner Autoren der klassischen Moderne (zum Beispiel von Thomas Mann, Paul Scheerbart, Robert Musil und Robert Walser), einige Expressionisten (Johannes R. Becher, Salomo Friedlaender, Carl Einstein und Maria Lazar), den Dadaismus und moderne Synästhesien konzentriert.[39] Der

---

asma-Modell siehe S. 55, Fn. 141). William Tullett (in: Smell in Eighteenth-Century England. A Social Sense. Oxford 2019, S. 31) merkt an, dass die englische Medizin des 18. Jahrhunderts beginnt, die Ansteckung mit Nervenerregungen zu erklären (ähnlich Zumbusch, S. 62 u. 65); die Reinheit der Luft von schädlichen Gasen spielt in der Sozialhygiene zwar eine wichtige Rolle, doch den Gerüchen komme bei einschlägigen Diagnosen keine zentrale Bedeutung zu (Tullett, S. 67–87). Corbins Einsicht in die Bedeutung der Luftreinheit für die moderne Sozialhygiene wird durch solche Befunde nicht geschmälert; in welchem Ausmaß das Ideal der Frischluft in der literarischen Geruchskultur des Bürgerlichen Realismus von einem chemischen Zugang zur Komposition der Luft oder von anderen Erklärungsmustern angeregt wurde, bleibt damit freilich offen.
**38** Constance Classen, David Howes u. Anthony Synnott: Aroma. The Cultural History of Smell. London/New York 1994; Harvey; Alexander M. Martin: Sewage and the City. Filth, Smell, and Representations of Urban Life in Moscow, 1770–1880. In: The Russian Review (2008), H. 2, S. 243–274; Mark Bradley (Hg.): Smell and the Ancient Senses. London/New York 2015; Muchembled; Katelynn Robinson: The Sense of Smell in the Middle Ages. A Source of Certainty. London/New York 2020.
**39** Janice Carlisle: The Smell of Class. British Novels of the 1860s. In: Victorian Literature and Culture (2001), H. 1, S. 1–19; dies.: Common Scents. Comparative Encounters in High-Victorian Fiction. Oxford 2004; Clare Brant: Fume and Perfume: Some Eighteenth-Century Uses of Smell. In: Journal of British Studies (2004), H. 4, S. 444–463; Emily C. Friedman: Reading Smell in Eighteenth-Century Fiction. Lewisburg 2016; Frank Krause: Geruchslandschaften mit Kriegsleichen. Deutsche, englische und französische Prosa zum Ersten Weltkrieg. Göttingen 2016; ders.: The Stench of Corpses. On the Poetic Coding of Smell in the Literature of the Great War (1914–1933). In: The Intellectual Response to the First World War. How the Conflict Impacted on Ideas, Methods and Fields of Inquiry, hg. von Sarah Posman, Cedric Van Dijck u. Marysa Demoor. Brighton u. a. 2017, S. 171–184; Maxwell: Scents and Sensibility; Littérature. Sociabilités du parfum (2017), H. 2; Babilon; Jean-Alexandre Perras u. Érika Wicky (Hg.): Mediality of Smells/Médialité des Odeurs. Oxford u. a. 2021; Katharina Herold u. Frank Krause (Hg.): Smell and Social Life. Aspects of English, French and German Literature (1880–1939).

jüngste Sammelband, der auch literarhistorische Fragen behandelt, ist der Rezeption antiker Zugänge zu Gerüchen in der Moderne gewidmet.[40] Eine literarhistorische Studie zum gläubigen Riechen in der Natur ist bislang nicht vorgelegt worden.[41] Dieser Band richtet sich an Literaturwissenschaftler und -historiker aus der Germanistik und an Kultur- und Religionswissenschaftler und -historiker, die sich für die Bedeutung von Gerüchen im Schnittpunkt von Literatur und Religiosität interessieren.[42] Auch die Spezialforschung zu einzelnen Autoren könnte aus den folgenden Studien Anregungen beziehen.

---

München 2021; Krause: „sie werden in dionysischen Sandalen stinken ...";  ders.: Avantgarde, Olfaktion und Vernetzung: *Die Vergiftung* (1920) von Maria Lazar (1895–1948). In: Zagreber germanistische Beiträge (2023), H. 23 (im Erscheinen); Expressionismus (2023), H. 18.

40 Adeline Grand-Clément u. Charlotte Ribeyrol (Hg.): The Smells and Senses of Antiquity in the Modern Imagination. London u. a. 2022.

41 Die folgenden Überlegungen zum traditionsbildenden Beitrag der Religiosität zur literarischen Geruchskultur konvergieren aber mit Einsichten der älteren Forschung in die Geschichte der Synästhesie und ihrer Nähe zur Mystik (siehe dazu Louise Vinge: The Five Senses. Studies in a Literary Tradition. Lund 1975, S. 26–28, 41, 165–172 u. 179).

42 Zu Zusammenhängen von Glauben und Riechen in der Philosophie- und Religionsgeschichte siehe Diaconu: Tasten – Riechen – Schmecken, S. 195–200 und Volker Mertens: Frömmigkeit mit allen Sinnen. Mediologische Paradigmen. In: Albrecht Greule, Hans-Walter Herrmann, Klaus Ridder u. Andreas Schorr (Hg.): Studien zur Literatur, Sprache und Geschichte in Europa. Festschrift für Wolfgang Haubrichs zum 65. Geburtstag. St. Ingbert 2008, S. 143–159. Mădălina Diaconu (in: Wenn Museen beginnen zu atmen. Möglichkeiten und Herausforderungen der Duftgestaltung von Ausstellungen, unveröff. Ms. 2017) nimmt am Rande den Dialog mit literarhistorischen Studien auf 'https://www.researchgate.net/publication/317095709_Wenn_Museen_beginnen_zu_atmen_Moglich keiten_und_Herausforderungen_der_Duftgestaltung_von_Ausstellungen)' (Zugriff 22. September 2022).

# 2 Natur im sakralen Kontext: Wirkungsmächtige Geruchsmotive aus der Literatur von Antike und Mittelalter

Um die Bandbreite literarischer Bezüge zur Natur abzustecken, unterscheidet Silvio Vietta fünf Naturbegriffe: „Natur" könne die Welt im Ganzen (als „Gesamtheit des Seienden"), das rational erkennbare Wesen der Dinge, den ästhetisch erfahrbaren Raum der Wildnis oder einer gestalteten Landschaft sowie eine schöpferische Ursprungsmacht bezeichnen, die sich in der sprachlichen Welterschließung manifestiert.[1] Diese Begriffe variieren im historischen Wandel von Weltbildern, -einstellungen und -bezügen, und im Gebrauch des Wortes „Natur" können sie sich auf vielfältige Weisen überschneiden.

Im Folgenden bezieht sich der Begriff der Natur in erster Linie auf Landschaften; sie können als Park oder Garten in bebauten Räumen eingehegt werden oder als unbesiedelte Umwelt an bewohnte Räume grenzen. Selbst die Wildnis, die in Johann Gottlieb Schnabels Inselutopie aus dem Jahr 1731 (siehe Kap. 6) erst erobert werden muss, weist dort, wo Gerüche bedeutsam werden, bereits Spuren einer früheren Bearbeitung auf. Wenn unten von Gerüchen der Natur die Rede ist, geht es um die olfaktorischen Wirkungen unkontrollierter organischer oder anorganischer Prozesse, deren Rahmenbedingungen allerdings ebenfalls menschlichem Handeln entspringen können. Auch Gerüche, die als Deprivation natürlicher Bedürfnisse erfahren werden, können naturwüchsig entstehen. Dieser Naturbegriff ist auf leibliche Erfahrungen gelebter Räume zugeschnitten, die zwischen dem bebauten Wohnraum und unberührter Umwelt liegen, meist bewirtschaftet werden und daher vom Menschen mitgestaltet sind. Ein derart offener Begriff lässt sich auf diverse Erfahrungen im Zusammenhang unterschiedlicher Weltbilder anwenden.

Schon in antiken Mythen werden Landschaften thematisiert, in denen gute oder schlechte Gerüche im Wirkungsbereich der Götter bedeutsam werden, doch der Spielraum für Inszenierungen von Gerüchen der Natur im *sakralen* Kontext ist gering. In mythischen Weltbildern lässt sich der sakrale Bereich des kultischen Handelns von der profanen Zwecktätigkeit unterscheiden. Der Kult ist eine symbolische Handlung, die an höhere Mächte adressiert ist; er verleiht der Anerkennung ihrer Autorität und der daraus erwachsenden Pflichten einen sichtbaren Ausdruck und appelliert zugleich an die Mächte, das Wohl der Teilnehmer zu för-

---

1 Silvio Vietta: Wie die Natur zur Sprache bringen? Novalis' Lehrlinge zu Sais. In: Gabriele Dürbeck u. Christine Kanz (Hg.): Deutschsprachiges Nature Writing von Goethe bis zur Gegenwart. Kontroversen, Positionen, Perspektiven. Stuttgart 2020, S. 75–93, hier S. 75–81, Zitat S. 76.

dern und Schaden abzuwenden. Auch das profane Handeln erfolgt im Wirkungsbereich jener Mächte, schließt magische Praktiken ein und ist auf Kenntnisse über Anzeichen der Präsenz und spezifischen Wirkung göttlicher Wesen angewiesen, dient aber zweckmäßigen Eingriffen in die Wirklichkeit.[2] Für bedeutsame Gerüche der Natur im Kontext sakraler Handlungen ist in einem solchen Weltbild wenig Raum. Gerüche, die der kultischen Verständigung mit den Göttern dienen, entstammen meist der *Verwertung* von Pflanzen, Tieren und anorganischen Stoffen in magischen Riten. Besondere Gerüche – vor allem von Pflanzen[3] –, in denen sich die Macht spezifischer Götter im Kontext profanen Handelns zeigt, markieren keinen gesonderten Sakralbereich;[4] dass diese Macht sinnlich wahrnehmbar wird, bedeutet nicht, dass der Spielraum des profanen Handelns momenthaft *überschritten* wird. Auch wenn solches Wissen in rituellen Erzählungen überliefert wird, verbleiben diese Wahrnehmungen im profanen Kontext.

Das Zeitalter, das von mythischen Weltbildern geprägt ist, endet mit der sogenannten Achsenzeit (um 800–200 v. Chr.); seither werden Mythen im Sog der Aufwertung des erfolgsorientierten Handelns fortschreitend modifiziert.[5] Noch im Ausgang des mythischen Zeitalters wird im Heroenkult die Selbstbehauptung herausragender Krieger sakralisiert und in mythischen Erzählungen seither auch schriftlich überliefert; im Verlauf der Achsenzeit werden politische Herrscher in staatsreligiösen Kulten als Götter bestätigt und in epischen Erzählungen vom Ursprung ihrer Macht literarisch legitimiert. Der tradierte Mythos wird derweil literarisiert; überlieferte Mythen geraten zu fiktiven Stoffen einer Dichtung, die ih-

---

**2** Jürgen Habermas: Theorie des kommunikativen Handelns [1981]. 2 Bde. Frankfurt am Main 1988, Bd. 1, S. 76–85 u. Bd. 2, S. 287–289.
**3** Zur Bedeutung der Gerüche von Pflanzen als Ausdruck der Macht spezifischer Götter im ägyptischen und griechisch-römischen Altertum siehe auch das Interview mit Amandine Declercq: The Fragrance of Ancient Kyphi. An Experimental Workshop. In: Adeline Grand-Clément u. Charlotte Ribeyrol (Hg.): The Smells and Senses of Antiquity in the Modern Imagination. London u. a. 2022, S. 193–204, hier S. 199.
**4** Zur Dominanz der Orientierung olfaktorischer Artenkenntnis in der Antike an Fragen des Nutzens siehe Jane Draycott: Smelling Trees, Flowers and Herbs in the Ancient World. In: Mark Bradley (Hg.): Smell and the Ancient Senses. London/New York 2015, S. 60–73.
**5** Karl Jaspers: Vom Ursprung und Ziel der Geschichte [1949], hg. von Kurt Salamun. In: ders.: Gesamtausgabe. Bd. I/10. Basel 2017, S. 17–57 u. 225. Bernhard Malkmus bringt diese Zeit mit „Siedlungskulturen" in Verbindung, die „im Nahen Osten und Mittelmeerraum dem Konkurrenzdruck von extrem mobilen Reitervölkern" durch eine Verbesserung der sozialen Organisation „widerstanden" (Bernhard Malkmus: Maikäfer flieg! Das Sterben der Arten und das Schweigen der Literaten. In: Merkur (2018), H. 2, S. 34–43, hier S. 38). Damit knüpft er an eine These von Alfred Weber, deren Tragweite Jaspers selbst etwas skeptischer beurteilte (Jaspers, S. 29–31). Kontexte dieser Entwicklung im Lichte der jüngeren Forschung erhellt leicht verständlich Lewis Dartnell: Origins. How the Earth Shaped Human History [2019]. London 2020, S. 183–216, hier S. 201–203.

rerseits sakrale Autorität erheischt, und die tragischen Mythen des antiken Dramas, das selbst kultische Züge trägt, loten Muster der Verletzung sakraler Gebote aus. Literarische Mythen stellen meist kultisch relevante Gerüche dar; zudem werden sinnenfällige Erscheinungen der Götter in der Literatur oft von ambrosischen Gerüchen begleitet. Gerüche von Landschaften, die als Aufenthalt oder Wirkungsbereich besonderer Götter dargestellt werden, markieren auch hier keinen gesonderten sakralen Handlungsort.[6]

Gleichwohl leistet der literarische Mythos wichtige Vorarbeit für spätere Darstellungen von Gerüchen der Natur in sakralen Kontexten. Seit dem 3. Jahrhundert v. Chr. zelebriert die Bukolik das einfache Leben in idealisierten Landschaften eines unwiederbringlich verlorenen Zeitalters; zudem bringt die Antike eine Lehrdichtung hervor, die Wissen über den Landbau naturfromm vermittelt. In beiden Gattungen werden Gerüche, die mit der *Aneignung* oder *Verwertung* der Natur verbunden sind, kultisch *inszeniert*. In der Bukolik werden Gerüche der Natur teils auch im Vorfeld oder Hintergrund ritueller Praktiken dargestellt, ohne im Sinn thematischer sakraler Akte aufzugehen. In beiden Textsorten findet sich zudem das Motiv des nach Thymian duftenden Honigs als Symbol der hellenistischen Dichtung, das in den Epen von Vergil und Ovid nachwirkt und einen natürlichen Geruch suggestiv mit poetischem Gesang verknüpft; spätere Synästhesien von natürlichen Gerüchen und expressiven Klängen werden hier bereits vorgedacht.

In der siebten Idylle des Theokrit (3. Jahrhundert v. Chr.) mit dem Titel „Das Erntefest" singt der Ziegenhirt Lykidas, dessen Fell „nach frischem Lab roch", mit Simichidas um die Wette, der auf dem Weg zu einer „Opferfeier" für „Demeter" ist. Dieser gebührt Dank, denn „über alle Maßen hat die Göttin ihre Tenne mit Gerste gefüllt".[7] Die Idylle schließt mit dem naturfrommen Genuss von Wein in einer Landschaft, deren angenehmer Geruch auf die erfolgreiche Aneignung der Natur verweist: „Alles roch nach sehr reichhaltiger Kornernte, es roch nach geernteten Früchten."[8] In Vergils *Bucolica* (verf. 41–39 v. Chr.), die an Theokrits Dichtung anknüpfen, werden „Knoblauch und Quendel, duftende Kräuter", „wohlriechende[r] Dill" sowie „Lorbeer" und „Myrte" mit ihrem „lieblichen Duft" erwähnt, die in einer

---

6 In Apotheosen fällt der Geruch des sakralen Aktes mit dem Geruch des Göttlichen freilich zusammen: „Den geläuterten Leib salbte die Mutter mit göttlichem Balsam, berührte seinen Mund mit einer Mischung von Ambrosia und süßem Nektar und machte ihn zum Gott." (Ovid [P. Ovidius Naso]: Metamorphosen. Lateinisch/Deutsch. Stuttgart 2015, S. 787 (XIV.605–606); im lateinischen Original wird der Duft ausdrücklich benannt: „lustratum genetrix divino corpus odore / unxit [...]" (S. 786)).
7 Theokrit: Gedichte. Griechisch/Deutsch, hg. von Regina Höschele. Stuttgart 2016, S. 63–75, hier S. 65.
8 Theokrit, S. 73.

idealisierten Landschaft zu Gaben für Geliebte verarbeitet werden.[9] In Vergils (70–19 v. Chr.) *Georgica* (verf. 37–29 v. Chr.), die praktisches Wissen über den Landbau vermitteln, werden zu Beginn die Götter beschworen, sich des Landvolks zu erbarmen, darunter auch die „Götter und Göttinnen alle, die ihr eifrig die Fluren beschirmt und neue Feldfrucht ungesät sprießen laßt und den Saaten reichlich Regen vom Himmel ausgießt".[10] Die Kenntnis von Gerüchen der Natur trägt zur praktisch relevanten Bestimmung und klugen Nutzung der Arten bei,[11] doch unter performativem Aspekt erscheinen Motive von Gerüchen der Natur in einem kultischen Kontext.

In seinem Beitrag zum Wettgesang in Theokrits siebter Idylle stellt sich Lykidas vor, wie Tityros bald vom lange verstorbenen Ziegenhirten Komatas singen werde:

> Er wird davon singen, wie einst eine geräumige Truhe den Ziegenhirten lebend in sich einschloss aufgrund der üblen Ruchlosigkeit seines Herrn, wie die stumpfnasigen Bienen von der Wiese zur duftenden Zedernholzkiste kamen und ihn mit zarten Blüten ernährten, da die Muse ihm süßen Nektar über den Mund träufelte. Glückseligster Komatas, eben dies ist die Wonne, die dir zuteil ward: Auch du wurdest in eine Truhe gesperrt, auch du hast, von Bienenwaben ernährt, den Frühling durchgestanden. Ach, zähltest du doch nur zu den in meiner Zeit Lebenden, auf dass ich in den Bergen deine schönen Ziegen hüten und deiner Stimme lauschen könnte, während du, göttlicher Komatas, süß singend unter Eichen oder Pinien ruhtest.[12]

Die Idylle stilisiert das Erscheinen des Lykidas, der dem im Wettstreit siegreichen Simichidas später einen „Stab als Freundschaftsgeschenk von den Musen" übergeben wird, zur Epiphanie,[13] und der für Ziegenfelle typische Labgeruch verbindet Lykidas zugleich mit dem göttlichen Sänger Komatas. Der kultische Anspruch der Dichtung wird so unterstrichen, und der Komatas-Mythos begründet die Aufwertung des Geruchs von Thymian und des von seinem Aroma geprägten Honigs zur Metapher bzw. zum Symbol einer heiligen Dichtkunst.

Seit der Antike ist der Hymettos, ein mit Thymian bewachsener Bergrücken bei Athen, dafür bekannt, den Bienen, die den Honig der Region erzeugen, ihre Nahrung zu liefern, und die „Biene ist in besonderem Maße ein Symbol für den hellenistischen Dichter, weil Rezeption und Produktion, Arbeit und Nahrungsaufnahme

---

9 Vergil [P. Vergilius Maro]: Bucolica. Hirtengedichte, hg. von Michael von Albrecht. Stuttgart 2015, S. 17 (II.11), 19 (II.48) u. 21 (II.54–55).
10 Vergil [P. Vergilius Maro]: Georgica. Vom Landbau, hg. von Otto Schönberger. Stuttgart 2010, S. 7 (I.21–23).
11 Vergil: Georgica, S. 9 (I.56–59), 19 (I.188), 45 (II.117–119), 47 (II.132–135), 99 (III.414–415), 101 (III.451), 111 (IV.30–31), 115 (IV.109), 119 (IV.169), 125 (IV.270); zu Gerüchen im kultischen bzw. göttlichen Kontext siehe S. 133 (IV.379) u. 135 (IV.415).
12 Theokrit, S. 69.
13 Theokrit, S. 73; vgl. Regina Höschele: Anmerkungen. In: Theokrit, S. 242–281, hier S. 251.

in ihrer Tätigkeit unauflöslich miteinander verbunden sind"; diese Symbolik knüpft an den „Mythos von Komatas, dem musischen Hirten" an, „der von einem ungerechten Herrn in einen Kasten eingeschlossen und von Bienen mit Honig ernährt wird".[14] In einem Epitaph auf den Komödiendichter Machon (3. Jahrhundert v. Chr.) dient Thymian als Grabschmuck und spielt auf die Biene an: „Keine plündernde Hummel bedeckest du, sondern es schlummert / Hier ein Erbe der Kunst heiliger Vorzeit in dir."[15] „*Hummeln* oder *Raubbienen* nannte die bilderreiche Sprache der Griechen solche Schriftsteller, die nur von fremden Gedanken zehrten, oft mit Verunglimpfung des Beraubten",[16] während die Rede von Bienen und duftendem Thymian der rituellen Dichterehrung dient:

> *Thymian* bezeichnet die geistreiche Anmuth des attischen Stils, von jener Pflanze, die den Hymettus bedeckte und dem dortigen Honig seinen gewürzreichen Duft gab. *Nach Thymian duften* war daher ein Lob derjenigen Schriftsteller, welche sich des attischen Stils bemächtigt hatten.[17]

Der Topos des nach Thymian duftenden Honigs findet sich bei römischen Schriftstellern, die sich an der hellenistischen Dichtung orientieren. Vergil verwendet ihn zum einen in der *Aeneis* (verf. 29–19 v. Chr.), als er die arbeitenden Tyrier mit Bienen vergleicht; da Tyros in Arkadien liegt, spielt er kunstreich auf die Bukolik an.[18] Ein Dichterlob in den *Bucolica* arbeitet mit einem verwandten Bild, ohne den Geruch eigens zu erwähnen: „solange sich Bienen von Thymian nähren […], wird stets deine Ehre, dein Name, dein Ruhm Bestand haben."[19] Der Thymian kann auch mit weiblicher Süße verglichen werden und verbindet so einmal mehr die duftende Pflanze mit besungener Schönheit. In den *Georgica* setzt Vergil den Topos im Zusammenhang mit der Bienenzucht ein, ohne auf die Dichtung anzuspielen, erwähnt aber den Glauben, „in den Bienen wohne ein Funke des göttlichen Geistes".[20] In Ovids (43 v. Chr.–17 n. Chr.) *Metamorphosen* (verf. 1–8 n. Chr.) tröstet Pythagoras in seiner Rede zur Verteidigung des Vegetarismus die Zuhörer: „man raubt euch ja weder die flüssige Milch noch den Honig, der nach Thymianblüte duftet";[21] mit dieser Anspielung setzt Ovid die Verehrung des vom griechischen Geist inspirierten

---

14 Michael von Albrecht: Kommentar. In: Vergil: Bucolica, S. 93–225, hier S. 102 u. 216.
15 Dioskorides: Machon (I.530.XXX), zit. n. Friedrich Jacobs (Hg.): Tempe. Bd. 1. Leipzig 1803, S. 56.
16 Friedrich Jacobs: Anmerkungen. In: ders. (Hg.), S. 361–463, hier S. 386.
17 Jacobs, S. 386.
18 Vergil [P. Vergilius Maro]: Aeneis [verf. 29–19 v. Chr.]. Lateinisch/Deutsch, hg. von Edith u. Gerhard Binder. Stuttgart 2012, S. 36 (I.436).
19 Vergil: Bucolica, S. 49 (V.77–78); vgl. S. 61 (VII.37).
20 Vergil: Georgica, S. 123 (IV.220); zum Lobpreis des Thymians aus Hybla siehe S. 118 (IV.169).
21 Ovid, S. 811–813 (XV.79–80).

Dichters als eines göttlichen Propheten fort.²² Die suggestive Verbindung von natürlichen Gerüchen und expressiven Klängen, die in anderer Form und unter veränderten Prämissen auch in der Romantik eine wichtige Rolle spielt (siehe Kap. 12), hat mithin eine lange Tradition; Hugo von Hofmannsthal (1874–1929) inszeniert eine erst nach Thymian und später nach Honig duftende Atmosphäre, die auf jenen antiken Topos anspielt, noch im späten Symbolismus (siehe Kap. 14).

Bei Platon (428/427–348/347 v. Chr.) werden in der Antike unterdessen Grundlagen für eine Poesie geschaffen, die Landschaftswahrnehmungen kultisch inszeniert, dem Schönen eine sakrale Autorität zuschreibt, das Wohlbehagen im heiligen Kontext mit Gerüchen steigert und einen inneren Zusammenhang von Schönheit und Liebe postuliert. Platon stand den homerischen Darstellungen von Versuchen, Strafen der Götter durch „Räuchern" und „Gedüft" abzuwehren, ablehnend gegenüber,²³ weil der Gerechte den Zorn der Götter nicht zu fürchten brauche und eine erfolgreiche Bitte um Schonung die Ungerechten ungestraft ließe.²⁴ Zudem hielt Platon „Rauchwerk und Salben", die dem Genuss der Liebe dienen, für Quellen einer tyrannischen Lebensweise;²⁵ die Geruchskultur des alten Mythos ist hier also weitgehend entwertet. Im *Phaidros* holt Platon das Motiv des Dufts eines heiligen Bezirks in den Horizont eines durch das universalistische Weltwissen gerechtfertigten Mythos ein. Wenn er von „Ambrosia" und „Nektar" als Nahrung göttlicher Seelen spricht,²⁶ ist von Geruch keine Rede; als Sokrates unter Anrufung der Göttin Hera einen ländlichen Ort preist, lobt er indessen auch die Gerüche:

> Bei der Here! dies ist ein schöner Aufenthalt. Denn die Platane selbst ist prächtig belaubt und hoch und des Gesträuches Höhe und Umschattung gar schön, und so steht es in voller Blüte, daß es den Ort mit Wohlgeruch ganz erfüllt. Und unter der Platane fließt die lieblichste Quelle des kühlsten Wassers, wenn man seinen Füßen trauen darf. Auch scheint hier nach den Statuen und Figuren ein Heiligtum einiger Nymphen und des Acheloos zu sein. Und wenn du das suchst, auch die Luft weht hier willkommen und süß und säuselt sommerlich und lieblich in den Chor der Zikaden. Unter allem am herrlichsten aber ist das Gras am sanften Abhang in solcher Fülle, daß man hingestreckt das Haupt gemächlich kann ruhen lassen.²⁷

---

22 Michael von Albrecht: Nachwort. In: Vergil: Bucolica, S. 263–285, hier S. 279.
23 Platon: Politeia. In: ders.: Sämtliche Werke. Bd. 2, hg. von Ursula Wolf. Reinbek bei Hamburg 1994, S. 195–537, hier S. 254 (364d–e).
24 Zu den problematischen Folgen des Glaubens an die Wirkung dieser Opfer siehe Platon: Politeia, S. 254–256 (365a–366b).
25 Platon: Politeia, S. 482 (573a).
26 Platon: Phaidros. In: ders.: Sämtliche Werke. Bd. 2, S. 539–609, hier S. 568 (247e).
27 Platon: Phaidros, S. 546–547 (230b–c). Platons Darstellung des duftenden sakralen Naturbezirks lehnt sich an Sapphos Lyrik an, deren Motive auch den Sophisten Philostratus beeinflusst hatten; siehe Ashley Clements: Divine Scents and Presence. In: Bradley (Hg.), S. 46–59, hier S. 56.

Abgesehen vom Geschmack spricht die Szene alle Sinne an; der Gesichtssinn vernimmt das Schöne der Natur und der Kunst, das von angenehmen taktilen bzw. haptischen Empfindungen des kühlen Wassers, der wehenden Luft und des Grases, vom Wohlklang des Windes und der Zikaden und von Blumendüften begleitet wird. Im *Phaidros* wird die anschauende, vom tierischen Begehren entkoppelte Verehrung der Schönheit als Erinnerung der Seele an die Schau des wahrhaft Seienden im überhimmlischen Ort begriffen,[28] die den Menschen im Zustand eines von den Göttern gewährten Wahnsinns erfassen kann. Die schöne Landschaft als „der Nymphen Quelle und Ruhesitz" gerät zum sakralen Bezirk,[29] dessen angenehme Wirkung durch die Düfte der Natur gesteigert wird. Da Sokrates die Götter um Weisheit bittet, ist der Ort auch kultisch bedeutsam:

> O lieber Pan und ihr Götter, die ihr sonst hier zugegen seid, verleihet mir, schön zu werden im Innern, und daß, was ich Äußeres habe, dem Inneren befreundet sei. Für reich möge ich den Weisen halten, und solche Menge Goldes besitzen, wie ein anderer als der Besonnene gar nicht tragen und führen könnte.[30]

Platon unterscheidet den überhimmlischen Bezirk des gestaltlosen Gottes vom Inneren des Himmels als Aufenthalt der Götter. Um von der Erde zum Himmel aufzusteigen und den Göttern zu folgen, die sich dem höchsten Ort regelmäßig zuwenden, bedarf die Seele des Menschen eines Gefieders; der verkörperten Seele ist dieser Aufstieg indessen versagt. Diese Dreiteilung ist mit der christlichen Unterscheidung zwischen dem entgötterten Diesseits und einem Jenseits von Himmel und Erde, das der unsterblichen Seele im verkörperten Zustand unzugänglich ist, nicht identisch, doch Platons Gedanke, die Anschauung des Schönen könne die Kluft zwischen irdischem Dasein und überhimmlischer Gewissheit momenthaft überbrücken, ist mit dem christlichen Verständnis des Heiligen als einer realen Präsenz göttlicher Autorität im Diesseits vergleichbar.[31] In der Empfindsamkeit wird der platonische Zugang zu Gerüchen der Natur im sakralen Kontext in einem entgötterten Diesseits erneuert (siehe Kap. 7); der Mensch wird zum Gebrauch natürlicher Vermögen der moralischen Erkenntnis ermächtigt und erschließt in ästhetischen Erfahrungen sakrale Gehalte sozialer Gefühle, die der Autorität eines transzendenten Gottes folgen. In säkularen Kunstreligionen, deren Sprachmagie sich vom Monotheismus löst oder dessen Horizont zumindest übersteigt, regeneriert sich der

---

28 Platon: Phaidros, S. 568 (247c–e) u. 571 (249e–250b).
29 Platon: Phaidros, S. 608 (278b).
30 Platon: Phaidros, S. 609 (279b c).
31 Zu einschlägigen christlichen Traditionen siehe Hans-Georg Kemper: Deutsche Lyrik der frühen Neuzeit. Bd. 6/I: Empfindsamkeit. Tübingen 1997, S. 216–221.

platonische Glaube an die Manifestation einer sinnstiftenden Ursprungsmacht in der ästhetischen Erfahrung in einem poetischen Sehertum (siehe Kap. 12–19).

Bei Plinius dem Älteren (23/24–79) mündet die Entwertung des Mythos zugunsten einer Theorie der Allbeseelung in eine umfassende Sakralisierung der Natur. Er hält das „Weltall" für ein „göttliches Wesen" – „[h]eilig ist diese Welt" –, betrachtet die „Sonne" „als göttliche Kraft" und glaubt, die „heilig[e]" „Erde" mache „auch uns heilig". Gott zeige sich in dem, was „nach den Gesetzen der Natur abläuft", so dass es sich erübrige, „nach dem Bild und der Gestalt der Gottheit zu fragen".[32] Aus dieser Sicht gehören auch die Gerüche zu einem natürlichen und daher immer schon heiligen Zusammenhang. Laut Plinius lässt sich „Geruch [...] nicht anders verstehen als mit anderen Stoffen angereicherte Luft".[33] Er lehrt, dass Epileptiker „schon durch den Geruch des Thymians wieder zu sich" kommen, und da Thymian als Medizin häufig mit Honig verabreicht wird,[34] findet die Assoziation von Thymian, Honig und Sakralität in dieser nach-mythischen Metaphysik einen schwachen Nachhall. Für die christliche Aneignung metaphysischer Lehren ist ein solcher Ansatz interessant, weil er das Wesen der Natur als ein geistiges Prinzip denkt, das sich an die Lehre vom transzendenten Schöpfergott anschließen lässt; die derart gedeutete Natur büßt dabei allerdings ihren sakralen Status ein, wenn sie nicht zugleich als Ausfluss Gottes betrachtet und so – wie zum Beispiel in der hermetischen Tradition – zu Gottes „Bildniß" wird.[35]

Das Christentum entmythologisiert die Natur; hatte Vergil noch verkündet, dass „Gott alles, jegliches Land, die Weiten des Meeres und den tiefen Himmel" durchdringe,[36] kommt der christliche Theologe Augustinus (354–430) zum gegenteiligen Befund. Er befragt die Erde, das Meer, „die Abgründe und die Reptilien, die da leben", die Winde „und alles, was in" den Lüften „lebt", „den Himmel, die Sonne, den Mond und die Sterne".[37] „Ich durchforschte die gesamte Weltmasse nach meinem Gott, und sie antwortete mir: ‚Ich bin es nicht, aber er hat mich gemacht.'"[38] Das gläubige Riechen verlegt sich auf geistige Düfte; die kultische Ehrung Gottes in und mit Wohlgerüchen erfolgt im Inneren:

---

**32** Plinius der Ältere: Naturalis historia/Naturgeschichte. Lateinisch/Deutsch. Stuttgart 2021, S. 21, 25, 27 u. 35.
**33** Plinius der Ältere, S. 75
**34** Plinius der Ältere, S. 107; zur Verabreichung des Thymians mit Honig siehe S. 105 u. 107.
**35** Hermes Trismegistos: Erkenntniß der Natur und des darin sich offenbarenden großen Gottes, übers. von Aletophilus [1786]. Sauerlach bei München 1997, S. 57 (I.87).
**36** Vergil: Georgica, S. 123 (IV.221–222).
**37** Augustinus: Confessiones/Bekenntnisse. Lateinisch/Deutsch. Stuttgart 2017, S. 471 (X.VI.9).
**38** Augustinus, S. 473 (X.VI.9).

> Was liebe ich denn, indem ich dich liebe? Es ist [...] nicht lockender Duft von Blüten, Salbölen und Gewürzen [...]. Und doch liebe ich, indem ich meinen Gott liebe [...], eine Art Wohlgeruch [...], denn er ist [...] Wohlgeruch [...] meines inneren Menschen. [...] hier strömt ein Wohlgeruch, den kein Windhauch zerstreut [...]³⁹

Auch das Christentum kann in der Schönheit der Natur Gott ehren, doch dazu bedarf es eines vernünftigen Wissens, das die entgötterte Sinneswahrnehmung übersteigt:

> Zeigt diese Schönheit sich nicht allen, die heile Sinne haben? Warum aber sagt sie nicht allen dasselbe? Die Tiere, die kleinen wie die großen, sehen sie, aber sie können sie nicht befragen. Ihnen fehlt die Vernunft, die als Richter über die Meldungen der Sinnesboten urteilt. Menschen hingegen können fragen, um *das Unsichtbare Gottes durch das Geschaffene geistig zu erfassen.*⁴⁰

Ausdrücklich kritisiert Augustinus die „Augenlust" als „Erkenntnisdrang" ohne religiöse Ausrichtung;⁴¹ Weltwissen, das nicht zum Lob Gottes erarbeitet wird, ist ihm grundsätzlich zweifelhaft. In *metaphorischer* Rede spricht er von duftenden Spezereien, Salben für den Gebrauch in der Liebeskunst und dem Geruch von Heilpflanzen teils, um zweifelhafte Praktiken zu erhellen und teils, um geistig maßgebende Zusammenhänge zu qualifizieren; wenn er menschliche Herzen als Weihrauchschalen bezeichnet, richtet sich sein frommes Aufmerken nach *innen.*⁴² Auch Christen verwendeten Weihrauch kultisch, nachdem dieser keine pagane Staatsreligion mehr konnotierte,⁴³ doch die Suche nach der Gegenwart Gottes in der

---

39 Augustinus, S. 471 (X.VI.8).
40 Augustinus, S. 473 (X.VI.10).
41 Augustinus, S. 539 (X.XXXV.54).
42 Augustinus, S. 89 (II.III.7), 417 (IX.IV.7), 431 (IX.VII.16) u. 467 (X.IV.5).
43 Siehe dazu genauer Jerry Toner: Smell and Christianity. In: Bradley (Hg.): Smell and the Ancient Senses, S. 158–170, hier S. 166. In Ovids *Metamorphosen* steht noch fast jeder Geruch in einem Bezug zu göttlicher Macht, wobei Weihrauch und andere Opfer- oder Weihegaben mit Duftstoffen dominieren; zu „tura" als „Weihrauch" siehe S. 24 (I.249), 82 (II.289), 178 (III.733) (hier „turaque"), 180 (IV.11), 298 (VI.161), 298 (VI.164) (hier „turaque"), 300 (VI.172) (hier deprivativ: „sine ture"), 381 (VII.589), 422 (VIII.277) (hier deprivativ: „sine ture"), 476 (IX.159), 541 (X.273) (hier „turaque"), 542 (X.309), 568 (X.683), 614 (XI.577) u. 720 (XIII.636) (hier auch als „ture"); zu „tura" als „Weihrauchkörner" siehe S. 350 (VII.161); zu „turis" als „Weihrauchkorn" siehe S. 380 (VII.592); zu „turis" als „Räucherwerk" siehe S. 420 (VIII.266); zu „turis" als „Weihrauch" siehe S. 590 (XI.248) u. 752 (XIV.128 u. 130); zu „Weihrauch" in Ableitungen von „odor" siehe S. 194 (IV.209) („odoriferae"), 452 (VIII.740) („odores") u. 856 (XV.734) („odorant aëra fumis"); zu „Räucherwerk" in einer Ableitung von „odor" siehe S. 844 (XV.574) („odoratis herbosas"); zum Duft von Opferfleisch („nidor") siehe S. 642 (XII.153); zur Weihe eines Horns durch Najaden, die es mit duftenden Blumen füllen, siehe S. 470 (IX.87–88; „et odoro flore repletum / sacrarunt").

Natur und ihren Gerüchen ist von vorn herein vergeblich. Das Vernehmen heiliger Gerüche erfordert einen geistigen Sinn, der die mit den leiblichen Sinnen fassbare Natur überschreitet. In diesem Sinne sprach Paulus vom gottgefälligen, geistigen Geruch der Erkenntnis Christi und der Taten aus christlicher Liebe am Nächsten (2. Kor. 2: 14–16; Phil. 4: 18).[44]

Ab dem 13. Jahrhundert rezipierten christliche Theologen medizinische Theorien der Antike über ansteckende und heilende Wirkungen von Gerüchen, und sie arbeiteten den Glauben an den guten Geruch der Heiligkeit und an Sündengestank, der auf die Nähe des Teufels verweist, naturphilosophisch aus.[45] Gott, der übelriechende Krankheiten zur Strafe über die Sündhaften verhängt, ist im diesseitigen Geruch jedoch nicht präsent; die körperlichen Grundlagen des Riechens, dessen Ursachen und Wirkungen unter Berufung auf sakrale Schriften theologisch ausgelegt werden, sind ganz von dieser Welt. Wenn Ovid die Pest auf das Wirken der Götter zurückführt, schreibt er indessen von einer Sinnenwelt, in der die Macht höherer Wesen noch präsent ist;[46] im Blick auf Gerüche der Natur ist, wie sich zeigen wird, die christliche *Aneignung* solcher literarischen Mythen interessant.

In der höfischen Literatur des Mittelalters werden im Rahmen christlicher Gottesvorstellungen auch Wirkungen mythischer Kräfte thematisiert. Ein derart fiktionalisierter, allegorisch verstandener Mythos repräsentiert geistige Kräfte der Natur, die *zwischen* Transzendenz und Sinnenwelt liegen; wenn dieser Mythos mit biblisch beglaubigten Motiven verbunden wird, können solche Kräfte, die der weißen Magie zugänglich sind, als ein *sakraler Ausfluss* Gottes erscheinen, der auch in Gerüchen der Natur bemerkbar ist. Wolfram von Eschenbachs (1170–1220) *Parzival* (verf. um 1200–1210) stellt dem schlechten Geruch der Wunde eines Mannes, der gegen heilige Herrscherpflichten verstoßen hat, die guten Gerüche von Stoffen der Natur gegenüber, die das leibliche Wohl der Menschen fördern und geistige Heilkräfte entfalten. Der Gralskönig Anfortas wurde im siegreichen Zweikampf mit einem vergifteten Pfeil am Hoden verletzt und leidet seither an einer schwächenden und übel riechenden Blessur. Das verhängnisvolle Leiden ist die Strafe für sein Vergehen, eine andere Frau zur Geliebten genommen zu haben als

---

[44] Zur symbolischen Verknüpfung guter Taten mit Wohlgerüchen im Judentum siehe Deborah A. Green: Fragrance in the Rabbinic World. In: Bradley (Hg.): Smell and the Ancient Senses, S. 146–157, hier S. 156.

[45] Zum Verhältnis von göttlichem Ursprung und natürlichen Ursachen bei der Ansteckung durch schlechte Luft siehe die Beispiele in Katelynn Robinson: The Sense of Smell in the Middle Ages. A Source of Certainty. London/New York 2020, S. 136.

[46] An einer Stelle geht die durch Ausdünstungen verbreitete Pest auf den Zorn der Juno zurück (Ovid: Metamorphosen, S. 376 u. 378 (VII.523–524, 547–548 u. 550–551)); an einer anderen kann sie nur mit Hilfe eines Gottes überwunden werden (S. 848 u. 850 (XV.626 u. 645–647)).

jene, die ihm der heilige Gral zugedacht hatte, in dem sich der Ursprung und Auftrag seiner Herrscherwürde offenbart.[47]

Die guten Gerüche gruppieren sich im Epos um zwei Themen. Parzival, der Anfortas später erlösen wird, kommt in den Genuss von Gerüchen, wenn er gastfreundliche Aufnahme findet: als er von einem Burgherrn empfangen wird, nimmt er ein duftendes „bat": „man warf dâ rôsen oben în" [„In das Badewasser warf man duftende Rosen"],[48] und als Pelrapeire ihn aufnimmt, erhält er einen neuen, frisch riechenden Mantel: „des zobel gap wilden niuwen smac" [„Der Zobelbesatz roch noch nach frisch erlegtem Wild."].[49] Außerdem versuchen die Mitstreiter des Gralkönigs, seine Wunde mit einer besonderen Pflanze zu heilen; sie begeben sich an „diu vier wazzer ûz dem pardîs / sô nâhen hin zuo ir süezer smac / dennoch niht sîn verrochen mac" [„zu den paradiesischen Flüssen [...], und zwar ganz nahe bei ihrem Austritt aus dem Paradies, wo sein lieblicher, heilsamer Duft noch nicht verflogen war"].[50] Die riechbaren Heilkräfte der Natur erscheinen so als Ausfluss eines Bezirks, in dem Gott den ersten Menschen noch direkt begegnete – und zu dessen Kräften die Menschen indirekt weiterhin Zugang haben; dem Geruch paradiesischer Wasser in der postlapsarischen Welt haftet damit eine sakrale Qualität an. Auch in der Rede von der „guoten salben nardas" [„der trefflichen Nardensalbe"], die aus einem „Duftgewächs" hergestellt wurde,[51] hängen Wohlgeruch und Heilkraft eng zusammen.

Die Gralsritter besorgen auch „daz selbe rîs / Dar ûf Sibille jach / Enêas [...] / [...] vür den Flegetônen rouch" [„jene Pflanze, die Sibylle Äneas als Schutz gegen [...] den Dunst des Phlegeton [...] empfahl"].[52] In Vergils *Aeneis* half Sibylla dem Aeneas mit einem Zweig, den er zuvor in der Nähe des übelriechenden Flusses Avernus von einem heiligen Baum der Iuno gepflückt hatte, über den Styx; Tisiphone, die Wächterin des Tartarus am flammenden Fluss Phlegeton, hilft Aeneas später, das Tor der Festung zu passieren, indem er an dessen Schwelle einen Zweig befestigt.[53] Das Leiden des Anfortas wird mit der Situation eines Sterblichen verglichen, der bei lebendigem Leib durch die Hölle geht. Die Motive aus dem Mythos stellen den

---

**47** Wolfram von Eschenbach: Parzival. Bd. 2: Buch 9–16. Stuttgart 1981, S. 80–83 (II.9: 478, 12–16 u. II.9: 479, 8–12).
**48** Wolfram von Eschenbach: Parzival. Bd. 1: Buch 1–18. Stuttgart 1981, S. 284 u. 285 (I.3: 166, 22 u. 26).
**49** Eschenbach, Bd. 1, S. 316 u. 317 (I.4: 186, 10).
**50** Eschenbach, Bd. 2, S. 86 u. 87 (II.9: 481, 22–24).
**51** Eschenbach, Bd. 2, S. 92 u. 93 (II.9: 484, 15 u. Fn. zu „Narde").
**52** Eschenbach, Bd. 2, S. 86–89 (II.9: 481, 30 u. II.9: 482, 1–3).
**53** Vergil: Aeneis, S. 294 (VI.136–141), 300 (VI.201–211), 314 (VI.406), 324 (VI.548–550) u. 330 (VI.636). Auch Vergil stellt den übelriechenden Zonen des Unheils wohlriechende Bezirke des Heils (S. 332 (VI.656–659)) gegenüber.

## 2 Natur im sakralen Kontext — 29

scheiternden Versuch einer magischen Abwehr strafender Mächte dar: die Ritter können Anfortas' Wunde nicht heilen, sondern nur zur Linderung ihres Gestanks beitragen: „dâ treit man in ûf durch süezen luft, / durch sîner sûren wunden gruft." [„Dorthin [zum See Brumbane] bringt man ihn dann, damit die wohlriechenden Lüfte über dem See den üblen Geruch der Wunde vertreiben."][54] Der Wundgestank des Anfortas verweist auf eine höhere, göttliche Macht, die sich menschlicher Beherrschung entzieht.

Die Macht Gottes fließt also in den duftenden Bereich der weißen Magie aus, in dem Menschen über geistige Kräfte in der Natur verfügen, transzendiert aber das Diesseits und imponiert diesem ihr eigenes Gesetz. In der Gralsburg, in der Parzival aufgenommen wird, wird der Wundgestank mit Düften bekämpft, die zugleich eine gastfreundliche höfische Geselligkeit erlauben, und damit schließt sich der Kreis der beiden Motivstränge:

> swenn im diu scharpfe sûre nôt / daz strenge ungemach gebôt, / sô wart der luft gesüezet, / der wunden smac gebüezet. / vor im ûf dem teppech lac / pigment und zerbenzînen smac, / müzzel unt arômatâ. / durch süezen luft lag ouch dâ / drîakel und amber tiure: / der smac was gehiure. / Swâ man ûf den teppech trat, / cardemôm, jeroffel, muscât, / lac gebrochen under ir vüezen / durch den luft süezen: / sô daz mit triten wart gebert, / sô was dâ sûr smac erwert. / sîn viur was lign alôê: / [...] / durch ruowen vür das gelüppe / von würzen manec gestüppe / was ûf den kultern gesaet.

> [Wenn den König sein bitteres, schweres Leid mit heftigen Schmerzen plagte, dann erfüllte man den Raum mit angenehmen Düften, um den üblen Geruch der Wunde zu überdecken. Vor ihm auf dem Teppich lagen Gewürze, Spezereien, Riechhölzer und Würzkräuter. Auch Theriak und kostbare Ambra, die köstlichen Duft ausströmten, hatte man des Wohlgeruchs wegen hingelegt. Trat man auf den Boden, dann schritt man über zerstoßenen Kardamon, Gewürznelken und Muskatnüsse, die man wegen ihres Wohlgeruchs ausgestreut hatte. Zertrat man diese Gewürze, dann vertrieb ihr Duft den üblen Geruch der Wunde. Das Feuer im Aufenthaltsraum des Königs nährte man [...] mit Aloeholz. [...] Um den lästigen Geruch des Giftes zu bannen, hatte man die Polster mit allerlei Gewürzpulver bestreut.][55]

Anfortas wird von seinem Leiden durch Parzivals Mitleidsfrage nach dessen Grund erlöst. Nach der Heilung lodern „driu grôziu viur [...], / lign alôê des viures smac" [„drei mächtige Kaminfeuer aus wohlduftendem Aloeholz"];[56] der ambivalenten

---

54 Eschenbach, Bd. 2, S. 102 u. 103 (II.9: 491, 7–8).
55 Eschenbach, Bd. 2, S. 608–611 (II.16: 789, 21–II:16, 790, 13).
56 Eschenbach, Bd. 2, S. 638–641 (II.16: 808, 13–14). Der Erzähler erwähnt auch Darstellungen von Artus' Taten „in des meien bluomenzît. / was man im süezes luftes gît!" [„in der Maienblüte": „Stets läßt man ihn liebliche Maienlüfte atmen"], aber ob mit dem Angenehmen dieser Luft auch Gerüche angesprochen werden, bleibt offen (Eschenbach, Bd. 1, S. 478 u. 479 (I.6: 281, 19–20); vgl. S. 166 u. 167 (I.2: 96, 18–19): „vil boume stuont in blüete / von dem süezen luft des meien" [„Die linden Mailüfte

Mischung von Gestank und Düften weicht eine eindeutig positive Atmosphäre, die anzeigt, dass das weltliche Ethos mit dem göttlichen Willen, der es allererst rechtfertigt, wieder übereinstimmt. Das Epos traut sich zu, die sakrale Autorität des höfischen Ethos, die göttliche Strafe für seine Übertretung und das heilige Gebot der Mitleidsfrage eigenständig zu beglaubigen; dabei spielen Gerüche der Natur als Ausflüsse des Paradieses und der Hölle eine wichtige rhetorische Rolle. Das höfische Epos atmet noch „Märchenluft",[57] doch unter den Bedingungen der allegorischen Fiktion wird die spätere Sakralisierung von Gerüchen der realen Natur bereits vorgedacht.

Diese – gewiss kursorischen – Lektüren kanonischer Texte zeigen, dass die Aufklärung und ihre Erben auf lange Traditionen zurückgreifen können, wenn sie Gerüche der Natur im sakralen Kontext darstellen: auf kultische Inszenierungen olfaktorischer Eindrücke, auf naturfromme Darstellungen der Gerüche von Pflanzen, Tieren und Landschaften, auf die emotionale Steigerung des Naturschönen durch Düfte im Rahmen einer sakralisierten Liebesethik – und auf den häretischen Glauben an einen auch im Riechen vernehmbaren Ausfluss Gottes in die Natur. Das Novum des aufgeklärten Ansatzes besteht darin, die Heilszuwendung in der Natur in den Horizont eines Glaubens einzuholen, dessen fromme Exerzitien oder ethische Gehalte teils durch die diesseitige Erfahrung legitimiert sind. In den späteren, *nachchristlichen* Weltbildern der literarischen Moderne wirken diese feierlichen Inszenierungen von Gerüchen der Natur in einer Sprachmagie nach, die den ästhetischen Eigensinn autonomer Formen heiligt.

---

brachten viele Bäume zum Blühen"] – es geht also um die milde Temperatur der Luft. Ähnlich mehrdeutig ist die „luft" [„frische Luft"] (Eschenbach, Bd. 2, S. 208 u. 209 (II.11: 553, 9) sowie S. 546 u. 547 (II.15: 753, 24)).

57 Erich Auerbach: Der Auszug des höfischen Ritters. In: ders.: Mimesis. Dargestellte Wirklichkeit in der abendländischen Literatur. Bern ?1959, S. 120 138, hier S. 126. Zur rituellen Verwendung von Weihrauch im Zusammenhang literarischer Überlieferungen vom Heiligen Gral siehe auch Jessie L. Weston: From Ritual to Romance [1920]. Garden City, NY 1957, S. 134 u. 205.

# 3 Gerüche im sakralen Kontext: Überlieferte Fehldeutungen aus antiker und mittelalterlicher Literatur

Irrige Deutungen von Geruchszeichen in sakralen Kontexten beschäftigen die Literatur schon in Antike und Mittelalter, doch die Problematiken, aus denen solche Irrtümer hervorgehen, sind grundsätzlich anders definiert als in der aufklärerischen Konfessions- und Schwärmerkritik, die in der Klassik und teils auch im Realismus nachwirkt. Die literarische Inszenierung von Irrtümern über religiös bedeutsame Gerüche dient zunächst rhetorischen Absichten; das antike Drama interessiert sich für die Macht der Affekte im Zusammenhang mit Fehlhandlungen, die mit Geruchsmotiven auf emotional eindringliche Weise unterstrichen werden, während christlich orientierte Epen den täuschenden Einfluss sinnlicher Urteile auf religiöse Überzeugungen mit Geruchsmotiven auf besonders intensive Weise vergegenwärtigen. Erst die Aufklärung kritisiert irrige Auslegungen von Gerüchen als imaginative Verzerrungen einer natürlichen Welt, die ihr als Quelle eines wahrheitsfähigen Weltwissens gilt.

Wer Gerüche, die wertende Gefühle auslösen, auf sakrale Kontexte bezieht, orientiert sich aus gläubiger Sicht über den ethischen Gehalt starker Motive. Im Rahmen mythischer Weltbilder besteht die Gefahr, über profanen Zwecken den Sinn von Gerüchen im rituellen Kontext zu verkennen. Im Mythos des antiken Dramas werden affektgesteuerte Verkennungen der Grenzen zwischen kultischsakralem und zwecktätig-profanem Handeln in Situationen ausgelotet, deren Komplexität ein nuanciertes Urteil erfordert. Die folgenden Lektüren berühren nur einen kleinen Ausschnitt des rhetorischen und dramaturgischen Einsatzes von Geruchsmotiven in antiken Texten, der keinerlei motiv- oder stilgeschichtliche Repräsentativität beanspruchen kann, und die Frage, welche Bedeutung die Geruchsmotive in der Figurenrede im Kontext olfaktorischer Atmosphären antiker Theateraufführungen annehmen, muss im Folgenden ausgeklammert bleiben.[1]

Der zentrale Konflikt in Sophokles' (497/496–406 v. Chr.) Tragödie *Antigone* (uraufg. um 443/442 v. Chr.) entspringt dem Verbot des thebanischen Königs Kreon, die Leiche des Polyneikes zu bestatten. Diese Entehrung des gefallenen Kriegsgeg-

---

[1] Vgl. dazu Martina Treu: Incense on the Grass. A Strongly Perfumed *Libation Bearers* (1999). In: Adeline Grand-Clément u. Charlotte Ribeyrol (Hg.): The Smells and Senses of Antiquity in the Modern Imagination. London u. a. 2022, S. 224–242, hier S. 230–231, und Raffaella Vicci: „Balsama et Crocum per Gradus Theatri Fluere Iussit" (HA HADR. 19.5). The Contemporary Reception of Smells and Senses in the Roman Theater. In: Grand-Clément u. Ribeyrol (Hg.), S. 207–223.

ners stößt auf den Widerstand von Polyneikes' Schwester Antigone, die in Kreons Haus lebt und mit dessen Sohn Haimon verlobt ist. Kreons Anweisung, die Leiche den Vögeln zum Fraß vorzuwerfen, gilt ihr als Bruch mit „Recht und Brauch".[2] Antigone bedeckt den toten Bruder daher mit Staub, doch der erzürnte Kreon weist seine Wächter an, den Körper wieder freizulegen. Als Antigone den entblößten Leichnam erneut mit Staub eindeckt, wird sie von den Wächtern gefasst. Einer von ihnen berichtet auch vom Geruch, der von der Leiche ausgeht:

> So lief die Sache ab: Denn als wir hingekommen,
> von dir mit Schrecklichem bedroht,
> und weggefegt vom Toten allen Staub, der ihn
> bedeckte, und den Leib, der schon verweste, gründlich frei gelegt,
> da setzten wir uns auf der Hügel Höhn, den Wind im Rücken,
> dass wir vermieden, dass der Moderduft von ihm uns traf;[3]

Im „antiken Griechenland" prägten „vor allem Scheu und Zurückhaltung die Einstellung zum toten Körper". Seit „ca. 500 v. Chr." war es „üblich, den Verstorbenen nur einen Tag aufzubewahren"; in „Athen wurde der Leichnam vor Sonnenaufgang zu Grabe getragen".[4] Kreons Wächter sind hingegen einer Leiche im Verfallsstadium ausgesetzt, und sie müssen sie in der Glut der Mittagssonne bewachen.[5] Auch wenn Schändungen von Kriegsleichen durch den Sieger im griechischen Altertum ab dem 5. Jahrhundert v. Chr. selten sind: die in Homers *Ilias* auf dem Schlachtfeld noch gängige Praxis, den Leichen Ehrloser die Bestattung zu verweigern,[6] war in Bezug auf Landesverräter oder hingerichtete Verbrecher auch in Athen verbreitet,[7] und Kreons ursprüngliches Verbot mag einem athenischen Publikum zunächst als gängige Option im Spielraum des thebanischen Königs erscheinen. Kreon nötigt die

---

[2] Sophokles: Antigone. Tragödie, hg. von Mario Leis u. Nancy Hönsch. Stuttgart 2019, S. 7 (V. 24).
[3] Sophokles: Antigone, S. 22 (V. 407–412).
[4] Klaus Freitag: Zwischen religiösen Tabus, ökonomischen Rahmenbedingungen und politischer Instrumentalisierung: Das schwierige Verhältnis der Griechen zum toten Körper. In: Dominik Groß u. Jasmin Grande (Hg.): Objekt Leiche. Technisierung, Ökonomisierung und Inszenierung toter Körper. Frankfurt am Main/New York 2010, S. 39–77, hier S. 48 u. 71; zum Problem der Darstellung von Schrecken der Unterwelt in der Literatur vgl. Platon: Politeia. In: ders.: Sämtliche Werke. Bd. 2, hg. von Ursula Wolf. Reinbek bei Hamburg 1994, S. 195–537, hier S. 278–279 (386a–387b); zur spezifischen Unheiligkeit des Geruchs von Polyneikes' Leiche siehe Ashley Clements: Divine Scents and Presence. In: Mark Bradley (Hg.): Smell and the Ancient Senses. London/New York 2015, S. 46–59, hier S. 51–52.
[5] Sophokles: Antigone, S. 22 (V. 415–416).
[6] Vgl. Frank Krause: Geruchslandschaften mit Kriegsleichen. Deutsche, englische und französische Prosa zum Ersten Weltkrieg. Göttingen 2016, S. 18.
[7] Freitag, S. 61–62.

Wächter jedoch, sich einer bereits verwesenden Leiche auf unreine und unheilige Weise zu nähern; Antigone bestattet Polyneikes hingegen, nachdem ein nachmittäglicher Sturm die Sonne verdunkelt und die Landschaft eingestaubt hat, so dass ihr jene Atmosphäre des Verfalls erspart bleibt.[8] Der Wächter berichtet von einer Situation, die dem athenischen Publikum eine Verletzung der Grundregeln des Umgangs mit den Toten anzeigt. Für Antigone ist die Pflicht zur Bestattung ein Gesetz der Götter,[9] was dem Ritus auch dann einen sakralen Sinn verleiht, wenn er im griechischen Altertum allenfalls lose mit Lehren von religiösen Heilswegen verbunden ist und mit seinen Grabbeigaben zwar eine magische Kraft, aber keinen kultischen Status beansprucht.[10]

Da Polyneikes zusammen mit Antigone im Haus des Kreon an Kindes statt aufwuchs, berührt das Verbot des Königs auch die Ansprüche seines Haushalts; Antigone wiederum steht es – bei aller begründeten Gewissensnot – als Frau nicht zu, sich in öffentliche Angelegenheiten einzumischen. Kreon, der Antigone zur Strafe lebendig einmauern lässt, gibt sich einem Zorn und Stolz hin, der seine Fähigkeit zur klugen Staatsführung beeinträchtigt, doch auch Antigone verrät zweifelhaften Trotz, wenn sie ihre Hingabe an den Anspruch des toten Bruders am Ende von der allgemeinen Pflicht gegenüber Blutsverwandten entkoppelt.[11] Zudem nehmen ihre Rechtfertigungen auffällig oft den Gott der Unterwelt in Anspruch und verraten eine starke Bindung an das Reich der Toten,[12] deren Wohnstätte Homer zufolge „die Götter selber verabscheun".[13] Zu spät erkennt Kreon, dass die Götter die Bestattung des Toten verlangen, denn zu diesem Zeitpunkt haben sich Antigone, Haimon und Kreons Gattin bereits das Leben genommen. Am Ende bestätigt der Chor, dass Kreon ein sakrales Gebot verletzt hatte:

> Weitaus erste Bedingung des Glücks
> ist das vernünftige Denken; man darf die Sphäre der Götter
> niemals entheiligen; doch große Worte
> der über die Maßen Stolzen lehren,
> haben sie unter großen Schlägen gebüßt,
> im Alter vernünftiges Denken.[14]

---

8 Sophokles: Antigone, S. 22 (V. 417–421).
9 Sophokles: Antigone, S. 23–24 (V. 450–459).
10 Freitag, S. 39–44 u. 48–52.
11 Sophokles: Antigone, S. 41 (V. 905–912).
12 Bernard Knox: Introduction. In: Sophocles: The Three Theban Plays. Antigone, Sophocles, Oedipus at Colonus. Harmondsworth 1984, S. 35–53, hier S. 44–45.
13 Homer: Ilias, hg. von Roland Hampe. Stuttgart 2015, S. 415 (XX.65).
14 Sophokles: Antigone, S. 57 (V. 1348–1353).

Erst unter der Last des tragischen, von den Göttern verhängten Schicksals erkennt Kreon seine Schuld; der Bericht vom Geruch der Fäulnis hatte dem Publikum indessen schon früh angezeigt, dass er der Profanierung schuldig ist.

Die Profanierung einer Situation, deren schlechter Geruch im Zusammenhang mit dem Willen der Götter zu bewerten wäre, kann auch einer scheinbar gläubigen Fehldeutung entspringen. Die titelgebende Hauptfigur von Sophokles' Drama *Philoktet* (uraufg. um 409 v. Chr.) leidet nach einem Schlangenbiss an einem übel riechenden Geschwür, das große Schmerzen verursacht. Odysseus hatte seine Gefährten auf dem Weg nach Troja angewiesen, Philoktet auf der Insel Lemnos zurückzulassen,[15] da es, wie er rückblickend vorgibt,

> [...] weder möglich wurde, Weiheguss noch Rauchopfer
> in Ruhe anzurühren, sondern er
> durch wilde Misstöne das ganze Feldheer stets im Banne hielt,
> mit seinem Schreien, Heulen. Aber was ist's notwendig, hiervon
> zu reden? [...][16]

Im zehnten Kriegsjahr offenbart ein Götterspruch, dass Troja nur mit Hilfe Philoktets und seines Bogens eingenommen werden kann. Odysseus segelt nach Lemnos zurück, um den früheren Gefährten mit einer List nach Troja zu holen. Neoptolemos soll dem Philoktet vortäuschen, er werde per Schiff nach Hause gebracht. Der Ausgesetzte, der vor Schmerz immer wieder schreien muss, lobt seinen vermeintlichen Retter:

> Gerade die Atriden nahmen's keinesfalls auf sich, so leicht
> zu tragen sie, die tücht'gen Heeresanführer!
> Jedoch – denn edel ist dein Wesen, und es stammt von Edlen ab,
> o Kind! – du hast dies alles für gering
> geschätzt, sowohl von Schreien überhäuft als auch von widrigem Geruch.[17]

Odysseus' Rückblick auf seine Entscheidung, Philoktet auszusetzen, hatte den Ekel vor dem Wundgestank ausgespart; sein bewusster Abbruch der Erinnerung an weitere Details erweist sich als Ausweichen vor dem eigentlichen Problem. Philoktet weiß, dass der Gestank die Besatzung des Schiffs belasten würde, doch ein Edler sollte imstande sein, ihn zu ertragen:

---

15 Siehe dazu auch Homer, S. 43–44 (II.718–725).
16 Sophokles: Philoktet, hg. von Paul Dräger. Stuttgart 2012, S. 7 (V. 8–12).
17 Sophokles: Philoktet, S. 53 (V. 872–876).

Doch lasse die da, dass sie nicht belastet sind durch üblen
Geruch, bevor es nötig ist. Der Mühe nämlich, auf dem Schiff
mit mir zu wohnen, ist's für die da noch genug.[18]

Als Philoktet erfährt, dass Odysseus ihn nach Troja bringen will, wirft er ihm vor:

> Wie, o den Göttern du Verfeindetster, bin ich jetzt nicht für dich
> ein Lahmer, ein schlimm Riechender? Wie ist es möglich, für die Götter – wenn zugleich
>   mit euch
> ich segle – heil'ge Opfer zu verbrennen, wie, noch Trankspenden zu bringen?
> Denn dies war Vorwand dir, um mich hinauszuwerfen.
> Möget ihr übel zugrunde gehn! Zugrunde gehen aber werdet ihr, da Unrecht ihr getan
> (zeigt auf sich) an diesem Mann hier, wenn den Göttern an Gerechtigkeit noch liegt.[19]

Odysseus hatte die Bedeutung des Wundgeruchs im sakralen Kontext verfehlt: er stellt keine Störung des heiligen Bezirks aufsteigender Opferdüfte dar, sondern eine womöglich von den Göttern verhängte Belastung, die den Charakter des Odysseus auf die Probe stellt.[20] Anstatt seinen Ekel um des Mitstreiters willen zu überwinden, hatte er die Belange der Götter vorgeschützt, um sich rücksichtslos dem Abscheu zu entziehen.[21] Seine affektgesteuerte Fehldeutung und -handlung braucht aber nicht gerächt zu werden: der *deus ex machina* Herakles stellt Philoktets Heilung in Aussicht,[22] und der Halbgott überzeugt den Geschädigten auch, dass Zeus seine Teilnahme am Krieg auf Seiten der Griechen gebietet. Doch obwohl Odysseus' Glaube, dass den Göttern Philoktets Anwesenheit bei Opfern ein Greuel wäre, in die Irre geht, wird Gestank auch in diesem Stück vom Heiligen eindeutig abgesetzt; die Rede vom Wundgeruch ist in Jamben oder freien Rhythmen gehalten,[23] deren Nähe zum Alltagsduktus unfeierlich wirkt. Erst als sich die Abreise anbahnt, setzt das ge-

---

18 Sophokles: Philoktet, S. 54 (V. 890–892).
19 Sophokles: Philoktet, S. 64 (V. 1031–1036).
20 Winfried Menninghaus: Ekel. Theorie und Geschichte einer starken Empfindung. Frankfurt am Main 2002, S. 10. Zur These, dass Antipathien durch olfaktorische Aversionen nicht verursacht, werden, sondern in ihnen nur zum Ausdruck kommen, im Zusammenhang mit Sophokles' Philoktet siehe Mark Bradley: Foul Bodies in Ancient Rome. In: ders. (Hg.), S. 133–145, hier S. 135.
21 Anders als in der *Bibliotheke* des Apollodor, derzufolge Lemnos „durch den ‚üblen Geruch' der Lemnierinnen […] nicht nur stigmatisiert, sondern als Aussetzungsort auch prädestiniert ist", ist die Insel bei Sophokles unbewohnt (Paul Dräger: Nachwort. In: Sophokles: Philoktet, S. 129–141, hier S. 140; s. auch S. 134–135).
22 Genau genommen ist er als Halbgott ein *semideus ex machina*.
23 Paul Dräger: Metrische Übersicht. In: Sophokles: Philoktet, S. 109. Zur Nähe des Jambus zur Alltagssprache siehe auch Aristoteles: Poetik. Griechisch/Deutsch, hg. von Manfred Fuhrmann. Stuttgart 1994, S. 15.

hobene Versmaß des trochäischen Tetrameters ein.²⁴ Anders als Kreon blendet Odysseus den sakralen Kontext des eindringlichen Gestanks nicht aus; er schätzt die Erfordernisse der Opferungen aber falsch ein. Er konnte nicht wissen, dass der Sieg der Griechen von Philoktets Kriegsteilnahme abhängen würde, doch hätte Odysseus seine Pflichten gegen den Gefährten anerkannt, hätte sich dieses Problem erst gar nicht gestellt.

In Euripides' (484/485 – 406 v. Chr.) Drama *Die Bakchen* (uraufg. 405 v. Chr.) steht die sakrale Aura eines spezifischen Geruchs im kultischen Kontext erst gar nicht in Frage; der Protagonist irrt vielmehr, weil er einem Kult zu Unrecht die Anerkennung versagt. Dionysos nimmt „ein sterblich Aussehn" an;²⁵ während er den Zuschauern als Gott präsentiert wird, stellt er sich den Thebanern, die seine göttliche Abkunft bezweifeln, als *Statthalter* des Dionysoskultes vor. Thebens König Pentheus hält den „Opferdienst" an diesem „neugekommnen Gott" mit „Sang und Tanz", Weinrausch und spontanem „Beischlaf" für einen Frevel, den es zu bekämpfen gilt.²⁶ Den vermeintlichen Verkünder dieses Kultes bezeichnet er als „Weibischen"²⁷ und spottet:

> Es heißt, gekommen sei ein Fremdling hier ins Land,
> Ein Gaukler, Sänger, aus den Gauen Lydiens her,
> Mit blondgelocktem Haar verbreitend süßen Duft,
> Weinrot die Augen glühnd in Aphrodites Reiz[.]²⁸

Pentheus lässt den unerkannten Gott gefangennehmen; im Gespräch mit ihm bestätigt er sein nach „Weibsgeschmack" gutes Aussehen, das freilich nicht zum maskulinen Ethos der Thebaner passt, und er erwähnt auch die geweihte Locke des Mannes.²⁹ Das Publikum weiß um deren duftende Heiligkeit, doch der König hält an seinem „Hochmut" fest und droht, dieses Haar abzuschneiden.³⁰ Tiresias hatte

---

24 Vgl. die Anmerkung zu V. 1402 – 1408 in Paul Dräger: Anmerkungen. In: Sophokles: Philoktet, S. 111 – 122, hier S. 121.
25 Euripides: Die Bakchen, hg. von Oskar Werner. Stuttgart 2005, S. 6 (V. 53).
26 Euripides: Die Bakchen, S. 12 (V. 219 – 220 u. 223 – 224).
27 Euripides: Die Bakchen, S. 16 (V. 353).
28 Euripides: Die Bakchen, S. 12 (V. 233 – 236).
29 Euripides: Die Bakchen, S. 19 (V. 454). Zu problematischen Konnotationen parfümierter Männer in der Literatur bzw. Theologie der Antike siehe Shane Butler: Making Scents of Poetry. In: Bradley (Hg.), S. 74 – 89, hier S. 79, Fn. 25; Bradley: Foul Bodies in Ancient Rome, S. 142, u. Deborah A. Green: Fragrance in the Rabbinic World. In: Bradley (Hg.), S. 146 – 157, hier S. 154. Zur Stärkung der Maskulinität durch wohldosierte aromatische Öle im antiken Christentum siehe Jerry Toner: Smell and Christianity. In: Bradley (Hg.), S. 158 – 170, hier S. 165.
30 Euripides, S. 22 (V. 516).

Pentheus vergeblich gewarnt, den zweifelnden Verstand über die Autorität des Heiligen zu stellen;[31] dieses Missverhältnis von profanierendem Denken und sakralem Gebot wird von Dionysos persönlich korrigiert, indem er die Zweifler mit Raserei und Wahnsinn schlägt. Die skeptischen Frauen Thebens hatte er so bereits zum orgiastischen Opferdienst getrieben; nun verleitet er Pentheus dazu, diesen Kult zu beobachten. Dabei wird er von den Mänaden, unter denen sich seine Mutter besonders hervortut, als ein vermeintlicher Berglöwe zerrissen.

In der *Antigone* und in den *Bakchen* spielt Riechen eine untergeordnete Rolle, und die zentrale Bedeutung des Geruchsekels im *Philoktet* ist für die griechische Tragödie nicht repräsentativ. Gleichwohl belegen die Stücke, dass die literarische Auseinandersetzung mit Problemen, die Bedeutung von Gerüchen im Kontext des Glaubens angemessen einzuschätzen, eine lange Tradition hat und – bei aller rhetorischen und konzeptuellen Randständigkeit – die zentralen ethischen Belange einschlägiger Texte berührt. Motive des Gestanks werden in der Literatur der Antike vornehmlich als Mittel der Satire eingesetzt. Wenn in den Epoden des Horaz eine alte Frau mit bocksmäßigem Achselgeruch aus sexueller Gier die Domäne des Eros entweiht, reagiert der vergeblich Umworbene angeekelt mit einem satirisch ausgebreiteten Ausdruck der Missachtung, und seitdem Aethon in einem Epigramm (um 98 n. Chr.) von Martial (40 – c. 104) im Tempel des Jupiter eine Blähung entwichen ist, macht er sich zum Gespött, da er seine Gebete an den höchsten Gott vorsichtshalber nur noch mit angespanntem Ringmuskel vorträgt.[32] Die persuasive Kraft solcher Ridikülisierungen verdankt sich dem schroffen Kontrast des Gestanks mit der wohlgefälligen Aura erotischer Zeremonien und kultischer Bezirke.

Auch die christlich orientierte Literatur des Mittelalters befasst sich mit Problemen der angemessenen Deutung von Gerüchen im sakralen Kontext. Während sich die Helden des Mythos im Affekt einer Einsicht verschließen, die dem verständigen Akteur teils zur sinnlichen Gewissheit würde, geben sich die irrenden Christen dem trügerischen Schein der Sinne hin. Sie deuten sinnlich fassbare Umstände des Handelns in frommer Absicht als Zeichen der Erfüllung von Gottes Willen und verkennen, dass sich der providentielle Sinn des Weltlaufs nicht in der diesseitigen Praxis spiegelt. Die Providenz begünstigt menschliche Vorhaben allenfalls auf verborgenen Wegen; in literarischen Texten offenbart sie sich in Eingriffen, die den Spielraum der menschlichen Planung überschreiten. In einem entgötterten Diesseits, das nach Maßgabe einer *jenseitigen* Vorsehung erschaffen, erhalten und beeinflusst wird, ist die kultische Verständigung mit Gott – ungeachtet

---

31 Euripides, S. 11 (V. 200 – 209).
32 Horaz: Oden und Epoden. Lateinisch/Deutsch, hg. von Bernhard Kytzler. Stuttgart 2015, S. 260 – 263; zu Martial siehe Jim Dawson: Who Cut the Cheese? A Cultural History of the Fart [1999]. Berkeley 2018, S. 88 – 89.

aller weißen Magie – weitgehend entzaubert, und die göttlichen Absichten, die den Lauf der Welt bestimmen, kommen nicht in der sinnlich zentrierten Erfahrung zum Ausdruck. Dieser Befund gilt unabhängig davon, ob Gott von außen aufs Diesseits einwirkt oder – im Einklang mit hermetischen Lehren – in dessen Beseelung präsent ist.[33] Gewiss, sinnliche Eindrücke können als Zeichen eines im Glauben gerechtfertigten Sinns dienen; ob Duft auf heilige oder profane Kräfte verweist, und ob Gestank einer heiligen Askese entspringt oder sündhaftes Handeln anzeigt, ist aber eine religiöse Frage, über die nicht die Autorität der Sinne entscheidet.[34]

So ist Hiob, dem die Grundlage seines irdischen Glücks entzogen wird, ohne diese göttliche Prüfung im Lichte offensichtlicher Gründe verdient zu haben, mit abstoßendem Mundgeruch geschlagen (Hiob 19: 17);[35] der Gestank ist ein opakes Zeichen eines göttlichen Wirkens, dessen zureichender Grund der menschlichen Einsicht verborgen bleibt. Ein Ritus kann auch dann mit Gottes Zustimmung Segen spenden, wenn sich der vollziehende Akteur über die sinnenfälligen Umstände seines Handelns täuscht. Als sich Jakob den Erstgeburtssegen seines erblindenden Vaters Isaak mit einer List sichert – er zieht die Kleider des älteren Bruders Esau an und trägt ein Fell um die Hände, um dessen behaarte Haut vorzutäuschen –, hört Isaak Jakobs Stimme, lässt sich aber vom Tastsinn leiten und meint daher, Esau vor sich zu haben. Als er den zu Segnenden küsst, scheint der Geruch seiner Kleidung zu bestätigen, dass es sich um den Erstgeborenen handelt: „Da roch er den Geruch

---

33 Auch die hermetische Tradition unterscheidet klar zwischen seelischem Urteil und sinnlicher Evidenz: „Denn die Seele ist ohne Leib, und des Wesens des natürlichen Leibes nicht theilhaftig, denn wenn sie einen Leib hätte, hätte sie weder Vernunft noch Verstand, denn alle Leiber sind unverständig, aber indem sie das Wesen empfangen, bekommen sie, daß sie lebendige Thiere sind, und der Geist ist in dem Leibe. / Die Vernunft aber ist eine Betrachterin des Wesens der Schönheit, aber der sinnliche Geist ist ein Urtheiler des Sinnlichen, und wird vertheilet in die Werkzeuge der Sinne, ein Theil desselben ist der Geist des Gesichtes, ein Geist des Gehöres, des Geruches, des Geschmackes, des Gefühles." (Hermes Trismegistos: Erkenntniß der Natur und des darin sich offenbarenden großen Gottes, übers. von Aletophilus [1786]. Sauerlach bei München 1997, S. 138 (XVI.48–49)).

34 Das gilt auch dort, wo – wie im Mittelalter – ästhetische Erfahrungen als Medium der Mystik fungieren: „Ob etwa die im Gebet und in der geistigen Übung als ästhetische Erfahrung empfundene ‚Süße' göttlich-gnadenhaft (und damit befreiend), dämonisch (im Stolz ertränkt) oder naturhaft (in Selbstliebe gefangen) ist, lässt sich nicht an der sinnlich-affektiven Qualität der Süße ablesen, sonden nur an der mit der ästhetischen Erfahrung einhergehenden ethischen Formung, die den Spielraum zwischen der Welt, den Dämonen und Gott immer neu affektiv-sinnlich auslotet und ethisch evaluiert." (Niklaus Largier: Säkularisierung? Mystische Kontemplation und ästhetisches Experiment. In: Susanne Köbele u. Bruno Quast (Hg.): Literarische Säkularisierung im Mittelalter. Berlin 2014, S. 357–369, hier S. 357–358).

35 Siehe dazu Ludger Schwienhorst-Schönberger: Ein Weg durch das Leid. Das Buch Ijob. Freiburg im Breisgau u. a. 2007, S. 218–219, 223–225, 228–230 u. 246–248.

seiner Kleider und segnete ihn und sprach: Siehe, der Geruch meines Sohnes ist wie ein Geruch des Feldes, das der Herr gesegnet hat." (1. Mos. 27: 27) Hier befördert der *trügerische Schein* der Sinne den Willen Gottes; der heilsgeschichtliche Sinn des Segens bleibt Isaak verborgen (zur poetischen Säkularisierung dieser Diskrepanz zwischen sinnlicher Gewissheit und heiligem Sinn beim späten Rilke siehe Kap. 14).[36]

In der christlich ausgerichteten Literatur des Mittelalters sind Beispiele für Gerüche zu finden, die den täuschenden Anschein der Erfüllung von Gottes Willen erwecken. So führt Hartmann von Aue (um 1160 – um 1215) den Helden seiner Erzählung *Erec* (verf. um 1180 – 1190) in einen Baumgarten, der ein „paradîse" [„Paradies"] zu sein scheint, das dem dort lebenden Ritter zum Gefängnis gerät. Die Blumen „bâren" „süezen smac" [„dufteten" „süß"], und der „wâz" [„Duft"] des Obstes und der Blüten wäre geeignet, alles „herzeleide" [„Kummer"] vergessen zu machen, doch der Schein unüberbietbarer Erquickung im Stande religiöser Unschuld trügt.[37] Der riesige Ritter Mabonagrin hatte seiner Dame im Eifer des Liebeswerbens versprochen, ihr eine Bitte zu erfüllen,[38] ohne zu bedenken, dass sie mehr fordern könnte, als sein standesgemäßes Ethos zu geben erlaubt. So muss er ihr schwören, jene „ougenweide" [„prächtige[n]" „Anblick"] erst dann zu verlassen, wenn ihn ein Herausforderer im Zweikampf besiegt hat.[39] Die Dame vermeint, Gott habe ihr in seiner Gnade ein Paradies gewährt,[40] doch Mabonagrin und sein Hof müssen aller geselligen Lebensfreude entbehren; weder Minne noch einsame ritterliche Selbstbewährung können ihn dafür entschädigen. Da Erec ihn unerwartet besiegt und am Leben lässt, wird er durch Gottes Ratschluss, der sich ohne Wissen der Beteiligten durchsetzt, von seinem Leid erlöst.[41] Das Geruchsmotiv unterstreicht das Grundproblem des Epos, geschlechtliche Liebe und Herrscherpflicht in einem religiös begründeten höfischen Ethos überzeugend aufeinander abzustimmen;[42] einmal mehr betonen spärlich erwähnte Gerüche im sakralen Kontext die zentralen ethischen Belange eines Textes.[43]

---

36 Zur desambiguierenden Interpretation der Gerüche von Jakob und Esau im Kontext der Segnung durch Isaak im Judentum siehe Green, S. 154.
37 Hartmann von Aue: Erec. Mittelhochdeutscher Text und Übertragung. Frankfurt am Main 1987, S. 380, 381, 414 u. 415 (V. 8729 – 8730, 8735 u. 9542).
38 Aue: Erec, S. 392 (zur Riesengestalt), 408 (zum Namen) u. 412 (zum Versprechen) (V. 9013, 9384 u. 9491 – 9519).
39 Aue: Erec, S. 380 u. 381 (V. 8734); zum Inhalt ihrer Bitte siehe S. 414 u. 416 (V. 9550 – 9561).
40 Aue: Erec, S. 414 (V. 9534 – 9539).
41 Aue: Erec, S. 410 u. 416 (V. 9454 – 9455 u. 9582).
42 Die jüngere Forschung betont, dass Hartmanns *Erec* die Frage, ob den Figuren die vom Erzähler verbürgte Sakralität von Geschehnissen bewusst ist, mit Mehrdeutigkeiten gezielt offen lässt; vgl. Mark Chinca: Der Horizont der Transzendenz. Zur poetologischen Funktion sakraler Referenzen in

In Hartmanns höfischer Legende *Gregorius* (verf. 1187–1189 o. 1190–1195) deutet der titelgebende Sünder die schlechte Luft, die von seinem abstoßenden Körper ausgeht, als Zeichen seines Unwerts. Zwar kann sich diese Auslegung auf biblische Quellen stützen,[44] doch im frühen Christentum konnte Körpergestank im Zusammenhang mit asketischer Selbstkasteiung auch die Frömmigkeit eines Heiligen anzeigen.[45] Der Sünder, der seit siebzehn Jahren in einer Höhle sein Dasein fristet, um angekettet einsam Buße zu tun, ist zwar den Menschen ein „widerzæme" [„Abscheu"], dem Himmel aber „vil genæme" [„wohlgefällig"]. Er will zuerst nicht glauben, dass er Gnade vor Gott gefunden hat und zum Papst auserwählt wurde; seine abstoßende Erscheinung scheint ihm vielmehr seine Ungnade zu versinnlichen: „der gnâden wære mîn vleisch unwert" [„mein Leib wäre solcher Gnaden nicht wert"]. Er betont die „unsüeze / mîner baren vüeze" [„Abscheulichkeit / meiner bloßen Füße"] und meint, er habe es nicht verdient, in den Genuss der „süezen weter" [„sanften Lüfte"] zu kommen, die einen reinen Menschen lieblich oder wohlriechend umwehen.[46] Gerüche werden nicht eigens erwähnt, sind in diesem Vergleich aber impliziert, zumal Gregorius' Füße seit langem von den Eisenfesseln bis an die Knochen blutig aufgerieben sind.[47] Der abstoßende Körper

---

den Erec-Romanen Chrétiens und Hartmanns. In: Köbele u. Quast (Hg.), S. 21–38, hier S. 38. Im Folgenden geht es um den bloßen Schein diesseitiger Manifestationen göttlicher Macht, doch die unauflösbare Ambiguität wohlverstandener Erfahrung und ihre irrtümliche Desambiguierung sind zwei Seiten derselben Problematik. Zur Mehrdeutigkeit der Differenzen und Entsprechungen zwischen äußerer Natur, innerem Zustand und überirdischer Sphäre bei Hartmann siehe auch Susanne Reichlin: Interferenzen und Asymmetrien. Zu einigen Kreuzliedstrophen Hartmanns und Reinmars. In: Köbele u. Quast (Hg.), S. 175–195, hier S. 181–183.
43 Indem sich Hartmann zutraut, die Beziehung der höfischen Gesellschaft zur Providenz gleichsam von der Seite einzusehen, unterstellt er allerdings, „dass Gott höfisch ist". „Dieser Gott ist als Akteur in das Geschehen involviert und er ist auf der Seite derer, die die höfischen Werte als christliche vertreten. Er ist nicht nur barmherzig; er ist selbst höfisch." (Albrecht Hausmann: Erzählen diesseits göttlicher Autorisierung: *Tristan* und *Erec*. In: Köbele u. Quast (Hg.), S. 65–86, hier S. 80 u. 81).
44 Psalm 38: 6; 2. Makk. 9: 9–12. Vgl. Augustinus: Confessiones/Bekenntnisse. Lateinisch/Deutsch. Stuttgart 2017, S. 89 (II.III.8): die Rede des Büßers von seinem sündhaften Umgang als *Unrat*, der von ihm wie wohlriechende Substanzen geschätzt wurde, verbindet die unerkannte Sünde implizit mit verkanntem *Gestank*.
45 Zur Komplexität dieser Deutungen siehe Susan Ashbrook Harvey: Scenting Salvation. Ancient Christianity and the Olfactory Imagination. Berkeley u. a. 2006, S. 201–221.
46 Die angesprochene Umgebung reiner Menschen bleibt eine symbolische Vorstellung; sie taugt nur dann zum Vergleich mit der abstoßenden Sinnenwelt des Sünders, wenn auch diese symbolisch ausgelegt wird.
47 Hartmann von Aue: Gregorius der gute Sünder. Mittelhochdeutsch/Neuhochdeutsch. Stuttgart 1986, S. 198 u. 199 (V. 3421–3422), 204 u. 205 (V. 3527–3529) u. 206 u. 207 (V. 3539); vgl. S. 200 (V. 3449–

verweist in epochentypischer Manier auf Fragen von „Scham und Ehre",[48] doch das Bußritual eines scheinbar Unwürdigen entpuppt sich als Askese, die bereits im Diesseits belohnt wird. Im Unterschied zu Mabonagrins Dame deutet Gregorius seine Situation im Lichte triftigerer Gründe, denn sein unwissentlicher Inzest mit der Mutter rechtfertigt eine strenge Bußpraxis, doch auch er lässt sich von der sinnlichen Evidenz einer frommen Lebensweise, die in seinem Fall glaubwürdig ist, über den Willen Gottes täuschen.

In Hartmanns Verserzählung *Der arme Heinrich* (verf. Ende d. 12. Jahrhunderts) geht die Verwendung olfaktorischer Metaphern, die einen frommen Opferwillen rechtfertigen sollen, in die Irre. Die junge Meierstochter, die bereit ist, für den abstoßend aussätzigen Heinrich ihr Leben zu opfern, betrachtet das vergängliche weltliche Dasein als „fûlen mist" [„stinkenden Mist"];[49] „fûl" kann „morsch, faul, verfault, durch fäulnis verdorben" oder „stinkend" bedeuten und impliziert in Verbindung mit „Mist" schlechten Geruch.[50] Die Metaphorik liegt auf der Linie des christlichen *memento mori* und literarischer Ausdrucksformen eines christlichen Weltekels,[51] und die Eltern glauben gar, die Worte ihrer Tochter seien vom Heiligen Geist inspiriert.[52] Die junge Frau hat es mit dem Märtyrertod aber allzu eilig: da sich ihre löbliche Opferbereitschaft mit dem eigennützigen Wunsch mischt, dem irdischen Elend zu entfliehen und schon bald in den Genuss eines himmlischen Heils zu kommen, „spielt sie Christus gegen Heinrich aus".[53] Als Heinrich die schöne Tochter, der zu seiner Rettung lebendig das Herz aus dem Leib geschnitten werden soll,

---

3456). Siehe den Eintrag zu „süeze" in Matthias Lexer: Mittelhochdeutsches Taschenwörterbuch. Stuttgart 1979, S. 217: je nach Kontext kann das Wort auch „Wohlgeruch" bedeuten.
**48** Menninghaus: Ekel, S. 10.
**49** Hartmann von Aue: Der arme Heinrich. Mittelhochdeutscher Text und Übertragung. Frankfurt am Main 1987, S. 42 u. 43 (V. 730).
**50** Lexer, S. 301.
**51** Zum *memento mori* im 14. Jahrhundert vgl. Philippe Ariès: Geschichte des Todes. München 2009, S. 154 u. 155. In der ersten Hälfte des 13. Jahrhunderts beklagt Neidhart von Reuental in seinen *Winterliedern* den Ehrverlust der Herrin, die er vormals als Personifizierung der lieblichen Weltfreuden bzw. „Werltsüeze" [„Weltsüße"] besungen hatte: „sî gewinnet nimmer mêre rehten süezen smac. / sünden rîchen man, / hüetet iuwer vor ir wâze!" [„Sie gewinnt nie wieder ihren richtigen süßen Duft zurück. / Ihr sündhaften Männer, / hütet euch vor ihrem Hauch!"] (Neidhart von Reuental: Lieder. Auswahl, hg. von Helmut Lomnitzer. Stuttgart 1984, S. 76 u. 77 (18, V. 8 – 10) u. 78 u. 79 (18, VII.5)). Sie hat nicht nur ihren lieblichen Geruch verloren, sondern gibt, nachdem sie sich sinnbildlich in einer Pfütze verunreinigt hat, einen Hauch bzw. Duft von sich, vor dem man sich hüten sollte. Er muss erkennen, dass „die wîsen alle heizent gotes kint", „der Werlde holden" jedoch „alle tôren sint" [„die Weisen alle Gottes Kinder heißen" und „die Freunde der Frau Welt alle Toren sind"] (S. 84 u. 85 (19, VI. 1 u. 4)).
**52** Aue: Der Arme Heinrich, S. 50 (V. 863 – 864).
**53** Hermann Henne: Nachwort. In: Aue: Der arme Heinrich, S. 85 – 95, hier S. 92.

nackt erblickt, verhindert er ihr Martyrium und nimmt seinen Aussatz im Vertrauen auf Gott an. Daraufhin wird er wundersam geheilt und nimmt die junge Frau zur Gattin. Der Vergleich des Paars mit Hiob,[54] der seiner Frau sinnlich zuwider war, ohne den göttlichen Grund seines Leidens zu bezweifeln, unterstreicht einmal mehr, dass Heinrich und das Mädchen erst lernen mussten, die Schmach des Lebens anzunehmen. Als das gerettete Mädchen an ihrem Opferwillen erst schimpfend, dann weinend und klagend festhält und sich „alrêst tôt" [„eigentlich tot"] fühlt, erkennt Christus ihre fromme Treue an und erlöst beide.[55] Ihre anfängliche Rede vom Leben als faulem Mist, die im Zusammenhang mit dem Aussatz auch wörtlich zu greifen schien, war nicht vom Heiligen Geist inspiriert, sondern einer ambivalenten Mischung aus frommer Treue und profaner Ungeduld geschuldet; die Tochter trägt vielmehr *unfreiwillig* dazu bei, dass sich Gottes Wille durch das Eingreifen Christi im Diesseits auf verborgenen Umwegen erfüllt.

Vor dem Hintergrund dieser Zugänge zur Fehldeutung von Gerüchen in sakralen Kontexten zeigt sich das Novum der aufklärerischen Brechung von Illusionen über sakrale Gerüche. Aus der Sicht der aufklärerischen Psychologie der Einbildungskraft geht die Deutung von Gerüchen nicht in die Irre, weil sich der Verstand vom Affekt oder vom sinnlichen Anschein überwältigen lässt, sondern weil er dem Zwang zur idealisierenden Projektion erliegt. Die psychologische Kritik moniert nicht (oder nicht nur) die Verkennung des Sakralen, sondern (zumindest auch und vor allem) die Verzerrung der profanen Natur; die kritische Illusionsbrechung soll das natürliche Verhältnis der Körpers zur Sinnenwelt von religiösen Missverständnissen befreien. Der Frühaufklärung geht es um den Abbau abergläubischer Ängste vor einer Natur, die es zweckrational anzueignen gilt; die spätaufklärerische Schwärmerkritik nimmt die empfindsame Vergeistigung sozialer Gefühle und sinnlicher Bedürfnisse ins Visier. So ironisiert Jean Pauls (1763 – 1825) Idylle *Leben des Quintus Fixlein* (1796) eine empfindsame Poesie, der die Natur als wohltemperierende Quelle der Selbstfindung im Einklang mit dem Weltganzen gilt. Da Quintus am Vortag „vergnügt" war und „gut getrunken" hatte,[56] will er, um „ruhig und kühl" zu werden,

> noch eine Stunde hinauslaufen in die mit Blüten und Wellen gestickte Nacht, wo ein lauer Morgenwind sich düftetrunken aus Blütengipfeln auf gebogne Blumen herunterwirft und über Wiesen streicht und endlich auf eine Woge fliegt und auf ihr den schimmernden Bach herunterfährt. O draußen unter den Sternen, unter den Tönen der Nachtigall, die nicht am Echo,

---

54 Aue: Der Arme Heinrich, S. 14 (V. 133 – 148).
55 Aue: Der Arme Heinrich, S. 70 u. 71 (V. 1296); zu Christus siehe S. 74 (V. 1356 – 1357).
56 Jean Paul [Richter]: Leben des Quintus Fixlein, aus funfzehn Zettelkästen gezogen; nebst einem Musteil und einigen Jus de tablette [1796]. Stuttgart 2008, S. 195 u. 196.

sondern an den fernen herabschimmernden Welten zurückzuschlagen scheinen [...], o unter solchen Gestalten wird der Mensch ernst, und wie das Abendläuten sonst erklang, um die Wanderer durch die großen Waldungen in die Nachtheimat zurückzuweisen, so sind in der Nacht solche Stimmungen in uns und um uns, die uns aus unsern Irrgängen rufen und die uns stiller machen, damit wir unsere Freuden mäßigen und fremde malen können. ..[57]

Der Anspruch, eine ruhige Fassung wiederzugewinnen, kontrastiert mit dem phantastischen Überschwang der exorbitanten Naturerfahrung, die wie im Zeitraffer dargestellt wird und nur deshalb mäßigend wirkt, weil sie von den profanen Freuden ablenkt, in denen der sinnliche Mensch sich eigentlich findet; im rastlosen Gang durch die duftende Landschaft öffnet sich Quintus einer Freude, die seinem Ich fremd ist. Der abergläubische Quintus fürchtet sich, vor der Zeit zu sterben, und träumt, dass ihm der Tod nachstellt, doch bevor das Gerippe ihn berühren kann, verwandelt es sich in einen Engel aus verklärtem Fleisch und Blut:

> Aber so wie er weiterschritt, wurden seine gebleichten Knochen röter, und Düfte flossen wollicht um seine stechende Gestalt. – Blumen schlugen schnellend auf, und er blieb, verklärt und ohne Knochenerde, über ihnen schweben, und der Balsamatem aus den Blumenkelchen hauchte ihn wiegend weiter [...] – und noch näher fing ein weichendes, durchsichtiges, in Rosenduft getauchtes Fleisch gleichsam den Widerschein eines hinter dem Sternenblau fliegenden Engels auf [...].[58]

Versatzstücke aus dem Totentanz gehen in empfindsame Bilder vom Frühling als heiliger Wiedergeburt über und münden in eine Engelerscheinung; die Grenzen von stofflicher, seelischer und himmlischer Welt geraten wahnhaft in Fluss. Das irreale Traumgebilde trägt aber dazu bei, dass Quintus von seinem Wahn, er müsse bald sterben, im Rahmen der wirklichen Inszenierung einer anderen wahnhaften Vorstellung geheilt wird;[59] Quintus wird mit menschenfreundlicher Ironie als unverkennbares Mängelwesen anerkannt.

Auch der Realismus inszeniert Gerüche der Natur, um deren profane Wirklichkeit zur Geltung zu bringen, fragt dabei aber teils auch nach dem Erkenntniswert gläubiger Auslegungen olfaktorischer Eindrücke. Wilhelm Raabes Roman *Pfisters Mühle* (1884) handelt von der übelriechenden Verschmutzung der Gewässer im Umfeld einer idyllisch gelegenen Mühle durch die Abwässer einer Fabrik. Der Dichter und Trinker Lippoldes stilisiert den Dunstkreis der Umweltzerstörung zur Atmosphäre einer bevorstehenden Apokalypse:

---

57 Jean Paul, S. 196.
58 Jean Paul, S. 202.
59 Frank Krause: Mütterlichkeit unter Geliebten und Kameraden. Zeitdiagnosen über Genderkrisen in deutscher und englischer Prosa. Göttingen 2014, S. 48–49.

Uralte jüdische Weisheit und Prophezeihung, auf die ihrerzeit auch niemand geachtet hat! Rate dir ebenfalls zu der Lektüre, wenn dir einmal alle andere abgestanden, stinkend und voll fauler Fische vorkommen wird, wie deines Vaters Mühlwasser, Ebert Pfister! Zephanja im ersten Kapitel Vers elf: „Heulet, die ihr in den Mühlen wohnet, denn das ganze Krämervolk ist dahin, und alle, die Geld sammeln, sind ausgerottet!"[60]

In seiner Jugend hatte Asche, der mittlerweile zum wissenschaftlich abgeklärten Chemiker gereift ist, Lippoldes noch bewundert; nun nimmt er den seherischen Anspruch des scheinbar „göttergeweihte[n]" alten Freundes nurmehr mit Ironie zur Kenntnis. Asche hilft dem Mühlenbesitzer, die Fabrik für ihre Verschmutzung der Gewässer haftbar zu machen; als er Proben für Analysen nimmt, ruft er dessen Sohn zu: „Und du, Junge, bilde dir ja nicht ein, daß ich nach Pfisters Mühle herausgekommen sei, um mir Weltuntergangsgefühle aus deines Vaters verstänkerter Kneipidylle herauszudestillieren."[61] Zwar verdankt sich der Gestank tatsächlich den Gewinninteressen von Kapitaleignern; Lippoldes' Beschwörung eines apokalyptischen *locus horribilis* kreist die profane Ursache der Naturzerstörung also durchaus zutreffend ein, zumal in ihrem Dunstkreis tatsächlich eine – wenn auch kleine – Welt der vorindustriellen Idylle verloren geht. Seine seherische Prophezeiung des Untergangs eines Krämervolks greift indessen nicht, denn die Industriewirtschaft ist im Begriff, sich noch dynamischer zu entfalten. Lippoldes' Sehertum hat den Anschluss an Kultur und Gesellschaft verloren; sein gläubiges Riechen ist nicht nur Ausdruck einer habituellen Fehldisposition, die bei der aufklärerischen Kritik im Vordergrund stand, sondern auch das Symptom eines ungelösten Lebensproblems.

Der Erzähler selbst spricht vom Frühling und der Natur als „dem großen Andern" und betont so, dass ihr säkularer Eigensinn im menschlichen Sinnverstehen nicht aufgeht. Anspielungen auf Magie und Mythos sind hingegen ironisch gemeint; so wird die duftende Natur zur „Hexenküche", Asches Kopf wirkt im Dunst seiner Experimente „wie das Haupt eines mittelalterlichen Alchimisten", und der Fluss an Pfisters Mühle wird zum „verteufelten Provinzialstyx" stilisiert.[62] Diese Motive kreisen die Tatsache, dass die Industrie Kräfte freisetzt, die sich der rationalen Beherrschung entziehen, treffend ein, erheben aber von Anfang an keinen Anspruch auf religiöse Weltdeutung. Bei Raabe werden gläubige Zugänge zu Gerüchen der Natur von Erzählinstanzen häufig ironisch oder agnostisch inszeniert und anzitiert, um die Rezeption in die richtige, und das heißt hier: profane Bahn zu lenken.

---

60 Wilhelm Raabe: Pfisters Mühle. Ein Sommerferienheft [1884]. Stuttgart 2015, S. 105.
61 Raabe: Pfisters Mühle, S. 82 u. 98.
62 Raabe: Pfisters Mühle, S. 59, 79, 127 u. 156.

# 4 Barocke Schwellen zur Aufklärung: Liebe, Natur und Geruch bei Johannes Scheffler, Catharina von Greiffenberg und den Pegnitz-Schäfern

Die Aufklärung ermächtigt die menschliche Vernunft, ohne Anleitung der Offenbarung aus den heiligen Schriften des Monotheismus wahrheitsfähiges Wissen hervorzubringen. Ob die säkulare Vernunft die Religion nun ablöst oder, was für die deutschsprachige Literatur der Aufklärung eher typisch ist, irenisch ergänzt oder kritisch erweitert: an die Stelle der mutmaßenden Vernunft, die sich einer unzugänglichen Ordnung der Welt nur unvollkommen annähern kann und der Autorität des geoffenbarten Glaubens zu beugen hat, tritt eine erkennende Vernunft, die sich der Theologie und der Offenbarungsreligion nicht länger unterordnet. Noch dort, wo die säkulare, mit eigenständigen weltlichen Mitteln verfahrende Vernunft den Dienst an der Religion fortsetzt, indem sie einen aposteriorischen, aus Erfahrung und Verstand schöpfenden Gottesbeweis ausführt oder eine diesseits erfüllte Gatten- und Freundesliebe als Ausdruck moralischer Gefühle feiert, in denen sich die heilige Autorität des Schöpfers zeigt, halten autonome Geltungsansprüche weltlicher Erkenntnis in eine Religiosität Einzug, die den Menschen ermächtigt, die Lebensführung in wesentlichen Teilen eigenständig zu verantworten.[1] Auch Matthias Claudius, der den Ursprung der Religion in Gewissheiten erblickt, die der vernünftigen Begründung entzogen sind, führt die Sphäre des Glaubens auf religiöse *Erfahrungen* zurück, deren Grundzüge sich in den sakralen Schriften unterschiedlicher Religionen niederschlagen können.[2]

Im Rahmen „der apophatischen Tradition des Dionysius Areopagita, wonach Gott von aller Welt grundsätzlich geschieden" ist,[3] könnte es scheinen, als ob erst die Aufklärung die Gelegenheit böte, die entgötterte Natur aus der Sicht einer säkularen, auf innerweltliche Evidenzen gestützten Religiosität zu heiligen und dabei auch Gerüche kultisch zu inszenieren.[4] Heterodoxe christliche Lehren komplizieren indessen den Übergang vom Barock zur Aufklärung. In der Barock-Mystik gerät das

---
1 Siehe Peter-André Alt: Aufklärung. Stuttgart/Weimar 1996, S. 11–13, 14–18 u. 25–34.
2 Matthias Claudius: Über den allgemeinen Eifer des Menschen für Religion und religiöse Handlungen. In: ders.: Aus dem Wandsbecker Boten, hg. von Konrad Nussbächer. Stuttgart 1981, S. 50–54, hier S. 54.
3 Hans-Georg Kemper: Von der Reformation bis zum Sturm und Drang. Stuttgart 2012 (Geschichte der deutschen Lyrik. Bd. 2), S. 47.
4 Diese Darstellung klammert die mittelalterliche Mystik aus, die das poröse Körper-Selbst im Rahmen der apophatischen Tradition im Namen einer heiligen Liebe entgrenzt; siehe dazu Elvia Wilk: Und das Wort ward frisch. In: Akzente (2019), H. 1, S. 20–26, insb. S. 26.

sinnenhaft vorstellende Denken zum magischen Medium einer Frömmigkeitspraxis, die den von der Sinnenwelt abgekehrten Menschen im Augenblick seiner Vereinigung mit dem Schöpfer vergottet; in der literarischen Selbstaussprache dieser Mystiker werden auch Düfte der Natur als bedeutsame Merkmale eines imaginativ vergegenwärtigten Heilsgeschehens dargestellt. Und sofern der Barock-Humanismus glaubt, dass die menschliche Erkenntnis am göttlichen Geist teilhat, stellt er weltliches Wissen über die Schöpfung mit der christlichen Offenbarung auf eine vergleichbare Stufe; aus dieser Sicht werden gelegentlich auch Gerüche als Merkmale von Naturgebilden mit sakralem Gehalt dargestellt. Das Lob der riechbaren Natur als Beispiel einer von göttlicher Liebe durchwirkten Schöpfung ist also – wenn auch seltener als in der Aufklärung – schon im Barock zu finden.

Der Barock-Mystiker Johannes Scheffler (1624–1677) alias Angelus Silesius thematisiert gelegentlich Blumendüfte, spricht aber oft allgemeiner von guten Gerüchen als wichtigen Zeichen einer wechselseitigen Liebe von Mensch und Gott. Seine Spruchsammlung *Der cherubinische Wandersmann* (erw. Neuausg. 1675) betont, dass der Fromme sich von der Sinnlichkeit abkehren müsse,[5] doch „[w]er seine Sinnen hat ins jnnere gebracht / Der hôrt was man nicht redt / und siehet in der Nacht."[6] Ein Lied aus der Sammlung *Heilige Seelen-Lust* (1657) führt die sinnliche Vorstellung aus, als Braut Christi an der Brustwunde des Gekreuzigten zu saugen. Das Bild stellt die geistige Vereinigung mit dem Erlöser allegorisch dar; die Vorstellung des Bildes dient aber zugleich der realen Vereinigung mit dem Göttlichen, und unter diesem performativen Aspekt ist die göttliche Kraft, deren Aufnahme bildhaft vorgestellt wird, im Vorgestellten zugleich präsent. Die affektive und geistige Wirkung der *unio mystica* wird mit einem Geruchsmotiv bestimmt, das einen *metaphorischen Vergleich* erweitert, der an den Topos von Christus als Rose anknüpft;[7] das Gedicht leitet aber auch dazu an, den Geruch Christi als Merkmal eines *konkreten Sinnbildes* zu imaginieren. Die Rede vom Geruch lässt wörtliche und übertragene Referenzen ineinander übergehen und ahmt so die Ambiguität einer göttlichen Realpräsenz auch sprachlich nach:

> Schau, ich setz an meins Geistes Mund
> Und saug an deiner offnen Wund,
> Als einer Rosenblume.
> Ich zieh in mich deins Herzen Saft,
> Den edelen Geruch und Kraft

---

5 Angelus Silesius [Johannes Scheffler]: Cherubinischer Wandersmann. Kritische Ausgabe, hg. von Louise Gnädinger. Stuttgart 2000, S. 45 (I 122), 144 (III 212) u. 155 (IV 29).
6 Angelus Silesius, S. 206 (V 129).
7 Vgl. Angelus Silesius, S. 125 (III 84).

Und stärk mich dir zum Ruhme.
O Jesus, meiner Seelen Lust,
Vergönne mir doch deine Brust!⁸

Die geistige Bedeutung des Sinnenhaften zeigt sich auch darin, dass ein *leibliches* Einsaugen des Bluts in erster Linie den Geschmackssinn ansprechen würde. Die *inneren* Sinne sind für Scheffler hingegen miteinander verbunden:

> V 351. *Im jnnern sind alle Sinnen ein Sinn.*
> Die Sinnen sind im Geist all' ein Sinn und gebrauch.
> Wer GOtt beschaut / der schmåkt / fůhlt / reucht / und hôrt Jhn auch.⁹

Wenn Scheffler von der Jungfrau Maria als einer wohlgefälligen Lilie spricht, evoziert die *metaphorische* Rede von ihrem Geruch zugleich eine *konkrete sinnliche* Vorstellung heiliger Reinheit:¹⁰ „Dein Edeler Geruch erqikt die gantze Welt".¹¹ Andere Gedichte imaginieren Düfte einer rituell oder medizinisch angeeigneten Natur als Merkmale von Bildspendern einer figurativen Beschwörung heiliger Prozesse: Gottes Wort in der eigenen Seele wirkt wie das Entzünden von „Zimmetôl" in einer Lampe,¹² und das Blut und Wasser, das Scheffler aus den Wunden des Erlösers trinkt, ist „wahres Balsamôl" für seine eigenen Blessuren.¹³ In der Vorrede zum *Cherubinischen Wandersmann* stimmt Scheffler Augustinus zu, demzufolge der „Geruch deß Balsams" göttlicher Gnade von der Präsenz des Heiligen Geistes als der „Heiligen Salbe" überboten werde;¹⁴ der geistig riechbare Sinngehalt des göttlichen Geistes wird durch dessen Ausfluss gesteigert.

Scheffler betrachtet die *unio mystica* als Resultat einer wechselseitigen Liebe; Gottes Schöpfung ist bei der Entfaltung ihres Sinn auf menschliche Gegenliebe geradezu angewiesen.¹⁵ In diesem Kontext verweist der neutestamentliche Topos, dass gute Gerüche vom gläubigen Menschen zu Gott strömen, auf die aktive Teilhabe

---

8 Strophe 6 seines Liedes Nr. 174 („Sie begehrt in die Brust Christi"), zitiert n. Hans-Georg Kemper: Deutsche Lyrik der frühen Neuzeit. Bd. 3: Barock-Mystik. Tübingen 1988, 8, S. 233–234.
9 Angelus Silesius, S. 238.
10 Zum Begriff des metaphorischen Symbols siehe Jürgen Link: Literaturwissenschaftliche Grundbegriffe. Eine programmierte Einführung auf strukturalistischer Basis. München ²1979, S. 185–188.
11 Angelus Silesius, S. 243 (VI 2.9).
12 Angelus Silesius, S. 243 (VI 1.11). Zur Bedeutung von Zimt in der Theologie des Gregorius siehe Susan Ashbrook Harvey: Scenting Salvation. Ancient Christianity and the Olfactory Imagination. Berkeley u. a. 2006, S. 178.
13 Angelus Silesius, S. 116 (III 38).
14 Angelus Silesius, S. 13–23, hier S. 18.
15 Angelus Silesius, S. 41 (I 96).

des Menschen am Erhalt der Schöpfungssinns. Scheffler bringt Gott mit Hilfe der Imagination der drei Weisen „den Weyherauch der Andacht" im eigenen Innern dar,[16] und wenn er sich als „Blum- und Würtzgärtlein" Gottes imaginiert, stellt er sich das göttliche Gefallen am wahrhaft Gläubigen als eine Art geistigen Riechens vor.[17] Drei seiner Epigramme behandeln explizit das Riechen Gottes:

> III 145. *GOtts süssester Geruch.*
> Der süsseste Geruch der GOtt so sehr beliebt /
> Steigt auf vom Lob das jhm ein reines Hertze giebt.
>
> IV 28. *Die Heiligen und Gottlosen.*
> Die Heiligen sind GOtt ein lieblicher Geruch:
> Die Bösen ein Gestank / ein abscheu / und ein Fluch.
>
> IV 149. *Was ohne Lieb ist Stinckt.*
> Mensch komstu ohne Lieb / so steh nur bald von fern:
> Was nicht nach liebe reucht / das stinckt für GOtt dem HErrn.[18]

Von der Sünde geht ein schlechter Geruch aus:

> V 21. *Der Sünd' und Tugend eigenschafft.*
> Die Busse rüchet wol / die Sünden alle stincken:
> Die Tugenden gehn recht / die Laster aber hincken.[19]

Gestank gilt Scheffler als Wesensmerkmal des Bösen: als Sünder „stank" das lyrische Ich eines Epigramms vor seiner Umkehr und Buße „fuer Eitelkeit", und in der Hölle „frisset" man „Hüttenrauch / Pech / Schweffel / Teuffelsmist".[20]

Mit den Gerüchen, die zu Gott aufsteigen, *amplifiziert* Scheffler biblische Motive. Im Alten Testament erfreut sich Gott an wirklichen Gerüchen von Opfern: „der Herr roch den lieblichen Geruch" von Noahs Brandopfer „und sprach in seinem

---

16 Angelus Silesius, S. 148 (III 240).
17 Angelus Silesius, S. 186 (IV 225). Zu Vorstellungen eines riechenden Gottes in der englischen Literatur des 17. Jahrhunderts vgl. Elizabeth L. Swann: God's Nostrils: The Divine Senses in Early Modern England. In: Robin Macdonald, Emilie K. M. Murphy u. Elizabeth L. Swann (Hg.): Sensing the Sacred in Medieval and Early Modern Culture. Abingdon 2018, S. 220–244.
18 Angelus Silesius, S. 134, 155 u. 175. Siehe dazu auch Lehel Kálmán Sata: Das Riechen. In: ders.: Mystische Sprachbetrachtung in der deutschen Literatur des 17. Jahrhunderts mit besonderer Berücksichtigung von Johann Schefflers *Cherubinischem Wandersmann* im Lichte der Theosophie und Sprachphilosophie Jakob Böhmes. Diss. phil. Budapest. Katholische Péter Pázmány Universität 2006, S. 185–191.
19 Angelus Silesius, S. 191.
20 Angelus Silesius, S. 244 (VI 4.4) u. 245 (VI 6.13).

Herzen: Ich will hinfort nicht mehr die Erde verfluchen um der Menschen willen".[21] Im Neuen Testament spricht Paulus von geistigen Gerüchen, die vom wahren und verfehlten Leben ausgehen:

> Aber Gott sei gedankt, der uns allezeit Sieg gibt in Christo und offenbart den Geruch seiner Erkenntnis durch uns an allen Orten! Denn wir sind Gott ein guter Geruch Christi unter denen, die selig werden, und unter denen, die verloren werden: diesen ein Geruch des Todes zum Tode, jenen aber ein Geruch des Lebens zum Leben. Und wer ist hiezu tüchtig?[22]

Augustinus wollte Gott mit den inneren Sinnen *erkennen*; Schefflers innere Sinne wollen das göttliche Wesen Christi als eine imaginativ verfügbare Kraftquelle ins Ich *einholen*. Der mit Christus mystisch vereinigte Mensch nimmt nicht nur den geistigen Geruch der Erkenntnis des Erlösers an, sondern strömt den geistigen Geruch christlicher Liebe auch selbst aus. Barthold Heinrich Brockes wird die biblische Geruchsmetaphorik im Rahmen seines frühaufklärerischen Lobs von Gerüchen der *äußeren* Natur wieder aufgreifen.

Der Barock-Mystiker Johannes Matthaeus Meyfart (1590–1642) stellt sich die Situation nach der leiblichen Auferstehung vor, in der sich der menschliche Geist von den Sinnen nicht mehr abzuziehen braucht. Meyfart imaginiert die Erfüllung der Heilsgeschichte im Neuen Jerusalem (vgl. Apk. 21–22), in dem Gott selbst präsent ist. Dort finden sich – in Ergänzung zur biblischen Überlieferung und in Übereinstimmung mit poetischen Topoi vom Wohlgeruch des Paradieses – auch Düfte einer verklärt erneuerten Natur:

> Jn der neuen Welt ist die Erde durchglåntzender als ein Glas / das Wasser ist reiner als ein Crystall / die Lufft ist lieblicher als der Himmel / das Feuer ist scheinender als die Sonn und Mond. Auf den Erden wachsen die Lilien / blůhen die Rosen / riechen die Violen / und was sonst von anmuthigen Blůmlein zu erdencken: Man findet keine Disteln / keine Dornen / oder sonst stinckende Kråuter.[23]

Die Barock-Mystik gibt – bei aller Fortschreibung biblischer Topoi und christlicher Symbole – auch einer Heiligung von Gerüchen im Rahmen der Naturbeschreibung Raum. Im Vorgriff auf die Erkenntnis, welche die „seelege Seele" erwartet, vergegenwärtigt sich Catharina von Greiffenberg (1633–1694) das „Anschauen GOttes", in

---

**21** 1. Mos. 8: 21; siehe auch 2. Mos. 29: 25; 3. Mos. 1: 9 u. 13; 3. Mos. 17: 6; 3. Mos. 23: 18; 4. Mos. 15: 3, 7 u. 24; 4. Mos. 18: 17; 4. Mos. 28: 6, 8 u. 13; u. 4. Mos. 29: 13 u. 36. Sinnverwandt ist auch 3. Mos. 26: 31.
**22** 2. Kor. 2: 14–16.
**23** Kemper: Barock-Mystik, S. 242.

dem man wie in einem „gôttlichen Allsehungs=Buch" werde lesen können.²⁴ Im Kapitel zur Metaphysik könne man dort „die Natur erkůndigen / so über alle Natur ist / die Natur aller Naturen / so alle Naturen erschaffen hat", und in der ewigen „Anschauung GOttes" löse sich der Ausfluss „alles Guten" zur „Genißlichkeit" auf und sei „zur Mittheilung zerflossen / zum Sehen glånzend / zum Hôren schallend / zum Riechen lieblich / zum Schmåcken die sûsseste Sûssigkeit worden".²⁵ Auf die sinnenfällige Gewissheit über Gott in der Natur brauchen die Gläubigen aber auch zu Lebzeiten nicht zu verzichten; Wahrnehmungen der Natur, die in sinnliche Vorstellungen über das christliche Heilsgeschehen einbezogen werden, geben – als verinnerlichtes Medium einer mystischen Vereinigung – die Präsenz Christi zu erkennen:

> Der Frühling kommt daher! Ach! komm in ihm
>   verkleidet!
> Du allerschônster Schatz / Ach! mache dich zu mir /
> Mich freut der Frûhling nur / der mich vereint
>   mit dir /²⁶

Solange die Natur mit den „Augen des Gemůths" betrachtet wird,²⁷ kann das Weltwissen des Geruchssinns zur Gotteserkenntnis beitragen. So imaginiert Greiffenberg die Einreitung Jesu in Jerusalem, bei der sie dem Erlöser Blumen unter die Füße wirft und teils auch deren Duft genießt:

> Euer Biesem / O Narzissen!
>   Gehet den Arabschen vor /
> Wann die Biesem=Katzen bliesen
>   Ihre Krafft in eure Flor /
> Wann ich am Corallen-Kreißlein /
>   Auf dem gůldnen Sommer-Håuslein /
>     In Gedanken umspatzir /
>   Gieb' ich tausend Danck dafůr!²⁸

Der religiöse Zugang der Barock-Mystik zur äußeren Natur orientiert sich an der apophatischen Tradition, doch im Kontext sinnenhafter Vorstellungen glaubt sie,

---

**24** Catharina Regina von Greiffenberg: Des Allerheiligsten [!] Lebens JESU Christi Ubrige Sechs Betrachtungen. Nürnberg 1693, S. 398, 423 u. 430. Der Text ist unter irreführendem Titel öffentlich frei zugänglich unter 'https://books.google.co.uk/books?id=gN08AAAAcAAJ&printsec' (Zugriff 22. September 2022).
**25** Greiffenberg, S. 430–431 u. 432.
**26** Greiffenberg, S. 710.
**27** Greiffenberg, S. 712.
**28** Greiffenberg, S. 669–670; vgl. S. 671 u. 672.

ein inneres Wissen von Gottes panentheistischer Gegenwart im Diesseits zu erschließen.[29] Unter aufgeklärten Vorzeichen wird Brockes das Lob von Düften einer liebesethisch bedeutsamen Natur, in der Gott auf verborgene Weise präsent ist, im direkten Zugang zur Sinnenwelt erneuern.[30]

Im Barock-Humanismus wird unterdessen teils auch die äußere Natur sakral inszeniert. In Martin Opitz' (1597–1639) *Schäfferey von der Nimfen Hercinie* (1630) dient die Natur zwar unter anderem als Bildspender für metaphorische Vergleiche, die an den traditionellen Topos vom Gestank der Sünde anknüpfen:

> Wie ein Wasser, das niemals gereget wird, endlich anfengt zu faulen unnd stincken, also werden auch unsere Gemüther durch übermåssige Ruhe tråge unnd verdrossen gemacht, welche, weil sie etwas himmlisches sindt, so sollen sie auch billich in dem Himmel, der ohn Unterlaß in Bewegung ist, nachfolgen.[31]

Das Interesse des Textes gilt aber der Natur als solcher; die Figur der göttlichen „Nimfe" dient als Allegorie der Quelle des menschlichen Wissens über den Geist oder die Seele der Natur, in der zumindest das diesseitige Gemüt des Menschen am Himmlischen teil hat.[32] Wenn Opitz von „[d]er zarten Nimfen Schar von dreyerley Gestalt" spricht, „[a]ls denen heilig sind die Flüsse, Berg und Waldt",[33] bleibt zunächst offen, ob die drei Bezirke der erkennbar beseelten Natur nur im Rahmen der Allegorie oder auch in der Wirklichkeit heilig sind.

Aufschluss gibt seine Gegenüberstellung von schwarzer und weißer Magie. Die schwarze Magie beschwört im Bund mit dem Teufel übernatürliche Kräfte, die vom Seelischen in der Natur kategorisch unterschieden sind; im Bereich dieser Praktiken weht höllischer Schwefeldunst, der Gestank impliziert:

> Nach dem wir eine gute Weile also gegangen waren, kamen wir an einen fast heissen Orth voll schweffelichten Dampffes, zu dessen beyden Seyten ein Knallen und Prausen gleichsam eines auffkochenden Wassers und, ich wuste nicht, was für ein Gethöne gehöret ward.[34]

---

**29** Vgl. Kemper: Barock-Mystik, S. 273; Kemper: Von der Reformation bis zum Sturm und Drang, S. 47 u. 50–53.
**30** Schon Kemper: Barock-Mystik, S. 270 u. 273, erkennt Greiffenbergs Nähe zu Brockes und betont, dass ihre Naturpoesie sämtliche Sinne anspricht.
**31** In: Martin Opitz: Weltliche und geistliche Dichtung, hg. von Dr. H. Oesterley. Berlin/Stuttgart 1889, S. 107–147, hier S. 116.
**32** Opitz, S. 118–119.
**33** Opitz, S. 130.
**34** Opitz, S. 132.

Die „ungöttichen Götter, Rübezales gleichen",³⁵ zählt Opitz zu den teuflischen Geistern, die sich – im Unterschied zu den Seelen im Wirkungsbereich Gottes – magisch anrufen lassen:

> daß aber der Menschen Seelen sich in Gestalt der verblichenen Leiber sehen lassen, ist dermassen klar, daß es keiner läugnen kan, der gleich noch weniger als ihr glaubet. Doch wollen wir den Birgman Rübezal in diese Zahl nicht setzen; dann angesehen, daß er durch Zauberey geruffen wird, so muß er weder eine fromme noch eine verdammte Seele seyn, weil sie beyde biß zu seiner Zeit unter der Handt deß Gottes aller Götter sindt, der sich mit Beschwerungen nicht zwingen lest. So muß es dann der Teuffel seyn, fang ich an. Recht so, sagt Buchner, er ists leibhafftig;³⁶

Im Reich der schwarzen Magie erscheint eine Hexe, die Kräuter, Steine und Totengebeine zusammenrührt: „Also legte sie es auff Wachholterholtz und Eisenkraut, darbey ungebrauchter Schwefel unnd Weyrauch war, zündete es auff, und wie der Lohe in die Höhe schlug",³⁷ spricht sie eine Zauberformel, die im unwissenden Adressaten ein sexuelles Verlangen wecken soll.

Im Bezirk der weißen Magie, die sich auf Kräfte verlässt, die in der von Gott liebend gehegten Natur wirken, weht eine verträglichere Luft:

> So last uns dem vertrauen,
> Der Dorff, Statt, Obst unnd Wein, der Bäume, Feldt und Auen,
> Der Vieh und Vögel hegt; sein werther Sonnenschein
> Wird nach der strengen Lufft uns desto lieber seyn.³⁸

Die „gütige Natur" als „Magd deß Höchsten" erfreut auch durch ihren „Geruch" – so treibt das Königreich Saba mit natürlichen Duftstoffen zum Wohl der Menschen Handel –, wird im Gedicht aber vornehmlich schmeckend erkundet. Das Verfahren, Wasser schmeckend zu prüfen, folgt Aristoteles, der die Gerüche der vier geruchlosen Elemente von „Feuer, Luft, Erde und Wasser" für eine Folge ihrer Beimischungen hielt, die der Geschmackssinn genauer erfasst als das Riechen.³⁹ Solche Wasser sind nicht geruchsneutral, sondern entfalten, sofern sie schmecken, auch einen spezifi-

---

35 Opitz, S. 134.
36 Opitz, S. 133–134.
37 Opitz, S. 136.
38 Opitz, S. 140.
39 Zu den geruchslosen Elementen siehe Aristoteles: Über die Wahrnehmung. In: ders.: Kleine naturwissenschaftliche Schriften (Parva naturalia), hg. von Eugen Dönt. Stuttgart 2010, S. 47–86, hier S. 66; zur größeren Genauigkeit des Geschmacks im Vergleich mit dem Geruch siehe Aristoteles: Über die Seele. Griechisch/Deutsch, hg. von Gernot Krapinger. Stuttgart 2020, S. 107.

schen Geruch. Von einem Wasser, das Eisen alchimisch in Kupfer verwandelt, heißt es: „Deß Erdtbeches, Saltzes unnd Schwefels halben, den es führet, ist der Geschmack etwas widerwertig".[40] Die medizinische Wirkung anderer Wasser verdankt sich dem Hinzutreten seelischer Kräfte: „deß Wassers Gaben aber sind so vielfåltig, daß es vom Thales das stårckste Element, aller Dinge Ursprung, eine geseelete Welt, die voller Geister sey, ist genennt worden."[41] Der Mensch kann diese Kräfte zwar nutzen, aber nicht selbst hervorrufen, da sie göttlichen Ursprungs sind:

> Dieses sind Kunstwåsser, sagte Nůßler, derer Eygenschafften auch ihrer natürlichen Ursachen sonder Zweiffel nicht mangeln, wiewohl sie bey einem leichter zu ergründen sind als bey dem andern; aber dennoch kommen sie der Fabel deß Elendes dem Menschen also nicht zu staten wie andere, denen die Göttin Higia und die heilsamen Nimfen eine solche Krafft und Art eingepflantzet, welche Nutzbarkeit unnd Frommen bringt.[42]

Im Bereich der weißen Magie berührt sich die wahrnehmbare Natur mit einer sakralen Welt der Seelen und Geister, die ausschließlich Gott zu Willen sind. Der Gestank der schwarzen Magie als Verfügung über teuflische Geister kontrastiert mit der verträglichen Luft der weißen Magie als kluger Nutzung göttlich-geistiger Kräfte in der unverfügbaren Ordnung der Natur. In der *Schåfferey von der Nimfen Hercinie* werden Gerüche aus natürlichen Quellen – ähnlich wie in Vergils *Bucolica* und *Georgica* – meist im Zusammenhang mit einer tätigen Aneignung der Natur erwähnt, bei deren frommer Spielart das Gemüt seinem himmlischen Wesen gerecht wird. Daneben finden sich im Barock-Humanismus aber auch schon Beispiele für die Heiligung einer duftenden Natur in der poetisch-religiösen Kontemplation, wie nun am Beispiel der Lyrik aus dem Nürnberger Dichterkreis der Pegnitz-Schäfer zu zeigen ist.

Das *Pegnesische Schaefer-Gedicht* (1644) von Georg Philipp Harsdörffer (1607–1658) und Johann Klaj (1616–1656) stellt im Wechselgesang von Strefon und Klajus den Lebensprozess, der auch die anorganische Materie durchwirkt, als Ausfluss einer göttlichen Liebe vor die Sinne, die – in Erwiderung menschlicher Gottesliebe – die Welt erhält:

> St.   Den lieben Gott hat Lieben hoch bewogen /
>       Daß er gewölbt die blauen Himmels Bogen /
>       Und aufgeführt der runden Erden Zelt /
>       Auf welcher lebt der Mensch / die kleine Welt.
> [...]

---

40 Opitz, S. 144.
41 Opitz, S. 143.
42 Opitz, S. 143–144.

Kl.   Es lieben sich die Bergsäfft und Metallen /
      Sie färben sich einander zu gefallen.
         Magnet der liebt den Stahl / des Eisens Kern /
         Zeucht ihn an sich durch stumme Krafft von fern.
St.   Der schöne Mensch / wie sol doch der nicht lieben?
      Wie wird er nicht zum Lieben angetrieben?
         Wie Göttlich ist geschmükkt der Seelen Haus /
         Die Liebe blitzt aus beyden Fenstern aus.
[...]
St.   Gleichwie ein Liecht dem andern Liecht kan geben /
      So hat die Lieb von Gegenliebe Leben /
         Daß Menschen / Lufft / Glut / Bäume / Steine / Meer /
         Noch sind / das kömt von Gegenliebe her.[43]

Das Gedicht beschwört die Macht der Liebe anlässlich einer bevorstehenden Doppelhochzeit, doch der Liebe bedürfte es auch, um – unter Mitwirkung der Dichtung – den zuvor noch beklagten Krieg zwischen den Deutschen zu überwinden. Strefon besingt die Ringelblume als Sinnbild beständiger Liebe:

> Weil unter der Herbstzier allein übrig ist die Ringelblume / (also benamet von den Ringlichten Samen) will ich dichten / meldete Strefon ferners / daß sie selben den angehenden Eheleuten zum Hochzeitgeschenke bringe. Klajus fragte: Was ist es für eine Blume? Strefon antwortete: Diese / welche nechst obbelobten Kürbsen stehet; ihr Stengel ist hitzig / sie bringet erstlich herfür rundgespitzte Knöpflein / mit grünen Flachsbollen / ihre Blätlein sind Safrangelb / gestirnet und eines angenehmen Geruchs. Weil wir aber bißhero allerley Versarten hören lassen / will ich ein Ringelgedichte / oder Ringelreimung (dann das Wort Gedicht den Inhalt und nicht die Reimart bemerket) und zwar als wann die Blume selbsten redete / hören lassen.
> [...]
>            Ich schliesse das Feld!
> Geringe Begabung der Ringe bezirke
> Die Hertzen / und liebes Beständigkeit wirke /
>    Die Rundung das niemals geendte vermeldt /
> So ringen / so springen nun beyde mit beyden /
> Ihr Hoffen ist offen / in stetigen Freuden /
>            Ich schliesse das Feld![44]

---

43 Georg Philipp Harsdörffer u. Johann Klaj: Pegnesisches Schäfer-Gedicht. In: Die Pegnitz-Schäfer. Nürnberger Barockdichtung, hg. von Eberhard Mannack. Stuttgart 1988, S. 18–64, hier S. 49–51. Zu Aufbau und Inhalt des Gedichts siehe auch Kemper: Von der Reformation bis zum Sturm und Drang, S. 100–102.
44 Harsdörffer u. Klaj, S. 63.

Im Kontext des Hochzeitsfestes nimmt das Geschenk der Blume eine sakrale Bedeutung an, da sie eine „kosmische und latent pantheistische Liebesidee" symbolisiert.[45] Und sofern der Blumenduft als all-liebender Aushauch der Natur gedeutet werden kann, ist er der Poesie verwandt, die das liebende Wesen der Natur zum Sprechen bringt.

Das Sinnbild des von Harsdörffer gegründeten Nürnberger Dichter-Ordens ist die Passions-Blume; als „JEsus-Blume" ist sie eine „stumme Predigerin des Leidens Jesu", und sie ist „schön und überaus wohlriechend".[46] Ihr Geruch wird in der Ordenssatzung nicht symbolisch ausgelegt, doch auch als Qualität eines natürlichen Sinn-*Bilds* steht er in einem sakralen Zusammenhang. Harsdörffer zufolge beseelt die Natur ihre Geschöpfe, was die Malerei nicht vermag; die Gestaltung eines Sinnbilds gleicht diesen aber Mangel aus, so dass Natur und Kunst „gleichwirkende Liebe" „bezeugen". Wie dieser Ausgleich zu verstehen ist, wird schrittweise erhellt. Die zunächst erprobte Auffassung, das Bild sei der Leib und das Wort die Seele des Sinnbildes, überzeugt nicht ganz; da die Sprache selbst nicht beseelt ist, wäre vielmehr das „Gleichniß / aus dem solche Wort entspriesen / die wahre Seele des Sinnbildes". Nach dieser zweiten Auffassung verleiht die Sprache der Seele und ihren eigenständigen Gehalten nur einen *Ausdruck*. Einer dritten Auffassung zufolge ist das Bild als Materie, die Schrift als Form und die Bedeutung des Sinnbilds als Resultat des vergleichenden Denkens zu verstehen; auch in diesem Modell, das der Komplexität des fraglichen Sachverhalts am ehesten entspricht, resultieren lehrreiche Sinnbilder aus einer überzeitlichen Substanz des Endlichen. Das gilt sowohl für den Inhalt – so drückt das „Sinnbild von dem Ehestand oder Freundschaften" den „ewigen Freudenstande in dieser Sterblichkeit" aus – als auch für die performative Seite der Poesie: die Sinnbild-Kunst manifestiert „die unbegreifliche Gedanken des fast Göttlichen Verstandes des Menschen".[47] Indem die Dichter das göttliche Wesen der äußeren Natur im Sinnbild vorstellen, zehren sie von der gottnahen Substanz ihrer Verstandeskraft.

Das Lob der duftenden Natur im sakralen Kontext stellt im Barock allerdings noch eine Ausnahme dar. In der christlichen Bukolik tragen Gerüche der Natur zu einer Lebensfreude bei, die vom Zwang zur frommen Betrachtung entlastet ist. Harsdörffers Abhandlung „Von den Hirtenspielen" bestimmt diese Gattung als belustigende Darstellung eines vorbildlichen Lebens in Ruhe und Unschuld:

---

45 Kemper: Von der Reformation bis zum Sturm und Drang, S. 102.
46 Johannes Herdegen: Wohlgemeinte Satzungen und Verordnungen, welche die sämtliche Glieder der löblichen Blumen-Gesellschaft an der Pegnitz zu beobachten haben. In: Die Pegnitz-Schäfer, S. 5–17, hier S. 12.
47 Georg Philipp Harsdörffer: Sub Aenigmate. In: Die Pegnitz-Schäfer, S. 199–207, hier S. 200, 204 u. 206.

> Wem sol doch das Schäferleben
> keine Lust und Freude geben?
>     wann zur frohen Frühlingszeit
> unsrer Bäche Silberflut
> gläntzet von der Sonnenglut /
>     wallt der süsse Westenluft /
>     mit der Blumen Biesenduft /
>     frölich Jauchtzen ist nicht weit.[48]

In der Bukolik geht es nicht um eine gläubige Beschreibung der Natur, sondern um den Genuss idealisierter Landschaften. Ewald Christian von Kleist wird auf den Topos des Frühlingsdufts aus aufklärerischer Sicht zurückgreifen, um eine von göttlicher Liebe durchwirkte Natur mit Beschreibungen ihrer vielfältigen Reize vor die Sinne zu stellen. Auch Albrecht von Hallers (1708–1777) aufgeklärtes Lob der Kräuterdüfte in einer von Gott gesegneten Alpenlandschaft erneuert im Rahmen einer detaillierten Naturbeschreibung Motive, die im Barock noch der Gestaltung idealtypischer Landschaften dienten; so freut sich Harsdörffer im Gedicht „Der Sonnenaufgang", dass die Sonne „pfleget mit völliger Wärme zu kochen // die Kräuter / in nächtiger Kälte verkrochen".[49] Oft greifen die Pegnitz-Schäfer die biblische Tradition auf, mit metaphorischen oder symbolischen Geruchsmotiven Gott zu preisen;[50] mit der Rede von Salben (als Mitteln der rituellen Ehrung) und Schwefel (als Zeichen von Gottes Zorn) wird auf Gerüche in biblischen oder allegorischen Szenen angespielt, mit denen kein Anspruch auf Naturnachahmung verbunden ist.[51] Heinrich Arnold Stockfleths (1643–1708) Gedicht „Über die Schönheit" warnt wiederum vor dem falschen Schein, der vom verführerischen

---

48 In: Die Pegnitz-Schäfer, S. 79–88, hier S. 82.
49 In: Die Pegnitz-Schäfer, S. 140.
50 Christoph Fürer von Haimendorf: Das hohe Lied Salomons. IV. In: Die Pegnitz-Schäfer, S. 149–150 (vgl. das Lob des Geruchs der allegorisch bedeutsamen Geliebten und ihrer Kleider in Hld. 4: 11–16); Sigmund von Birken: Klaggesang über der Kaiserin Marien Leopoldinen Ableiben. In: Die Pegnitz-Schäfer, S. 183–186, hier S. 185 (vgl. die Geruchsmetaphorik in 2. Kor. 2: 14–16); im letzteren Gedicht wird die Besungene vergöttlicht: „wie dann unlaugbar ist / daß trefflichen Gestalten // viel von der Göttlichkeit viel Himmels wohne bey" (S. 186).
51 In: Johann Klaj: Dem Aufferstandenen Siegsfürsten CHRISTO JESU zu Ehren. In: Die Pegnitz-Schäfer, S. 116–127; hier will Maria Magdalena den toten Christus mit einem „heiliggrünen öle" „balsamieren" (S. 118), und der Zorn Gottes zeigt sich in einem „heilgen Schwefel", durch den die Städte im Kontext des Todes Christi mit einer Feuersbrunst geschlagen werden (S. 124). In Klajs Allegorie „Castell deß Vnfriedens" (In: Die Pegnitz-Schäfer, S. 168–173, hier S. 170) bringt Gott die himmlische Liebe mit „Schwefelfeuer" auf die Welt.

Duft weiblicher Schönheiten ausgeht, und stellt die biblische Landschaft Edom mit dem für Räucherwerk bekannten Panchäa auf *eine* profane Stufe.[52]

Der Barock-Humanismus thematisiert Gerüche der Natur im sakralen Kontext eher spärlich, weil Gottes heiligende Liebe in *geistige* Zusammenhänge ausfließt,[53] die nur bei einer *symbolischen* Betrachtung der äußeren Natur sinnenfällig werden.[54] Zudem wird der menschliche Verstand im Barock nicht durchgängig zur wahrheitsfähigen Erkenntnis der Wirklichkeit ermächtigt; während Andreas Gryphius (1616–1664) erwägt, ob der menschliche „Forschergeist" nicht selber himmlisch ist,[55] führt Harsdörffer die Unterschiede der Auffassungen über das Sonnensystem auf die unüberwindbaren Schwächen eines nur mutmaßenden Verstandes zurück.[56] Wenn Johann Michael Dilherr (1604–1669) den Herzog von Braunschweig und Lüneburg als vortrefflichen Menschen vergöttlicht, dessen Liebe die Gegenliebe Gottes hervorruft („Gott liebt / die Er Götter nennet / wann sie lieben Gott / wie Ihr."), unterscheidet er mit Blick auf das hohe Alter des Gepriesenen klar zwischen einer körperlich-natürlichen und einer göttlichen Seite der Schöpfung: „Etwas zwar thut die Natur: meinst doch sind es Gottes Sachen. / Es soll sich die Sterblichkeit nicht an so was Göttlichs machen: // Sie stirbt selbst / in eurem Leben. Vor den Göttern flieht der Tod."[57] Das hindert freilich nicht, dass die literarische

---

52 In: Die Pegnitz-Schäfer, S. 239–241, hier S. 241. Vgl. Sigmund von Birken und Johann Klaj: Hylas wirbt um die Schäferin Neride. In: Die Pegnitz-Schäfer, S. 236–239, hier S. 237; wenn Hylas behauptet, sein Pelz sei vom Feuergott des Blicks seiner Angebeteten „parfumirt", lobt seine ironisierte Rede figurativ die Wirkung ihrer Augen.
53 Vgl. Joachim Heinrich Hagen: Wechselgesang von der Niedrigkeit des Heilandes und der Liebe Gottes. In: Die Pegnitz-Schäfer, S. 141–143; in diesem Gesang wird die Liebe als Wesen der Schöpfung gedanklich genauer bestimmt. Die transzendente Liebe Gottes wird mit Christus in ein „Welt-Geschöpf" eingeschlossen, und diese Liebe „kan" auch „die Götter zwingen". Wie Töpfer sich in ihre Töpfe verlieben, erneuert die Liebe, die in Christus ist, auch die Liebe Gottes zu seinen Geschöpfen, und dass „Liebe Gegenliebe liebet", gilt für Mensch und Gott gleichermaßen (S. 142–144). Joachim Heinrich Hagen bittet im Gedicht „Die Buß Thränen. ErquickSt. CI Betrachtung" (in: Die Pegnitz-Schäfer, S. 152–154), dass die Liebe Jesu sein Herz erhitze, damit er hoffnungsvoll Buße tue.
54 Vgl. Sigmund von Birken: Wann du es Tagen sihest. In: Die Pegnitz-Schäfer, S. 145–146, hier S. 145, der im Anschluss an Augustinus zwischen körperlichen und geistigen Sinnen unterscheidet und den Ausfluss Gottes in die Seele nur mit den letzteren fassen kann; die leiblichen Sinne stellen lediglich das Material für einschlägige Sinn-Bilder bereit.
55 Kemper: Von der Reformation bis zum Sturm und Drang, S. 89.
56 Die VIII. Aufgabe. Ob sich die Erden bewege / und der Himmel still stehe? In: Die Pegnitz-Schäfer, S. 193–199, hier S. 199.
57 Zueignungs-schrift / an den Durchlauchtigst-Hochgebornen Fürsten und Herrn / Herrn AVGVSTVS / Hertzogen zu Braunschweig und Lüneburg / etc. etc. etc. Meinen Gnädigsten Fürsten und Herren. In: Die Pegnitz-Schäfer, S. 186–189, hier S. 187–188.

Wissensvermittlung bei Sigmund von Birken (1626–1681) zum weltlichen Pfingstfest gerät:

> Es laben diesen Geist / die Bücher / die er liebt.
>     ihn loben / und er lebt in diesen / die er gibt
> Der Geist von oben gibt, und gießet diesen Geist:
>     Der ist es in der that / der also Geistlich heist.[58]

---

58 Sigmund von Birken: Das VII Redstuck. Von Zierde der Gebändzeilen. De Ornatu Versuum. In: Die Pegnitz-Schäfer, S. 94–99, hier S. 97–98.

# 5 Physiko-Theologie der Gerüche: Barthold Heinrich Brockes

Das lyrische Ich von Barthold Heinrich Brockes' Gedicht „Dreyerley Violen" (1721) beschreibt einen Blumenstrauß, den ihm sein Gärtner auf sein Geheiß gereicht hat; der Strauß steht nun in einer Vase, und der Betrachter setzt sich hin, um dessen bewundernswerte Eigenschaften eingehend würdigen zu können:

> Und deren holde Influentzen
> [...]
> In unserm Hirn empfunden werden:
> Indem durch die gewůrtzte Lieblichkeit,
> Die mit so mancherley Geruch sich mischet,
> Im spůrenden Geruch das Hertz erfreut,
> Die Zung' erquickt, das Blut erfrischet,
> Der Mensch vergnůget, wird. Mich deucht,
> (Beschreibet man gleich den Geruch nicht leicht)
> Wann ich vor Lust die Augen schliesse,
> Und mit Aufmercksamkeit des sůssen Dufts geniesse,
> Es sey darin der Duft und Kraft vereint zu finden
> Von Honig, Mandel=Milch, Most, Pfirsch=Kern, Zimmet=Rinden,
> Und daß, mit holder Sůssigkeit,
> Ein wenig såurliches und bitt'res sich verbinden
> In solchem Grad, der Hertz und Hirn erfreut.
> Sie fůlleten aus ihren bunten Hōlen
> Mir mein Gehirn, den Sitz der Selen,
> Und nåhrten es, auf angenehme Weise,
> Mit einer fast uncőrperlichen Speise,
> Ja trånketen zugleich mit einem trocknen Saft
> Die Sele selbst in sůssem Überfluß.
>     Dieß trieb mich im Genuß
> So angenehm und holder Eigenschaft,
> Die Augen auf= und Himmelwårts zu schlagen,
> Und hōchst= erkenntlich Danck zu sagen
> Dem, der von Ewigkeit die Brunnquell aller Kraft.[1]

Das Gedicht ist in mehrfacher Hinsicht für Brockes' lyrischen Zugang zu Gerüchen der Natur repräsentativ: es konzentriert sich auf Blütendüfte, nimmt sich Zeit zu

---

1 In: Barthold Heinrich Brockes: Irdisches Vergnůgen in Gott, bestehend in Physicalisch- und Moralischen Gedichten, Erster Theil [²1723]. Hamburg 1732, S. 17–21, hier S. 18–19 'http://diglib.hab.de/drucke/lo-677-1-1/start.htm' (Zugriff 22. September 2022).

ausführlicher Betrachtung, betont die gleichzeitige Wirkung des Geruchs auf Körper, Gefühle und Gedanken und nimmt diese Erfahrung zum Anlass, dem Schöpfer zu danken, der sich in einer Natur zu erkennen gibt, die präzise auf die Bedürfnisse des Menschen zugeschnitten ist und dabei auch der Sinnenfreude Raum gibt. Die Beobachtung der äußeren und inneren Natur ist wissenschaftlich interessiert; mit der Erwähnung der erquickten Zunge verweist Brockes auf den Beitrag des Riechens zum Schmecken, der heutzutage in der Neurowissenschaft als „retronasale Olfaktion"[2] bezeichnet wird, und mit der Rede vom „trockenen Saft" greift er auf Aristoteles' Theorie des Geruchs zurück.

Aristoteles (384–322 v. Chr.) zufolge „handelt es sich beim Geruch um das Auftreten einer aromatisch trockenen Substanz in einem feuchten Medium, und etwas Derartiges kann Objekt des Geruchs werden". Weder Dampf, der nur aus Wasser besteht, noch Rauch, in dem sich Luft und Erde mischen, kommen für Aristoteles als Gegenstände des Riechens infrage. „Daher wurde der Geruch mit Grund als eine Art Eintauchen und Auswaschen des Trockenen in einem feuchten und flüssigen Medium beschrieben." Brockes' Vergleich des Geruchs mit einer fast unkörperlichen Speise passt hingegen nicht zu Aristoteles' Theorie: „Daß also das Riechbare, insofern man es riecht, zur Nahrung nichts beiträgt, ist klar. Daß es zur Gesundheit beiträgt, zeigt uns die Geruchsempfindung selbst".[3] Zudem betont Brockes immer wieder die erfrischende bzw. kühlende Wirkung der Gerüche, was der aristotelischen Lehre zu widersprechen scheint:

---

[2] Barry C. Smith: The Hidden Sense of Smell. Recent Scientific Findings. In: Katharina Herold u. Frank Krause (Hg.): Smell and Social Life. Aspects of English, French and German Literature (1880–1939). München 2021, S. 22–34, hier S. 31. Schon Aristoteles konstatiert Verbindungen von Geschmack und Geruch; so bemerkt er, dass „der Geruch seine Namen wegen der Ähnlichkeit der Sache vom Geschmack übernommen" hat, wenngleich es auch eine „Übertragung von Geruch auf den Geschmack" gibt. Von einem Beitrag des Riechens zum Schmecken kann hier aber nicht die Rede sein; die Ähnlichkeiten von Geruch und Geschmack verdanken sich der Teilgleichheit unterschiedlicher Gegenstände der Wahrnehmung. Beim Riechen wird das *Trockene* mit Hilfe eines feuchten, sowohl im Wasser als auch in der Luft enthaltenen *Mediums* wahrgenommen, für das es „keine Bezeichnung" gibt; beim Schmecken wird indessen eine *Mischung von Trockenem und Feuchtem* wahrgenommen (Aristoteles: Über die Seele. Griechisch/Deutsch, hg. von Gernot Krapinger. Stuttgart 2020, S. 97, 107 u. 109; meine Argumentation folgt Thomas K. Johansen: Aristotle on the Sense of Smell. In: Phronesis (1996), H. 1, S. 1–19; vgl. Katelynn Robinson: The Sense of Smell in the Middle Ages. A Source of Certainty. London 2020, S. 14). Brockes' Eindruck, dass der Geruch der Blumen auch die Zunge belebt, ist mit diesem Modell nicht vereinbar.

[3] Aristoteles: Über die Wahrnehmung. In: ders.: Kleine naturwissenschaftliche Schriften (Parva naturalia), hg. von Eugen Dönt. Stuttgart 2010, S. 47–86, hier S. 66, 72 u. 73. Platon bestimmt Gerüche indessen als „Rauch oder Nebel" (Platon: Timaios. In: ders.: Sämtliche Werke. Bd. 4, hg. von Ursula Wolf. Reinbek bei Hamburg 1994, S. 11–103, hier S. 71 (66 e)). Zur Rezeption beider Auffassungen bei Galen siehe Robinson, S. 14.

## 5 Physiko-Theologie der Gerüche: Barthold Heinrich Brockes

Deshalb empfindet auch der Mensch als einziges, so kann man sagen, von allen Lebewesen die Gerüche von Blumen und dergleichen und hat seine Freude daran. Denn die Wärme und der Strom der Gerüche schafft einen Ausgleich gegenüber der übermäßigen Feuchte und Kühle in der Gehirnregion.[4]

Die aristotelisch geprägte Medizin des Mittelalters kennt zwar auch kühlende Gerüche wie Rosenduft, muss diese Sonderfälle aber eigens erklären,[5] während Brockes die Erfrischung durch Gerüche als fraglos einsichtigen Regelfall präsentiert.

Da Brockes' kürzere Gedichte meist der Aufmerksamkeitsschulung dienen, sind sie von der Diskussion wissenschaftlicher Thesen weitgehend entlastet; in seinem fragmentarischen, posthum erschienenen, 310 Seiten umfassenden Lehrgedicht „Betrachtungen über die drey Reiche der Natur" (1748) kann er auf solche Fragen detaillierter eingehen. So erklärt er, dass Katarrhe in der Nase aus Drüsen stammen und nicht, wie ältere Lehren meinten, aus dem Gehirn;[6] damit distanziert er sich zugleich von einem medizinischen Erklärungsmuster, das im Anschluss an Aristoteles die Kühle des Gehirns voraussetzt.[7] Aber 1727 hatte er in einem Lehrgedicht über „Die fünf Sinne" noch angenommen, Ausflüsse der Nase leerten die Feuchtigkeit des Gehirns aus, und angemerkt, dass Kälte und Feuchtigkeit das Riechen behindern,[8] ohne die erfrischende Wirkung der durch Wärme begünstigten Gerüche in Abrede zu stellen. Die These, die Unterschiede der Gerüche gingen auf die geometrische Form wahrgenommener Partikel zurück, entnimmt Brockes wieder-

---

**4** Aristoteles: Über die Wahrnehmung, S. 70. Wenn Johansen im Blick auf Aristoteles von den „cooling, salutary effects" der unabhängig vom Appetit angenehmen Gerüche spricht (Johansen, S. 16), scheint er sich auf den Ausgleich zwischen der besonders starken Kühle des menschlichen Gehirns und der Wärme des Geruchs zu beziehen, denn im Wirkungsbereich des Gehirns könnte sich der Geruch auf eine angenehme Weise fühlbar abkühlen. Aristoteles spricht indessen nicht von einer Abkühlung der Gerüche, sondern von der Reduzierung der vom Gehirn ausgehenden Kühle.
**5** Robinson, S. 78.
**6** In: Betrachtungen über die drey Reiche der Natur. In: Barthold Heinrich Brockes: Physikalische und moralische Gedanken über die drey Reiche der Natur, Nebst seinen übrigen nachgelassenen Gedichten, als des Irdischen Vergnügens in Gott Neunter und Letzter Theil. Hamburg/Leipzig 1748, S. 1–310, hier S. 208 'https://www.deutschestextarchiv.de/book/view/brockes_vergnuegen09_1748' (Zugriff 22. September 2022).
**7** „Das Gehirn ist ja von Natur aus kalt [...] (daher wird die Ausdünstung der Nahrung in dieser Region gekühlt und erzeugt Katarrhe)" (Aristoteles: Über die Wahrnehmung, S. 69).
**8** In: Barthold Heinrich Brockes: Irdisches Vergnügen in Gott, bestehend in Physicalisch- und Moralischen Gedichten, nebst einem Anhange verschiedener dahin gehöriger Übersetzungen. Zweyter Theil [1727]. Hamburg 1734, S. 328–380, hier S. 345 u. 346 'http://diglib.hab.de/drucke/lo-677-1-3/start.htm' (Zugriff 22. September 2022).

um Demokrit bzw. den Atomisten,[9] von deren Theorie der Wahrnehmung Aristoteles ausdrücklich Abstand nimmt.[10] Kurzum: Brockes verfährt eklektisch, ist für Korrekturen offen – und lässt Spannungen zwischen Theorie-Anleihen und Beobachtungen teils auf sich beruhen. Wenn Brockes die *Rosen*knospen preist, „[a]us denen ein gewürtzer Myrrhen=Rauch, / Worin sich süß und bitter lieblich mischet, / Unsichtbar aufwårts steigt, und Hirn und Haupt erfrischet",[11] entspricht er gängigen Auffassungen der aristotelisch geprägten Humoralpathologie, doch als Anhänger paracelsischer Lehrmeinungen lässt sich Brockes auf diese Richtung nicht festlegen.[12] In einem Frühlingsgedicht wirkt vielmehr das ganze „Pflantzen-Heer" erfrischend – „[d]raus dampft sogleich ein lieblich bittrer Duft, / Erfrischet den Geruch, und füllt die Luft" –, und die Beispiele ließen sich mehren.[13] Ähnlich fällt das Lob der Hyazinthe aus:

> Dein lieblicher Geruch erfüllt mir Hirn und Brust
> Mit Balsam= dünstenden Vergnügungs= schwangern Geistern,
> Die, durch recht unverhoffte Lust,
> Sich fast der Seele selbst mit süsser Lust bemeistern,
> Als welche schier im Anmuths=Meer versincket,
> Wenn sie recht wie berauscht durch des Geruches Kraft,
> Den såurlich=süssen zarten Saft
> Aus deiner frischen Blüht Sapphirnen Kelchen trincket.
> Woraus, indem sie unterwårts gekehrt,
> Der trockne Saft sich stets ergiesset,
> Und, sonder, daß sie ausgeleert,
> Zu unsrer Lust beståndig fliesset.
> Die allersüssesten Tockayer=Reben
> Vermögen nicht, dergleichen Kraft und Lust

---

9 Eine atomistische Auffassung vertritt zum Beispiel Epikur: „Auch vom Geruch muß man annehmen, daß er wie das Gehör niemals eine Empfindung herstellen könnte, wenn es nicht bestimmte Partikel gäbe, die vom Gegenstande herkommen und eine derartige Gestalt haben, daß sie eben dieses Sinnesorgan in Bewegung setzen, die einen in verwirrter und fremdartiger Weise, die anderen in unverwirrter und angenehmer Weise" (Epikur: Brief an Herodotos. In: ders.: Von der Überwindung der Furcht. Katechismus · Lehrbriefe · Spruchsammlung · Fragmente. München 1983, S. 66–85, hier S. 73).
10 Aristoteles: Über die Wahrnehmung, S. 64–65; siehe auch Johansen, S. 15.
11 Die Rose. In: Brockes, Erster Theil, S. 82–92, hier S. 87.
12 Zum eklektischen, an Paracelsus und der Alchimie orientierten Ansatz Brockes' siehe Hans-Georg Kemper: Deutsche Lyrik der frühen Neuzeit. Bd. 5/II: Frühaufklärung. Tübingen 1991, S. 114–121.
13 Erbauliche Betrachtung eines zeitigen Frühlings. In: Brockes, Erster Theil, S. 4–7, hier S. 5; vgl. Die Blumen. In: Brockes, Erster Theil, S. 104–109, hier S. 107 (hier erfrischen Blumen „durch ihren Ruch"), und Morgen=Gebet im Frühlinge, vom 23. Martii bis den 22. Junii zu gebrauchen. In: Brockes, Erster Theil, S. 471–477, hier S. 473 (hier wird „die Lunge" „erfrischt").

Dem dürren Gaum' und unsrer matten Brust,
Durch ihren Nectar=Saft, zu geben,
Als dein gewürtzter Dunst, mit Balsam angemischt,
Mir mein benebelt Haupt erfrischt,
Und mein Gemühte lab't und tråncket;
So daß es sich entzückt zu deinem Schöpfer lencket,
Dem Ursprung aller Lust, aus Dessen Lieb' und Kraft,
Was herrlich ist, entspriesst; Der alles Schöne schafft.
Ich wünsch', aus heissem Trieb' und froher Danckbarkeit,
*Daß ich auch so, wie du, verbringe meine Zeit;*
*Daß, im Geruch der guten Wercke,*
*Mein Nåchster, GOTT in mir, wie ich in dir, bemercke;*[14]

Der Vergleich des Hyazinthendufts mit süßen Trauben scheint die Erfrischung eher mit belebenden als mit kühlenden Wirkungen zu assoziieren, zumal dessen balsamische Wirkung darin besteht, den Kopf von Nebel zu befreien, doch in einem anderen Gedicht wird der „Ambra=Duft" der Hyazinthe mit seiner balsamischen, an Tokajer erinnernden Eigenschaft ausdrücklich als „kühl" bezeichnet.[15] Auch den Duft der Maiglöckchen, der „Gehirn und Nerven" „erfrischt", beschreibt Brockes als „frisch und würklich kühl".[16] Wenn Brockes davon spricht, dass der Duft der Cyrene „Hirn"[17] und der Zitronenduft „Herz und Hirn" erfrischt, bleibt indessen offen, ob Kühle mitzudenken wäre.[18]

In einem Gedicht über die „Studentenblume" *Flos Africanus* nimmt Brockes die These in Anspruch, dass die Stärke eines Geruchs eine Frage der *Hitze* seiner Substanz ist:

In diesem Kraut, von welchem viele
Nicht den Geruch vertragen können,
Muß in der Bitterkeit ein starckes Feuer brennen,
Weil es so streng, wenn man es reibet, reucht;
Daß am Geruch es fast den bittern Myrrhen gleicht.[19]

---

14 Die Hyacinthe. In: Brockes, Erster Theil, S. 338–340, hier S. 339–340.
15 Ein Bett voll Hyacinthen. In: Brockes, Zweyter Theil, S. 24–27, hier S. 25.
16 Lilien=Convallien oder Mayen=Bluhmen. In: Brockes, Zweyter Theil, S. 56–59, hier S. 58.
17 Die Cyrene. In: Brockes, Zweyter Theil, S. 67–70, hier S. 68.
18 Betrachtungen über die drey Reiche der Natur, S. 190–192, hier S. 192.
19 Flos Africanus und Ritter=Sporn. In: Brockes, Zweyter Theil, S. 405–409, hier S. 407. Ähnlich verfährt Brockes in „Die Nelcken" (in: Brockes, Erster Theil, S. 244–250, hier S. 248); hier wird der Blumenduft mit dem aromatischen Feuer des gleichnamigen Gewürzes verglichen: „Sind nicht durch den Geruch, der Haupt und Herz vergnügt, / Ceylonens Någelein besiegt? / Wie unser Gaum mit Lust / Von dem Gewürtz das süsse Feuer spühret; / So wird die Nas' auf gleiche Art gerühret / Durch den Geruch der Nelcken, die allein / Der stårck'sten Würtz an Düften ähnlich seyn." Brockes

Auch Aristoteles nahm an, dass der Gegenstand des Riechens heiß und trocken ist, ging aber davon aus, dass er die Kühle des Hirns lindert.[20] Brockes' innovativer Beitrag zur Wissenschaft vom Riechen besteht darin, Aristoteles' Modell des Trockenen in der Feuchte mit einer empirischen Welt- und Selbstbeobachtung zu verbinden, die sich der erfrischenden Wirkung des Riechens auf Körper und Geist vergewissern kann, ohne sich vom theoretischen Wissen über den Beitrag der Hitze zur Stärke eines Geruchs beirren zu lassen. In seinem Gedicht „Bohnen-Felder" (vgl. Kap. 1) will er vor allem das empirische Wissen über den Geruch erweitern, wenn er anmerkt, dass bestimmte Mischungen körperlich erfrischen, emotional aber entflammen:

> Durch die so süß vermengten Dünste, fühlt man das hitzige Geblüte,
> Nicht nur sich gleichsam recht erhohlen, nicht nur sich kühlen und erfrischen,
> Es fühlt ein, durch so süsse Luft, durch Gott getriebenes Gemüthe
> Ein innerlich erquickend Feuer, ein fast entzückendes Empfinden [...][21]

In Übereinstimmung mit medizinischen Theorien, die im England des 18. Jahrhunderts geläufig waren, erwähnt er den Beitrag der Nerven zum Riechen,[22] was ihm erlaubt, die Annahme einer direkten Verbindung der Nase zum Gehirn zu relativieren; da die trigeminale Wahrnehmung zum Geruchseindruck beiträgt, könnten Brockes' Empfindungen der Kühle auch von ihr herrühren. Jedenfalls werden physiologische Erfrischungen des Blutes, der Lunge, der Nerven oder des Gehirns an Gefühlen und Empfindungen abgelesen; die Wahrnehmung der Natur wird so zu einer eigenständigen Wissensquelle aufgewertet. Im Unterschied zu empiristischen Aufklärern, die ab ca. 1740 das Wissenschaftsverständnis der Epoche prägen,[23]

---

verbindet vor allem Würze mit Hitze: „Man riecht, ja man sieht fast in der Luft / Die fette Fruchtbarkeit. Ein angewürzter Duft, / Worin ein Lebens=Feuer glühet, / Erfüllet alles, was man siehet." (Noch andere Frühlings=Gedancken. In: Brockes, Erster Theil, S. 60–63, hier S. 63).
20 Aristoteles: Über die Wahrnehmung, S. 67–68 u. 70; vgl. Robinson, S. 19.
21 In: Barthold Heinrich Brockes: Irdisches Vergnügen in Gott, bestehend in Physicalisch- und Moralischen Gedichten, Sechster Theil. Hamburg 1740, S. 133–136, hier S. 133–134 'https://www.deut schestextarchiv.de/book/show/brockes_vergnuegen06_1740' (Zugriff 22. September 2022).
22 William Tullett: Smell in Eighteenth-Century England. A Social Sense. Oxford 2019, S. 31. Cornelia Zumbusch: Die Immunität der Klassik. Berlin 2012, S. 62 u. 65, führt medizinische Hypothesen über den Beitrag der Nervenphysiologie zur Ansteckung aus der deutschen Diskussion im späten 18. und frühen 19. Jahrhundert an.
23 Peter-André Alt: Aufklärung, Stuttgart/Weimar 1996, S. 7–11. Unter medizinischen Aspekten ist Brockes nicht weit von Friedrich Gottlieb Klopstock entfernt, der in der Ode „Der Kamin" [1770] das Landleben preist: „Mit Gefühle der Gesundheit durchströmt / Die frohe Bewegung sie, / Da die Kühlungen der reineren Luft / Ihr eilendes Blut durchwehn, / Und die zarteste des Nervengewebs /

bindet Brockes die Beobachtung der äußeren und inneren Natur aber immer wieder in einen sinnverstehenden Zugang zur zweckmäßigen Einrichtung der Schöpfung ein: „Der Creaturen stille Sprache / [...] / Sie läßt sich allenthalben hören; / Man kann sie schmecken, fühlen, sehn."[24]

Die vielseitige Verwendbarkeit des Myrrhe-Motivs, das im Flos-Africanus-Gedicht auf *Feuriges* verweist, an anderer Stelle indessen *erfrischende* Rosen charakterisiert, ist charakteristisch für Brockes' Methode, mit demselben *tertium comparationis*, als das in diesem Fall der bittere Geruch dient, eine Reihe von verschiedenartigen Ähnlichkeiten sinnlicher Erfahrungen anzuzeigen. Wenn er bittere Düfte unterschiedlicher Pflanzen mit dem Geruch der Myrrhe vergleicht, behauptet er also nicht, dass auch deren körperliche oder seelische Wirkung vergleichbar wäre. Brockes vergleichende Bestimmung von Gerüchen greift auf einen überschaubaren Vorrat von Motiven zurück; neben Geschmackseindrücken finden vor allem kultisch bedeutsame Gewächse oder Pflanzensekrete wie Myrrhe oder Weihrauch, kostbare Tierprodukte wie Amber, Zibet und Bisam sowie das aus Harz und Ölen gemischte Balsam Erwähnung. Seine Vergleiche von Pflanzendüften mit Gerüchen anorganischer oder tierischer Substanzen folgen demselben Muster wie seine Schilderungen von Szenen, in denen Eindrücke von Erde, Wasser und Himmel spiegelbildlich aufeinander bezogen oder mit geschliffenen Edelsteinen verglichen werden: in einer sinnhaft verfassten Schöpfung können sich sämtliche Ordnungen ineinander spiegeln.[25] Schon Catharina von Greiffenberg hatte Pflanzendüfte mit Bisam verglichen; Brockes erkennt den heiligen Ursprung der Schöpfung aber nicht im Zuge einer Abkehr von der äußeren Wirklichkeit, sondern in der Sinnenwelt und ihrer leiblichen Erfahrung. Wenn Brockes einzelne Geruchserfahrungen detaillierter ausarbeitet, gestaltet er sie häufig zu einem Höhepunkt des Selbst- und Weltgenusses, der Körper, Gefühl und Vernunft ergreift und damit besonders stark zum Gotteslob inspiriert;[26] daneben finden sich allegorische Deutungen, die aber – anders als im Barock – nicht mehr im Zentrum des Naturverständnisses stehen.[27]

---

Gleichgewicht halten hilft." (in: Klopstocks gesammelte Werke in vier Bänden, hg. v. Franz Muncker. Bd. 3: Oden und geistliche Lieder in Auswahl. Stuttgart/Berlin 1885, S. 127–129, hier S. 128).
24 Erbauliche Betrachtung eines zeitigen Frühlings. In: Brockes, Erster Theil, S. 7.
25 Damit zeigt Brockes, um einen Ausdruck von Hans-Georg Kemper zu bemühen, auch „hermetische Flagge" (Kemper: Frühaufklärung, S. 119); zur hermetischen Lehre von der Spiegelung von Makro- und Mikrokosmos siehe Hermes Trismegistos: Erkenntniß der Natur und des darin sich offenbarenden großen Gottes, übers. von Aletophilus [1786]. Sauerlach bei München 1997, S. 37–41.
26 Dieser Höhepunkt des religiösen Selbst-Gefühls lässt sich im Verbund mit der Schau des Schönen zu einer noch komplexeren Welterfahrung steigern; siehe Frank Krause: Barthold Heinrich Brockes und das Nature Writing. In: Gabriele Dürbeck u. Christine Kanz (Hg.): Deutschsprachiges Nature Writing von Goethe bis zur Gegenwart. Kontroversen, Positionen, Perspektiven. Stuttgart 2020, S. 39–55, hier S. 46.

In seinem längeren Lehrgedicht über die Sinne führt Brockes den physiko-theologischen Gottesbeweis, der von „der zweckmäßigen Einrichtung der Welt" „auf einen mit Absicht, Weisheit und Güte handelnden Schöpfer" schließt,[28] auch im Blick auf die Besonderheiten des Geruchssinns aus:

> 68. Daß wir riechen, doch mit Massen,
>     Ist ein Wunder. Sollte man
> Alle Dünste schärffer fassen,
>     Die man itzt nicht spüren kann;
> Würden so viel tausend Sachen
> Uns Verdruß und Eckel machen,
>     Deren Dampf uns itzt nicht rührt,
> Weil man gar zu scharf nicht spürt.
>
> 69. Welchen Nutzen in dem Leben
>     Bringet der Geruch uns nicht?
> Will sich eine Brunst erheben;
>     nutzt er mehr, als das Gesicht.
> Manche Gluht wår' ausgebrochen,
> Hätte man sie nicht gerochen,
>     Und bey Zeit dem feur gewehrt,
> Das sonst Hab' und Gut verzehrt.
>
> 70. So viel Specerey und Bluhmen,
>     Die unzåhlbar mancherley,
> Was in Indien, Idumen
>     Wåchst und in der Barbarey,
> Könnte kein Geschöpf gebrauchen,
> Und müst', ohne Nutz, verrauchen,
>     Wår die Nase nicht geschickt,
> Daß sie sich dadurch erquickt.
>
> 71. Sprich, verwildertes Gemüthe,
>     Kommt dieß wohl von ungefehr
> Oder aus der Macht und Güte
>     Eines weisen Wesens her?
> Sprich! verdienen solche Wercke
> Nicht so viel, daß man sie mercke?
>     Wers Geschöpfe nicht betracht,
> Schändet seines Schöpfers Macht.[29]

---

27 „Der bitter= süssliche Geruch, / So aus den Kaiser=Cronen quillt, / Ist ein mit Lehr' erfülltes Bild, / Daß auch der allerhöchste Stand / Mit Bitterkeit oft angefüllt." (Die Kaiser=Crone. In: Brockes, Erster Theil, S. 64).
28 Kemper: Frühaufklärung, S. 48.
29 Die fünf Sinne. In: Brockes, Zweyter Theil, S. 325–380, hier S. 350–351.

Die Welt ist, wie Strophe 70 zeigt, dazu geschaffen, sinnlich wahrgenommen zu werden; mit der Belebung der Sinne durch Wohlgerüche wird ein eigenwertiger Zweck der Schöpfung erfüllt, und unsere Sinne sind, wie Strophe 68 ausführt, auf das rechte Maß des Schöpfungsgenusses zugeschnitten.

In seinem nachgelassenen Lehrgedicht sieht Brockes sich gezwungen, „in dem Werke der Natur der Vermehrung die wahre Bildung der Gestalten / nicht bloß für Wege der Natur, für etwas Göttliches zu halten", und er verlegt die Präsenz Gottes damit in die Natur. Unter dem Deckmantel der Augustinischen Formel, dass der Glaube dort beginne, wo das Wissen aufhöre, bezieht Brockes die Sinnenwelt auf etwas, das überall Verborgen sei: „Was ich im Reiche der Natur auch höre, rieche, schmeck' und sehe, / So weist mir alles, was vorhanden, so zeigt mir alles, was sich zeigt, / Daß etwas überall verborgen, so die Vernunft weit übersteigt".[30] Dass Göttliches „überall verborgen" ist, bedeutet nicht dasselbe wie die These des Augustinus, dass alles auf den nicht präsenten Schöpfer verweist, denn Brockes' Gottesliebe ist zugleich eine All-Liebe: „GOTT ist kein alter Mann, kein Geist, wie andre Geister, / Er ist ein ewiges allgegenwärtigs All, / Ein unermeßlichs Gantz [...]".[31] Brockes ruft Gott als jemanden an, „Der Du Dich in Dir selbst, zu unserm Heyl, verhüllest"; die Sinne können zwar nicht Gott selbst, aber immerhin die Verhüllung seiner realen Präsenz wahrnehmen, so dass er am Sternenhimmel *fast* sichtbar ist.[32] Auch des Menschen Fähigkeit, Gottes Größe zu denken, ist göttlichen Ursprungs; mit dieser Gabe scheint er „fast Sich Selbst in unsern Geist zu sencken".[33] Unter diesem Gesichtspunkt markiert die Gotteserkenntnis in der Geruchserfahrung einen Gipfel des religiösen Erlebens, denn beim Riechen wird die verhüllte Realpräsenz des Göttlichen in Körper, Gefühl und Seele spürbar.[34] Die mit der verdeckten Teilhabe am Ausfluss Gottes verbundene Sakralisierung des Selbst schlägt auch auf Brockes' Wortwahl durch:

---

30 Betrachtungen über die drey Reiche der Natur, S. 231.
31 Das, durch die Betrachtung der Grösse GOttes, verherrlichte Nichts der Menschen. In einem Gespräche Auf das Neue Jahr, 1722. In: Brockes, Erster Theil, S. 431–467, hier S. 445.
32 Der Wolcken= und Luft=Himmel. In: Brockes, Zweyter Theil, S. 5–14, hier S. 14.
33 Das, durch die Betrachtung der Grösse GOttes, verherrlichte Nichts des Menschen, S. 461.
34 Von Versuchen, die Natur selbst zur Göttin zu machen, wendet sich Brockes indessen entschieden ab. Siehe Barthold Heinrich Brockes: Misbrauch des Worts Natur. In: ders.: Irdisches Vergnügen in Gott, Sechster Theil, S. 310–313. Diese Haltung zeigt sich auch in Brockes' umarbeitender Übersetzung eines Gedichts von Shaftesbury; Brockes schwächt Shaftesburys Rede von der göttlichen all-liebenden Natur zur Rede von der göttlichen Natur als einer Quelle der Erkenntnis von Gottes Wesen ab. Siehe dazu Ida M. Kimber: Barthold Heinrich Brockes. Two Unacknowledged Borrowings. In: The Modern Language Review (1969), H. 4, S. 806–808, hier S. 807.

> Wenn meine Brust, da alles blühet,
> Den Balsam= vollen Frühlings=Duft
> Der, durch des Zephirs Hauch erwärmten, Luft
> Im Atem=Holen an sich ziehet;
> [...]
> Nimmt meine Seel' ein süsser Schauder ein.
>
> [...]
>
> Ein' angenehme Furcht, ein holdes heiligs Schrecken,
> Erreg't mein wallendes Geblüte,
> Und heisset mich, des grossen Gebers Güte,
> Mit Ehr=Furcht voller Lust, sehn, hören, fühlen, schmecken.[35]

Brockes ermuntert den menschlichen Geist, in „heiliger Verwund'rung" die Eigenschaften der Blätter anzuschauen und dabei auch auf ihren Geruch zu achten.[36] Eine mit Früchten gefüllte Schüssel erlaubt es dem Menschen, „[m]it Seel' und Geist durch aller Sinnen Thüren / Der überall verhüllten Gottheit Schein / Als gegenwärtig zu verspühren."[37] Die Kraft, mit der Gott wirkt, ist „Seine Liebe, / Die im Geruch mein Herz empfunden".[38] „Man schmecket im Geruch den Balsam Seiner Liebe".[39]

Wenn der gute Geruch der Lilie auf Dauer „Schlaf, Schwermuth, Schmertz und Schwindel zeuget", lässt sich daraus hilfreich lernen, dass aller Genuss des rechten Maßes bedarf,[40] und wenn schlechte Gerüche den Menschen überhaupt verdrießen, hegt er überzogene Erwartungen, weil er die Schöpfung im Ganzen nur an dem misst, was seiner Eigenliebe entgegenkommt. Gewiss, der „Duft der besten Specereyen / Kann nicht so sehr die Nas' erfreuen, / Als ein Gestanck uns Eckel bringt",[41] doch die Besinnung auf das Gute, das wir von Gott empfangen, kann dieses Ungenügen beheben. Selbst ein armer Mann, der in einer Gruft im „Dunst der halb=verfaulten Luft" den Sonnenschein erblickt, würde sich danach sehnen, Gott als Ursprung dieser Schönheit zu vernehmen,[42] und der Ekel am alternden Körper

---

35 Sing-Gedicht. In: Brockes: Erster Theil, S. 58–59.
36 Betrachtung der Blätter. In: Brockes: Erster Theil, S. 75–79, hier S. 76.
37 Eine Schüssel mit Früchten. In: Brockes: Erster Theil, S. 288–295, hier S. 294.
38 Die Rose, S. 91.
39 Die Welt. In: Brockes, Erster Theil, S. 503–509, hier S. 506.
40 Die Lilie. In: Brockes, Zweyter Theil, S. 108–113, hier S. 112.
41 Ursprung des menschlichen Unvergnügens, samt einem bewährten Mittel wider dasselbe, in einem Sing=Gedichte, darin alle Absätze einerlei Reim=Endung haben. In: Brockes, Erster Theil, S. 523–525, hier S. 523.
42 Der Ursprung des menschlichen Unvergnügens, bey dem Anfange des 1720sten Jahres. In: Brockes, Erster Theil, S. 406–414, hier S. 413.

lässt sich mit der Gewissheit über die leibliche Auferstehung überwinden.[43] Brockes' literarische Aufmerksamkeitsschulung ist daher auch von prophylaktischer Bedeutung: wer auf das Ganze aufmerkt, das den bornierten Horizont der Eigenliebe überschreitet, ist besser gegen deplatzierte Ansprüche gefeit.

Zur Erkenntnis dieses Ganzen gehört das Wissen vom Geruchssinn anderer Arten. Brockes lobt den außergewöhnlichen Spürsinn des Hundes, der das Wild wittert, die Spur des Hasen aber nicht immer vollständig aufnimmt, merkt an, dass der Fuchs den Dachs mit Gestank aus seinem Bau vertreibt, erkennt im Elefantenrüssel ein Riechorgan und bescheinigt der Katze einen scharfen Sinn für Gerüche.[44] In seinem enzyklopädischen Lehrgedicht kommen auch Gerüche aus der Tierwelt zur Sprache, die sonst zugunsten pflanzlicher Düfte in den Hintergrund treten. Der Eindruck, dass Marderkot einen „nicht unangenehmen lieblichen Geruch" hat, ist für Brockes ebenso poesiefähig wie die Beobachtung, dass ein Haarbüschel des Aurochsen wie Bisam riecht, und die Erkenntnis, dass Verbrennung von Ziegenhorn gegen Pest und andere Seuchen hilft.[45] Seine Nase ist noch für die Wohltaten des Drüsensekrets der Zibetkatze empfänglich, das im Verlauf des 18. Jahrhunderts aus der Mode kam;[46] er lobt, dass der „Duft" ihres „Auswurf[s]"

> Mit solcher süßen Lieblichkeit und holden Dünsten in die Luft,
> Die sie umgiebt, beständig quillet,
> Daß ein empfindliches Vergnügen durch den Geruch das Hirn erquillet
> Und uns recht inniglich vergnügt. Wer von uns Menschen kann begreifen,
> Auf welche Weise sich die Theilchen, die den Geruch vergnügen, häufen,
> Entstehen, und so lange dauren? Da Dinge, die bey ihnen liegen,
> Von ihnen gleichsam eingebiesamt, so stark uns, wie sie selbst, vergnügen,
> Ohn etwas ihnen zu benehmen. […][47]

Diese Geruchsmotive stehen nur insofern in einem sakralen Kontext, als Brockes der poetischen Erkenntnis des Göttlichen eine kultische Bedeutung zuschreibt; das Riechen selbst wird geheiligt, wenn es die verdeckte Präsenz Gottes vernimmt. Zudem greift Brockes biblische Geruchsmotive auf und überträgt deren sakrale Autorität auf Eindrücke, in denen der figurative Sinn der biblischen Rede eine sinnenfällige Gestalt annimmt:

---

43 Das durch die Betrachtung der Grösse GOttes, verherrlichte Nichts des Menschen, S. 457–458.
44 Betrachtungen über die drey Reiche der Natur, S. 254, 255, 263, 270 u. 290.
45 Betrachtungen über die drey Reiche der Natur, S. 276; vgl. S. 295 u. 300.
46 Vor allem in Frankreich war Zibet in den 1760er Jahren nicht mehr populär. Siehe Robert Muchembled: Smells. A Cultural History of Odours in Early Modern Times. Cambridge 2020, S. 138–139, hier S. 139.
47 Betrachtungen über die drey Reiche der Natur, S. 292.

> Es opfern die Bluhmen bebiesamte Såfte;
> Es dûnsten die Kräuter erquickende Kräfte,
> Dem grossen All zur Ehr' allein.
> Ach trachtet, ihr Menschen, es wol zu bemercken!
> Bemûht euch, in Andacht und guten Wercken,
> Dem Schôpfer ein sûsser Geruch zu seyn![48]

Die biblische Rede vom süßen Geruch bezieht sich auf ein gottgefälliges Opfer (im Alten Testament wörtlich in 1. Mos. 8: 21; 2. Mos. 29: 25; 3. Mos. 1: 9 u. 13; 3. Mos. 17: 6; 3. Mos. 23: 18; 4. Mos. 15: 3, 7 u. 24; 4. Mos. 18: 17; 4. Mos. 28: 6, 8 u. 13; u. 4. Mos. 29: 13 u. 36; siehe auch 1. Sam. 26: 19; vgl. 3. Mos. 26: 31), und da die Gerüche der Blumen und Kräuter als ein solches Opfer vorgestellt werden – Wilhelm Lehmann wird diesen Topos unter neuheidnischen Vorzeichen Anfang des 20. Jahrhunderts variieren (siehe Kap. 16) –, leuchtet die Anspielung auf die biblische Wortwahl ein. Auf gute und fromme Werke des Menschen passte aber nur die figurative Rede vom guten Geruch Christi, der von den Gläubigen zu Gott hin ausgeht (2. Kor. 2: 14–16), und vom Geruch guter Taten (Phil. 4: 18). Da Brockes Christus nicht erwähnt, wenn er die paulinische Rede vom guten Geruch des Gläubigen mit dem alttestamentlichen Motiv eines süß riechenden Opfers amalgamiert, tritt die Bedeutung des Erlösers im direkten Bezug zum Schöpfer in den Hintergrund. Der Anspruch, die Lektüren in der Heiligen Schrift und im Buch der Natur harmonisch zu verbinden, mündet in eine kreative Aneignung biblischer Motive, mit der sich das poetische Exerzitium von der kirchlichen Frömmigkeit emanzipiert.

Die Barock-Mystik hatte ein Bewusstsein vergottet, das sich von den Sinnen abzieht, und der Barock-Humanismus konnte Gerüche der äußeren Natur als Eigenschaften symbolisch bedeutsamer Wahrnehmungen mit heiligem Sinn darstellen; der Leib stand nur im Ausnahmefall Christi in einem sakralen Zusammenhang. Brockes' Lyrik stellt mit dem Lobpreis des Riechens hingegen auch das permeable Körper-Selbst des Menschen in sakrale Zusammenhänge, und sie begründet damit eine Weise des gläubigen Riechens, die sich seither hartnäckig behaupten konnte. Ein anderer Frühaufklärer entlarvt indessen, wie sich nun zeigen wird, das riechende Vernehmen sakraler Zusammenhänge als Selbsttäuschung über eine entgötterte Welt.[49]

---

[48] Der Garte. In: Brockes, Erster Theil, S. 165–177, hier S. 177.
[49] Zur heutigen Kritik neupaganer Spielarten der Aromatherapie, die sich auf deren Beitrag zur Reproduktion misogyner Frauenbilder konzentriert, siehe Margaret Day Elsner: From Gorgons to Goop. Scent Therapy and the Smell of Transformation in Antiquity and the Holistic Health Movement. In: Adeline Grand-Clément u. Charlotte Ribeyrol (Hg.): The Smells and Senses of Antiquity in the Modern Imagination. London u. a. 2022, S. 77–99.

# 6 Fegefeuer-Ängste eines durchteufelten Katholiken: Johann Gottfried Schnabels *Wunderliche Fata einiger See-Fahrer* (1731)

Johann Gottfried Schnabels (1692–1744/48) utopischer Roman *Wunderliche Fata einiger See-Fahrer* (1731) erzählt von der Gründung und Entwicklung einer idealen Gesellschaft auf einer unbekannten, zunächst von Schiffbrüchigen besiedelten Insel, deren Bevölkerung später auch durch den Nachzug ausgesuchter Siedler aufgefrischt wird.[1] Während das soziale Leben in der alten und neuen Welt weitgehend von Krieg, Ausbeutung, Übervorteilung und Entbehrung geprägt ist, entsteht auf der Insel ein tugendhaftes Gemeinwesen, das die Natur zweckrational bearbeitet und dank seiner aufgeklärt christlichen Lebensweise schon im Diesseits ein erfülltes Leben ermöglicht. Dass die Bewohner der Insel ein Naturrecht auf sexuelle Liebe in Anspruch nehmen und sich auch ohne priesterliche Mittler dem religiösen Heilsgeschehen zuwenden, entspricht einem Stand der Säkularisierung, der schon im Barock-Humanismus eingefordert wurde. Mit seiner innerweltlichen Begründung der sozialen Organisation, der Ausrichtung am anthropologischen Konzept der Perfektibilität, seinem Lob einer verständigen Naturbeherrschung und dem Projekt der beglückenden Entfaltung einer sich selbst belohnenden Tugend gehört der Roman indessen zur Aufklärung.

Anders als in Hans Jacob Christoph von Grimmelshausens (1621–1676) barocker Insel-Utopie gegen Ende der *Continuatio des abentheuerlichen Simplicissimi* (1669), in der eine Reihe religiös bedeutsamer Gerüche zur Darstellung kommt, wird das Riechen in Schnabels Erzählung nur in drei Kontexten thematisiert. In zwei Fällen geht der Geruch von Leichen aus, der von moralisch vorbildlichen Figuren als rein profanes Problem gefasst ertragen und hygienisch bewältigt wird. Ausmaß und Stoßrichtung von Schnabels Desodorierung der literarischen Utopie erschließen sich erst im Vergleich mit Grimmelshausens Erzählung. Dort strandet Simplicius

---

1 Zum hier verwendeten Utopiebegriff siehe Werner Frick: Providenz und Kontingenz. Untersuchungen zur Schicksalssemantik im deutschen und europäischen Roman des 17. und 18. Jahrhunderts. 2 Bde. Tübingen 1988, Bd. 1, S. 188, Fn. 230; zur Problematik eines Utopie-Begriffs, der sich auf handlungsweisende Entwürfe idealer Gesellschaften bezieht, im Zusammenhang mit Schnabels Roman siehe Dieter Kimpel: Der Roman der Aufklärung (1670–1774). Stuttgart 1977, S. 46–48; zur genaueren Bestimmung der Merkmale einer Utopie, die sich nicht in der imaginären Konkretisierung denkbarer Idealzustände erschöpft, sondern eine enttäuschbare Hoffnung auf Realisierbarkeit einschließt, siehe Manfred Gehrke: Probleme der Epochenkonstituierung des Expressionismus. Diskussion von Thesen zur epochenspezifischen Qualität des Utopischen. Frankfurt am Main u. a. 1990, S. 10–20.

nach erlittenem Schiffbruch mit einem Zimmermann an einer Insel; in der Finsternis auf dem Meer gibt die abnehmende Wassertiefe Grund zur „Hoffnung", „Gott hätte uns irgends hin an Land geholfen, das uns auch ein lieblicher Geruch zu verstehen gab, den wir empfanden, als wir wieder ein wenig zu uns selbst kamen".[2] Auch als Joan Cornelissen später zur Insel gelangt, auf der Simplicius nach dem Tod des Zimmermanns nurmehr allein lebt, „empfanden" er und die Mitreisenden „am Geruch, daß wir nahe an einem guten Geländ sein müßten", und die Insel erscheint als ein „irdisch Paradeis".[3] Der Wohlgeruch markiert den Spielraum für ein gottgefälliges, vom lasterhaften Europa abgekehrtes Leben.

Die Düfte der Natur zeigen die Gelegenheit zur religiösen Sinnerfüllung nicht nur symbolisch an, sondern entfalten selbst geistige Wirkungen; so ziehen Simplicius und sein Gefährte ein „halbtotes Weibsbilde" an Land und „ließen [...] doch nicht nach, ihro die spiritualische Feuchtigkeit, die sich in den äußersten Enden der Zitronenschällen enthält, unter die Nase zu drücken", um sie wieder zu Bewusstsein zu bringen.[4] Geistige Kräfte der Natur werden im Rahmen einer weißen Magie genutzt oder gemieden, um Übel abzuwenden; als Simplicius den Joan Cornelissen mit den Wirkungen der insularen Gewächse vertraut macht, warnt er vor dem Verzehr von Pflaumen, deren vertierender Effekt dem bösen Zauber Circes vergleichbar sei,[5] die Odysseus' Gefährten in Schweine verwandelt hatte. Neben diesen, der Natur inhärenten Kräften zeigt sich eine übernatürliche Macht; die gestrandete Frau, die nach ihrer Rettung den Zimmermann sexuell verführen und zum Mord an Simplicius anstiften will, ist eine Verkörperung des Teufels:

> sobald ich aber das Kreuz beides, über die Speisen und meine Mitesser machte, und den göttlichen Segen anrufte, verschwande beides, unsere Köchin und die Kiste, samt allem dem was in besagter Kisten gewesen war, und ließ einen solchen grausamen Gestank hinder sich, daß meinem Kameraden ganz unmächtig darvon wurde.[6]

---

[2] Hans Jacob Christoph von Grimmelshausen: Der abenteuerliche Simplicissimus Teutsch [1669]. Stuttgart 2012, S. 573–721, hier S. 677.
[3] Grimmelshausen, S. 702–703. Zum Topos des duftenden Strandes ferner, im Zusammenhang mit dem Gewürzhandel erschlossener Länder in der englischen Literatur des 17. u. 18. Jahrhunderts siehe William Tullett: Smell in Eighteenth-Century England. A Social Sense. Oxford 2019, S. 28; dieser Geruch war oft auch „paradiesisch" konnotiert.
[4] Grimmelshausen, S. 681.
[5] Grimmelshausen, S. 708–709. Im Unterschied zu Homer betonen Vergil und Ovid die Rolle riechender Substanzen in Circes magischer Praxis; siehe Margaret Day Elsner: From Gorgons to Goop. Scent Therapy and the Smell of Transformation in Antiquity and the Holistic Health Movement. In: Adeline Grand-Clément u. Charlotte Ribeyrol (Hg.): The Smells and Senses of Antiquity in the Modern Imagination. London u. a. 2022, S. 77–99, hier S. 81–84.
[6] Grimmelshausen, S. 686.

Die olfaktorischen Motive des Romans knüpfen zwar an die christlichen Topoi des Geruchs des Heiligen und des Gestanks der Sünde an, doch die geistigen Aromen der Natur, die auch den Teufel beleben können, werden nicht als heilige Substanzen dargestellt; die Natur wird vielmehr als „Antrieb zur Gottseligkeit" in frommen Übungen wahrgenommen. Zunächst vermisst Simplicius auf der Insel „geistliche Bücher", erinnert sich aber, dass er „von einem heiligen Mann gelesen, daß er gesagt, die ganze Welt sei ihm ein großes Buch, darinnen er die Wunderwerke Gottes erkennen, und zu dessen Lob angefrischt werden möchte". Simplicius liest denn auch im Buch der Natur, deren Gestalten er symbolisch wahrnimmt:

> die kleine Insul mußte mir die ganze Welt sein, und in derselbigen ein jedes Ding, ja ein jeder Baum! ein Antrieb zur Gottseligkeit, und eine Erinnerung zu denen Gedanken, die ein rechter Christ haben soll; also! sahe ich ein stachelecht Gewächs, so erinnerte ich mich der Dörnenkron Christi, sahe ich einen Apfel oder Granat, so gedachte ich an den Fall unserer ersten Eltern und bejammert denselbigen [...].[7]

Zunächst war Simplicius der Geist des verstorbenen Zimmermanns erschienen, den er anfänglich für ein böses Ungeheuer hielt, und auch andere Geister setzten ihm danach gelegentlich noch zu. Nachdem er sich dem Wiedergänger im Vertrauen auf Gott gestellt, die eigenen Gedanken in eine gottgefällige Ordnung gebracht und sich vor Müßiggang gehütet hat, wird er jedoch von keinem Geist mehr belästigt.[8] Grimmelshausen knüpft an die schon im Volksglauben des Mittelalters geläufige Vorstellung von der Armen Seele an, derzufolge die Toten im Fegefeuer „an ihren früheren ird[ischen] Wirkungsstätten Buße leisten".[9] Wie der Teufel, so verdankt auch der unreine Geist im Zustand der Läuterung seine Macht nur den Menschen, die vor der Sünde nicht gefeit sind.[10]

Bei Grimmelshausen ist die Natur verdiesseitigt – auf Gott verweist sie nur zeichenhaft –, aber nicht entzaubert: so kann Simplicius unter der Anleitung von Paracelsus' (1493–1541) *Liber de occulta philosophia* einen von Geistern in Sand transmutierten Schatz mit Hilfe von Feuer zurückverwandeln. Damit bedient er

---

7 Grimmelshausen, S. 697.
8 Grimmelshausen, S. 694–696.
9 B. Deneke: Fegfeuer. [2] Volksglauben. In: Lexikon des Mittelalters. 10 Bde, hg. von Robert-Henri Bautier. Bd. 4: Erzkanzler–Hiddensee, hg. von Robert Auty. München/Zürich 1989, Sp. 330–331, hier Sp. 330; vgl. L. Hödl: Arme Seelen. In: Lexikon des Mittelalters. Bd. 1: Aachen–Bettelordenskirchen, hg. von Robert Auty. München/Zürich 1980, Sp. 971–973.
10 Vgl. Georg Philipp Harsdörffer: Die Zauberlieb. In: Die Pegnitz-Schäfer. Nürnberger Barockdichtung, hg. von Eberhard Mannack. Stuttgart 1988, S. 210–214, hier S. 214: da Satan, der mit schwarzer Magie beschworen wird, nur die fleischliche Welt beherrschen kann, haben fromme Seelen von ihm nichts zu befürchten, wenngleich er menschliche und engelhafte Gestalt annehmen kann.

sich der „Kunst der Magica", „übernatürliche Dinge auff Erden" zu ergründen, welche der Vernunft unzugänglich sind.¹¹ Auch Simplicius' Abwehr eines Geistes durch die Kraft des Glaubens entspricht der Magie des Paracelsus:

> Es ist auch eines noch hie zu melden / trifft an das alte Sprichwort / und dasselbige zu widerlegen / gegen die so da sagen: Ich bin dieser Hexen feind / darum kan sie mir kein solches übel zufügen [...]. Dann wer ihnen feind ist / der verursachet sie / daß sie ihm auch feind werden [...].
> Will man ihnen aber widerstehen / daß sie einem nicht schaden mögen / so muß es durch den Glauben geschehen. Dann der Glaube bekräfftiget alles / bestättiget alles / erhebt alles / und vermag alles.¹²

Einerseits liegt Simplicius' fromme Lektüre im Buch der Natur auf der Linie der geistigen Übungen eines Augustinus, demzufolge Gott nicht in der Welt präsent ist: „Ich durchforschte die gesamte Weltmasse nach meinem Gott, und sie antwortete mir: ‚Ich bin es nicht, aber er hat mich gemacht.'"¹³ Andererseits vertrauen Simplicus' apotropäische Exerzitien auf eine geistige Ordnung, die im Anschluss an Paracelsus auch als heiliger Ausfluss des Schöpfers gedeutet werden könnte:

> dieweil Gott der Allmächtige gleich im Anfang und Erschaffung der Welt / alle Ding genugsam uns geheiliget hat. Dann er selber heilig ist. Darumb alles was er ordiniert und gemacht / ist auch durch ihn geheiliget worden.¹⁴

Der Roman klärt aber nicht, ob die geistigen Übungen des Simplicius einem solchen Glauben anhängen; dass der Duft der Insel sich als *Anzeichen* heiligen Sinns deuten lässt, bedeutet nicht, dass der Roman die Schöpfung eindeutig sakralisiert.

Schnabels Roman bereinigt die utopische Welt vom bösen Zauber und zieht eine klarere Grenze zwischen Sinnen- und Geisterwelt. Seine Insel birgt einen guten

---

11 Paracelsus [Philippi Theophrasti Paracelsi Bombast]: Von dem grossen Mißbrauch der Magica, und wie sie zu einer Zauberey wird. In: ders.: Liber de occulta philosophia. Auß einem uhralten tractat wegen seiner einhabenden Hochwichtigkeiten von neuem hervor gebracht / und dem curiosen Liebhaber zum offenen Druck befördert von einem unbekanten Philosopho. Ohne Ort 1686, S. 72–86, hier S. 72 'https://digital.blb-karlsruhe.de/blbihd/content/titleinfo/4697485' (Zugriff 22. September 2022). Vgl. ders.: Von den Schätzen und verborgenem Gut / in und unter der Erden. In: ders.: Liber de occulta philosophia, S. 46–56, u. Grimmelshausen, S. 663.
12 Paracelsus: Von dem großen Mißbrauch der Magica, und wie sie zu einer Zauberey wird, S. 85–86. Im Blick auf die schützende Kraft des Glaubens tritt der kategorische Unterschied zwischen unreinen Seelen im Fegefeuer und teuflischen Zauberinnen in den Hintergrund.
13 Augustinus. Confessiones/Bekenntnisse. Lateinisch/Deutsch. Stuttgart 2017, S. 473 (X.VI.9).
14 Philippi Theophrasti Paracelsi Bombast: De consecrationibus. In: ders.: Liber de occulta philosophia, S. 4–6, hier S. 4.

Geist, der – wenn auch selten – sicht- und spürbar auf die materielle Welt einwirkt, in Träumen guten Rat über Heilpflanzen erteilt und seinen vernünftigen religiösen Willen kundtut, während der Bösewicht Lemelie ganz vom Teufel durchdrungen ist,[15] doch die Kräfte der Natur werden nicht mehr spiritualisiert, übernatürliche Mächte treten nicht mehr in der täuschenden Gestalt eines natürlichen Wesens in Erscheinung,[16] und der Glaube, Geister befänden sich im Fegefeuer als einem Zwischenreich von Diesseits und Jenseits, wird als rückständig entlarvt. Wenn sich außergewöhnliche Ereignisse als Vorbedeutung lesen lassen, haben sie eine empirische Ursache und sind nur „fast" übernatürlich.[17] Geistige Kräfte, die bei Grimmelshausen oft auch in Gerüchen noch *sinnenfällig* werden, zeigen sich bei Schnabel meist in der *Vorstellung*; die Einbildungskraft kann die Sinnenwelt visionär überschreiten, ahnend verstehen oder mit abergläubischen Verwechslungen von Vorstellung und Wirklichkeit verzerren. Der Geist auf der Insel ist gutartig und bedarf keines Zaubers; sein Wirken übersteigt zwar den Verstand, trägt aber zu einer vernünftigen Ordnung der Situation bei, und wenn er empirisches Wissen über die Heilkraft von Kräutern und Wurzeln weitergibt, nimmt er keine weiße Magie in Anspruch. Der Gläubige mag sich sicher sein, dass Gott an der Heilung durch Arzneien maßgeblich beteiligt ist, doch diese Wirkung gibt sich nicht in der Sinnenwelt zu erkennen.[18] Wenn einige der Männer in Schnabels Roman auf der Insel von „Weinbeer und Palmen-Safft" „rasend" werden und „wider die Natur lauffend" mit Äffinnen Unzucht treiben,[19] sind sie nicht verzaubert, sondern durch den unvernünftigen Gebrauch natürlicher Substanzen vertiert. Und wenn der Roman spärlich Gerüche thematisiert, geht es in erster Linie darum, Leichengeruch als eine rein profane Ansteckungsquelle darzustellen, die keine Angst vor und Abwehr von übernatürlichen Kräften rechtfertigt, sondern nach rationaler Selbstbehauptung verlangt.

---

15 Zu Lemelie siehe Johann Gottfried Schnabel: Insel Felsenburg [1731], hg. von Volker Meid u. Ingeborg Springer-Strand. Stuttgart 1982, S. 195 u. 200.
16 Schnabel knüpft hier an den Topos vom dankbaren Toten, der schon im ausgehenden Mittelalter literarisiert und damit teils auch fiktionalisiert wurde; siehe Harald Haferland: Säkularisierung als Literarisierung von Glaubenselementen der Volkskultur. Wiedergänger und Vampire in der *Krone* Heinrichs von dem Türlin und im Märe von der *Rittertreue* bzw. im *Märchen vom dankbaren Toten*. In: Susanne Köbele u. Bruno Quast (Hg.): Literarische Säkularisierung im Mittelalter. Berlin 2014, S. 105–138, hier S. 130–134. Haferland führt den Topos u. a. auf das apokryphe Buch Tobias zurück, auf das auch Schnabel anspielt; zum Buch Tobias im Kontext von Schnabels Roman siehe Frank Krause: Von der Theodizee-Krise zur ästhetischen Anthropodizee: Literarische Modernität in Romanen der Aufklärung. In: German Life and Letters (2002), H. 1, S. 1–23, hier S. 12–13.
17 Schnabel, S. 514.
18 Schnabel, S. 212; vgl. auch S. 213 u. 531.
19 Schnabel, S. 523 u. 525.

Der erste Geruch wird vernommen, als Monsieur van Leuven, seine Gattin Concordia, der mit dem Ehepaar befreundete Albertus Julius sowie Lemelie, der sich später als Bösewicht entpuppen wird, eine wichtige Entdeckung machen. Albertus fällt beim Spaziergang auf der Insel, an der sie schiffbrüchig gestrandet waren, in einen Graben und stößt scheinbar zufällig auf eine Höhle:

> Im Umkehren aber wurden meine Augen einer finstern Höle gewahr, welche mit allem Fleisse in den Hügel hinein gearbeitet zu seyn schiene.
> Ich gieng biß zum Eintritt derselben getrost hin, da aber nichts als eine dicke Finsterniß zu sehen war, über dieses eine übelriechende Dunst mir einen besondern Eckel verursachte, fieng meine Haut an zu schauern, und die Haare begonten Berg auf zu stehen [...].[20]

Der Eindruck ist affektiv und körperlich höchst intensiv, doch Albertus bleibt bei Verstand; er vermutet, dass hier einige „gifftigen Thiere" stinken. Er will „die Sträucher rund herum abhauen, und alltäglich eine gute Menge Erde abarbeiten, biß diese eckle Grufft vollkommen zugefüllet ist".[21] Wenngleich Albertus im Traum ein Geist erscheint, der ihm im Namen des Himmels gebietet, die nur scheinbar zufällig entdeckte Höhle nicht zuzuschütten, sondern zu erkunden und seinen „vermoderten Cörper" zu bestatten, bleibt der Gestank geheimnislos. Dass der Geist ihm einen Stoß versetzt hatte, damit er die Höhle entdeckte, wird von Albertus ebenso angstfrei registriert wie dessen Wille, beerdigt zu werden; der Leichengeruch bleibt ein profaner Dunst, vor dem die Männer sich schützen können. Van Leuven schlägt vor, die Höhle zu erkunden, dem unzuverlässigen Lemelie die nächtliche Geisteroffenbarung aber zu verschweigen: „[...] wir wollen gleich itzo ein gut praeservativ vor die bösen Dünste einnehmen, und die Höle in GOttes Nahmen durchsuchen [...]".[22]

Lemelie stößt bei der Erkundung „einen lauten Schrey" aus „und sanck ohnversehens in Ohnmacht nieder zur Erden". Anders als seine protestantischen Gefährten ängstigt sich der französische Katholik vor Leichen, und die schlechte Luft in der Höhle setzt ihm besonders zu:

> Wolte GOTT, seine lasterhaffte Seele hätte damals den schändlichen Cörper gäntzlich verlassen! so aber riß ihn van Leuven gleich zurück an die frische Lufft, rieb ihm die Nase und das Gesicht so lange, biß er sich wieder etwas ermunterte, worauff wir ihn allda liegen liessen [...].[23]

---

20 Schnabel, S. 161–162.
21 Schnabel, S. 162.
22 Schnabel, S. 164.
23 Schnabel, S. 165.

Auslöser der Ohnmacht ist die Leiche des Don Cyrillo de Valaro, dessen Geist Albertus im Traum erschienen war. Der Tote zerfällt beim Versuch seiner Bergung „mit ziemlichen Geprassele in einen Klumpen", woraufhin Lemelie die Flucht ergreift und später erklärt, „daß er unmöglich mit verfauleten Cörpern umgehen könne". Während Albertus und van Leuven sich über den Vorfall mit dem Gedanken beruhigen, dass der Körper „natürlicher Weise" und nicht wegen „übernatürliche[r] Ursachen" zerfallen sei,[24] fürchtet sich Lemelie vor Geistern. Eine spätere, nur übernatürlich *anmutende* Lichterscheinung erklärt Lemelie aus katholischer Sicht mit dem Fegefeuer:

> Glaubet mir sicher, meine Freunde! es ist alles ein pures Gauckel-Spiel, der im Fegefeuer sitzenden Seele des Don Cyrillo de Valaro. Ach, wie gerne wolte ich einem Römisch-Catholischen Priester 100. Creutz-Thaler Seel-Meß-Gelder zahlen, um dieselbe daraus zu erlösen [...].[25]

Albertus und van Leuven führen diese fromme Bekundung auf den einfältigen religiösen Starrsinn Lemelies zurück; dieser erweist sich am Ende jedoch als viehischgottloser Sünder, der mit dem Teufel im Bund steht, dem er noch im Selbstmord treu bleibt. Die theologische Auffassung, dass sich der Teufel nur der unteren Vermögen der Seele bemächtigen könne und daher häufig vermittels der Einbildungskraft in den Menschen eindringe,[26] wird damit in Teilen säkularisiert; zwar erweist sich Lemelie bald tatsächlich als durchteufelt, doch sein Aberglaube wird als Selbsttäuschung im Anschluss an kirchliche Irrlehren dargestellt. Er hat Angst vor übersinnlichen, dem Verstand entrückten Kräften, die er sich lediglich einbildet, während der Roman zeigt, dass der *wirklich* vorhandene Geist des Don Cyrillo eine vernünftige Lebensführung befördern möchte. Concordia zeigt keine Furcht und

> bezeugte gleich nach der Mahlzeit besondere Lust mit in die Höle zu gehen, da aber Mons. van Leuven, wegen des annoch darinnen befindlichen übeln Geruchs, ihr davon abriethe, und ihre Begierde biß auf ein paar Tage zu hemmen bat; gab sie sich gar bald zu frieden, ging wieder aus aufs Jagen und Fischen, wir 3. Manns Personen aber in die Höle, weil unsere grosse Lampe annoch darinnen brandte.
> Nunmehro war, nachdem wir, den moderigen Geruch zu vertreiben, etliche mahl ein wenig Pulver angezündet hatten, unsere erste Bemühung, die alten Uhrkunden [...] zu suchen.[27]

---

24 Schnabel, S. 173.
25 Schnabel, S. 183.
26 Hans-Georg Kemper: Deutsche Lyrik der frühen Neuzeit. Bd. 3: Barock-Mystik. Tübingen 1988, S. 95. Siehe auch Fn. 10 in diesem Kapitel.
27 Schnabel, S. 174.

Auf der Suche nach Urkunden, die Don Cyrillo in seinem Testament erwähnt, finden Albertus und van Leuven einen Schatz, lassen Lemelie davon aber in Unkenntnis. Unterdessen wird Lemelie von Don Cyrillos Geist, der bei dieser Gelegenheit tagsüber erscheint, „braun und blau" geschlagen, worin Albertus – im Unterschied zu Lemelie, der im Geist die Arme Seele eines Sünders erblickt, die sich an ihm schadlos hält – eine Strafe für Sünden erkennt. Lemelies Abscheu vor Leichen und ihrem Geruch verdankt sich der Angst vor den Seelen im vermeintlichen Fegefeuer, die als „verfluchte Scheusal[e]" ihre Sünden an den Lebenden wiederholen.[28] Er ängstigt sich nicht vor den läuternden Kräften des Fegefeuers, die ein Teufel in ihm fürchten müsste wie das Weihwasser; in seiner Einbildung verkennt er vielmehr, dass er es mit einem guten und gottesfürchtigen Geist zu tun hat.

Schnabel setzt sich von einer religiösen Geruchskultur, die Gestank mit der schädlichen Wirkung übernatürlicher Mächte assoziiert,[29] gezielt ab, indem er Albertus, Lemelie, van Leuven und Concordia die Höhle als neue Wohnung beziehen lässt. Die natürliche Gefahr schädlicher Wirkungen von Gerüchen wird durch hygienische Maßnahmen beseitigt:

> Mittlerweile, da Lemelie kranck lage, räumeten Mons. van Leuven und ich alle Sachen aus dem unterirrdischen Gewölbe herauf ans Tages-Licht und an die Lufft, damit wir sehen möchten, was annoch zu gebrauchen wäre oder nicht; Nach diesen reinigten wir die unterirrdische Höle, die ausser der kleinen Schatz-Kammer aus 3. geraumlichen Kammern bestund, von aller Unsauberkeit. Ermeldte Schatz-Kammer aber, die wir dem Lemelie nicht wolten wissen lassen, wurde von unsern Händen wohl vermauret, auswendig mit Leimen beschlagen, und so zugerichtet, daß niemand vermuthen konte, als ob etwas verborgenes darhinter steckte. Mons. van Leuven erwehlete das Vorgemach derselben [...], ich nahm vor mich die Kammer daneben, und vor Lemelie wurde die dritte zugerichtet, alle aber mit Pulver und Schiff-Pech etliche Tage nach einander wohl ausgeräuchert, ja so zu sagen, gar ausgebrandt, denn dieser gantze Hügel bestehet aus einem vortrefflichen Sand-Steine.[30]

Nach einiger Zeit ereignet sich in der Höhle um Mitternacht ein Knall, und als die Bewohner ihre Unterkunft verlassen, sehen sie eine „weisse lichte Flamme", die „um die Gegend, wo wir des Don Cyrillo Cörper begraben hatten, verschwand". Van Leuven hält das Licht für „eine Schwefel-Dunst", die sich natürlich erklären lässt, der abergläubische Lemelie für ein „Gauckel-Spiel" aus dem „Fegefeuer", und Concordia erblickt im natürlich erklärbaren Ereignis die „Vorbedeutung eines besondern Unglücks", das sich denn auch ereignet, denn Lemelie wird van Leuven

---

28 Schnabel, S. 175.
29 Katelynn Robinson: The Sense of Smell in the Middle Ages. A Source of Certainty. London/New York 2020, S. 167–217, vgl. auch das Kapitel über *religious farts* in Jim Dawson: Who Cut the Cheese? A Cultural History of the Fart [1999]: Berkeley 2018, S. 88–96.
30 Schnabel, S. 176–177.

hinterhältig ermorden.³¹ Schwefel und Pech als stark riechende Stoffe, die traditionell mit der Hölle assoziiert werden,³² werden hier jedoch mit einer positiven Kraft verbunden, die schützt oder warnt.

So kontrastiert Schnabel einmal mehr die aufgeklärte Geruchskultur seiner tugendhaften Figuren mit der abergläubischen Angst des Lemelie, der einen „ungewöhnlichen natürlichen Abscheu vor todten Menschen" prätendiert.³³ Vermutlich fürchtet er sich nicht vor den Leichen selbst, sondern nur vor der Verfolgung durch den Geist der Toten, denn seine schwarze, im Bund mit dem Teufel betriebene Magie schloss die Verbrennung toter Körper ein, bei der starke Gerüche entstehen, die allerdings nicht ausdrücklich erwähnt werden: Lemelie hatte zwei „Huren-Kinder", die seine Schwester nach Vergewaltigungen durch den Bruder gebar, „ermordet, und in Schmeltz-Tiegeln als eine besondere kostbare Massam zu Asche verbrannt".³⁴

Als der tugendhafte Albertus die sterblichen Überreste van Leuvens birgt, kommt belastender Leichengeruch, der auch hier entschlossen pariert wird, ein zweites Mal zur Darstellung:

> Solchergestalt gelangete ich endlich zu meines lieben Herrn van Leuvens jämmerlich zerschmetterten Cörper, der, weil ihm das Gesicht sehr mit Blut unterlauffen war, seine vorige Gestalt gäntzlich verlohren hatte, und allbereit wegen der grossen Hitze, einen üblen Geruch von sich gab, jedoch ich hielt mich nicht lange dabey auf [...].³⁵

Schnabel nimmt dem Geruchsekel die religiöse Aura und erwähnt abstoßende Gerüche zudem einmal im Zusammenhang mit schändlichen Handlungen auf einem Schiff, die satirisch überzeichnet werden, um den natürlichen Abscheu vor der Vertierung des Menschen zu befördern:

> Wir wolten weiter mit ihm reden; Allein das überflüßig eingeschlungene Geträncke suchte seinen Außgang bey ihm überall, auf so gewaltsame Art, daß er auf einmal als ein Ochse darnieder stürzte, und uns, den gräßlichen Gestanck zu vermeiden, eine andere Stelle zu suchen zwunge.
> [...] Witt stolperte über den in seinem Unflath liegenden Wirth her, und balsamirte sich und seine Kleider so, daß er sich als eine Bestie hinweg schleppen lassen muste, William sanck gleichfalls, da er die freye Lufft empfand, zu Boden [...].
> Aber, o welch ein schändlicher Spectacul fiel uns allhier in die Augen. Der saubere Frantzösische von Adel saß, zwischen den zweyen verfluchten Schand-Huren, Mutternackend

---

31 Schnabel, S. 181–183.
32 Historia von D. Johann Fausten, hg. von Richard Benz. Stuttgart 1986, S. 31; vgl. auch S. 145.
33 Schnabel, S. 187.
34 Schnabel, S. 195.
35 Schnabel, S. 188; vgl. auch S. 189.

vor dem Camine, und zwar in einer solchen ärgerlichen Stellung, daß wir mit lauter Geschrey zurück fuhren, und uns in einen besondern Winckel mit verhüllten Angesichtern versteckten.[36]

Der satirische Einsatz von Motiven des Gestanks zur Bloßstellung der Unvernunft knüpft an eine in die Antike zurückreichende Tradition, die in der Aufklärung vor allem in der ersten Hälfte des 18. Jahrhunderts fortgesetzt wird.[37]

Die Desodorierung der religiösen Gefühlskultur bei Schnabel verdankt sich einer umfassenden Profanisierung der Sinnenwelt. Mit Erdbeben bewirkt Gott „in der Natur" „Wunder- und Schreck-Wercke", die als natürliche Ereignisse bloß zeichenhaft auf Gottes Willen verweisen. Wenn Don Cyrillo seinen Gefährten vorschlägt, ein christliches Leben als „Heilige Einsiedler" auf der Insel zu führen,[38] erblickt er das Sakrale im *Inneren* des Menschen. Gott, dessen Schöpfung eine vernünftige Lebensführung des Menschen vorsieht, greift nur dort *verdeckt* ins Weltgeschehen ein, „wo es der autonomen Rationalität an der Möglichkeit gebricht, sich aus eigener Kraft zu verwirklichen",[39] und im Unterschied zu Grimmelshausen verknüpft Schnabel die religiöse Deutung von Gerüchen mit einer rückständigen, im Bund mit dem Teufel pervertierten Konfession.[40] Gewiss, Magister Schmelzers Gebete lassen die Insel als einen Vorhof von Gottes Reich erscheinen;[41] in Verbindung mit dem pietistischen Glauben „an das unmittelbare Fortwirken des Heiligen Geistes" in einer Frömmigkeit, bei der das religiöse Erlebnis der inneren Erneuerung eine tragende Rolle spielt,[42] mag die gesteigerte Emotionalität seines Danks an Gott heilige Züge tragen. In einem solchen Kult drückt göttlich inspirierter Gesang aber *introspektive* Gewissheiten aus. Mit der konfessionskritischen Desodorierung des fiktionalen utopischen Raumes und seiner didaktischen Entzauberung des Leichengeruchs zugunsten einer rationalen Selbstbehauptung entkoppelt

---

36 Schnabel, S. 286–288.
37 Als frühes Beispiel siehe die 12. Epode in Horaz [Quintus Horatius Flaccus]: Oden und Epoden. Lateinisch/Deutsch, hg. von Bernhard Kytzler. Stuttgart 2015, S. 260–263. Als Beispiel aus der Lyrik der Frühaufklärung siehe Ewald Christian von Kleist: Auf Hircin, der einen übelriechenden Athem hatte [1755]. In: ders.: Sämtliche Werke, hg. von Jürgen Stenzel. Stuttgart 1971, S. 227. Zur englischen Literatur siehe Philip Stevick: The Augustan Nose. In: University of Toronto Quarterly (1965), H. 2, S. 110–117, u. Paul C. Davies: Augustan Smells. In: Essays in Criticism (1975), H. 4, S. 395–406.
38 Schnabel, S. 521.
39 Frick, Bd. 1, S. 196.
40 Vorgebliche Erscheinungen Marias und der Engel werden als scheinheilige Narretei entlarvt; siehe Schnabel, S. 464.
41 Schnabel, S. 98 (vgl. Ps. 84: 11).
42 Hans-Georg Kemper: Von der Reformation bis zum Sturm und Drang. Stuttgart 2012 (Geschichte der deutschen Lyrik. Bd. 2), S. 124.

Schnabel die Gerüche der Natur von frommen Deutungen.[43] Mit den zahlreichen Lebensgeschichten von Personen, die mit Hilfe der Providenz in den Genuss des Insellebens gelangen, schert der Roman aus dem Gebot aus, eine wahrscheinliche Realität zu schildern,[44] doch vom unwahren Schein der Gerüche aus der voraufklärerisch religiösen Literatur setzt er sich deutlich ab.

Mit seiner Profanisierung der Geruchskultur betreibt Schnabels Roman eine aufgeklärte Religionskritik, die in der Entwertung kultischer Atmosphären in schwärmerkritischen Romanen der Spätaufklärung ihre Fortsetzung findet. Im Kontext der frühen und im Vergleich mit der mittleren Phase der Aufklärung nimmt die Desodorierung der Naturfülle in Schnabels Roman eine Sonderstellung ein, denn eine ganze Reihe rationalistischer und empfindsamer Autoren der Aufklärung arbeitet aus säkularen Perspektiven an der Erneuerung religiöser Zugänge zu erfüllenden Gerüchen der Natur (siehe Kap. 7). Albrecht von Hallers naturbeschreibende Lyrik zieht dabei eine ähnlich klare Grenze zwischen dem Körper-Selbst und dem Heiligen wie Schnabel, während Ewald Christian von Kleist und Friedrich Gottlieb Klopstock (1724–1803) dieses Selbst in eine kultische inszenierte Natur einbeziehen. Im Blick auf die Geschichte utopischer Entwürfe in der Literatur wären freilich auch andere Düfte zu berücksichtigen, denen hier nicht weiter nachgegangen werden kann; so riechen die Pflastersteine des utopischen Staats Eldorado im spätaufklärerischen Roman *Candide* (1759) von Voltaire (1694–1778) ähnlich wie Zimt und Nelken.[45] Der Duft des profanen Baumaterials suggeriert *weltliche* Kostbarkeiten und unterstreicht den natürlichen *Deismus* der Bewohner, die den göttlichen Ursprung der Welt mit ihrer rationalen Alltagspraxis ehren, ohne eines besonderen Kultes zu bedürfen.[46]

---

[43] Der gute Geruch, der im vierten Teil des Romans die Erscheinung von Geistern begleitet, unter denen sich Lemelie befindet, entspringt einem Zauber als Kunst und Wissenschaft, der Glauben und Vernunft erfordert.
[44] Zur Schnabels ironischer Brechung der Herausgeberfiktion, die einer „Romanhandlung" im Barock noch „Züge des realistisch Wahrscheinlichen" verleihen sollte, siehe Peter-André Alt: Aufklärung. Stuttgart/Weimar 1996, S. 282.
[45] Die großen Plätze sind „pavées d'une espèce de pierreries qui répandaient une odeur semblable à celle du gérofle et de la cannelle." (Voltaire: Candide ou l'Optimisme, hg. von Thomas Baldischwieler. Stuttgart 1991, S. 80).
[46] Während Voltaire den Zimtgeruch im Zusammenhang mit anderen *weltlichen* Kostbarkeiten darstellt, an deren Tauschwert die Bewohner El Dorados nicht interessiert sind, wird das Gewürz freilich auch in der Theologie behandelt; zur Bedeutsamkeit von Zimt bei Gregorius siehe Susan Ashbrook Harvey: Scenting Salvation. Ancient Christianity and the Olfactory Imagination. Berkeley u. a. 2006, S. 178.

# 7 Duft, Freundschaft und Liebe: Von Ewald Christian von Kleist zu Friedrich Gottlieb Klopstock

In seiner philosophischen Abhandlung *Cato maior de senectute* bewertet Tullius Cicero (106–43 v. Chr.) den Blumenduft als Quelle eines beglückenden Genusses, der sich dem tüchtigen Mann beim Landbau noch im hohen Alter anbiete:

> Als aber Lysander über den hohen Wuchs der Bäume und ihre regelmäßige Anordnung staunte, über den durchgearbeiteten, makellosen Boden und die süßen Düfte, die die Blumen verströmten, da habe er gesagt, er wundere sich nicht nur über die Sorgfalt, sondern auch über die Kunstfertigkeit desjenigen, von dem das abgemessen und angeordnet worden sei. [...] Dieses Glück zu genießen steht alten Menschen also frei, und unsere Jahre hindern uns nicht, bis zu der letzten Zeit des Alters am Eifer für die übrigen Dinge und vor allem für den Ackerbau festzuhalten. [...] Die Krönung des Alters aber ist das Ansehen.[1]

Beim „Lob des Ländlichen", das „tief in die Antike zurückführt",[2] finden Düfte oft Erwähnung (siehe Kap. 2); auch antike Christen konnten Blumenduft preisen, wenn er keinen zweifelhaften Riten diente,[3] und die christliche Naturfrömmigkeit der Aufklärung setzt diese Tradition fort. In seiner Verteidigung des Christentums schätzte Minucius Felix (spätes 2. – Mitte 3. Jahrhundert) „jedes natürliche Erzeugnis" (wörtl. „omne quod nascitur", also: „alles, was geboren wird") als eine „Gabe Gottes":[4]

> Auch wir erfreuen uns an den Blumen des Frühlings – wer wollte das bezweifeln? Gern pflücken wir uns die Frühlingsrose, die Lilie und was es sonst noch geben mag an schönfarbigen, wohlduftenden Blumen. Wir wissen sie auch zu verwenden: ungebunden streuen wir die zarten Blumen aus, zum Kranz gewunden schmücken sie den Hals. Daß wir nicht auch

---

1 Tullius Cicero: Cato maior de senectute/Cato der Ältere über das Alter. Lateinisch/Deutsch, hg. von Harald Merklin. Stuttgart 1998, S. 81 u. 83 (17.59–61).
2 Peter-André Alt: Aufklärung. Stuttgart/Weimar 1996, S. 141. Als Beispiel aus dem Barock-Humanismus siehe Samuel Hund: Lob des Land-Lebens. In: Die Pegnitz-Schäfer. Nürnberger Barockdichtung, hg. von Eberhard Mannack. Stuttgart 1988, S. 233–234.
3 Zu den zweifelhaften Riten gehört für Minucius Felix der Gebrauch von Blumenkränzen in Bestattungsriten (M. Minucius Felix: Octavius. Lateinisch/Deutsch, hg. von Bernhard Kytzler. Stuttgart 1977, S. 133 (38.3)); Tertullian würdigt duftende Blumen ebenfalls als göttliche Gabe, erkennt aber auch den lüsternen Gebrauch von Duftstoffen bei Bestattungen an (siehe Susan Ashbrook Harvey: Scenting Salvation. Ancient Christianity and the Olfactory Imagination. Berkeley u. a. 2006, S. 36).
4 Minucius Felix, S. 132 u. 133 (38.1).

noch unser Haupt bekränzen, werdet ihr uns wohl verzeihen; wir pflegen eben den lieblichen Duft durch die Nase einzuziehen und nicht gerade mit dem Kopf und den Haaren zu genießen.[5]

Cicero und Minucius Felix würdigen das Riechen in der Natur als integralen Bestandteil des jeweiligen Ethos, dem ihre Texte zur Anerkennung verhelfen wollen, und auch die Aufklärung verfährt auf diese Weise. Das liebesethische Naturverständnis aufgeklärter Dichter begünstigt eine thematische Verbindung von Gerüchen mit der Gatten- und Freundesliebe, die seit dem Übergang zur Empfindsamkeit oft kultisch inszeniert wird.

In seinem Gedicht „Die Alpen" (1729) preist Albrecht von Haller das Glück auf dem Lande, dessen Bewohner sich mit „einfachsten Genüssen" zufrieden geben:[6] „Seht ein verachtet Volk zur Müh und Armut lachen, / Die mäßige Natur allein kann glücklich machen."[7] Auch die sinnliche Gattenliebe ist der Natur gemäß:

> Die Sehnsucht wird hier nicht mit eitler Pracht belästigt!
> Er liebet sie, sie ihn, dies macht den Heirat-Schluß.
> Die Eh wird oft durch nichts als beider Treu befestigt,
> Für Schwüre dient ein Ja, das Siegel ist ein Kuß.
> Die holde Nachtigall grüßt sie von nahen Zweigen,
> Die Wollust deckt ihr Bett auf sanft geschwollnes Moos,
> Zum Vorhang dient ein Baum, die Einsamkeit zum Zeugen,
> Die Liebe führt die Braut in ihres Hirten Schoß.
> O dreimal seligs Paar! Euch muß ein Fürst beneiden,
> Dann Liebe balsamt Gras und Ekel herrscht auf Seiden.[8]

Haller gehört mit dem älteren Brockes und dem etwas jüngeren Ewald Christian von Kleist zu den drei naturbeschreibenden Dichtern der Frühaufklärung.[9] Das figurative Balsam-Motiv, das Gerüche impliziert, charakterisiert aber nicht die äußere Natur, sondern eine Liebe, die dem Ort der Hochzeitsnacht besondere Würde verleiht. Die Landluft ist gut, denn die Gatten finden jenseits „der Städte Rauch" ihre „Seelen-Ruh" und ein gesundes Leben, in dem kein „geiles Eiter fäult".[10] Die Düfte der Natur finden zum einen im Zusammenhang mit der Landarbeit Erwähnung; sie

---

5 Minucius Felix, S. 133 (38.2).
6 Alt, S. 141.
7 Albrecht von Haller: Die Alpen. In: ders.: Die Alpen und andere Gedichte, hg. von Adalbert Elschenbroich. Stuttgart 2017, S. 3–22, hier S. 21 (V. 449–450).
8 Haller: Die Alpen, S. 9 (V. 141–150).
9 Hans-Georg Kemper: Von der Reformation bis zum Sturm und Drang. Stuttgart 2012 (Geschichte der deutschen Lyrik. Bd. 2), S. 136.
10 Haller: Die Alpen, S. 9 u. 10 (V. 162 u. 170).

unterstreichen die ethische Grundüberzeugung des Gedichts, dass die Mühen der tugendhaften Arbeit zugleich Freude am Reichtum der Natur bereiten:

> Aus ihrem holden Reich wird Flora nun verdränget,
> Den Schmuck der Erde fällt der Sense krummer Lauf,
> Ein lieblicher Geruch, aus tausenden vermenget,
> Steigt aus der bunten Reih gehäufter Kräuter auf;[11]

Zum anderen steigern Wohlgerüche das Erleben des Naturschönen auf religiös bedeutsame Weise:[12]

> Wann dort der Sonne Licht durch fliehnde Nebel strahlet
> Und von dem nassen Land der Wolken Tränen wischt,
> Wird aller Wesen Glanz mit einem Licht bemalet,
> Das auf den Blättern schwebt und die Natur erfrischt;
> Die Luft erfüllet sich mit reinen Ambra-Dämpfen,
> Die Florens bunt Geschlecht gelinden Westen zollt;
> Der Blumen scheckicht Heer scheint um den Rang zu kämpfen,
> Ein lichtes Himmel-Blau beschämt eine nahes Gold;
> Ein ganz Gebürge scheint, gefirnißt von dem Regen,
> Ein grünender Tapet, gestickt mit Regenbögen.[13]

Es scheint, als ob die irdischen Blumenwiesen, die den milden Westwind beduften, und das himmlische Sonnenlicht, das die Feuchte der Landschaft durchbricht und erglänzen lässt, einander überbieten wollten, bevor sie sich zu einem harmonischen Gesamtbild fügen. Die taktile Wahrnehmung des milden Windes suggeriert in Verbindung mit der Vorstellung, dass die sichtbare Umwelt die schwindende Nässe und das erfrischende Licht körperlich zu spüren scheint, eine Entsprechung von innerer und äußerer Natur. Der Bezug von Himmel und Erde ist auch symbolisch bedeutsam; als „erhabenes Zeugnis von Gottes Macht und Refugium der Hirten und Bauern ist die Bergwelt" auch hier „auf doppelte Weise Sinnbild des Reinen und Guten, ein Bindeglied zwischen Schöpfer und Mensch, das metaphysische und diesseitige Perspektiven miteinander verknüpft". Die Düfte dieser Landschaftsszene, die zur genaueren Betrachtung der reichen Vielfalt an Naturformen der besungenen Alpenregion überleitet, unterstreichen ebenso wie die bereits erwähnten Gerüche aus dem Arbeitsleben eine zentrale ethisch-religiöse Überzeugung des

---

11 Haller: Die Alpen, S. 11 (V. 205–208).
12 Die „Schwefel-Düfte", die ein Naturforscher „sieht", sind keine Gerüche, sondern Dünste (Haller: Die Alpen, S. 15 (V. 307)), und wenn „fetter Fichten Dampf" in den Hütten „die dürren Balken schwärzt", handelt es sich um Ausdünstungen des Herdfeuers (S. 13 (V. 256)).
13 Haller: Die Alpen, S. 17–18 (V. 371–380).

Gedichts: „Enthüllt sich in der Lebenssphäre der Alpenbewohner das höchste Maß menschlicher Vollkommenheit, so bekundet dieser Umstand zugleich deren göttliche Provenienz – die Segnung der Naturschönheit durch die Gegenwart ihres Schöpfers."[14]

Haller heiligt aber weder das Naturschöne noch seine Inszenierung. Ähnlich wie Brockes stützt er sich auf einen aposteriorischen Gottesbeweis: „Genug, es ist ein Gott; es ruft es die Natur, / Der ganze Bau der Welt zeigt seiner Hände Spur."[15] Gott wird vom Verstand bewiesen, der in der Natur eine Ordnung erkennt, die ohne eine göttliche Allmacht nicht denkbar wäre, während kultischer „Rauch" sowie „Weihrauch" einer unvernünftigen Religiosität entspringen.[16] Gewiss, der „Pöbel" fragt nicht nach dem Ursprung und Erhalter der Natur: „Er kennet von der Welt, was außen sich bewegt, / Und nicht die innre Kraft, die heimlich alles regt."[17] Aber auch jene, die dieser inneren Kraft nachgehen, können sich ihrer Präsenz nur annähern:

> Doch Suche nur im Riß von künstlichen Figuren,
> Beim Licht der Ziffer-Kunst, der Wahrheit dunkle Spuren;
> Ins Innre der Natur dringt kein erschaffner Geist,
> Zu glücklich, wann sie noch die äußre Schale weist![18]

Die schöpferische und erhaltende Macht Gottes gibt sich nur im *Ergebnis* ihrer Wirkungen zu erkennen; die *bewirkende Kraft* liegt jenseits der Erfahrung, und das Wissen des Verstandes über Gott bleibt abstrakt. Auch wenn Haller die Liebe als eine natürliche Empfindung des Menschen deutet, die einem göttlichen Gebot folgt – der Abstand zwischen der Natur und dem *deus absconditus* lässt sich nur gedanklich überwinden: „O ihr, die die Natur auf beßre Wege weist, / Was heißt der Himmel dann, wann er nicht lieben heißt? / Ist ein Gesetz gerecht, das die Natur verdammet?"[19] Die Liebe wird nicht als Ausfluss des göttlichen Wesens in die menschliche Natur erlebt, sondern als weltliche Spur einer transzendenten Wirkung gedeutet: „Das Herz folgt unbewußt der Würkung deiner Liebe, / Es meinet frei zu sein und folgt deinem Triebe".[20] Anders als Brockes, der den aposteriorischen

---

14 Alt, S. 141.
15 Gedanken über Vernunft, Aberglauben und Unglauben [1729]. In: Haller: Die Alpen und andere Gedichte, S. 23–37, hier S. 35 (V. 325–326).
16 Gedanken über Vernunft, Aberglauben und Unglauben, S. 29 (V. 141, 150, 167).
17 Die Falschheit menschlicher Tugenden [1730]. In: Haller: Die Alpen und andere Gedichte, S. 39–52, hier S. 43 (V. 99 u. 101–102).
18 Die Falschheit menschlicher Tugenden, S. 50 (V. 287–290).
19 Die Falschheit menschlicher Tugenden, S. 47 (V. 197–199).
20 Die Falschheit menschlicher Tugenden, S. 52 (V. 339–340).

Gottesbeweis mit der panentheistischen Idee eines abgestuften Ausflusses göttlicher Macht in die Schöpfung verbindet,[21] in der Gott „fast" gegenwärtig ist, bleibt Haller der apophatischen Tradition eindeutig verbunden. Mit gutem Grund inszeniert Haller ein Bett im Moos, das von der Liebe *geistig* einbalsamiert wird, anstatt mit einem duftenden *locus amoenus* die sinnliche Liebe kultisch zu heiligen.

Bei Ewald Christian von Kleist gehen lehrhafte Naturbeschreibungen in eine empfindsame Inszenierung über.[22] Sein Abstand zum Rationalismus eines Haller zeigt sich auch in seinem Zugang zu Gerüchen. Ähnlich wie dieser bescheinigt Kleist dem Stadtleben eine schlechte Atmosphäre: „Ihr blühenden Schönen! flieht jetzt den athemberaubenden Aushauch / Von güldnen Kerkern der Städte."[23] Doch wenn „Der Frühling" (1749; 2. Fassung 1756) auf Hallers Alpen-Gedicht anspielt, wird dessen rationalistische Emotionalität von intensiveren Gerüchen überboten: „Mahl mir die Landschaft, o du! aus dessen ewigen Liedern / Der Aare Ufer mir duften und vor den Angesicht prangen". „Die Kräuter sind wieder erfrischt und hauchen stärkre Gerüche, / Der ganze Himmel ist Duft."[24] Das Riechen feiert er als Einsaugen natürlicher Kräfte, die gesteigerte Sinnenfreuden wecken:

> [...] Und ihr, ihr lachenden Wiesen!
> Ihr Labyrinthe der Bäche, bethaute Thäler voll Rosen!
> Ich will die Wollust in mich mit eurem Balsamhauch ziehen
> Und wenn Aurora euch weckt mit ihren Stralen sie trinken.
> Gestreckt im Schatten will ich in güldne Sayten die Freude
> Die in euch wohnet besingen. [...][25]

In der zweiten Fassung weicht der Wunsch nach Intensität dem Bedürfnis nach ruhigerer Fülle: „Mit euren Düften will ich in mich Zufriedenheit ziehen".[26] In beiden Fällen markiert der Geruch einen Höhepunkt der Freude an und in der Natur, doch die überarbeitete Fassung scheint auf eine mildere naturfromme Gefühlslage zu verweisen. 1749 ruft Kleist der Natur noch zu: „Lasst mich in" den

---

21 Wenn Brockes Gott als das allgegenwärtige All in seiner Gesamtheit bestimmt, scheint er eine pantheistische Position einzunehmen; sobald er Gott als den Schöpfer des Seienden im Ganzen bestimmt, der über das von ihm geschaffene All mithin hinausreicht, scheint er indessen einen panentheistischen Ansatz zu vertreten.
22 Kemper: Von der Reformation bis zum Sturm und Drang, S. 136–137.
23 Ewald Christian von Kleist: Der Frühling [1749]. In: ders.: Sämtliche Werke, hg. von Jürgen Stenzel. Stuttgart 1971, S. 16 (V. 69–70); vgl. S. 17 (V. 40–41). Die folgenden Zitate entstammen der ersten Fassung; die entsprechenden Stellen in der zweiten Fassung unterscheiden sich gelegentlich in Syntax und Orthographie, verwenden aber – wenn nicht anders vermerkt – dieselben Motive.
24 Kleist: Der Frühling, S. 54 (V. 441–442) u. 56 (V. 447–448); vgl. S. 55 (V. 380–381) u. 57 (V. 386–387).
25 Kleist: Der Frühling, S. 8–57, hier S. 10 (V. 10–15).
26 Kleist: Der Frühling, S. 11 (V. 7).

„Revieren" der „Blumen und Hecken" den „HErrn und Vater der Welt" „mit Augen des Geistes erblicken"; wenn er 1756 „den Vater des Weltbaus" in der „Schönheit" der Gefilde „verehren" will, wird der Anspruch auf die poetische *Schau* Gottes zugunsten seiner *Verehrung* im Naturschönen zurückgenommen.[27] Die jüngere Fassung stellt die Ordnung der Schöpfung als ein *Bindeglied* zwischen Gott und Sinnenwelt dar, während die mit Lust eingesogene Natur der älteren Fassung *unmittelbar* auf Gott zu verweisen schien. Dennoch will sich in beiden Fassungen eine im Kontakt mit der Natur sakralisierte Subjektivität aussprechen, denn der Dichter will „melden voll heiliger Regung sein [d. h. Gottes] Lob antwortenden Sternen".[28] Überdies wird die Feier des riechenden Behagens am sinnlichen Verlangen in der Überarbeitung nicht schlichtweg widerrufen; beide Fassungen fordern die Betrübten auf, sich vom Frühling beleben zu lassen – „Saugt Lust und Anmuth in euch!" –, und beide Varianten stilisieren die Gerüche der Natur zur Atmosphäre eines wollüstigen Küssens: „Aus Wollust küssen einander die jungen Blüthen, und hauchen / Mit süssen Athem sich an".[29]

Die Fassung von 1756 ersetzt den anonymen „Liebling Minervens", der „die Schönheit der Tugend" besingen soll, auf dass seines „Mundes Gespräche / Mir süsser als Rosenduft seyn", durch die „Freunde der Weißheit" „Spalding und Hirzel".[30] Als Vertreter der für die Empfindsamkeit wegweisenden Neologie trat der Theologe Johann Joachim Spalding für eine Predigt ein, die sich an das natürliche, von Gott im Menschen angelegte moralische Gefühl richtet und eine gute Gesinnung weckt; Kleists stellenweise Abschwächung der Wollust zur Zufriedenheit in der zweiten Fassung passt zu Spaldings Kritik an Predigern, die sich ständig bemühen, „das Gemüth mit Leidenschaften zu erhitzen".[31] Johann Kaspar Hirzel war ein Freund Klopstocks; die positive Nennung seines Namens unterstreicht einmal mehr Kleists Nähe zur Empfindsamkeit. Der Inspirations-Topos, mit dem der poetische Prozess in den Wirkungsbereich einer höheren geistigen Macht gestellt wird („Komm Muse"), findet sich indessen in beiden Fassungen.[32] Kleist ruft Gott zu: „aus dir quillt alles",[33] und so kann er auch die Poesie als Ausfluss Gottes heiligen; in seinem Gedicht „Lob der Gottheit" (verf. 1750; 1757–1758) spricht er von der Dichtung

---

27 Kleist: Der Frühling, S. 56 (V. 453–455 u. 457) u. 57 (V. 393 u. 395).
28 Kleist: Der Frühling, S. 56 (V. 458) u. 57 (V. 396).
29 Kleist: Der Frühling, S. 16 (V. 67) u. 50 (V. 401–402); vgl. S. 17 (V. 38) u. 51 (V. 343–344).
30 Kleist: Der Frühling, S. 46 (V. 366), 47 (V. 311–312) u. 48 (V. 372–373); vgl. S. 49 (V. 317–318).
31 Zit. n. Hans-Georg Kemper: Deutsche Lyrik der frühen Neuzeit. Bd. 6/I: Empfindsamkeit. Tübingen 1997, S. 208–211, hier S. 210.
32 Kleist: Der Frühling, S. 24 (V. 139); vgl. S. 25 (V. 96).
33 Kleist: Der Frühling, S. 44 (V. 341); vgl. S. 45 (V. 290).

als Rauch auf „meines Herzens Altar".[34] Die heiligen Regungen des Dichters entspringen keiner sinnlichen Offenbarung, sondern der poetisch-kultischen Anverwandlung der Sinnenwelt. Die in der ersten Fassung betonte Sinnenfälligkeit Gottes wäre als Wirkung des vorstellenden Denkens zu verstehen. Insgesamt laufen die Änderungen in der überarbeiteten Fassung darauf hinaus, die Lenkung religiöser Gefühle und Gedanken genauer auf eine empfindsame Theologie abzustimmen. Kleist reduziert das Riechen nicht auf ein belebendes Einsaugen natürlicher Kräfte. Gerüche werden auch mit taktilen, visuellen und auditiven Eindrücken verbunden, um die Steigerung der Naturkräfte im Frühling zu versinnlichen: „Die Luft ward sänfter; [...] / Die Bäche färbten sich silbern, im Luftraum flossen Gerüche / Und Echo höret' im Grunde die frühe Flöte des Hirten."[35] Andere duftende Szenen geraten zum Sinnbild:

> Es steigt unsehbarer Regen von lieblichen Düften zur Höhe,
> Und füllt die Lüfte mit Balsam. Die Nacht-Viole lässt immer
> Die stölzere Blumen den Duft verhauchen; Voll Edelmuth schliesst sie
> Ihn ein, im Vorsatz den Abend noch über den Tag zu verschönern.
> Ein Bildniß großer Gemüther, die nicht gleich prahlrischen Kämpfern
> Der Kreis von Zuschauern reitzt, die tugendhaft wegen der Tugend
> In der Verborgenheit Schatten Gerüche der Wohlthaten streuen.[36]

Hier dient der Duft als Symbol eines tugendhaft bescheidenen Wirkens. Wie Haller, so begreift auch Kleist die Tugend als Manifestation einer von Liebe geprägten Natur; bei letzterem kann das Naturschöne jedoch auf eine göttliche *Inspiration* zur Liebe verweisen: „Welch ein verborgener Hauch füllt ihre Herzen mit Liebe? / Durch dich ist alles was gut ist, unendlich wunderbar Wesen, / Beherrscher und Vater der Welt! Du bist so herrlich im Vogel".[37] Der sinnliche Genuss der äußeren und die geistige Belebung der inneren Natur sind zwei Seiten eines Prozesses; so wird das lyrische Ich vom Duft einer Wiese, an die es sich wie an eine Geliebte anschmiegt, zum poetischen Lob weiser Freunde inspiriert, und der imaginierte Austausch mit den Freunden findet in einer sinnlich erfüllenden Atmosphäre statt:

> Ein Fluß von lieblichem Duft den Zefir mit säuselnden Schwingen
> Von nahgelegener Wiese herbeyweht, nöthigt mich zu ihr.

---

34 In: Kleist: Sämtliche Werke, S. 62–65, hier S. 62 (V. 9).
35 Kleist: Der Frühling, S. 14 (V. 54 u. 58–59); vgl. S. 15 (V. 26 u. 29–30).
36 Kleist: Der Frühling, S. 28 (V. 180–186); vgl. S. 29 (V. 133–141), insb. die Betonung des Bezugs zu angelegten Beeten in der zweiten Fassung (V. 135–136): „Es steigen holde Gerüche, vermischt vom Garten zur Höhe, / Und füllen mit Balsam die Luft."
37 Kleist: Der Frühling, S. 44 (V. 336–338); vgl. S. 45 (V. 285–287).

> Da will ich an schwirrendem Rohr in ihrer Blumenschooß ruhend
> Mit starken Zügen ihn einziehn. [...]
> Hier ist der Gratien Lustplatz [...]
> [...] Den grünen Kleeboden schmücken
> Zerstreute Wälder von Blumen. Ein Meer von holden Gerüchen
> Wallt unsichtbar über der Flur in grossen taumelnden Wogen
> Von lauen Winden durchwühlt. [...]³⁸

Im poetisch stilisierten Riechen wird die körperliche *und* geistige Teilhabe des Menschen an der äußeren Natur als ein heiliger,³⁹ von Liebe geprägter Vorgang sinnenfällig. Teils preist Kleist die tugendhafte Wollust auch in anakreontischen Gedichten,⁴⁰ die spielerisch scherzend die Freuden einer sorglosen sinnlichen Liebe feiern, deren natürliche Sittlichkeit von allem Zwang entlastet ist. In diesem Kontext verweisen Gerüche auf eine Natur, die eindeutig zur erotischen Liebe tendiert. So preist der Wind im Gedicht „Filinde" (1743?) das duftende Haar der titelgebenden Schönheit, während die Naturgeister ihren blumigen Atem loben:

> Weg Rosen und Narcissen!
> Ich mag von euch nichts wissen;
> Ihr pflegt mich oft zu rühren
> Und mich zu balsamiren.
> Jetzt übertrifft dies schwarze Haar
> Den Duft, der mir sonst Ambra war.
>
> [...]
> Ihr Athem duftet Veilgen gleich.
> Wie ist das Haar so anmuthsreich!⁴¹

Der Streit darum, welcher Wohlgeruch betörender ist, zieht das Interesse des Liebesgottes Amor auf sich, der befindet, dass der nackte Körper Filindes ihre anderen Vorzüge noch überbietet. Wenn Kleists Gedicht auf dem Altar der „Göttin Freude"⁴² die Anziehungskraft des schönen Körpers feiert,⁴³ sind die Sinne fürs erotisch be-

---

**38** Kleist: Der Frühling, S. 46 (V. 363–366) u. 48 (V. 373 u. 375–378); vgl. S. 47 (V. 308–311) u. 49 (V. 318 u. 320–323).
**39** Kleists „Hymne" (1758) stilisiert das poetische Gotteslob zum Ausdruck von „heilgem Schaur", und die Suche nach Gott in der Natur mündet in „heilge Träume" (in: Kleist: Sämtliche Werke, S. 174–176, hier S. 175 u. 176 (V. 55 u. 68)).
**40** Kemper: Von der Reformation bis zum Sturm und Drang, S. 137.
**41** In: Kleist: Sämtliche Werke, S. 211–213, hier S. 211 u. 212 (V. 7–12 u. 23–24).
**42** Der Ausdruck ist Kemper: Von der Reformation bis zum Sturm und Drang, S. 138, entlehnt, der damit auf den Beginn der achten Strophe von Klopstocks Ode „Der Zürchersee" (1750) anspielt.
**43** Gedanken über verschiedene Vorwürfe [überwiegend 1751]. In: Kleist: Sämtliche Werke, S. 204–211, hier S. 208–209.

deutsame Detail empfänglich, während ihr Zusammenspiel im Gefühl der Liebe aufgeht:

> Komm, Daphnis, komm! Die Lippen gehn mir über
> Für Wollust, die vom Herzen überfließt;
> Ich werde schlaff wie Blumen, die verwelken;
> All meine Sinnen sind Gefühl.[44]

Friedrich Gottlieb Klopstock stellt Gerüche hingegen oft als Merkmale von Lüften dar, die von Liebe erfüllte Körper *umspielen*.[45] In diesen Szenen kommt eine behutsame Liebe zum Ausdruck, die sich verhaltener ausnimmt als das vom *eingesaugten* Frühlingsduft inspirierte Liebesverlangen in Kleists Gedichten. Die Landschaften, in denen jene Lüfte wehen, werden als Quelle und Spiegel eines heiligen Naturgenusses vergegenwärtigt, dessen taktiler Anteil auf die teilbaren Empfindungen der Liebenden verweist. Die Atem-Metapher im Gedicht „Der Zürchersee" (verf. 1750), die den Frühling als Quelle der Inspiration auszeichnet und die taktile und olfaktorische Wirkung seines sanft-süßen Hauches betont, ist mit solchen Geruchsmotiven verwandt:

> Süß ist, fröhlicher Lenz, deiner Begeistrung Hauch,
> Wenn die Flur dich gebiert, wenn sich dein Odem sanft
> In der Jünglinge Herzen,
> Und die Herzen der Mädchen gießt.[46]

---

[44] Sapphische Ode [1751]. In: Kleist: Sämtliche Werke, S. 222 (V. 17–20).
[45] Im metaphorischen Symbol kann Klopstock indessen auch den einsaugenden Genuss loben. Im Gedicht „Der Kranz" [1782] beklagt er die für den Leser mühseligen Freiheiten der griechischen Poesie in der Wortstellung. Die alten Griechen verkünden: „‚Blumen sind's, was umher wir in der Flur verstreun!'", woraufhin das lyrische Ich, das die Blumen nicht mühselig suchen und sammeln will, entgegnet: „Besser flöchtet ihr sie / Gleich in Kränze; so letzt' all des Geruches Duft / Jeden atmenden Zug." Die Griechen erwidern: „Aber der Rhythmos gebot's!" (Klopstocks gesammelte Werke in vier Bänden, hg. v. Franz Muncker. Bd. 3: Oden und geistliche Lieder in Auswahl. Stuttgart/Berlin 1885, S. 144; zur Geschichte der Rede von Synergien von Duft und Klang im Bezug auf die Dichtung siehe Kap. 12). Beim Lob der Sinnesfreuden stellt er den Duft indessen als räumliche Eigenschaft dar; vgl. dazu „Der Wein und das Wasser" [1796]: „Dem Wirt ein Wink, und alle Büsche / Wurden gepflückt, und der ganze Saal ward // Zur Röte, ward durchströmet von süßem Duft" (S. 182–183, hier S. 182). Siehe auch die Geruchsmotive in der Ode „Aus der Vorzeit" [1796]; hier „duftete" die „Blüte" „gegen" eine Laube, die diesen Duft aufnimmt (S. 180–181). Der Unterschied zu Kleist ist freilich nicht kategorisch, sondern graduell.
[46] In: Friedrich Gottlieb Klopstock: Oden, hg. von Karl Ludwig Schneider. Stuttgart 1986, S. 45–47, hier S. 46.

„Der Zürchersee" sakralisiert die natürliche Freundesliebe; die Ode „Die künftige Geliebte" (verf. 1747) besingt die tugendhafte Liebe zum anderen Geschlecht als „heiligsten Trieb", der in der beseelten Natur angelegt ist:

> Wenn im Liede mein Herz halb gesagt dir gefällt!
> Eile nicht so, damit nicht vom Dorn der verpflanzeten Rose
> Blute, wenn du so eilst, dein zu flüchtiger Fuß;
> Du mit zu starken Zügen den Duft des Lenzes nicht trinkest,
> Und um den blühenden Mund sanfter die Lüfte nur wehn.[47]

Die Düfte sollten mit Bedacht eingesaugt werden, um der Gefahr einer übereilten Leidenschaft vorzubeugen; eine zu starke Einverleibung des Geruchs würde die Sinne von den Lüften abwenden, die beide Liebenden spürbar umwehen. In der Fassung von 1798 kompliziert Klopstock diese Motivik, indem er zwischen reinen und schädlichen Spielarten eines duftenden Anhauchs unterscheidet:

> Eile nicht so, damit kein Dorn des vergangenen Winters
> Deinen zu flüchtigen Fuß, indem du eilest, verletzt;
> Daß kein schädlicher Duft des werdenden Frühlings dich anhaucht;
> Daß sich dem blühenden Mund reinere Lüfte nur nahn.[48]

In der Ode „An Cidli" (verf. 1752) feiert Klopstock den Zauber der Liebe im Stadium der Ungewissheit über ihre Erwiderung. Auch diese Spielart der Liebe, deren Mysterium selbst in ihrem metaphysischen Ursprung unaufgelöst bleibt, verleiht der Seele eine sakrale Würde. Ob sich die unvergänglich sinnstiftende Macht der Liebe in der sozialen Wirklichkeit entfalten kann, muss das beherzte Handeln zeigen. „Selbst der kennt" die Seele „nicht ganz, welcher sie wandelte",

> Und verspäht sich nur weniger.
> Leise redets darin: Weil du es würdig warst,
> Daß du liebtest, so lehrten wir
> Dich die Liebe. Du kennst alle Verwandlungen
> Ihres mächtigen Zauberstabs!
> Ahm den Weisen nun nach: Handle! die Wissenschaft,
> Sie nur, machte nie Glückliche!
> Ich gehorche. Das Thal, (Eden nur schattete,
> Wie es schattet,) der Lenz im Thal
> Weilt dich! Lüfte, wie die, welche die Himlischen
> Sanft umathmen, umathmen dich!

---

47 In: Klopstock: Oden, S. 4–7, hier S. 6.
48 Friedrich Gottlieb Klopstock: Oden. Bd. 1: Text, hg. von Horst Gronemeyer und Klaus Hurlebusch. Berlin/New York 2010, S. 33–36, hier S. 34.

> Rosen knospen dir auf, daß sie mit süßem Duft
> Dich umströmen! dort schlummerst du!⁴⁹

Würde die Schlafende den paradiesisch-himmlischen Frühlingsduft wahrnehmen, der sie sanft umspielt, wäre die Gegenliebe geweckt, auf die das lyrische Ich bis zum Ende des Gedichts unerlöst hofft. Klopstock ergänzt die christliche Religion mit einer Ethik, die sich in heiligen weltlichen Bezirken der Freundes- und tugendhaft sinnlichen Liebe verwirklicht; in seinem Epos „Der Messias" (1748; 1756) traut er sich überdies zu, christliche Lehren im Medium ästhetischer Gewissheiten auszuarbeiten und heterodox zu überbieten. Dem mit Satan verbundenen Abbadona kommen Zweifel an seinem Abfall von Gott, der ihm schließlich vergibt, obwohl es sich nach orthodoxer Auffassung um keine lässliche Sünde handelt. In der Abbadona-Episode der Fassung von 1756 erscheint das Erdbeben, das auf die Kreuzigung Christi folgte, als Trauer der Erde:

> [...] Abbadona erschreckte der Erde
> Lautes Trauren! So nannt' er ihr Zittern. Bejammert die Erde,
> Daß der Staub ihr Kinder gebahr? und ist sie ermüdet,
> Ihrer Kinder Verwesung in ihrem Schoosse zu tragen,
> Ihnen ein ewiges Grab, das stets von neuen Gebeinen
> Schwillt, inwendig fürchterlich ist, obs aussen der Frühling
> Gleich mit Blumen beduftet? Ach, oder beklagt sie den grossen,
> Göttlichen Mann, den ich in jener Mitternacht sahe?⁵⁰

Abbadona ist unsicher, ob die Erde die Sterblichkeit des Menschen betrauert oder den Tod des Erlösers beklagt, und solange ihm die Botschaft Christi ungewiss bleibt, bietet auch die duftende Naturfülle im Frühling keinen Trost. An dieser Stelle variiert Klopstock den Topos eines den Körper umspielenden Duftes im Blick auf das Grab der Toten, die am Frühling nicht mehr teilhaben. Der Engel Gabriel, der „dem Heile der Menschen" und „dem Triumphe der Ewigkeit" denkend nachgeht und Christus zu Dienste ist, steht hingegen „am Eingang / Zwoer umdufteten Cedern".⁵¹ Die umduftende Fülle der Natur, die am Grab vergeblich zu wehen scheint, entfaltet im Bezirk der himmlischen Mächte ihre heilige Größe.⁵²

---

49 In: Klopstock: Oden, S. 49–50, hier S. 50.
50 In: Friedrich Gottlieb Klopstock: Der Messias. Gesang I–III [1748]. Stuttgart 1995, S. 148–157, hier S. 149–150.
51 Klopstock: Der Messias, S. 9 (I.55–57).
52 „Gerüch' umduften" in der erfrischten Natur auch in Klopstocks Ode „Kennet euch selbst [1789]" (in: Klopstocks gesammelte Werke in vier Bänden, Bd. 3, S. 159–160, hier S. 160). Die Landschaft wird als Spiegel einer Lebensfreude dargestellt, die sich der Französischen Revolution verdankt.

In der Ode „Die Sommernacht" (verf. 1766) dient die Natur, die das lyrische Ich kühlend umduftet, als Auslöser und Spiegel von Empfindungen, die es einst mit den Freunden in ähnlichen Szenen geteilt hatte. Beim Gedanken an den Tod der Geliebten versiegen Licht und Duft des Waldes, was die Gewissheit ihres schmerzhaften Verlustes unterstreicht. Mit der Anrede der Toten kehren Duft, Kühle und Mondlicht in der Erinnerung zurück, die vor die Sinne stellt, woran es der schönen Natur in der Gegenwart mangelt:

> Wenn der Schimmer von dem Monde nun herab
> In die Wälder sich ergießt, und Gerüche
> Mit den Düften von der Linde
> In den Kühlungen wehn;
>
> So umschatten mich Gedanken an das Grab
> Der Geliebten, und ich seh in dem Walde
> Nur es dämmern, und es weht mir
> Von der Blüthe nicht her.
>
> Ich genoß einst, o ihr Todten, es mit euch!
> Wie umwehten uns der Duft und die Kühlung,
> Wie verschön warst von dem Monde,
> Du o schöne Natur![53]

Das späte Gedicht „An die nachkommenden Freunde" (verf. 1796) bringt die Vorfreude auf ein Wiedersehen mit den verstorbenen Geliebten nach dem eigenen Tod zum Ausdruck. Die Toten werden als Bewohner eines Kometen imaginiert, der aus Liebe zur Erde stürzt; das Sterben erscheint so als Nahen geliebter Seelen der Abgeschiedenen. Die Ode richtet sich an Freunde, die erst nach dem lyrischen Ich sterben werden und sich schon jetzt dessen postmortaler Sehnsucht auf ein Wiedersehen gewiss sein dürfen. Dass selbst die unsterblichen Seelen der Toten der Erde als einem Ort der Liebe zustreben, belegt einmal mehr die säkulare Ausrichtung der poetischen Frömmigkeit Klopstocks, die ihre gewiss christlich eingehegte Inspiration aus der Natur bezieht:

> Unter Blumen, im Dufte des röthlichen Abends, in frohes
>     Lebens Genuß,
> Das, mit glücklicher Täuschung, zu jugendlichem sich dichtet,
>     Ruh' ich, und denke den Tod.[54]

---

[53] In: Klopstock: Oden, S. 76.
[54] In: Klopstock: Oden, S. 123–124, hier S. 123.

Die innere Ruhe im Vorfeld eines Todes, der nicht das Ende der Erfüllung durch die Liebe bedeutet, wird mit Naturmotiven vergegenwärtigt, die im Leidensweg Christi eine verklärte Entsprechung finden: im *Messias* kommt Christus unter Blumen zur heiligen Ruhe und offenbart in menschlicher Gestalt eine göttliche Schönheit.[55] Als Johann Georg Sulzer (1720–1779) versucht hatte, Voltaire zur Lektüre des *Messias* zu bewegen, soll dieser geantwortet haben: „profane que je suis, je n'ose pas mettre la main à l'encensoir".[56] Mit dem Bekenntnis zu seiner Hemmung, als weltlicher Autor die Hand ans Weihrauchfass zu legen, distanziert sich Voltaire von einer kultisch-religiösen Poesie und ihren rituell inszenierten Atmosphären. Die spätaufklärerische Kritik empfindsamer Schwärmer will insbesondere den Duft poetisch-religiöser Sakralbereiche der Natur umfassend entzaubern (siehe Kap. 8 u. 9). Bei Brockes, Kleist und Klopstock hat das riechende Körper-Selbst am Heiligtum der Natur teil, und der Göttinger Hain und der Sturm und Drang setzen diese Tradition in affektiv gesteigerten Formen fort (siehe Kap. 10 u. 11); den aufgeklärten Kritikern der Empfindsamkeit gilt das Riechen indessen als Einfallstor exaltierter Einbildungen, die es ratsam scheinen lassen, der poetischen Verzauberung des porösen Körper-Selbst vorzubeugen.

Schon in der Empfindsamkeit finden sich Vorbehalte gegen die Gewalt der Affekte, die sinnlicher Genuss entfesseln kann. Christian Fürchtegott Gellerts (1715–1769) Roman *Leben der schwedischen Gräfin von G\*\*\** ($^2$1750) lobt – bei aller empfindsamen Parteinahme für moderate Überschwänge des Gefühls – vor allem die gefasste Standhaftigkeit im Unglück und eine ordentliche Lebensführung: weise Menschen beugen Ungleichgewichten von Vernunft und Affekt vor, indem sie vermeiden, unvernünftige Gedanken und Neigungen durch Einbildungen zu verstärken.[57] Gellerts Affektdiätetik mag erklären, warum sich im Roman kein einziger Geruch findet; jedenfalls gibt sie der Hingabe an sinnliche Genüsse nur wenig Raum. Selbst die Freuden der sexuellen Gattenliebe werden zum Problem, als zwei Geschwister unwissentlich heiraten. Auch der Wein, dem Gott die Kraft schenkte,

---

55 In beiden Gedichten bleibt unterbestimmt, ob diese Motive der beruhigenden Düfte auf Gerüche oder eine dunstige Atmosphäre verweisen; vgl. Klopstock: Der Messias, S. 28 (I.522–527) u. 78 (III.100–102).
56 In: Johann Georg Sulzer an Bodmer, 30. Juni 1751. In: Zur Rezeption des Messias. In: Klopstock: Der Messias, S. 168–208, hier S. 203.
57 Siehe Christian Fürchtegott Gellert: Leben der schwedischen Gräfin von G\*\*\* [$^2$1750]. Stuttgart 1982, S. 46–48 (zur gewollten und ungewollten Verstärkung problematischer Affekte und zu ihrer Beruhigung durch nur scheinbar triftige Gründe), S. 53 (zum Beitrag des Unglücks zur inneren Ruhe), S. 58–59 (zum Beitrag der Religion zur Gelassenheit und zum neostoischen Ideal der Seelenruhe) u. S. 143–144 (zum lässlichen Überschwang).

die „Herzen" zu erhellender Betrachtung zu „begeistern",[58] kann im Unglück daran hindern, die notwendige Ruhe zu bewahren. In dieser Situation zeigt sich Gottes gütige Einrichtung der Welt nicht in der Freude, sondern in den Selbstheilungskräften einer Psyche, die sich vor der Verzweiflung im unverdient anmutenden Unglück schützt, indem sie den Verstand heilsam trübt und so daran hindert, weiterhin unzufrieden gegen die Vorsehung aufzubegehren. Bei aller Kritik trübender Einbildungen verlässt sich Gellerts christlicher Neostoizismus aber noch auf eine natürliche Eigendynamik wohltemperierter Neigungen; bei Christoph Martin Wieland (1733–1813), Karl-Philipp Moritz (1756–1793) und Goethe wird die empfindsame Gefühlskultur selbst als Quelle affektiver Beeinträchtigungen des Verstandes dargestellt.

---

[58] Gellert, S. 73; zur Selbstheilung der Psyche durch Erschöpfung als Folge des Ausharrens in untröstlicher Beunruhigung siehe S. 74–75.

# 8 Entzauberung empfindsamer Geister-Riecher: Christoph Martin Wieland

In seinen spätaufklärerischen Romanen *Geschichte des Agathon* (1766–1767) und *Geschichte der Abderiten* (1781)[1] verbindet Christoph Martin Wieland eine Schwärmerkritik, die vor allem der Empfindsamkeit gilt, mit nuancierten Schilderungen einer ästhetisch, erotisch und auch olfaktorisch ansprechenden Sinnenfülle. Die Erzähler entwerten nicht die Sinnenwelt selbst, sondern ihre illusorische Heiligung in der religiösen Einbildung. Schon im Barock wurde eine Einbildung, die ihre Vorstellungen der Realität unterschiebt, als Selbstbetrug entlarvt;[2] der orthodoxen Theologie galten Phantasien zudem als Gelegenheit für den Teufel, sich der Seele des Menschen zu bemächtigen.[3] Die aufklärerische Schwärmerkritik analysiert diesen Selbstbetrug aus der Sicht einer Psychologie der Einbildungkraft: der Glaube, dass Ideale metaphysischer Natur sind, erzeugt im Verbund mit dem Eindruck, dass der Sinn solcher Ideale in der Sinnenwelt verkörpert wird, die täuschende Vorstellung der wahrnehmbaren Präsenz eines metaphysischen Wesens, die von der Schönheit seiner Erscheinungsform bestätigt zu werden scheint.[4] Diese illusionäre Heiligung der Sinnlichkeit kann sich auch auf Gerüche erstrecken, die in der Philosophie nicht als mögliche Gegenstände ästhetischer Erfahrung galten.[5] Bei der Kritik einschlägiger Fehldeutungen des Naturschönen stehen meist solche

---

[1] Von 1774 bis 1780 erschien der Text zunächst in Fortsetzungen in der Zeitschrift *Der Teutsche Merkur*.
[2] „Die Einbildung ist eine Lüge / mit welcher ein jeder sich zu belügen beliben träget." (Georg Philipp Harsdörffer: Ars Apophthegmatica. In: Die Pegnitz-Schäfer. Nürnberger Barockdichtung, hg. von Eberhard Mannack. Stuttgart 1988, S. 221–222, hier 222).
[3] Hans-Georg Kemper: Deutsche Lyrik der frühen Neuzeit. Bd. 3: Barock-Mystik. Tübingen 1988, S. 95–96.
[4] Als sich Wieland 1764 von der „métaphysique" distanziert, betont er zugleich, dass er sich genötigt sah, „de reformer mon Platonisme" (zit. n. Werner Frick: Providenz und Kontingenz. Untersuchungen zur Schicksalssemantik im deutschen und europäischen Roman des 17. und 18. Jahrhunderts. 2 Bde. Tübingen 1988, Bd. 2, S. 387, Fn. 8). 1775 unterscheidet Wieland – noch immer „mit Verweis auf Plato" – zwischen dem Göttlichen „in der Natur und unserm Innersten", dessen ästhetische Gewissheit aus der inspirierenden „Berührung" der Seele durch „Gott" resultiert, und dem schwärmerischen Glauben an die Präsenz des Über- und Widernatürlichen in der Sinnenwelt (zit. n. Cornelia Zumbusch: Die Immunität der Klassik. Berlin 2012, S. 77). Seine Schwärmerkritik richtet sich also nicht gegen Religion und Metaphysik als solche.
[5] Zum Geruchssinn als Thema der philosophischen Ästhetik siehe Mădălina Diaconu: Tasten – Riechen – Schmecken. Eine Ästhetik der anästhesierten Sinne. Würzburg 2005, S. 181–182 u. 265–313.

Gerüche im Vordergrund, die das liebende Verlangen wecken oder steigern (vgl. Kap. 7).

In der *Geschichte des Agathon* wird der titelgebende Protagonist, der an die metaphysische Substanz seiner ethischen Ideale glaubt, nach einem politischen Umsturz ins Exil getrieben. Dort gerät er in die Gewalt von Sklavenhändlern, die seine schöne Gestalt zur Geltung bringen, für die er gänzlich unempfindlich ist:

> Er wurde gebadet, abgerieben, mit Salben und wohlriechenden Wassern begossen, mit einem Sclaven-Kleid von vielfarbichter Seide angetan, mit allem was seine Gestalt erheben konnte, ausgeschmückt, und von allen, die ihn sahen, bewundert [...][6]

Agathon wird vom Sophisten Hippias gekauft, den seine Kunst reich gemacht hatte, eine Sache durch Appelle an die Sinne in günstiges Licht zu rücken; sein stark ausgeprägter Sinn für ansprechende Erscheinungen zeigt sich auch in der Anlage seiner Wohnstätte. Seine „üppigen Bäder" und „bezauberten Gärten" werden nicht ohne Ironie als „Tempel der ausgekünsteltsten Sinnlichkeit" bezeichnet: Hippias ist ein Materialist, dem Riten und Kulte als bloßer Schein gelten.[7] Seine Gärten sprechen Auge, Ohr und Nase an, ihr kühlender Schatten affiziert den Tastsinn, und ihre Statuen stimulieren die Phantasie:

> Gefilde von Blumen, die aus allen Teilen der Erde gesammelt, jeden Monat zum Frühling eines andern Clima machten, Lauben von allerlei wohlriechenden Stauden, Lust-Gänge von Citronen-Bäumen, Öl-Bäumen und Cedern, in deren Länge der schärfste Blick sich verlor, Haine von allen Arten der fruchtbaren Bäume, und Irrgänge von Myrthen und Lorbeer-Hecken, mit Rosen von allen Farben durchwunden, wo tausend marmorne Najaden, die sich zu regen und zu atmen schienen, kleine murmelnde Bäche zwischen die Blumen hingossen, oder mit mutwilligem Plätschern in spiegelhellen Brunnen spielten, oder unter überhangenden Schatten von ihren Spielen auszuruhen schienen.[8]

Agathon scheint es, als ob die Gebilde seiner poetischen Einbildungskraft um ihn herum sinnenfällig Gestalt annähmen; daher regt ausgerechnet die *sinnliche Überfülle* der Gartenlandschaft die „innerlichen Kräfte" von Agathons „Seele" an, sich im Mondschein seiner „ersten und unschuldigen" *platonischen* „Liebe" zu erinnern. Sein Eindruck, sich unter dem Einfluss der ausgeklügelten Anlage des Gartens einem „Ewigen und Göttlichen" zu öffnen,[9] wirkt freilich naiv:

---

6 Christoph Martin Wieland: Geschichte des Agathon [1766–1767]. Stuttgart 1981, S. 40.
7 Wieland: Geschichte des Agathon, S. 49.
8 Wieland: Geschichte des Agathon, S. 53.
9 Wieland: Geschichte des Agathon, S. 54 u. 56.

> Die allgemeine Stille, der Mondschein, die rührende Schönheit der schlummernden Natur, die mit den Ausdünstungen der Blumen durchwürzte Nachtluft, tausend angenehme Empfindungen, deren liebliche Verwirrung meine Seele trunken machte, setzte sie in eine Art von Entzückung, worinnen ein andrer Schauplatz von unbekannten Schönheiten sich vor mir auftat [...][10]

Mit der mondbeschienenen Sommernacht in einem berauschenden Garten, der dem spielerischen Genuss der Sinne dienen soll, scheint ein sakrales Naturerlebnis im Geiste Klopstocks mit anakreontischen Versatzstücken ironisiert zu werden. Hippias versucht, Agathon zu einem Genuss der Sinne zu bekehren, der jeden schwärmerischen Anspruch auf Vergeistigung abgestreift hat. Seine Maxime lautet: „Befriedige deine Bedürfnisse, vergnüge alle deine Sinnen, und erspare dir so viel du kannst alle schmerzhaften Empfindungen."[11]

Wiederholt betont der Erzähler die Gerüche der Gärten, und Hippias spricht bei seinen Bekehrungsversuchen mit Vorliebe von Düften, die in mythischen Epiphanien, für die Agathon empfänglich ist, eine ebenso wichtige Rolle spielen wie beim leiblichen Weltgenuss, der von Hippias hochgehalten wird. So fragt er Agathon: „Wer zieht nicht einen angenehmen Geruch oder Geschmack einem widrigen vor?"[12] Hippias will Agathon verdeutlichen, dass der Glaube an eine göttliche Schönheit der imaginativen Überhöhung eines rein sinnlichen Genusses entspringt:

> Untersuche alle angenehmen Ideen von dieser Art, so unkörperlich und geistig sie scheinen mögen, und du wirst finden, daß das Vergnügen, so sie deiner Seele machen, von den sinnlichen Vorstellungen entsteht, womit sie begleitet sind. [...] Der Jupiter des Homer und Phidias, die Idee eines Hercules oder Theseus, wie unsre Einbildungskraft sich diese Helden vorzustellen pflegt, die Ideen eines überirdischen Glanzes, einer mehr als menschlichen Schönheit, eines ambrosischen Geruchs, werden sich unvermerkt an die Stelle derjenigen setzen, die du dich vergeblich zu machen bestrebest; und du wirst noch immer an dem irdischen Boden kleben, wenn du schon in den empyreischen Gegenden zu schweben glaubst.[13]

Wielands Kritik religiöser Schwärmer richtet sich im antiken Gewand implizit auch gegen die christliche Lehre von den religiös empfindlichen inneren Sinnen, die Hippias materialistisch deutet: „Was sind diese anders als das Vermögen der Einbildungskraft die Würkungen der äußern Sinnen nachzuäffen?"[14] Da der Roman insofern mit Agathon sympathisiert, als dessen Tugend – allen religiös-metaphysischen Selbstmissverständnissen zum Trotz – ihren weltlichen Lohn im Liebesglück

---

10 Wieland: Geschichte des Agathon, S. 55–56.
11 Wieland: Geschichte des Agathon, S. 77.
12 Wieland: Geschichte des Agathon, S. 78.
13 Wieland: Geschichte des Agathon, S. 80.
14 Wieland: Geschichte des Agathon, S. 87.

verdient hätte, wird Hippias' Bekehrungsversuch – bei aller legitimen Entlarvung illusorischer Vorstellungen – auch in ein kritisches Licht gerückt. In Hippias' Überbetonung des Riechens verrät sich seine Vorliebe für körperliche Genüsse:

> Denn was empfinden wir bei dem etherischen Schimmer, oder den ambrosischen Gerüchen der homerischen Götter? Wir sehen, wenn ich so sagen kann, den Schatten eines Glanzes in unserer Einbildung; wir glauben einen lieblichen Geruch zu empfinden; aber wir sehen keinen etherischen Glanz, und empfinden keinen ambrosischen Geruch.[15]

Hippias zufolge sind „Nectar und Ambrosia" rein imaginäre Genussquellen;[16] die wirklichen Sinnesfreuden fänden hingegen nicht an der Tugend, sondern an der Übersättigung ihre Grenze:

> Daher ist das gewöhnliche Schicksal der morgenländischen Fürsten, die in die Mauern ihres Serails eingekerkert sind, in den Armen der Wollust vor Ersättigung und Überdruß umzukommen; indessen, daß die süßesten Gerüche von Arabien vergeblich für sie düften [...].[17]

In den Episoden, in denen Hippias Vorbereitungen zu Agathons Verführung trifft, ist seine Rede mit Geruchsmotiven übersättigt, woran die Figuren indessen keinen Anstoß nehmen. Hippias will Agathon zu einem sexuellen Sinnesgenuss verleiten, den dieser zugunsten einer vergeistigten Kontemplation des Schönen bislang verschmäht hatte; der Sophist bittet die verführerische Danae, sich als sichtbare Verkörperung von Agathons Idealen zu inszenieren, damit sie als vermeintliche Realpräsenz des Heiligen sein sinnliches Begehren auf sich ziehen kann. Danae zeigt sich von der Aussicht auf eine vergeistigte Beziehung, in der die Sinne nicht zu ihrem Recht kämen, zunächst unbeeindruckt:

> Ein Philosoph, der zu meinen Füßen wie eine Turteltaube girret, der mir zu Gefallen seine Haare und seinen Bart kräuseln läßt, der so wohl riecht wie ein Arabischer Salbenhändler, der mir den Hof zu machen, mit meinem Schoßhund schwatzt und Oden auf meinen Sperling macht – ah! Hippias, man muß ein Frauenzimmer sein, um zu begreifen, was das für ein Vergnügen ist![18]

Danae will als eine sinnlich und emotional anziehende Liebhaberin anerkannt werden; Hippias erklärt ihr, Agathon sei ein Menschen mit gutem Verstand und Geschmack, als platonischer Idealist aber unbrauchbar, so dass man sein „Herz"

---

15 Wieland: Geschichte des Agathon, S. 88.
16 Wieland: Geschichte des Agathon, S. 111.
17 Wieland: Geschichte des Agathon, S. 93.
18 Wieland: Geschichte des Agathon, S. 124.

ansprechen müsse, um sein Denken zu ändern.[19] Danae gelingt es, Agathon zu verführen, und beginnt unerwartet, ihn zu lieben, was einmal mehr bestätigt, dass der Roman zwar Hippias' Schwärmerkritik teilt, nicht aber dessen Reduzierung der Liebe auf Sinnesfreuden. Bei Danaes Versuchen, Agathons Aufmerksamkeit auf sich zu ziehen, treten die Gerüche in den Hintergrund oder zumindest hinter die Wirkung des Sicht- und Hörbaren zurück. Zunächst inszeniert sie sich als eine in Liebesdingen gleichgültige Unschuld: „Ihr ganzes Spiel drückte die eigenste Idee des Agathon aus, aber mit einer Anmut, mit einer Zauberei, wovon ihm seine Phantasie keine Idee gegeben hatte."[20] In seiner Phantasie vermengt Agathon Irdisches und Himmlisches, „und er konnte es desto leichter, da in der Tat alle körperlichen Schönheiten seiner Göttin so beseelt waren, und alle Schönheiten ihrer Seele so lebhaft aus diesem reizenden Schleier hervorschimmerten, daß es beinahe unmöglich war, sich eine ohne die andre vorzustellen".[21] Danae nimmt die „[m]agische Kraft der Musik" zu Hilfe, um Agathons Widerstand zu brechen,[22] und wenngleich Düfte auch weiterhin eine Rolle spielen, werden sie nun – mit einer Ausnahme – nicht mehr eigens erwähnt: Danae nimmt ein „erfrischendes Bad", ihr schönes Spiel findet zwischen „Myrten und Rosenhecken" im „Lorbeerhain" statt, und Agathon küsst die Geliebte „in einem kleinen Hain von Citronen- Granaten- und Myrthenbäumen", bevor er weitere Zärtlichkeiten genießt, doch Düfte sind hier allenfalls impliziert.[23] Auch als der verliebte Agathon bei der Darstellung einer mythologischen Szene Regie führt, gipfelt die Aufführung in einem musikalischen Höhepunkt; zwar gießen Faunen spielerisch scherzend „wohlriechende Salben" über die „Glatze" und den „halbgrauen Bart" des Hippias,[24] doch als Attribute eines alternden Genießers werden diese Düfte in komisches Licht gerückt.

Der Roman stellt Gerüche sakraler Stätten als Quelle von Verkennungen der Wirklichkeit dar. In einem Traum, der Agathons erwachte Sinnlichkeit beinahe entzaubert und entwertet, verzerrt Nektargeruch in Gesellschaft von Nymphen und Liebesgöttern die Realität: „ein Nebel von süßen Düften schien rings um ihn her die wahre Gestalt der Dinge zu verbergen".[25] Auch der Kult der Orphischen Mysterien, in die Agathon in seiner Jugend eingeweiht wurde, schloss Düfte ein; hier

---

19 Wieland: Geschichte des Agathon, S. 125.
20 Wieland: Geschichte des Agathon, S. 137.
21 Wieland: Geschichte des Agathon, S. 159.
22 Wieland: Geschichte des Agathon, S. 162; zu betörenden Klängen siehe auch S. 176 u. 193.
23 Wieland: Geschichte des Agathon, S. 161, 162 u. 172. In der Szene, in der die Priesterin der Diana versucht, den jungen Agathon zu verführen, sind Gerüche ebenfalls nur impliziert (siehe die Naturmotive auf S. 244).
24 Wieland: Geschichte des Agathon, S. 194.
25 Wieland: Geschichte des Agathon, S. 204.

gaben „Räucherungen" einer Einbildungskraft Raum, welche die „süßesten Düfte des Frühlings" übertrumpfte.[26] In seiner Jugend hatte Agathon geglaubt, dass der kultische Duft die natürliche Sinnenwelt *überbietet*; in der Episode mit Danae meint er hingegen, einen sakralen Bezirk *in* der Sinnenwelt zu entdecken. Dabei werden seine Sinnesfreuden durch ihre imaginative Überhöhung zwar angenehm gesteigert, doch Agathon merkt schon bald, dass dieses besondere Glück von begrenzter Dauer ist, denn da sein Begehren real gesättigt wird, lässt der erfüllte Zustand der Einbildung wenig zu wünschen übrig: „die Luft, die er atmete, war" daher bald „nicht mehr dieser süße Atem der Liebe, von dem jeder Hauch die Flammen seines Herzens stärker aufzuwehen schien".[27] Der sakrale Schein der Wohlgerüche weicht einer Atmosphäre der ernüchternden Sättigung.

Der Erzähler resümiert, dass weder die metaphysische Abwertung noch die vergötternde Aufwertung der Sinne überzeugen können; beide Ansätze stehen unter dem Zwang, den Menschen besser zu machen, als er von Natur aus ist.[28] Zwar passt die Schwärmerkritik des Romans auch auf empfindsame Dichter, die heilige Empfindungen im Spiegel kultisch inszenierter Landschaften darstellen; deren Naturszenen fallen im Vergleich mit den raffiniert stilisierten Gärten des Hippias (und ähnlichen *loci amoeni*)[29] aber schlichter aus. Mit der übersteigerten Raffinesse der angenehm reizvollen Gärten arbeitet Wieland die Verzerrung der Natur auf *beiden* Seiten heraus: der hedonistische Materialismus wird ebenso ironisiert wie der platonische Idealismus. Eben die Komik, die Max Horkheimer (1895–1973) und Theodor W. Adorno (1903–1969) am Beispiel der *schlechten* Gerüche als unausweichliche Folge zivilisatorischer Entsagung bestimmt hatten, haftet bei Wieland dem überzogenen Schwelgen in *guten* Gerüchen an:

> Wer Gerüche wittert, um sie zu tilgen, „schlechte" Gerüche, darf das Schnuppern nach Herzenslust nachahmen, das am Geruch seine unrationalisierte Freude hat. Indem der Zivilisierte die versagte Regung durch seine unbedingte Identifikation mit der versagenden Instanz desinfiziert, wird sie durchgelassen. Wenn sie die Schwelle passiert, stellt Lachen sich ein.[30]

---

26 Wieland: Geschichte des Agathon, S. 223 u. 224.
27 Wieland: Geschichte des Agathon, S. 317.
28 Wieland: Geschichte des Agathon, S. 370–371.
29 Sobald der Mensch zur Vergötterung des Sinne neige, finde er „kein reizenderes Gemälde einer beneidenswürdigen Wonne, als den jungen Bacchus, wie er, sein Epheubekränztes Haupt in den Schoß der schönsten Nymphe zurückgelehnt, und mit dem einen Arm ihre blendenden Hüften umfassend, den andern nach der düftenden Trinkschale ausstreckt, die sie ihm lächelnd voll Nectars schenkt, von ihren eignen schönen Händen aus strotzenden Trauben frisch ausgepreßt" (Wieland: Geschichte des Agathon, S. 370).
30 Max Horkheimer u. Theodor W. Adorno: Dialektik der Aufklärung. Philosophische Fragmente [1947]. Frankfurt am Main 1984, S. 165.

Der Roman spricht später auch von der „ansteckenden Beschaffenheit der Hofluft" und der „verpesteten Luft der großen Welt",[31] doch Wielands Kritik der vergeistigten Sinnlichkeit verhindert eine bedingungslose Identifikation mit den versagenden Instanzen. Einerseits bestätigt seine ironisierende Darstellung der Überfülle, dass eine Hingabe an olfaktorische Freuden, die über ein punktuelles Glück hinausgehen, zumindest ein mildes Lächeln verdient, das im Bann der Dialektik der Aufklärung (als Umschlag der Beherrschung der äußeren Natur in eine zwanghafte Selbstdisziplinierung) steht. Andererseits ist er kein Verächter moderater Sinnesfreuden; den nicht exaltierten Genuss der duftenden Natur würdigt Wieland, wie sein Gedicht *Musarion* zeigen wird (siehe Kap. 9), ohne Vorbehalt. Eine ähnliche Haltung ist im Wirkungsfeld der Empfindsamkeit bei Johann Heinrich Voß zu beobachten (siehe Kap. 10), der die milden Exzesse, die dem bürgerlichen Behagen an duftenden Speisen, Getränken und Tabaksorten gelegentlich entspringen, mit menschenfreundlicher Nachsicht augenzwinkernd würdigt.

Wielands Roman *Geschichte der Abderiten* führt die Hingabe an Phantasien über göttergleiche Schönheiten in der Natur auf handfeste erotische Wünsche zurück. Als der gelehrte und welterfahrene Demokrit den borniertern Abderiten von seiner Reise nach Äthiopien erzählt, führt er ihnen die duftende Naturschönheit des Landes vor Augen und Nasen:

> Welch ein Land! ich begriff nicht, warum die Göttin der Liebe das felsige Cythere zu ihrem Wohnsitz erwählt hatte, da ein Land wie dieses in der Welt war. Wo hätten die Grazien angenehmer tanzen können als am Rande von Bächen und Quellen, wo zwischen kurzem, dichtem Gras vom lebhaftesten Grün Lilien und Hyazinthen und zehntausend noch schönere Blumen, die in unsrer Sprache ohne Namen sind, freiwillig hervorblühen und die Luft mit wollustigen Wohlgerüchen erfüllen?[32]

Die Erwähnung der Liebesgöttin und der Grazien im Zusammenhang mit der äthiopischen Landschaft reicht aus, um die Frauen Abderas von göttlich schönen Männern träumen zu lassen:

> Die schönen Abderitinnen waren, wie leicht zu erachten, mit einer nicht weniger lebhaften Einbildungskraft ausgestattet als die Abderiten, und das Gemälde, das ihnen Demokrit, ohne dabei an Arges zu denken, vorstellte, war mehr, als ihre kleinen Seelchen aushalten konnten.

---

31 Wieland: Geschichte des Agathon, S. 533 u. 555. Im politischen Leben verweisen Gerüche auch auf unanständigen Übermut; so wird von Alcibiades berichtet: „Daß er, von Wein und Salben triefend, mit dem vernachlässigten und abgematteten Ansehen eines Menschen, der eine Winternacht durchschwelgt hatte [...], in die Rats-Versammlungen hüpfte, und sich, so übel vorbereitet, doch überflüssig tauglich hielt, [...] die Angelegenheiten Griechenlands zu besorgen: Das war es, was sie ihm nicht vergeben konnten [...]." (Wieland: Geschichte des Agathon, S. 378–379; vgl. S. 276).
32 Christoph Martin Wieland: Geschichte der Abderiten [1781]. Stuttgart 1984, S. 27–28.

## 8 Entzauberung empfindsamer Geister-Riecher: Christoph Martin Wieland

> Einige seufzten laut vor Behäglichkeit; andere sahen aus, als ob sie die wollustigen Gerüche, die in ihrer Phantasie düfteten, mit Mund und Nase einschlürfen wollten; die schöne Juno sank mit dem Kopf auf ein Polster des Kanapees zurück, schloß ihre großen Augen halb und befand sich unvermerkt am blumigen Rand einer dieser schönen Quellen, von Rosen- und Zitronenbäumen umschattet, aus dessen Zweigen Wolken von ambrosischen Düften auf sie herabwallten. In einer sanften Betäubung von süßen Empfindungen begann sie eben einzuschlummern, als sie einen Jüngling, schön wie Bacchus und dringend wie Amor, zu ihren Füßen liegend sah. Sie richtete sich auf, ihn desto besser betrachten zu können, und sah ihn so schön, so zärtlich, daß die Worte, womit sie seine Verwegenheit bestrafen wollte, auf ihren Lippen erstarben. Kaum hatte sie –[33]

Als Demokrit mit seinem Bericht fortfährt, seufzt Juno im Überschwang ihrer Gefühle; er begreift schnell, dass sie sich in einem duftenden Paradies erotischer Fülle wähnt:

> Da die übrigen Anwesenden nicht wissen konnten, daß die gute Dame einige hundert Meilen weit von Abdera unter einem äthiopischen Rosenbaum in einem Meere der süßesten Wohlgerüche schwamm, tausend neue Vögel das Glück der Liebe singen hörte, tausend bunte Papageien vor ihren Augen herumflattern sah und zum Überfluß einen Jüngling mit gelben Locken und Korallenlippen zu ihren Füßen liegen hatte – so war es natürlich, daß man den besagten Seufzer mit einem allgemeinen Erstaunen empfing. [...] Demokrit, der nun zu merken anfing, was es war, versicherte, daß ein paar Züge frische Luft alles wieder gutmachen würden; aber in seinem Herzen beschloß er, künftig seine Gemälde nur mit einer Farbe zu malen wie die Maler in Thrakien. Gerechte Götter! dacht' er, was für eine Einbildungskraft diese Abderitinnen haben![34]

Auch Demokrit lobt die Düfte der reizvoll exotischen Landschaft, doch die exaltierte Hingabe an erotische Tagträume, die sein poetischer Gedanke über Göttinen der Liebe und Freude in der Natur ausgelöst hatte, überrascht ihn. In *scherzhaften Phantasien der Abderiten über Gerüche* bleibt neben dem Sinn für Realität auch das Zartgefühl auf der Strecke. Auf Demokrits Feststellung, das Schöne sei, was uns gefalle, so dass „die griechische Häßlichkeit in Äthiopien Schönheit" sei und beide „recht" haben könnten, erwidert Antistrepsiades: „Und wenn – und wenn ein Wahnwitziger Pferdeäpfel für Pfirschen äße?" In der Aufregung über diesen Scherz verwechselt eine Abderitin gar den Urheber des Bildes: „,Fi, fi doch, Demokrit!' lispelte die schöne Myris, indem sie die Hand vor die Nase hielt, ,wer wird auch von Pferdeäpfeln reden? Schonen sie wenigstens unserer Nasen!'" Die Abderiten ver-

---

[33] Wieland: Geschichte der Abderiten, S. 28.
[34] Wieland: Geschichte der Abderiten, S. 29.

lachen Demokrits Gedanken im Bann eines „Instinkt[es]", der sie zum spielerischen Scherz mit dem Geruchsekel antreibt:³⁵

> „Nun, Vetter?" sagte der Ratsherr, „kannst du die Pferdeäpfel des Antistrepsiades nicht hinunterkriegen? Ha, ha, ha!"
> Dieser Einfall war zu abderitisch, um die Zärtlichkeit der sämtlichen gebogenen, stumpfen, viereckigen und spitzigen Nasen in der Gesellschaft nicht zu überwältigen.³⁶

Das Gelächter schwillt derart an, dass sich die Abderiten in die Hosen bzw. Röcke machen und der Saal, in dem sie sich befinden, „u .... W ..... g ........" („unter Wasser gesetzt") wird.³⁷ Zu allem Überfluss halten die Abderiten diese „unversehene Naturerscheinung" für eine „wunderbar[e]" „Wirkung ohne Ursache", was ihr Lachen noch steigert. Wielands satirischer Seitenhieb auf die Dichtungstheorie von Bodmer und Breitinger aus den 1740er Jahren, die das Wunderbare in der Poesie im Verweis auf seine „sinnliche Überzeugungskraft"³⁸ legitimierte, macht mit dem kruden Kontrast von Anlass und Anspruch des Staunens über die Natur auch hier jede *Anmutung* des Übernatürlichen lächerlich; anders als der von Horkheimer und Adorno analysierte Typus gibt Wieland das Lachen über schlechte Gerüche aber selbst der Lächerlichkeit preis.

Wenn die Ratsherren der Abderiten über der Aussicht auf eine angenehme Mittagstafel später ihren Streit vergessen, folgen sie einem zweifellos profanen Geruch, der nur im ironischen Erzählerkommentar an ein Orakel erinnert: „ihre Nasen weideten sich zum voraus an Düften von bester Vorbedeutung".³⁹ Als Demokrit die Geschichte von einem Schlaraffenland erzählt, in dem die Menschen „mit den kostbarsten Essenzen, die aus den Abendwolken heruntertauen, eingebalsamt werden", meint einer der Zuhörer, es handele sich um „eine Satire auf gewisse Philosophen, welche das höchste Gut in der Wollust suchen".⁴⁰ Diese Deutung liegt zwar auf der Linie christlicher Erzählungen vom duftenden Schlaraffenland, die vor den Folgen hedonistischer Lebensstile warnen,⁴¹ doch Demokrit

---

35 Wieland: Geschichte der Abderiten, S. 36–37 u. 38.
36 Wieland: Geschichte der Abderiten, S. 38.
37 Wieland: Geschichte der Abderiten, S. 39; vgl. den Eintrag „Asterisk" in Dieter Burdorf, Christoph Fasbender u. Burkhard Moennighoff (Hg.): Metzler Lexikon Literatur. Begriffe und Definitionen. Stuttgart/Weimar ³2007, S. 49.
38 Peter-André Alt: Aufklärung. Stuttgart/Weimar 1996, S. 84.
39 Wieland: Geschichte der Abderiten, S. 136.
40 Wieland: Geschichte der Abderiten, S. 67.
41 Wieland variiert mit dem Balsammotiv einen älteren literarischen Topos; im späten 17. Jahrhundert hatte François Fénelon in einer Geschichte vom Schlaraffenland von faulen und übersättigten Menschen erzählt, die sich einem Duftkonzert hingeben (François de Salignac de la Mothe

korrigiert ihn: die Geschichte handele von den unmöglichen Bedingungen, die erfüllt sein müssten, damit die Menschen den überzogenen Erwartungen der Moralisten in der wirklichen Welt entsprechen könnten.[42] Stattdessen gelte es, die sinnliche Bedürfnisnatur der Menschen erst einmal kennenzulernen, bevor man Methoden zu ihrer Verbesserung ersinnt. Die wollüstigen Gerüche der imaginierten Natur Äthiopiens, die harntreibende Wirkung von Phantasien über geruchsstarke Pferdeäpfel und die befriedende Wirkung eines duftenden Mittagessens erinnern daran, dass reale Menschen „Magen" und „Unterleib" haben.[43]

Wenn der Roman das unverständige Riechen der Abderiten satirisch darstellt, dominiert schlechter Geruch, der im figurativen Sinne auch von ihnen selbst ausgeht; so bemerkt der Erzähler, die Echtheit entlarvender Dokumente über Abderas Bewohner leuchte unmittelbar ein, „da kein Leser, der eine Nase hat, den Duft der Abderitheit, der daraus emporsteigt, verkennen wird".[44] Erneut nimmt Wieland religiöse Illusionen ins Visier, die ein vernünftiges Verständnis der Natur behindern. Als unbedachte Folge des schrankenlosen Ausbaus von Froschgräben zu Ehren der Göttin Latona kommt es zu einer Froschplage, die den Gärten und der Gesundheit der Abderiten schadet, doch da die Frösche heilig sind, ist jede Gegenmaßnahme heikel. Als auch noch eine Mäuseplage droht, schlägt der Archon Onokradias vor, Abdera zu verlassen, „bis der Zorn der Götter sich gelegt haben" wird:[45]

> Das ganze Volk jauchzte dem begeisterten Archon Beifall zu, und in einem Augenblick atmete wieder nur eine Seele in allen Abderiten. Ihre leicht bewegliche Einbildungskraft stand auf einmal in voller Flamme. Neue Aussichten, neue Szenen von Glück und Freuden tanzten vor ihrer Stirne. Die weiten Ebenen des glücklichen Makedoniens lagen wie fruchtbare Paradiese vor ihren Augen ausgebreitet. Sie atmeten schon die mildern Lüfte und sehnten sich mit unbeschreiblicher Ungeduld aus dem dicken, froschsumpfigen Dunstkreise ihrer ekelhaften Vaterstadt heraus. Alles eilte, sich zu einem Auszug zu rüsten, von welchem wenige Augenblicke zuvor kein Mensch sich hatte träumen lassen.[46]

---

Fénélon [!]: Voyage dans l'îsle des plaisirs. In: ders.: Œuvres, Bd. 4. Paris 1787, S. 502–509, hier S. 507). Wieland, dessen Erzähler diese Geschichte den Schriften des Teleklides entlehnt hat (Wieland: Geschichte der Abderiten, S. 67 u. 68), erinnert an den religiös-metaphysischen Rahmen solcher Phantasien, funktioniert sie aber im Dienste einer Kritik überschießender metaphysischer Deutungen um.

42 Wieland: Geschichte der Abderiten, S. 68–69.
43 Wieland: Geschichte der Abderiten, S. 68.
44 Wieland: Geschichte der Abderiten, S. 288.
45 Wieland: Geschichte der Abderiten, S. 376.
46 Wieland: Geschichte der Abderiten, S. 376; „Dunstkreis" bedeutet *luftkreis der einen himmelskörper zunächst umgibt, atmosphäre* (Deutsches Wörterbuch. Elektronische Ausgabe der Erstbearbeitung von Jacob Grimm und Wilhelm Grimm (DWB), hg. vom Kompetenzzentrum für elektro-

In seinem Gedicht *Musarion* (1768) (siehe Kap. 9) setzt sich Wieland für ein natürliches Ethos ein, dessen Schönheitssinn an der Liebe ausgerichtet ist; damit wandelt er Platons Kalokagathie-Gedanken aus einer schwärmerkritischen Sicht ab. Die Namen zentraler Figuren der oben besprochenen Romane scheinen auf eine solche Rettung metaphysischer Gehalte hinzuweisen, indem sie auf eine Situation anspielen, in der Sokrates und ein Sophist voneinander lernen. Wenn Sokrates bei Platon konstatiert, dass „das Weisere immer als das Schönere" erscheint, sind seine Worte auf den Sophisten Protagoras aus Abdera gemünzt.[47] Sokrates sucht den Sophisten gemeinsam mit Hippokrates im Hause des Kallias auf, der oft zu den Ansichten des Protagoras neigt; als der Austausch zwischen Sokrates und Protagoras ins Stocken gerät, gelingt es dem Weisen Hippias, das Gespräch wieder in Gang zu bringen.[48] Salvator Rosa (1615–1673), mit dessen Landschaftsdarstellungen Wieland vertraut war, hatte Protagoras 1663–1664 als Holzträger des Demokrit dargestellt, so dass sich die Hauptfigur der *Geschichte der Abderiten* auch mit Platons Weisen aus Abdera in Verbindung bringen ließe.[49] In der *Geschichte des Agathon* hatte Hippias, der den kritischen Dialog mit dem platonischen Agathon aufnimmt, dem Schwärmer den Namen Callias gegeben und gehofft, er ließe sich zum Sophismus bekehren. Da Wielands schwärmerkritischer Spott am Ideal der Liebe festhält, bleibt er – bei aller Schärfe in der Sache – menschenfreundlich; die riechende Entgrenzung des Körper-Selbst in die Natur behält, wie in Kap. 9 zu zeigen ist, einen guten profanen Sinn.

Wieland hatte Jonathan Swifts (1667–1745) Roman *Gulliver's Travels* (1726) vorgeworfen, den Menschen „als das schönste Werk der Natur" zu „verstümmeln, zerkratzen, übersudeln",[50] da er an die Stelle schöner Mischungen menschlicher Vorzüge und Mängel ein Wesen zwischen Affe und Teufel setze. Wieland dürfte mit

---

nische Erschließungs- und Publikationsverfahren in den Geisteswissenschaften an der Universität Trier in Verbindung mit der Berlin-Brandenburgischen Akademie der Wissenschaften. Frankfurt am Main 2004, Bd. 2, Sp. 1565).
47 Platon: Protagoras. In: ders.: Sämtliche Werke. Bd. 1, hg. von Ursula Wolf. Reinbek bei Hamburg 1994, S. 271–335, hier S. 275 (309c).
48 Platon, S. 306 (336d–e) u. S. 307–308 (337c–338b).
49 Wieland hatte übersetzte Auszüge aus Jakob Forsters „Voyage Round the World" [1777] herausgegeben, in denen von einer neuseeländischen Landschaft die Rede ist, „die Salvator Rosa nicht hätte schöner malen können"; im *Neuen Teutschen Merkur* war ihm dieser Hinweis eine kritische Fußnote zu Forsters Vergleich wert, die seine Hochachtung vor Rosas Werk zum Ausdruck bringt (IV. Auszug aus J. Forsters Reise um die Welt. In: Der Neue Teutsche Merkur (1778), H. 3, S. 144–164, hier S. 151).
50 Christoph Martin Wieland: Betrachtungen über J. J. Rousseaus ursprünglichen Zustand des Menschen [1770]. In: C. M. Wielands sämmtliche Werke. Bd. 14: Beyträge zur geheimen Geschichte der Menschheit. Leipzig 1795, S. 145–212, hier S. 203.

den skatologischen Motiven und einschlägigen Gerüchen des Romans vertraut gewesen sein. Zwar hatte er die zuverlässigen Swift-Übersetzungen von Heinrich Waser (1714–1777) für ihre Treue zum Original schon 1756 gelobt,[51] während dessen Gulliver-Übersetzung erst 1761 erschien, doch Wieland besaß eine Ausgabe von Swifts Werken im englischen Original.[52] Ein Vergleich der satirischen Verwendung von Geruchsmotiven bei Wieland und Swift ist aber auch dann instruktiv, wenn jener *Gulliver's Travels* nur aus einer älteren Übersetzung gekannt haben sollte, in der – wie vor Waser üblich[53] – die skatologischen Exzesse herausgefiltert wurden.

Als Gulliver in Lilliput strandet, dessen Größenverhältnisse der menschlichen Welt im Maßstab 1:12 entsprechen, erscheint er den Bewohnern als stinkendes Wesen. Seine Wunden behandeln sie mit wohlriechender Salbe, nach der für lilliputanische Maßstäbe exorbitanten Defäkation in seiner Behausung braucht selbst er frische Luft, und die Lilliputaner scheuen auch deshalb davor zurück, ihn zu töten, weil sie fürchten, dass der Gestank seiner vergleichsweise großen Leiche eine Pest auslösen könnte.[54] Auf der nächsten Reise gelangt er nach Brobdingnag, das im Vergleich zur menschlichen Welt im Maßstab 12:1 vorzustellen ist. Dort klagt der Protagonist über den natürlichen Körpergeruch gigantischer Hofdamen, deren Parfum ihn in Ohnmacht fallen lässt; der auf frische Luft erpichte Gulliver wird zudem vom Gestank übergroßer Stechfliegen belästigt.[55] Bevor Gulliver von der schwebenden Insel Laputa erreicht wird, befindet er sich auf einem steinigen Eiland mit Gras und „sweet smelling Herbs",[56] doch in Balnibarbi dominiert schon bald wieder Gestank. Ein bizarres Experiment, bei dem versucht wird, Exkremente in Essen zurückzuverwandeln, setzt unbeschreibliche Gerüche frei, die auch am Projektleiter haften bleiben; die Erforschung der Fähigkeit Blinder zum Tasten und

---

**51** Siehe Hermann J. Real: Gulliver's Travels into Remote Eighteenth-Century Germany. In: Susanne Stark (Hg.): The Novel in Anglo-German Context. Cultural Cross-Currents and Affinities. Amsterdam/Atlanta 2000, S. 1–21, hier S. 19–20.
**52** Verzeichnis der Bibliothek des verewigten Herrn Hofraths Wieland, welche den 3. April 1815 und die folgende Tage, gegen gleich baare Bezahlung, zu Weimar öffentlich versteigert werden soll. Weimar 1814, S. 74.
**53** Real, S. 19.
**54** Jonathan Swift: Gulliver's Travels [1726], hg. von Albert J. Rivero. London 2001, S. 21, 24 u. 26; zum infektiösen Leichengestank vgl. auch S. 59. Zur Rolle des Gestanks in der englischen Satire in der ersten Hälfte des 18. Jahrhunderts siehe Paul C. Davies: Augustan Smells. In: Essays in Criticism (1975), H. 4, S. 395–406.
**55** Swift, S. 91 u. 98; zu Gullivers Bedürfnis nach Frischluft vgl. S. 87, 102, 103, 117 u. 118. Tiere, die bedrohlich groß sind, stellen ihm mit Hilfe ihres Geruchssinns nach (S. 78, 91, 97 u. 118) und erweisen die Atmosphäre des Landes auf ihre Weise als unwirtlich. Gullivers Versteck im „Lemmon Thyme" (S. 96) mag duften, was aber nicht eigens erwähnt wird.
**56** Swift, S. 131.

Riechen von Farben erweist die Wissenschaft einmal mehr als praxisfern; und die Methode, den Darm zu entgiften, indem man ihn mit einem Blasebalg aufpumpt, bis seine Gase mitsamt den toxischen Stoffen austreten, ist nicht ohne abstoßende Folgen.[57] Neben der Wissenschaft wird auch die Politik lächerlich gemacht; der Staatskörper weist Tumore voller „fætid purulent Matter" auf,[58] und ein Professor will am Geruch der Exkremente von Staatsmännern ablesen, ob sie an einer Verschwörung beteiligt sind.[59]

Auf seiner letzten Reise langt Gulliver in einem Land vernunftbegabter Pferde mit dem wiehernd klingenden Namen Houyhnhnms an; diese halten sich gezähmte unvernünftige Yahoos, die verwilderten Menschen ähneln. Gulliver fühlt sich von den Wurzeln, von denen sich die Houyhnhnms ernähren, ebenso angeekelt wie von dem Eselsfleisch, das den gezähmten Yahoos serviert wird; damit wird die entfremdete Zwischenstellung Gullivers betont, der von den primitiven Yahoos angewidert ist, aber auch nicht zu den hochentwickelten Houyhnhnms passt. Die Yahoos sind geeignet, beim Menschen Geruchsekel hervorzurufen: sie entladen ihre Exkremente auf den Köpfen ungeliebter Zeitgenossen, essen faules Fleisch, lassen sich von Untergebenen Füße und Hintern lecken, kurieren ihre Krankheiten mit einer Mischung aus Dung und Urin, die zwangsweise oral eingeführt wird, die Weibchen locken Sexualpartner mit abstoßenden Gerüchen an, für die sie sich gegenseitig verachten, und die jungen Yahoos exkretieren eine gelbe Flüssigkeit, die stinkt und gebietet, zu lüften.[60] Der Unterschied zwischen Yahoo und Mensch erweist sich als graduell, wenn menschliche Ärzte mit Klistieren und Vomitiven arbeiten, die Geruchs- bzw. Geschmacksekel evozieren, und Kolonialherren die Erde nach Blut riechen lassen.[61]

In den ersten beiden Teilen des Romans bereitet Swift die Leser darauf vor, dass der geschärfte Sinn fürs Detail imaginativ vergrößerter Mängel in eine Welt schlechter Gerüche führt; in den letzten beiden Teilen führt der Gestank den erreichten Stand der menschlichen Zivilisation ad absurdum. Als Gulliver nach seiner Rückkehr zu den Menschen unter Geruchsekel leidet, der ihn auch in der Nähe seiner Frau und Kinder befällt, zieht er Zeitgenossen vor, die nach Pferden riechen und damit den Houyhnhnms ähneln, die ihrerseits dem Yahoogestank einen Eselsgeruch vorziehen.[62] Die Welt scheint nicht unter der aufschönenden Einbildungskraft, sondern an einer emotional abgestumpften Wahrnehmung zu leiden,

---

57 Swift, S. 152 u. 153.
58 Swift, S. 159.
59 Swift, S. 161–162.
60 Swift, S. 190, 195, 221–222, 223 u. 224.
61 Swift, S. 214 u. 248.
62 Swift, S. 229, 241, 243, 244 u. 249.

doch Gullivers überzogene Empfindlichkeit wird in ein komisches Licht gerückt; mit seiner bizarren Vorliebe für Pferde weicht er der unversöhnlichen Kluft zwischen Ideal und Wirklichkeit des Menschen aus, anstatt sie als Bedingung einer verantwortlichen Lebenspraxis anzuerkennen. Georges Lamoine hatte das Unvermögen der Houyhnhnms, die Möglichkeit des Bösen in vernunftbegabten Wesen auch nur zu denken, als Anzeichen gedeutet, dass Swift implizit einen religiösen Standpunkt vertritt, denn um die Menschheitsprobleme zu lösen, reiche die Vernunft allein nicht aus.[63] Irvin Ehrenpreis versteht die unüberbrückbare Kluft zwischen der puren Vernunft der Houyhnhnms und der Neigung des Menschen zum Laster dagegen als Hinweis auf „our duty to ease the conditions of life for the human race".[64] Lamoine und Ehrenpreis betonen zu Recht, dass Swift die Leser auffordert, sich dem Konflikt zwischen Vernunft und Neigung als einer anthropologischen Konstante zu stellen, anstatt sich – wie der „Everyman" Gulliver – von ihm abzuwenden. Aus welcher Sicht dieser Konflikt zu bewerten wäre, bleibt aber offen; auch die Frage, ob der Gestank von Gullivers Mitwelt der allgemeinen Natur der Menschen oder dem grundsätzlich veränderlichen Stand ihrer Entwicklung geschuldet ist, lässt sich nicht eindeutig beantworten.[65]

Wielands Klage, dass *Gulliver's Travels* den Menschen als Wesen zwischen Affe und Teufel darstelle, vernachlässigt, dass auch Swift für eine realistisch ernüchterte Vernunft eintritt, die den Spielraum ihrer Ideale nicht überschätzen sollte. Doch während Swifts frühaufklärerischer Rationalismus mit einer wilden und unvernünftigen Bedürfnisnatur rechnet, bringt Wieland den Regungen von „Magen" und „Unterleib" größere Sympathie entgegen. Auch in empfindsam überhöhten oder sybaritisch übertriebenen Genüssen kann er eine grundsätzlich bejahenswerte Natur erkennen; in seinen Satiren entstammen Gerüche daher oft einer prinzipiell genießbaren Welt. Wieland holt die empfindsame Anerkennung ethisch vertretbarer Sinnenfreuden in den Horizont einer ernüchterten Weltsicht ein, die sich der Heiligung des menschlichen Verlangens enthält.

Wo es nicht um die Rettung gefährdeten Sinns, sondern um unzweideutige Abgrenzung geht, kann die Kritik empfindsamer Dichter deutlich rustikaler ausfallen als bei Wieland, dessen Wasser lassende Abderiten auch nicht gerade überfeinert sind. So verspottet der englische Romantiker William Blake (1757–1827) in seinem Gedicht „When Klopstock England Defied" den deutschen Poeten gegen Ende des 18. Jahrhunderts mit der bizarren Phantasie, bei der Defäkation aus der

---

[63] Georges Lamoine: Notes on Religion in *Gulliver's Travels*. In: Caliban (1973), H. 10, S. 23–33.
[64] Irvin Ehrenpreis: Show and Tell in *Gulliver's Travels*. In: Swift: *Gulliver's Travels*, S. 450–467, hier S. 467.
[65] Vgl. Real, S. 16–17.

Ferne magisch auf seine Därme einzuwirken, um deren Blähungen bis zum jüngsten Tag in seine Seele einzuschließen. Schließlich erlöst Blake ihn auf Bitten Gottes doch schon zu Lebzeiten von seinem Leid, und er erspart ihm so, sich am Ende der Welt als gleichsam als letzte Trompete zu entladen.[66]

---

66 [William] Blake: The Complete Poems, hg. von W. H. Stevenson. London/New York 2007, S. 482–483.

# 9 Pathogene Schwärmer-Atmosphären: Karl Philipp Moritz

An der spätaufklärerischen Kritik der Empfindsamkeit ist neben Wieland und Goethe auch Karl Philipp Moritz beteiligt, der sich ebenfalls mit der religiösen Geruchskultur auseinandersetzt. Doch während Wielands Schwärmerkritik dem Ideal einer rein natürlichen Liebe den Boden bereiten will, arbeit sich Moritz zu einer religiösen Sprachtheorie durch. Sein psychologischer Roman *Anton Reiser* (1785–1790) thematisiert Gerüche oder soziale Räume mit angedeuteten olfaktorischen Qualitäten im Interesse an einer Kritik religiöser Schwärmer, die ihrer inneren Natur entfremdet sind, weil ihre angstbedingten Einbildungen die „natürliche Liebe zum Leben, um des Lebens willen" unterdrücken.[1] Den Quietismus, der die Angst vor dem Leben befördert, kommentiert Moritz mit beißender Ironie:

> So war Anton nun in seinem dreizehnten Jahre, durch die besondre Führung, die ihm die göttliche Gnade, durch ihre auserwählten Werkzeuge hatte angedeihen lassen, ein völliger Hypochondrist geworden, von dem man im eigentlichen Verstande sagen konnte, daß er in jedem Augenblick *lebend starb*. – Der um den Genuß seiner Jugend schändlich betrogen wurde – dem die zuvorkommende Gnade den Kopf verrückte. –
> 
> Aber der Frühling kam wieder heran, und die Natur, die alles heilet, fing auch hier allmählich an, wiedergutzumachen, was die Gnade verdorben hatte.[2]

Die Angst der Schwärmer erstreckt sich auch und gerade auf die Sinne, denn als Zeichen übernatürlicher Vorgänge deuten sinnliche Eindrücke auf bedrohliche Mächte, und als Quelle weltlicher Freuden führen die Sinne in den Machtbereich des Teufels. So hatte Anton „gehört, wenn ein Hund im Hause mit der Schnauze zur Erde gekehrt, heulte, so wittre er den Tod eines Menschen; – nun prophezeite ihm jedes Hundegeheul seinen Tod".[3] Der Hutmacher, bei dem er in die Lehre geht, ist – wie Antons Vater – Quietist; er strebt die Lösung von den Sinnen und die innere Ertötung aller Eigenheiten an. Um diesen Prozess zu begünstigen, gestaltet der Lehrherr seine häusliche Umgebung bewusst karg; an der Wand eines Zimmers lässt er regelmäßig eine Darstellung der fünf Sinne übertünchen,[4] was seine quietistische Sinnesfeindlichkeit mit unfreiwilliger Ironie anschaulich macht:

---

1 Karl Philipp Moritz: Anton Reiser. Ein psychologischer Roman [1785–1790]. Stuttgart 1980, S. 89.
2 Moritz: Anton Reiser, S. 90.
3 Moritz: Anton Reiser, S. 89.
4 Frische Farbanstriche rochen im 18. Jahrhundert wegen ihrer Zusammensetzung sehr unangenehm (William Tullett: Smell in Eighteenth-Century England. A Social Sense. Oxford 2019, S. 17–18);

> Ein altes Mütterchen, die Ausgeberin vom Hause, eröffnete ihnen die Tür, und führte sie zur rechten Hand in eine große Stube, die mit dunkelbraun angestrichnen Brettern getäfelt war, worauf man noch mit genauer Not eine halb verwischte Schilderung von den fünf Sinnen entdecken konnte.[5]

Die Sinnesangst kommt in den sinnlichen Eigenschaften ihrer Abwehr zum Ausdruck; für Anton gerät der Firnisgeruch in der Stube des Hutmachers zur olfaktorischen Atmosphäre einer traumatisierenden Frömmigkeit. Die Intoleranz des Lehrherrn

> erstreckte sich bis auf jedes Lächeln, und jeden unschuldigen Ausbruch des Vergnügens, der sich in Antons Mienen oder Bewegungen zeigte: denn hier konnte er sie einmal recht nach Gefallen auslassen, weil er wußte, daß ihm nicht widersprochen werden durfte.
> Während der Zeit wurden die ganz verblichnen fünf Sinne an dem schwarzen Getäfel der Wand wieder neu überfirnißt – die Erinnerung an den Geruch davon, welcher einige Wochen dauerte, war bei Anton nachher beständig mit der Idee von seinem damaligen Zustande vergesellschaftet. Sooft er einen Firnisgeruch empfand, stiegen unwillkürlich alle die unangenehmen Bilder aus jener Zeit in seiner Seele auf; und umgekehrt, wenn er zuweilen in eine Lage kam, die mit jener einige zufällige Ähnlichkeiten hatte, glaubte er auch, einen Firnisgeruch zu empfinden.[6]

Moritz' aufgeklärte Psychologie lotet Probleme der freien Aktualisierung der menschlichen Bedürfnisnatur aus. Anton leidet unter einem religiösen Zwang zur Selbstverneinung, der mit seinen natürlichen Neigungen unvereinbar ist, und die Erinnerung an einschlägige Situationen der Entfremdung lässt sich nicht in ein lebensbejahendes Selbstbild einbeziehen; sie führt ein psychisches Eigenleben und droht, in ähnlichen Zwangslagen wieder durchzubrechen. Der Roman verbindet den diagnostischen Ernst indessen mit der Freude am ironisierenden Spiel; dabei verleiht er der entfremdeten religiösen Praxis den zweifelhaften Anschein einer rituellen Atmosphäre. Ein Kräuterbad, dessen starker Geruch nicht eigens erwähnt werden muss, gerät zur Parodie eines apotropäischen Ritus:

> Es war eines Abends in der Dämmerung, da L[obenstein] in einem dunklen abgelegenen Gemache sich eines warmen Kräuterbades bediente, wobei ihm Anton zur Hand sein mußte. Da er nun in diesem Bade schwitzte, und große Angst ausstund, so sagte er zu Anton mit einer

---

das regelmäßige Übertünchen der Wände eines zentralen Raums im Haushalt verweist auf eine negative oder zumindest indifferente Haltung zu den Sinnen.
5 Moritz: Anton Reiser, S. 57.
6 Moritz: Anton Reiser, S. 63–64. Die Kraft der Gerüche, unwillkürliche Erinnerungen hervorzurufen, in denen bedeutsame Emotionen der Vergangenheit wiederaufleben, betont 1789 auch Ramond de Carbonnières (siehe Gérard Lahouati: „Un français parfumé." Casanova. In: Littérature. Sociabilités du parfum (2017), H. 2, S. 9–23, hier S. 11).

Stimme, die ihm durch Mark und Beine drang: „Anton! Anton! hüte dich vor der Hölle!" – und dabei sah er starr in eine Ecke hin. –[7]

Die unfreiwillige Ironie der quietistischen Praxis zeigt sich auch darin, dass Antons Freude an der anschaulichen Götterwelt des Mythos ausgerechnet durch eine Sammlung namens *Acerra philologica* geweckt wird. Die Lektüre dieses literarischen Weihrauchkästchens, die der quietistische Ratgeber seines Vaters ausdrücklich empfohlen hatte,[8] verwirrt Antons religiöse Ideen noch gründlicher, als es die Frömmigkeit der Erwachsenen vermochte. Moritz polemisiert nicht gegen wohlriechende Riten im Allgemeinen – sein *Neues ABC-Buch, welches zugleich eine Anleitung zum Denken für Kinder enthält* (1790), stellt den Geruchssinn mit einem Bild dar, auf dem ein Kind den Duft von Weihrauch wahrnimmt[9] –, doch die quietistische Erziehung zur Sinnesangst ist mit einer nuancierten Sinnesschulung, die in der Pädagogik der Aufklärung zum Beispiel von Johann Bernhard Basedow (1724–1790) empfohlen wird, ebenso unvereinbar wie mit einer aufgeklärten Religion.[10]

Der empfindsam fromme Anton schätzt den Gehörsinn und genießt den überzeugenden Klang des Ausdrucks religiöser Gefühle, die mit der Vernunft vereinbar sind; der Erzähler unterstreicht allerdings, dass Anton die Stimme des Pastors Paulmann in seiner idealisierenden Einbildung himmlischer macht, als sie ist.[11] Im Haus des Hutmachers kann Anton sein empfindsames Bedürfnis nach freundschaftlichem Austausch nur im Verborgenen verwirklichen; der Ort dieser Herzensergießungen, dessen Schauerlichkeit das Gefühl des Geborgenseins im en-

---

7 Moritz: Anton Reiser, S. 87.
8 Moritz: Anton Reiser, S. 26.
9 Peter Utz: Das Auge und das Ohr im Text. Literarische Sinneswahrnehmung in der Goethezeit. München 1990, S. 25–28, hier S. 27 (Abb. 4).
10 Zur Geruchsschulung vgl. Das Basedowsche Elementarwerk. In: Johann Bernhard Basedow: Ausgewählte pädagogische Schriften. Paderborn 1965, S. 165–213, hier S. 171–172 u. 188–189. Das „Philanthropin in Dessau", an dem Basedow wirkte, steht bei Moritz allerdings nicht in hohem Ansehen; vgl. Karl Philipp Moritz: Andreas Hartknopf. Eine Allegorie/Andreas Hartknopfs Predigerjahre, hg. von Martina Wagner-Egelhaaf. Stuttgart 2001, S. 22. – Utz' These, dass sich in der aufklärerischen Isolierung der Sinne eine „Verteufelung der Sinnlichkeit" verrate (Utz, S. 28), da sie unter dem Primat seelischer Prozesse als konzertierte Einzelleistungen unter Vorherrschaft der Fernsinne diszipliniert würden, verweist auf *latente* Kontinuitäten christlicher und aufgeklärter Vorbehalte über die Sinne.
11 Moritz: Anton Reiser, S. 75–77 u. 97–100; vgl. Hans-Georg Kemper: Deutsche Lyrik der frühen Neuzeit. Bd. 6/I: Empfindsamkeit. Tübingen 1997, S. 210. Dass Anton in der Lage ist, das Herz eines religiösen Rigoristen mit Musik zu erweichen und damit den bösen Geist der Selbsttötung zu vertreiben (Moritz: Anton Reiser, S. 69), ironisiert einmal mehr die quietistische Teufelsfurcht.

gen Kontakt mit dem Freund noch steigert, mutet wie ein sakraler Bezirk an, dessen olfaktorische Atmosphäre sich allerdings nicht zur kultischen Inszenierung eignet:

> Am allervertraulichsten wurden sie aber, wenn sie zusammen in der sogenannten Trockenstube saßen. Dieses war ein in die Erde gemauertes, oben mit Backsteinen zugewölbtes Loch, worin gerade ein Mensch aufrecht stehen, und ohngefähr zwei Menschen sitzen konnten. In dieses Loch wurde ein großes Kohlenbecken gesetzt, und an den Wänden umher, die mit Scheidewasser bestrichnen Hasenfelle aufgehangen, deren Haar hier weichgebeizt wurde, um nachher zu den feinern Hüten als Zutat gebraucht zu werden.
> Vor diesem Kohlenbecken und in diesem Dunstkreise saßen Anton und August in dem halbunterirdischen Loche, in welches man mehr hineinkriechen als hineingehen mußte, und fühlten sich durch die Enge des Orts, der nur durch die Glut der Kohlen schwach erleuchtet wurde, und durch das Abgesonderte, Stille und Schauerliche dieses dunklen Gewölbes, so fest zusammengeschlossen, daß ihre Herzen oft in wechselseitigen Ergießungen der Freundschaft überströmten. Hier entdeckten sie sich die innersten Gedanken ihrer Seele; hier brachten sie die seligsten Stunden zu.[12]

Scheidewasser besteht aus Salpetersäure, die scharf und stechend riecht; in der Trockenstube wird sie bei der Verwertung von Tierkörpern genutzt. Während das Licht den Anschein einer Kultstätte erweckt, unterstreicht der implizite Geruch einerseits die sinnes- und lebensfeindlichen Verhältnisse, die das Gefühlsleben der jungen Männer einengen. Andererseits scheint die Atmosphäre die Freunde nicht weiter zu belasten, und damit beugt sie auch einer exaltierten Überhöhung der Sinnlichkeit vor. Die Schönheit des geborgenen Austauschs wird durch den peinigenden Dunstkreis nicht getrübt; die Szene, die auch auf dem Titelbild des ersten Romanteils erscheint (siehe Abb. 1), passt zu Moritz' Ideal eines Schönen, das durch den Schmerz von aller sinnlichen Begehrlichkeit gereinigt wird: „Der Einbruch des Zerstörerischen wird zur kalkulierten Voraussetzung eines Schönen, das sich erst in der poetischen Aussprache des selbst stummen Schmerzes bildet."[13] Ein solches Ideal gibt der erfüllenden Hingabe des Selbst an die Gerüche der schönen Natur keinen Raum.

Die kargen, sinnlich abweisenden Räume im Hause des Lehrherrn regen Anton dazu an, die Wirklichkeit in der Einbildung aufzuschönen; sein Ausbruch aus der Sinnesangst verstärkt noch seine habituelle Neigung zur Selbsttäuschung. Antons identifizierende Werther-Lektüre, die ihm literarischen Naturgenuss bereitet, geht mit einer ausschweifenden Vergötterung Goethes einher.[14] Anton liest auch die

---

12 Moritz: Anton Reiser, S. 74.
13 Cornelia Zumbusch: Die Immunität der Klassik. Berlin 2012, S. 98–109, hier S. 98.
14 Moritz: Anton Reiser, S. 291–296.

Gedichte von Haller und Kleist und schreibt den Text zu einer Chorarie, in der die Klänge der Natur und die Düfte der Blumen zum Gotteslob stilisiert werden:

**Abb. 1:** Medardus Thoenert (1754–1814): Kupferstich für die Titelseite von Karl Philipp Moritz: Anton Reiser. Ein psychologischer Roman. Erster Theil. Berlin 1785.

> Der Herr ist Gott – o falle nieder,
> Und rausche mächtig hohe Lieder
> Dem Ew'gen, der dich schuf Natur!
> Rauscht eures Gottes Lob, ihr Winde,
> Verkündigt es, ihr stillen Gründe,
> Ihr Blumen, duftet's auf der Flur![15]

„[D]em Schöpfer aller Wesen /" wird „Von dem, was er zum Sein erlesen, / Ein ewigtönend Lied geweiht"[16]; das metaphysische Wesen der Natur wendet sich spürbar fromm seinem jenseitigen Ursprung zu und verleiht dabei auch den lobsingenden Düften einen sakralen kultischen Sinn. Erneut schlägt Antons über-

---

15 Moritz: Anton Reiser, S. 300.
16 Moritz: Anton Reiser, S. 301; vgl. S. 302.

schießende Einbildungskraft durch, denn sein metaphysischer Begriff von Individualität als der vollständigen Bestimmtheit unvergleichlicher Einzelwesen entrückt die Substanz des Seienden der möglichen Erfahrung.[17] Der empfindsame Versuch, einen metaphysisch begründeten Bezug der Natur zu Gott mit einer Naturszene vor die Sinne zu stellen, bleibt auf eine Phantasie angewiesen, die an der konkreten Wirklichkeit vorbeizielt.[18] Antons Wertschätzung wohlklingender Predigten ist ebenfalls von Illusionen geprägt, hat aber – wie sich zeigen wird – einen haltbaren Kern.

Moritz' Roman *Andreas Hartknopf. Eine Allegorie* (1786) und seine episodische Fortsetzung *Andreas Hartknopfs Predigerjahre* (1790) schlagen eine Lösung der empfindsamen Grundproblematik vor, die erhellt, warum Antons Bewunderung des charismatischen Predigers Paulmann – aller verhimmelnden Überschätzung zum Trotz – richtungsweisend bleibt; diese Lösung weist den Gerüchen eine bescheidene Rolle beim Ausdruck religiöser Erfahrungen an. Im „Wiegenlied" aus *Andreas Hartknopfs Predigerjahren* wird der Abstand zwischen menschlichem Selbstbewusstsein und göttlichem Geist in einer mystischen Vereinigung mit Christus überbrückt. Die figurativ ergründende Liebe zum Erlöser wird von einem lyrischen Ich vergegenwärtigt, das eine Szene aus der duftenden Natur nicht wahrnimmt, sondern imaginiert. Mit ihren Zedern ist die Landschaft im biblisch überlieferten Kleinasien angesiedelt, während der Ort der besungenen *unio mystica* im Spanien des 16. Jahrhunderts zu suchen wäre:

> Mein Geliebter, ohne Schmerzen,
> Still und sanft regierete
> Und entschlief in meinem Herzen,
> Das in Liebe grünete:
> Da die Cedern und die Rosen
> Sich bewegten in der Luft
> Sanfte thät ich ihm Liebkosen
> Unter diesem süßen Duft.[19]

---

17 Moritz: Anton Reiser, S. 269.
18 Antons Lobrede auf die englische Königin (Moritz: Anton Reiser, S. 323–324), die Weihrauch-Metaphern einsetzt, um den rituellen Anspruch hörbarer Gebete und Freudenrufe an ihrem Geburtstag emotional gesteigert zum Ausdruck zu bringen, ordnet das Riechen ebenfalls dem Hören unter. Auch hier krankt der lyrische Überschwang an einer mangelhaften Konkretisierung des Gegenstandes.
19 Moritz: Andreas Hartknopf. Eine Allegorie/Andreas Hartknopfs Predigerjahre, S. 136–138, hier S. 137.

Moritz verwendet hier wohl „Fleischbeins Übersetzung einer auf Madame Guyon zurückgehenden französischen Bearbeitung des spanischen Urtexts" eines Liedes des heiligen Johannes vom Kreuz (1542–1591).[20] Während Fleischbein und Madame Guyon im *Anton Reiser* als Vertreter eines lebens- und sinnesfeindlichen Glaubens galten, wird der Beitrag ihrer weltabgewandten – und damit weiterhin problematischen – Mystik zu einer Religiosität, die dem natürlichen Wesen des Menschen gerecht würde, in den Hartknopf-Romanen differenzierter betrachtet. Das Wiegenlied, das dem Erzähler zufolge von einem Herrn v. G. ins Deutsche übersetzt wurde, preist im Ausklang der *unio mystica* auch die Sinnenwelt: „Alle Sinnen sind entzücket / Und ich aus mir selbst gesetzt".[21] Zwar kehrt sich das ekstatische Ich mit der Erinnerung an die *unio mystica* von der Welt sogleich wieder ab, doch die Mystik scheint für eine erfüllende sinnliche Erfahrung wenigstens momenthaft offen zu sein.

Hartknopf spielt und singt das „Wiegenlied" bei Gelegenheit eines Besuchs bei Herrn v. G., dessen mystische Weltsicht das Geistige vom Körperlichen voreilig trennt, so dass „Bäume, Pflanzen und Thiere" in seiner religiösen Denkart „nicht Platz finden konnten": „Zwischen dem, was zusammen gehört, und sich nach einander sehnt, war eine Kluft befestiget, die der Hr. v. G... nicht sahe, weil er selber in dieser Kluft stand. –" Während v. G. das „Himmelanstrebende" bejaht, sucht Hartknopf das „in sich selbst ruhende".[22] Auch aus Hartknopfs Sicht lässt die fromme Inszenierung einer mystisch imaginierten und ekstatisch erlebten Natur im „Wiegenlied" also weder Sinne noch Geist ganz zu ihrem Recht kommen.[23] Die Lösung des Problems kommt in einem ebenfalls von v. G. übersetzten Lied mit dem Titel „Die Kadenz" zum Vorschein; es besingt einen Tautropfen, der für sein demütiges Bekenntnis, sich nach dem Fall in den Ozean als nichtigen Teil eines unermesslichen Ganzen zu empfinden, mit Gottes Segen in eine Perle von unvergleichlichem Wert verwandelt wird. An die Stelle des im „Wiegenlied" besungenen Vorgangs der mystischen Entselbstung, bei dem die Ekstase nur ein Zwischenspiel bleibt, tritt eine nachhaltige ekstatische Entgrenzung, die zur Selbstwerdung überleitet.[24] Die partielle Übereinstimmung religiöser Erfahrungen in den gegenläufigen Liedern erhellt zugleich, warum v. G. und Hartknopf sich, wie der Erzähler bemerkt, über Abgründe hinweg gelegentlich die Hand reichen können.

---

20 Martina Wagner-Egelhaaf: Anmerkungen. In: Moritz: Andreas Hartknopf. Eine Allegorie/Andreas Hartknopfs Predigerjahre, S. 201–238, hier S. 230.
21 Moritz: Andreas Hartknopf. Eine Allegorie/Andreas Hartknopfs Predigerjahre, S. 137.
22 Moritz: Andreas Hartknopf. Eine Allegorie/Andreas Hartknopfs Predigerjahre, S. 130–131.
23 Vgl. Kemper: Empfindsamkeit, S. 54–56.
24 Moritz: Andreas Hartknopf. Eine Allegorie/Andreas Hartknopfs Predigerjahre, S. 139–140.

Mit dem Titel „Die Kadenz" spielt Moritz auf Überlegungen zu Musik und Dichtung im ersten Hartknopf-Roman an; im Mittelpunkt dieser theologischen Ausführungen steht das Vermögen der Musik und des sangbaren Liedes, mit dem „Tonfall" (bzw. der „Kadanz") auf die Seele einzuwirken.[25] Zwar ist das Reich Gottes in dieser Welt nicht wahrnehmbar, doch eine metrisch überzeugend gebundene Rede von Gott, die „wie Balsam" fließt,[26] verbindet die *sakrale Bedeutung* des Wortes Christi, das auf Gottes Geheiß eine sinnenfällige Gestalt annahm, mit dem *hörbaren Wort* des diesseitigen Lebens, das Seele und Sinne anspricht, in *einer* Herrlichkeit. Die hörbare Form des sprachlichen Zeichens verleiht der sakralen Macht seines Inhalts eine geistig-sinnliche Gestalt, die das Wort Christi nachahmt; die Natur seelisch bedeutsamer Töne wird zum Träger einer religiös gehaltvollen Kunst. Die quaternalische Auffassung vom Wort als vierter Substanz neben Gott-Vater, Sohn und Heiligem Geist eröffnet den Spielraum, mit dem gesprochenen Wort eine zeichenhaft verfasste Transzendenz *nachzuahmen*, ohne die Sinnenwelt mit Ansprüchen auf die *Realpräsenz* Gottes zu belasten. Geruchsmotive sind in diesem Kontext als synästhetische Metaphern von Bedeutung, die wohltuende Wirkungen der Dichtung erhellen. Der *Körper* des Selbst öffnet sich dieser Natur nicht, und in der synästhetischen *Metapher* für geistige Prozesse verliert das Balsamische des Klangs seinen konkreten Bezug zum Riechen.

Hartknopfs Wertschätzung von Wielands Gedicht *Musarion* scheint zu Moritz' religiöser Aufhebung des empfindsamen Klangbewusstseins nicht zu passen.[27] Das Gedicht lobt den moderaten Weltgenuss und verteidigt die Sinnlichkeit gegen ihre philosophischen Verächter, zu denen auch Theophron gehört, der die unhörbare Sphärenmusik der scheinbar wesenlosen Sinnenwelt vorzieht.[28] Gewiss, Wieland teilt Moritz' Achtung des natürlichen Lebens um des Lebens willen, doch seine scherzende Befreiung der tugendhaft sinnlichen Liebe vom Zwang zur religiösen Rechtfertigung geht an Moritz' theologischen Grundfragen vorüber. Wielands Gedicht verficht eine Tugend, die „aus Geschmack" geübt wird, ohne sich darauf festzulegen, ob die Welt „Elysium" oder „Hölle" sei.[29] Im *Musarion* wird der liebesethische Naturbegriff umfassend säkularisiert, und einschlägige Motive der aufgeklärten Naturpoesie werden aus ihrem religiösen Rahmen gelöst.

---

25 Moritz: Andreas Hartknopf. Eine Allegorie/Andreas Hartknopfs Predigerjahre, S. 88.
26 Moritz: Andreas Hartknopf. Eine Allegorie/Andreas Hartknopfs Predigerjahre, S. 90; zum Folgenden vgl. S. 32 u. 87–90.
27 Moritz: Andreas Hartknopf. Eine Allegorie/Andreas Hartknopfs Predigerjahre, S. 91.
28 Christoph Martin Wieland: Musarion oder Die Philosophie der Grazien. Ein Gedicht in drei Büchern, hg. von Alfred Anger. Stuttgart 1979, S. 40 (V. 811–824).
29 Wieland: Musarion, S. 61 (V. 1422 u. 1424).

Am Beginn des Gedichts hat sich Phanias erst kürzlich vom üppigen Leben abgewandt; er inszeniert seine Abkehr vom Athener „Paradies aus Rosen und Schasmin" auch vor sich selbst als ein Bekenntnis zur Askese, doch in Wahrheit sind ihm die Mittel zum Weltgenuss ausgegangen, was die Geringschätzung der scheinbar nichtigen Welt deutlich erleichtert. Die Freundin Musarion, von der er sich verschmäht glaubt, weil sie einen Nebenbuhler zu bevorzugen schien, weist er unter Betonung der korrumpierten Stadtluft schroff zurück: „die Luft, in der du Athem ziehst, / Ist Pest für mich".[30] Musarion kann Phanias' Rigorismus nichts abgewinnen und lobt den Weisen, der dem Reichtum die Freuden des Landlebens vorzieht, die sich einstellen,

> Wenn um ihn her die muntern Lämmer springen,
> Indem er sorgenfrey in eignem Schatten sitzt,
> Und Zephyrn, untermischt mit bunten Schmetterlingen,
> Gemähter Wiesen Duft ihm frisch entgegen bringen,
> Die Vögel um ihn her aus tausend Zweigen singen,
> Und alles, was er sieht, zugleich ergetzt und nützt:[31]

Phanias wirft der bukolisch gesinnten Freundin vor, zu schwärmen,[32] doch ihr Lob des maßvollen Genusses erweist sich am Ende als vernünftig. Als verkappte Schwärmer entpuppen sich vielmehr der Theosoph Theophron und der Stoiker Kleanth; angesichts der Reize einer spärlich bekleideten Nymphe verlieren beide sofort die Fassung:

> Der Sahl eröffnet sich und eine Nymphe tritt
> Herein, das Haupt mit einem Korb beladen,
> Den Busen leicht verhüllt [...]
> Mit einem Wort, sie war so auserkohren,
> Daß unser Theosoph (beym ersten Blick verloren
> Im Wiederschein, der ihm entgegen strahlt)
> Die Düfte nicht empfindt, die aus dem Korbe steigen,
> Und die Kleanth mit Mund und Nase in sich schlürft.[33]

Wieland entlastet den sinnlichen Weltgenuss vom Zwang zur metaphysischen Rechtfertigung; mit den Geruchsmotiven unterstreicht er die Natürlichkeit seines liebesethischen Programms. Moritz stellt das Riechen hingegen als leidhaften Weltbezug dar und spricht nur figurativ von Wohlgerüchen, um den hörbaren

---

30 Wieland: Musarion, S. 15 (V. 53) u. 22 (V. 245–246).
31 Wieland: Musarion, S. 27 (V. 426–431).
32 Wieland: Musarion, S. 27 (V. 443).
33 Wieland: Musarion, S. 45 (V. 965–967 u. 974–978).

Ausdruck frommer Gewissheiten zu feiern. An Horaz, den er in einem Atemzug mit dem *Musarion* nennt, lobt Hartknopf „den wohl abgemeßnen, reizenden Silbenfall",[34] und so wird er an Wielands Gedicht vor allem die „mit Blankversen und Kurzzeilen versetzte, rhythmisch dahinfließende Diktion" schätzen,[35] die geschmeidiger klingt als die Lehrdichtung der Frühaufklärung. Aus Hartknopfs Sicht ahmt der Fluss der „Worte des Lebens" also auch bei Wieland den „rechten Takt des Lebens" nach; für diese Bewertung ist die klingende Form wichtiger als der duftende Inhalt.[36]

Synästhetische Geruchsmetaphern werden schon im Mittelalter verwendet, um Klänge der Dichtung zu charakterisieren (siehe Kap. 12). Bis zur Romantik handelt es sich dabei um Tropen, die dem Sprachklang die emotionale Wirkung einer gemischten Sinneswahrnehmung zuschreiben; erst im Übergang zur Romantik beanspruchen Synästhesien auch, eine innere Verbindung von Wahrnehmungen verschiedener Sinne herauszuarbeiten.[37] Der romantischen Synästhesie entspricht eine Sinnenwelt, in der die Einbildungskraft auf der ganzen Breite möglicher Wahrnehmungen spielt. In Moritz' Sprachtheologie bleiben ernst zu nehmende Synästhesien von Klang und Duft hingegen auf die poetologische Metasprache begrenzt. Sie erhellen die ästhetisch-religiöse Wirkung des Klangs einer Rede, die es vermeidet, die sichtbare Welt zu verhimmeln. Die Synergien von Klang und Duft, die Anton Reisers juvenile Lyrik mit Symbolen dargestellt hatte, werden in Andreas Hartknopfs Sprachtheorie in Metaphern gerettet. Moritz setzt Gerüche sparsam ein, schneidet einschlägige Motive aber mit hoher Präzision auf die Erfordernisse seiner psychologischen Schwärmerkritik und seines gläubigen Gegenentwurfs zur Empfindsamkeit zu.

---

[34] Moritz: Andreas Hartknopf. Eine Allegorie/Andreas Hartknopfs Predigerjahre, S. 91.
[35] Peter-André Alt: Aufklärung. Stuttgart/Weimar 1996, S. 275.
[36] Moritz: Andreas Hartknopf. Eine Allegorie/Andreas Hartknopfs Predigerjahre, S. 32 u. 91.
[37] Frank Krause: Smell-Sound Synaesthesia as Revelatory Medium. A Brief History with Emphasis on German Literature (1900–1930). In: Jean-Alexandre Perras u. Érika Wicky (Hg.): Mediality of Smells/Médialité des Odeurs. Oxford u. a. 2021, S. 323–340, hier S. 327. Zur zeitgenössischen wissenschaftlichen Diskussion über die Auffassung vom Geruch als einer mit dem hörbaren Schall vergleichbaren Vibration siehe Giusy Pisano u. Érika Wicky: Concerts olfactifs fin-de-siècle. Les parfums entre vibrations et matière. In: Perras u. Wicky (Hg.), S. 341–356.

# 10 Bürgerliches Schwelgen im Duft: Johann Heinrich Voß

Johann Heinrich Voß war Mitglied im Göttinger Hainbund (1772–1775), der den Dichter als Genie feierte; im Unterschied zu den Stürmern und Drängern, die im genialen Selbstausdruck eine göttliche Individualität aktualisieren wollten, waren die studentischen Hainbündler „Genies zur Tugend", die – bei aller kultischen Klopstock-Verehrung – teils „über die wohltemperierte Affektklaviatur der Empfindsamkeit hinaus" gingen. Ihre Werte zeigen sich in „einem unbedingten, begeisterten Patriotismus, in zum Teil provozierender Gesellschaftskritik und ‚Antityrannendichtung'" und „auch in der Favorisierung der ‚Fülle des Herzens' im Blick auf Freundschaft, Liebe und Natur".[1] Die Hainbündler schätzten die feierliche Emotionalität des empfindsam-sinnlichen Weltgenusses; anlässlich ihrer Klopstock-Feiern bekannten sie sich mit der Verbrennung von Schriften Wielands zeremoniell zur Abscheu vor seiner schwärmerkritischen Haltung (siehe dazu Kap. 8). Auch Vossens spätere Werke wie seine Idylle *Luise* (Erstfass. 1783–1784), die der genussfähigen Sittlichkeit des bürgerlichen Lebens höhere Weihen verleihen, loben naturfromme Sinnesfreuden.

Die Geruchsmotive in der Dichtung des Göttinger Hains liegen teils auf der Linie der Frühaufklärung und Empfindsamkeit; wenn in Johann Martin Millers (1750–1814) Gedicht „Die Geliebte" (1775) „Nachtigallen im Gebüsche / Gott und den düftenden Frühling preisen",[2] wird das patriotische Lob der Einfalt deutscher Mädchen in Liebesdingen in einer Atmosphäre verkündet, deren Gerüche und liebesethische Gestimmtheit auch bei Kleist oder Klopstock zu finden sind. Der Rhythmus fließt bei den Hainbündlern – wie etwa im Gedicht „Der Morgen" – allerdings leichter:[3] „Duftet, Blümchen, duftet süß! / Werd, o Flur, ein Paradies! / Überall wo Engel gehen, / Müssen Paradies entstehen."[4] Die Hainbündler warnen auch vor dem trügerischen Schein eines sinnlichen Glücks auf Kosten der Tugend; in Ludwig Christoph Heinrich Höltys (1748–1776) christlicher Schäferdichtung „Leander und Ismene oder Die schöne Zauberin und der entführte Schäfer" (verf. 1772) wird mit Hilfe der schwarzen Magie um den Preis eines Liebesverrats auf einer unbekannten

---

1 Hans-Georg Kemper: Von der Reformation bis zum Sturm und Drang. Stuttgart 2012 (Geschichte der deutschen Lyrik. Bd. 2), S. 179.
2 In: Der Göttinger Hain. Hölty – Miller – Stolberg – Voß, hg. von Alfred Kelletat. Stuttgart 1984, S. 146–147, hier S. 146.
3 Siehe dazu auch Kemper: Von der Reformation bis zum Sturm und Drang, S. 181.
4 In: Der Göttinger Hain, S. 153.

Südseeinsel eine phantastische Sinnenfülle zugänglich, die schon bald in Übersättigung umschlägt:

> Sie traten in ein Paradies,
> Wo Freud und Wollust lauschte,
> In jedem Frühlingslüftgen blies,
> In jeder Quelle rauschte.
> [...]
> Der West, der im Gesträuche war,
> Goß einen Blütenregen,
> Voll Abendduft, bald um ihr Haar,
> Bald ihrer Brust entgegen.[5]

Auch Hölty variiert Topoi, die aus Frühaufklärung und Empfindsamkeit vertraut sind.[6] In seiner Idylle „Der Gärtner an den Garten im Winter" (verf. 1769) versinken „Florens Töchter", die „Wohlgeruch verhauchten", im Schnee; das lyrische Ich vertraut derweil auf die Rückkehr des Frühling, in dem der Wind die Blüten küssen und „mit den Düften Freude" in seine „Brust" wehen wird.[7] Im „Hymnus an die Morgensonne" (verf. 1771) erneuert Hölty den antiken Topos einer von ambrosischen Düften begleiteten Epiphanie, wenn er die Sonne als „Göttliche" darstellt, die Blumen hervorkeimen lässt, so dass „Balsamgerüche die Luft" füllen,[8] und in der ersten Fassung des Gedichts „Das Landleben" (1771) preist er den „Strom von Duft" der Gartenblumen im naturfrommen Geist von Vergils *Georgica*.[9] Vossens Idylle *Luise* ist in diesem Zusammenhang interessant, weil sie ebenfalls auf antike Traditionen zurückgreift, die vielfältigen Gerüche der Natur im Kontext eines bürgerlich gesitteten Genusslobs aber mit botanischer Präzision auffächert. Hölty spricht vom unbestimmten „Atem der Blüte" einer Landschaft, in der „Gott näher vorüberwallt",[10] und der „Lebensblütengeruch", der in seiner Lyrik die „sterbenden Heiligen" umströmt, bleibt abstrakt.[11] In Vossens Idylle werden die Gerüche, die meist auch religiös bedeutsam sind, im Blick auf ihre besonderen Quellen und Wirkungen konkreter bestimmt.

---

5 In: Der Göttinger Hain, S. 17–27, hier S. 21 u. 24.
6 Zu Düften der Natur im Zusammenhang mit dem Thema der Liebe vgl. auch Der Göttinger Hain, S. 41, 44, 93, 96 u. 121.
7 In: Der Göttinger Hain, S. 38–39.
8 In: Der Göttinger Hain, S. 57–59, hier S. 57.
9 In: Der Göttinger Hain, S. 61–63, hier S. 62.
10 Das Landleben. Dritte Fassung. In: Der Göttinger Hain, S. 86–87.
11 Hölty: Die Liebe. In: Der Göttinger Hain, S. 82–83, hier S. 83.

In seiner deutschen Übersetzung der *Ilias* von Homer gibt Voß im Jahre 1793 das griechische Wort „Kypeiros" (κύπειρον) mit „duftender Galgant" wieder.[12] Die Entscheidung, die – heute als Zypergras bekannte – Pflanze mit einem Ausdruck zu bezeichnen, der ihren guten Geruch betont, ist bemerkenswert, weil an dieser Textstelle eine Landschaft geschildert wird, in der Kriegsleichen und Vegetation in einer Gluthitze verbrennen, die Wohlgerüchen keinen Raum gibt. Im 1610 aktualisierten Kräuterbuch des Pedanios Dioscorides aus dem 1. Jahrhundert n. Chr., dessen Name noch zu Voltaires Zeiten geläufig war,[13] ist „Kypeiros" unter dem Stichwort „Wilder Galgant/Cyperus odoratus" verzeichnet;[14] in Vossens Übersetzung wird der deutsche Gattungsname „Galgant" mit der verdeutschten lateinischen Artbezeichnung verknüpft. Mit dem deutschen Terminus „wilder Galgant", der schon bald veralten wird, hätte Voß sich metrische Probleme eingehandelt. „Galgant" eigenet sich zwar dazu, den katalektischen Daktylus am Versende des nachgeahmten homerischen Hexameters zu bilden, denn anders als nach ihm Johann Christoph Adelung betonte Voss das Wort noch auf der ersten Silbe.[15] Das Adjektiv „wilder" ergibt aber keinen vollständigen Daktylus, der den Endsilben vorangehen muss; „duftender" passt hingegen und lehnt sich plausibel an den lateinischen Namen an. Zur dargestellten Situation passt das Beiwort indessen nur als ein Epitheton, das keinen aktuellen Eindruck herrufen will, sondern ein kennzeichnendes Merkmal hervorhebt. Voß verlässt sich darauf, dass die Wendung „duftender Galgant" als Versuch durchgehen kann, die Epitheta antiker Epen nachzuahmen,[16] und er bekräftigt so zugleich die Bedeutung der Botanik für seine schöpferische Poesie.

---

12 Homer: Ilias, hg. von Eduard Stemplinger. In: Homers Werke in zwei Teilen. Berlin u. a. o. J., Bd. 1, S. 344 (XXI.351).
13 Voltaire: Candide ou l'Optimisme, hg. von Thomas Baldischwieler. Stuttgart 1991, S. 11.
14 Pedanios Dioscorides: Kräuterbuch Deß vralten vnd in aller Welt berühmtesten Griechischen Scribenten PEDACII DIOSCORIDIS ANAZARBÆI, übers. von Johann Danz u. Peter Uffenbach. Frankfurt am Main 1610, S. 3; zur griechischen Terminologie siehe den Eintrag „Cyperngras" in Des Pedanios Dioskurides aus Anarzabos Arzneimittellehre in fünf Büchern, übers. v. Julius Berendes. Stuttgart 1902, S. 27 'https://archive.org/details/despedaniosdios00pedagoog/page/n4/mode/2up' (Zugriff 22. September 2022).
15 Siehe den Eintrag „galgan 1) c)" in: Deutsches Wörterbuch. Elektronische Ausgabe der Erstbearbeitung von Jacob Grimm und Wilhelm Grimm (DWB), hg. vom Kompetenzzentrum für elektronische Erschließungs- und Publikationsverfahren in den Geisteswissenschaften an der Universität Trier in Verbindung mit der Berlin-Brandenburgischen Akademie der Wissenschaften. Frankfurt am Main 2004, Bd. 4, Sp. 1164.
16 Entsprechend hatte Voß in seiner Übersetzung der Odyssee aus dem Jahre 1781 „κύπειρον" als „würzeduftende[n] Galgan" bezeichnet (Homer: Odyssee, hg. von Eduard Stemplinger. In: Homers Werke in zwei Teilen. Berlin u. a. o. J., Bd. 2, S. 59 (IV.603)). In einer späteren Ausgabe setzt er „nährender Galgant" ein, weil der Ausdruck zu einer Passage, die vom Weideland für Pferde spricht,

Der Anspruch, im Geiste Homers zu schreiben, ist bei Voß Programm. In seinem Gedicht „Die Weihe" kündigt sich die poetische Epiphanie Homers unter anderem mit Gerüchen an;[17] seine sakrale Autorität erscheint in einem christlichen Kontext, denn der „Geist des Homeros" soll, wie es in der Idylle *Luise* (Ausg. l. Hd. 1825) heißt, dazu beitragen, dass der Glaube an Christus „mit Licht und Wärme gelehrt" wird „in des rüstigen Lebens / Kraftwort! Dann dringt Kraft in das Herz", „vorsichtig dem Heiligen Schönes vermählend" wie zum Beispiel „an dem Pfingsttag' hier des Frühlinges blumige Feier".[18] So betont Voß in der *Luise* denn auch eine Naturschönheit, die nicht zuletzt mit ihrem Duft zu einer sinnlich aufgeschlossenen und christlich gesitteten Liebe inspiriert.

Die Rede von der blumigen Feier bezieht sich auf die erste Idylle des Gedichts, die den Titel „Das Fest im Walde" trägt. Vor die Wahl gestellt, ihren Geburtstag in der Laube oder am Ufer im Wald zu verbringen, befindet Luise: „Nicht in der Laube, Mama! Das Geißblatt duftet des Abends / Viel zu streng, und zumal mit der Lilien und der Reseda / Dufte vermischt".[19] Nicht, dass sie oder ihre Verwandten eine geruchsneutrale Umgebung bevorzugten; vielmehr freut sich der alte Vater, dass die „blühende Bohne betäubet", weil er so die „Labsal" des Mittagsschlafs genießen kann, und wenngleich der „Alkov" vor dem Schläfchen „fleißig gelüftet" worden ist, so dass „es frisch anathmete"[20] – die hygienische Raumkultur des ausgehenden 18. Jahrhunderts ist unverkennbar[21] –, geht der Genuss der Natur immer auch durch die Nase. Die „Felderdbeeren" sind „süß" und „balsamisch", der „Knabe" Karl, der Luise und ihren zukünftigen Verlobten begleitet, „folgt dem Geruche der Erdbeern", und wenn letzterem das Herz wallt, als „der rosigen Lipp' ätherischer Odem die Wang' ihm / Warm anhaucht", nimmt die vom Erdbeerduft geprägte Atmo-

---

besser passt (siehe den Eintrag „galgan 1) c)" in: DWB, Bd. 4, Sp. 1164). In den späteren Ausgaben der *Ilias* hält er am „duftenden Galgant" indessen fest.

17 „Aber mit einmal, siehe! da leuchtet es: Hain und Gefilde / Schwanden im Licht; ein Gesang, wie liebender Nachtigallen, / Tönt': und wie Rosengedüft, doch duftender, athmet' es ringsum. / Und nun trat aus dem Licht ein Unsterblicher: seine Gestalt war / Morgenglanz, sein Gewand ein feurig wallender Nordschein" (In: Johann Heinrich Voß: Luise. Ein ländliches Gedicht; Idyllen. Leipzig 1869, S. 154–157, hier S. 154). Im Mythos ist ein Duft, dessen Wirkung bekannte Wohlgerüche überbietet, in Verbindung mit Lichtschein für sichtbar gewordene Götter typisch – vgl. die Epiphanie der Venus in Vergils *Aeneis:* „da schimmerte rosig ihr Nacken, und ihr ambrosisches Haar verströmte vom Scheitel himmlischen Duft" (Vergil [P. Vergilius Maro]: Aeneis [verf. 29–19 v.Chr.]. Lateinisch/Deutsch, hg. von Edith u. Gerhard Binder. Stuttgart 2012, S. 35 (V. 402–405)).

18 Voß: Luise. In: ders.: Luise; Idyllen, S. 1–75, hier S. 36–37 (II 499, 527–528, 531 u. 532).

19 Voß: Luise, S. 4 (I 24–26).

20 Voß: Luise, S. 4–5 (I 41–42, 96 u. 98).

21 Siehe dazu Alain Corbin: Pesthauch und Blütenduft. Eine Geschichte des Geruchs [frz. 1982]. Berlin 1984, S. 81–100.

sphäre auch eine erotische Bedeutung an.²² Als die Verliebten die „geschwollenen Beeren" sehen, merken sie, dass „ihr Gedüft" „würzig die Gegend" „durchathmete", und der vom Knaben gefüllte „Korb von saftiger Frucht" „verhauchte / Lieblichen Duft ringsum".²³ Später wandert die Festgesellschaft „[h]in zu dem duftenden Hügel", genießt auch „die duftende Frucht der grüngestreiften Melone", und schließlich stellt Karl als besondere Überraschung „den duftenden Korb auf den Teppich" im Freien.²⁴

Auf dem Heimweg „hauchte" lieblich „des Grases Gedüft her".²⁵ Dass der einatmende Naturgenuss auf sakrale Sinnzusammenhänge verweist, verdeutlicht die Geschichte von den Anhängern konkurrierender Konfessionen, die erst nach dem Tod im Himmel versöhnt werden und dort „Blüte des Lebens" „athmeten"; als Luises Vater die Geschichte zu Ende erzählt hat, „umwehten" ihn und die Zuhörer „Gottes lebende Wind'", die jedoch schon bald wieder an kulinarische Freuden gemahnen, denn „die Feldluft reizt den Hunger".²⁶ Die Forderung des Vaters, die Lyrik solle – wie zum Beispiel im wohlgestalteten Hexameter – ihre Regeln „der Natur" ablauschen,²⁷ erhellt auch den inneren Zusammenhang von hörbarer Form und naturfrommen Inhalten der Idylle. Zu den Wohltätern der Menschheit, die „Gutes gethan nach Kraft und redlicher Einsicht", zählt Luises Vater „Petrus" und „Homer";²⁸ aus dieser Sicht gehört der Sinn für die Schönheit der auch leiblich zu genießenden Natur untrennbar zum Geist des Christentums.

Auch die zweite Idylle zelebriert – bei allem Lob der Frischluft – das Riechen. So verlangt Luises Vater: „Oeffne das Fenster! / Frische Luft ist dem Menschen so noth, wie dem Fische das Wasser, / Oder dem Geist frei Denken", doch er lobt auch die Düfte des in voller Blüte stehenden Gartens: „Ah! wie der labende Duft da hereinweht!" Später ruft er aus: „jugendlich glänzt dem gekrümmten / Erlengange das Laub, das, gefrischt vom Regen, gewiß heut / Kräftiger riecht".²⁹ Was die erste Idylle suggestiv beschworen hatte, wird nun ausdrücklich bestätigt: „Das ist Segen vom Herrn! Fürwahr, wie die Bienen und Vögel / Möchte man schwelgen im Duft: Herr Gott, dich loben wir: singend!"³⁰ Im Augenblick ihrer kultischen Verkündigung nimmt die tugendhafte Sinnenfreude sakrale Züge an. Hatte der von Voß verehrte

---

22 Voß: Luise, S. 7 (I 156, 165 u. 169–170).
23 Voß: Luise, S. 8 (I 183, 185 u. 219–220).
24 Voß: Luise, S. 16, 17 u. 18 (I 533, 572 u. 607).
25 Voß: Luise, S. 23 (I 802).
26 Voß: Luise, S. 14, 15 u. 17 (I 445, 454 u. 555).
27 Voß: Luise, S. 19 (I 642).
28 Voß: Luise, S. 13 (I 412–414).
29 Voß: Luise, S. 27 u. 32 (II 146–148, 150 u. 343–345).
30 Voß: Luise, S. 28 (II 155–156).

Klopstock im Gedicht „Die künftige Geliebte" noch gewarnt, die Besungene solle nicht zu sehr eilen, damit „[d]u mit zu starken Zügen den Duft des Lenzes nicht trinkest",[31] gibt sich Luises ältlicher Vater, der freilich nicht mehr Gefahr läuft, zur Unzeit von Liebesregungen überwältigt zu werden, dem Frühlingsduft ohne Vorbehalt hin.

Der Tabakgeruch wird nur ironisch geheiligt. Luises zukünftiger Gatte Walter schenkt ihrem Vater eine türkische Pfeife mitsamt echtem Virginiatabak, „der wie Balsam emporwallt", und der Beschenkte beschwört scherzend die Gerüche des Morgenlandes herauf:

> Welch ein Rohr! O gewiß aus der Mondstadt Konstantinopel
> Mitgebracht von dem Freunde, dem Hauskapelan der Gesandtschaft:
> Welcher im Bernstein auch das ambrosiaduftende Tröplein
> Rosenöls für die Braut Ihm verehrte, das ungehemmt ihr
> Anfüllt Schrank und Gemach mit ätherischem Geiste des Balsams![32]

Die Frage, wie der Tabak riecht, stellt er sich zwar „im Ernst": „Rasch den Virginiaknaster geprüft, ob des Rohres er werth sei, / Ob an Geruch zu vergleichen dem würzigen Marecaybo". Wenn Luise den Geruch des Tabaks preist, ist seine Aura aber nur vergleichsweise ritueller Natur: „O süß, wie arabischer Weihrauch, / Duftet es".[33] Auch die Gerüche der Blumen werden nicht immer poetisch verklärt; so lässt sich Luise im Schlafzimmer einmal vom Blütenduft überwältigen,[34] verschläft – und wird vom Vater gescholten: „Aber du schläfst mir, Dirne, bei duftenden Blumen im Zimmer! / [...] Schädlich ja, weißt du, / Sind sie dem Haupt; am meisten Tazett' und Muskathyacinthe."[35]

Die dritte und letzte Idylle erwähnt kaum noch Gerüche, die nun vor allem symbolisch bedeutsam sind: im vom muffigen Dunst der Vergangenheit befreiten Haus des Pfarrers weht ein aufgeklärter Geist,[36] so dass der tugendhaft sinnlichen

---

31 In: Klopstock: Oden, hg. von Karl Ludwig Schneider. Stuttgart 1986, S. 4–7, hier S. 6.
32 Voß: Luise, S. 31 (II 279 u. 288–292).
33 Voß: Luise, S. 31 u. 36 (II 297, 303–304 u. 479–480).
34 „Hat denn der böse / Blumenduft mich betäubt? Ein Strauß am offenen Fenster, / Meint' ich, schadete nicht; [...] / Ganz unerträgliche Schwüle, so sehr ich die Kammer gelüftet, / Störte den Schlaf" (Voß: Luise, S. 38 (II 583–585 u. 589–590)).
35 Voß: Luise, S. 38 (II 576–578).
36 Die vom Mief des Überkommenen befreite Atmosphäre sinnlicher Fülle, die in der Geruchssymbolik zu Beginn der dritten Idylle der *Luise* anklingt, findet eine Entsprechung in „Die Erleichterten" (In: Voß: Luise, S. 182–190): der freie Gutsbesitzer ist gewohnt, den Duft landwirtschaftlicher Erträge zu genießen (S. 182 u. 183 (V. 13 u. 37)), und er behandelt auch seine abhängigen Bauern, die sich andernorts noch „aus dem Dunst unsauberer Kathen" schleppen, nicht wie Leibeigene (S. 184 (V. 72)). Aber auch die nun als „Gutspflichtige" (S. 184 (V. 52)) bezeichneten Bauern sind –

Liebe ein Garten zur Verfügung steht, dessen duftende Apfelblüte an Wonnen eines sündenfreien Paradieses gemahnt.[37] Ansonsten weht nur der Geruch, der vom Bischof, einem Punsch-Getränk, ausgeht und – ähnlich wie zuvor der Tabakduft – bloß im Scherz auf Heiliges verweist.[38] Zur Hochzeitsnacht wird dem Walter, „[i]hm zu dämpfen die Unruh", noch „die Pfeif'" ans Bett hergelegt, „und was sonst wünschet ein Raucher", dazu – auch in Anspielung auf den zu erwartenden Kindersegen – ein „Buch von Garten und Baumzucht".[39] Es gilt, den Garten der Liebe und Familie im Lichte einer detaillierten Naturkenntnis zu hegen.

Schon Theokrit, den seine Nachfolger zum Begründer der Bukolik erklärten, hatte in seinen Idyllen „das mit erhabenen Sujets und heroischen Protagonisten assoziierte Metrum des Heldenepos verwendet", um Szenen aus dem Leben von „einfachen, gewöhnlichen Leuten" zu schildern.[40] In seiner siebten Idylle lässt Theokrit den Ziegenhirten und Sänger Lykidas auftreten, dessen „plötzliches Erscheinen" um die Mittagszeit „Züge einer göttlichen Epiphanie" trägt (vgl. Kap. 2).[41] Dass er „das gelbliche Fell eines zottigen, dichtbehaarten Bockes" trägt, „das nach frischem Lab roch",[42] setzt ihn von den ambrosischen Epiphanien des Heldenepos ab, versagt diesem aber nicht die Anerkennung: Dichter, „die sich vergeblich mühen, gegen den Sänger von Chios [Homer] anzukrähen", sind Lykidas zuwider.[43] Vossens programmatisches Lob des Homer im Kontext eines Gedichts über unheroische Figuren im Hexameter stützt sich also auf eine lange Tradition. Voß hält das Bewusstsein der Differenz von Heldenepos und Idylle anspielungsreich wach: die Aufforderung des Vaters an Luise, ihrem Gatten zu folgen – „geh an der Hand des Jünglinges, welcher von nun an / Vater und Mutter dir ist"[44] – spielt auf eine Zeile aus Homers *Ilias* an, die in Vossens Übersetzung ähnlich klingt: „Hektor, siehe, du

---

ihrer Befähigung zu eigenverantwortlichem Handeln zum Trotz – noch unfrei, und der verständige Gutsbesitzer gewährt ihnen schließlich die Freiheit.
37 Gelobt wird des Vaters „geräumige Stube, die gastliche", aus der „dumpfige Schränk'" des Vorbesitzers entfernt wurden (Voß: Luise, S. 41 (III 1: 2 u. 5)); der in voller Blüte stehende Apfelbaum im Garten des Hauses weht Walter „mit lieblichem Duft" an, und „die Seelen der Liebenden flossen, von Himmels- / Wonne berauscht, im langen und bebenden Kuß ineinander" (S. 48 (III 1: 271, 276–277)).
38 Dieser Duft wird mit anti-katholischem Unterton humorvoll-doppelsinnig als Anhauch „bischöfliche[r] Weisheit" gepriesen (Voß: Luise, S. 61 (III 2: 107)). Im nicht-klerikalen Sinne geht vom Getränk tatsächlich ein guter Geist aus: „O wie der Duft mich beseelet mit Ahndungen heiterer Zukunft!" (S. 62 (III 2: 159)).
39 Voß: Luise, S. 73–74 (III 2: 623–625).
40 Regina Höschele: Nachwort. In: Theokrit: Gedichte. Griechisch/Deutsch, hg. von Regina Höschele. Stuttgart 2016, S. 289–299, hier S. 293.
41 Regina Höschele: Anmerkungen. In: Theokrit, S. 242–281, hier S. 251.
42 Das Erntefest. In: Theokrit, S. 62–75, hier S. 65.
43 Theokrit, S. 67; vgl. Höschele: Nachwort, S. 290–291.
44 Voß: Luise, S. 50 (V. 362–363).

bist mir Vater jetzo und Mutter",[45] fleht Andromache ihren Gatten an, der sich anschickt, in den Krieg zu ziehen und sie schutzlos daheim zurückzulassen. Das heroisierende Pathos der homerischen Form weicht dem milden Pathos der *Luise*, das die menschenfreundlichen Sitten des Landlebens würdigt, während die ebenfalls milde Komik des Tonfalls die naiven Züge des einfachen Lebens nachsichtig in heiteres Licht rückt.

Auch die Gartenliteratur,[46] die Walter ans Bett gelegt wird, spielt auf antike Vorbilder an. Voß hatte Vergils Lehrgedicht *Georgica* übersetzt, das den Landbau zu Beginn in den Wirkungsbereich mythischer Götter stellt und – neben Düften von Kultstätten und Ambrosia – öfter typische Gerüche von Pflanzen, Bäumen, Harz und Hölzern erwähnt.[47] Der Ertrag fleißiger Arbeit fällt in der bürgerlichen Idylle aber üppiger aus. Voß stellt das von Artenkenntnis geleitete Riechen in einer verständig gehegten Landschaft als erfüllenden Sinnesgenuss in einer schönen Natur dar, die in einem heiligen Ganzen geborgen bleibt. In seiner Idylle „Der siebzigste Geburtstag" (1781) hatte Voß mit „Familienleben voller Behagen, Zärtlichkeit und Liebe in" einer „Umgebung alten überlieferten Hausrates", in der die Alten liebevoll geachtet werden, „typisch deutsche und bürgerliche Charakterzüge" gefeiert, „die das Leben in dem friedlichen Vierteljahrhundert zwischen dem Siebenjährigen Krieg und der französischen Revolution kennzeichnen".[48] Auch die zuerst 1783–1784 in drei separaten Idyllen erschienene *Luise* preist eine solche Gesinnung.

In anderen Gedichten stellt Voß duftende Landschaften oftmals als Orte der Beschwörung mythischer Mächte des Volksglaubens dar. Wo um Liebe geworben wird, preist Voß unermüdlich die Wohlgerüche der Natur. Das Gedicht „Der Frühlingsmorgen" (1776) evoziert eine Blumenvielfalt mit Tulpen, Primeln, gelben Narzissen und Leberblümchen „sammt Hyacinthen / Jeglicher Farb', und süßes Geruchs, in holder Verwirrung"; Selma, die ihrem Liebhaber nachsinnt und vom „Beet" singt, „das unsre Küsse, / Ach wie duftender! feirte",[49] beschwört den Genius, ihn zur Gegenliebe zu inspirieren. Auch die Idylle „Das erste Gefühl" (1776) handelt von einer umdufteten Selma; hier bitten Freundinnen den Genius, dem Geliebten die Geburt des Kindes zu melden, das Selma gerade stillt:

> Frühlinge blühn und reifen; doch endlich ruft dich der Maimond,
> Einziger, wo im Gedüft Selma, die Einzige, blüht!

---

45 Homer: Ilias, S. 99 (VI.429).
46 Zur Aktualität dieser Literatur um 1800 siehe Haru Hamanaka: *Körper* und *Sinne* in der deutschen Gartenliteratur um 1800. In: Neue Beiträge zur Germanistik (2004), II. 1, S. 32–46.
47 Siehe Kap. 2, Fn. 11.
48 Ulrich Karthaus: Sturm und Drang. Epoche – Werke – Wirkung. München 2000, S. 219.
49 In: Voß: Luise; Idyllen, S. 79–81, hier S. 79 u. 80 (V. 17–18 u. 66–67).

> Eile! sie harrt in der Laub'; und im bräutlichen Nachtigallseufzer
> Küss', an den Busen gesenkt, küss' ihr die Thränen hinweg!⁵⁰

Der Genius als Schutzgeist, der dem Menschen sein Schicksal anweist, dient hier als Allegorie der Tugend männlicher Liebhaber. In der Idylle „Die Bleicherin" (1777) besingt Anna die Sinnesfreuden ihrer bevorstehenden Hochzeitsnacht, die auf den Johannistag fallen soll; als christianisierte Feiern der Sonnenwende schließen Johannisfeste auch Riten des Volksglaubens ein, die der Abwehr von Unheil dienen. Das Gedicht verleiht der Hoffnung auf das Gelingen einer guten Ehe Ausdruck:

> Bald als Laken und als Bühren,
> Sollst du mir das Brautbett zieren,
>   Unter Mai'n- und Rosenduft:
> Denn Johannis hat mein Treuer
> Vorbestimmt zur Hochzeitfeier,
>   Wenn der Kukuk nicht mehr ruft.⁵¹

Da die Figuren sich auf einen „Schwank mit ehrbarem Antlitz" verstehen, bleibt die erotische Vorfreude sittlich eingehegt.⁵² Die Beispiele für Figuren, die von der duftenden Natur zu einer Liebe inspiriert werden, die mit Herausforderungen an die Tugend verbunden ist, ließen sich mehren.⁵³ Die paganen religiösen Gehalte solcher wohlriechenden Szenen sind freilich nicht wörtlich ernst zu nehmen; der Genius bringt die heiligen Züge der menschlichen Tugend allenfalls figurativ zur Geltung.

Innovativ ist Vossens ironische Variation der Topoi vom guten Duft des Landlebens und dem schlechten Rauch der Städte; in „Der Hagestolz" (Fassg. 1785) und „Die büßenden Jungfrauen" (Ausg. l. Hd. 1825) wird der Blumenduft auf dem Land mit einem nicht unangenehmen Qualm an den großstädtischen Esstischen kontrastiert.⁵⁴ In „Der Abendschmaus" (Ausg. l. Hd. 1825) werden duftende Tafelfreuden in Hamburg humorvoll breit im homerischen Hexameter geschildert;⁵⁵ sie steigern das bürgerliche Wohlbehagen auch mit der Befeuerung des weiblichen Begehrens:

---

50 In: Voß: Luise; Idyllen, S. 98–100, hier S. 100 (V. 57–60).
51 Johann Heinrich Voß: Die Bleicherin. In: ders.: Luise; Idyllen, S. 101–106, hier S. 104 (V. 66–71).
52 Voß: Die Bleicherin, S. 106 (V. 140).
53 Siehe Die Kirschpflückerin. In: Voß: Luise; Idyllen, S. 148–153, hier S. 148 (V. 11) und Die Heumad. In: Voß: Luise; Idyllen, S. 171–175, hier S. 173 (V. 52), 174 (V. 109) u. 175 (V. 128).
54 In: Voß: Luise; Idyllen, S. 133–136, hier S. 135 (V. 54–57 u. 61) u. S. 137–140, hier S. 139 (V. 61–64).
55 Johann Heinrich Voß: Der Abendschmaus. In: Voß: Luise; Idyllen, S. 141–147, hier S. 145 u. 146 (V. 144–146, 148, 150–151, 166 u. 185).

„Freilich erhitzt das Gewürz der Weiberchen muntere Jugend."[56] Der Sinn für kulinarische Nuancen ist eindeutig überzeichnet, wenn vom Pökelfleisch eines berühmten Schiffskochs berichtet wird, dass selbst die Delphine es riechen konnten, und wenn die Kochkunst mit dem antiken Stilmittel des bildhaften Vergleichs im gehobenen Versmaß des Heldenepos gelobt wird, bleibt kein Auge trocken: „Denn wie des Rosenöles Gedüft dem verschlossenen Bernstein / Geistig entdringt, so drang aus der bräunlichen Rinde der Balsam".[57] Die Vermutung eines Essers, sein Gericht enthalte „vielleicht gar Bisam und Ambra", lässt den kulinarischen Genuss überladen erscheinen.[58] Das Mahl ist indessen nicht unerfreulich, nur weil es des Guten zuviel gibt; dem Pächter, der nach jenem Abendschmaus gesättigt zu seiner Frau aufs Land zurückgekehrt ist, reicht zwar der „Geruch" von „Rosengebüsch" und „Nachtviole", und die Liebe der Eheleute ist zur Nachtzeit auf Kräuter nicht angewiesen,[59] doch Voß redet keiner Askese das Wort. Er preist eine moderate Genussfähigkeit, die auch üppige Freuden zu schätzen weiß, ohne ihren Reizen unbescheiden zu verfallen.[60] Anspielungen auf kultische Gedüfte sind in diesem Kontext ironisch zu verstehen. Gleichwohl sind auch und gerade die einfachen Tafelfreuden gottgefällig, wie Vossens Bearbeitung der Geschichte von Philemon und Baucis (Ausg. l. Hd. 1825) zeigt. Als das alte Paar die unerkannten Götter Zeus und Hermes bewirtet, „schmückt" Baucis die bescheidene „Tafel mit duftenden Blumen und Kräutern",[61] und als die Alten nach langem Leben sterben, ist ihnen, „als sänken sie nun in sanften Schlummer, / Wie er in schwüler Stunde den Wanderer unter des Bächleins / Duftender Erle beschleicht".[62] Da die beiden nach ihrem Tod in Bäume verwandelt werden, spielt der Erlenduft auf das Wirken der Götter an; bei Voß wird die Verwandlung aber wieder rückgängig gemacht, so dass sich das Paar Hand in Hand der Versammlung der Seligen anschließen kann. Dieser christlich inspirierte Ausgang macht verständlich, warum Voß nicht an die Ge-

---

56 Voß: Der Abendschmaus, S. 145 (V. 168).
57 Voß: Der Abendschmaus, S. 145 (V. 150–151).
58 Voß: Der Abendschmaus, S. 145 (V. 166).
59 Voß: Der Abendschmaus, S. 147 (V. 240–241).
60 Siehe dazu auch die Idylle „Der siebzigste Geburtstag" (in: Voß: Luise; Idyllen, S. 164–170); der Vater spendet sich zum Wiegenfest eine Flasche Rheinwein, und „der balsamische Trank, der altende, löste dem Alten / Sanft den behaglichen Sinn, und duftete süße Betäubung" (S. 165 (V. 43–44)); die Mutter arbeitet in der Küche und röstet die Bohnen für den Kaffee, so dass „ein würzig / Duftender Qualm aufdampfte, die Küch' und die Diele durchräuchernd" (S. 167 (V. 129–130)). Auch der Wachhund bekommt einen Extrabissen, wird in der Nähe des Backhauses eingekerkert – und entspannt sich, „sobald er / Wärme roch vom frischen Gebäck des festlichen Brotes" (S. 168 (V. 151–152)).
61 Johann Heinrich Voß: Philemon und Baucis. In: ders.: Luise; Idyllen, S. 176–181, hier S. 178 (V. 92).
62 Voß: Philemon und Baucis, S. 180 (V. 186–188).

ruchsmotive aus Ovids Version in den *Metamorphosen* anknüpft: dort duftete die Tafel nach Äpfeln, die im christlichen Kontext eine Verführung andeuten würden.[63] Die mit der Frühaufklärung einsetzende Tradition, säkulare Spielarten einer religiösen Liebesethik mit duftenden Szenen aus der äußeren Natur zur Geltung zu bringen, findet im Sturm und Drang (siehe Kap. 11), im Göttinger Hain und bei den Autoren im Umfeld dieser Bewegungen ihr Ende. Geruchsmotive dieser Provenienz werden teils auch in den Kunstreligionen der Klassik und Romantik aufgegriffen (siehe Kap. 11 u. 12), übernehmen dort aber neuartige Aufgaben. Im Ausgang jener Tradition zieht Voß noch einmal alle Register auf der literarischen Geruchsorgel; in phantastischen Allegorien stellt er Teufel, Arme Seelen und zweifelhafte magische Praktiken dar, von denen starke Gerüche ausgehen.[64] Im Gedicht „Der Riesenhügel" (Ausg. l. Hd. 1825) zeigt er eine Geruchslandschaft, die das Wirken magischer Kräfte nur suggeriert. Ein Schäfer, der an diese Kräfte glaubt, begegnet einem Krämer, der diesen Glauben für „kindische Possen" hält.[65] Der Schäfer hütet seine Herde in der Nähe eines Hügels, den er – im Anschluss an eine überlieferte Legende, die er nun dem Krämer erzählt – für das Grab eines Riesen hält: die Hexe Hela habe den Riesen aus der Ferne zur Strafe totgezaubert, weil er ihre magisch verschönerte Erscheinung genossen hatte, ihre runzlig-zahnlose Gestalt aber verschmähte. Der Riese stehe seither unter dem Bann, von den Toten zu Hela zurückzukehren, die jedoch sein Herz schrumpfe und ihn wieder zurück ins Grab zwinge. Der Schäfer assoziiert „das muffige Heu" auf dem Feld mit dem drohenden Tod seiner Tiere, und sein Schäferhund, der „Schnüffeler", reagiert auf das Gerochene mit Angst. Der Schäfer nimmt die Gerüche seiner Umgebung als Ausfluss legendärer Mächte wahr; aus der Erde scheinen magisch beschworene Geister zu steigen, „[s]chwer mit Pest und Arsenik und Schwefeldampfe belastet!" Dem „Modergeruch" der Landschaft steht Hela unter den „Zaubermyrten" „im Dufte des Nardus" gegenüber, die dem Riesen unzugänglich bleiben: „Ha! wie er bang' ausathmet, ein Lebender schon in Verwesung, / Zuckend, die Augen verdreht, und noch die Unsterblichen lästernd!" Die Geruchsangst des Schäfers gipfelt im Glauben, die Erde gebe den Verwesungsdunst

---

63 Ovid [P. Ovidius Naso]: Metamorphosen. Lateinisch/Deutsch. Stuttgart 2015, S. 444–453, hier S. 48 u. 49 (VIII.611–724, hier 675).

64 In der anti-tyrannischen Verserzählung „Die Leibeigenen" stehen Edelleute, die ihre Bedienten misshandelten, nach ihrem Tod unter dem Bann, blutiges Menschenfleisch zu essen und Tränen zu trinken; der Vater eines Junkers an der Tafel der Verdammten „[s]chnüffelt [...] um, denn er riecht was Lebendes", als er der Ankunft eines herzhaften Menschen gewahr wird (in: Voß: Luise; Idyllen, S. 82–88, hier S. 87 (V. 161); die realen, im Herzen guten Leibeigenen genießen indessen gesellig ihren Tabak (S. 88 (V. 184)). Die allegorische Idylle „Der bezauberte Teufel" assoziiert schwarze Magie mit „Räucherwerk" und stellt „giftigen Anhauch" als Teufelsnahrung dar (in: Voß: Luise; Idyllen, S. 158–163, hier S. 159 u. 161 (V. 17 u. 84)).

65 Johann Heinrich Voß: Der Riesenhügel. In: ders.: Luise; Idyllen, S. 126–132, hier S. 132 (V. 176).

des Riesen von sich: „Steig', o bewaldeter Hügel, und senke dich über die Fäulniß; / Daß nicht Hund' und Gevögel die Pest ausbreiten im Erdkreis." Der Krämer glaubt nicht an die Geschichte, die ihm der Schäfer auf sein Bitten hin erzählt hatte, doch als „Märchen" hält er sie für überliefernswert;[66] als Allegorie über den Liebesverrat bleibt der Tagtraum des abergläubischen Geisterriechers in der Natur lehrreich. Die unvernünftigen Geruchsängste, die Schnabel dem Publikum noch didaktisch auszutreiben suchte, werden bei Voß zur Kulisse einer antiquarisch interessierten Tugendreligion, die den Schauer eines märchenhaften Spuks mit bürgerlichem Behagen erbaulich zu genießen weiß.

Abschließend seien zwei kontrastierende Grenzgänger des Sturm und Drang erwähnt, denen die duftende Natur ebenfalls als Bezirk einer heiligen Liebe gilt. Gottfried August Bürger (1747–1794) vergöttlicht die Erweckung zur sinnlichen Liebe und preist die Natur als sinnenfälliges Heiligtum:

> Eia! Wie so wach und froh,
> Froh und wach sind meine Sinnen!
> O vor welcher Sonne floh
> Meines Lebens Nacht von hinnen?
> Wie so holden Gruß entbot
> Mir das neue Morgenrot!
>
> Mein erheitertes Gesicht
> Siehet Paradiese blühen.
> Welche Töne! Hör ich nicht
> Aller Himmel Melodien?
> O wie süß erfüllt die Luft
> Edens Amaranthenduft!
>
> Weingott, bist du mir so nah,
> Mir so nah bei jedem Mahle?
> Füllst du mit Ambrosia
> Und mit Nektar jede Schale?
> Geber der Ambrosia
> Und des Nektars, mir so nah?
>
> Liebe, deine Wunderkraft
> Hat mein Leben neugeboren,
> Hat zum Glück der Götterschaft
> Mich hienieden schon erkoren.
> Ohne Wandel! ewig so!
> Ewig jung und ewig froh![67]

---

66 Voß: Der Riesenhügel, S. 126, 128, 129, 131 u. 132 (V. 10, 54, 82, 107, 112, 158–161 u. 180).
67 Gottfried August Bürger: Das neue Leben [verf. 1774]. In: ders.: Gedichte, hg. von Jost Hermand. Stuttgart 1981, S. 51–52.

In Bürgers „Abendphantasie eines Liebenden" (verf. 1774) geht der Duft des Frühlings nicht von einer Landschaft aus, sondern von der Geliebten. Auf diese Weise wird der körperlich-sinnliche Anteil der liebenden Zuneigung zur Geltung gebracht:

> Ihr Lenzgeruch wallt mir entgegen,
> Süß, wie bei stiller Abendluft,
> Nach einem milden Sprüheregen,
> Der Moschushyazinthe Duft.[68]

Bei Matthias Claudius (1740–1815) fällt die Begeisterung über den duftenden Frühling nicht weniger verhalten aus. Das lyrische Ich will sich gar „wälzen und für Freude schrein", doch bei der religiösen Deutung der Situation verfährt es behutsamer. Der Maimorgen wird allegorisch mit „Blumenkranz um Brust und Haar" vorgestellt; „auf seiner Schulter" trägt er „Nachtigallen", und er „träuft von Tau und Duft und Segen". Der „Knospenreis", mit dem das lyrische Ich auf den Morgen zugeht, wird zum „Thyrsus"; die Anspielung auf den Dionysoskult ist seiner aufgeregten Fröhlichkeit angemessen. Der rituelle Dank für Gottes Segen gilt aber einer christlich verstandenen Natur, deren sakraler Kontext mit einer allegorischen Phantasie vergegenwärtigt wird. Bei Claudius evozieren Gerüche allenfalls *Vorstellungen* von einem jenseitigen Reich; im Gedicht „Bei dem Grabe meines Vaters" (1773) evozieren die „Düft' um sein Gebein" „ein Ahnden von dem ew'gen Leben", das die Sinnenwelt überschreitet.[69] Gott offenbart sich nicht in der Natur, sondern gibt sich nur den Frommen zu erkennen,[70] die sie indessen als Anzeichen der Liebe Gottes erfahren können.[71] In diesem Sinne erscheint eine Landschaft an einem Morgen im Mai als

---

68 In: Bürger: Gedichte, S. 48–49. Ohne religiösen Unterton spricht Heinrich von Kleists „Der Schrecken im Bade. Eine Idylle" [1808] vom Duft eines attraktiven Körpers. Hier badet Margarete, um „der Glieder Duft zu frischen", in einem Grottenquell (in: Heinrich von Kleist: Sämtliche Werke und Briefe in vier Bänden, hg. von Helmut Sembdner. München/Wien 1982, Bd. 1, S. 15–20, hier S. 16).
69 Matthias Claudius: Der Frühling. Am ersten Maimorgen [1774]. In: ders.: Aus dem Wandsbecker Boten, hg. von Konrad Nussbächer. Stuttgart 1981, S. 12; ders.: Bei dem Grabe meines Vaters [1773]. In: ders.: Aus dem Wandsbecker Boten, S. 13. – Bürger imaginiert jenseitige Düfte im Gefilde der Seligen als Quelle von Sinnesfreuden, die den Genuss des Diesseits noch überbieten und den Liebenden nach dem Tod zugutekommen (siehe Gottfried August Bürger: Die Umarmung [verf. 1776]. In: ders.: Gedichte, S. 53–55).
70 Siehe auch Matthias Claudius: Valet an meine Leser [1803]. In: ders.: Aus dem Wandsbecker Boten, S. 63–67, hier S. 66–67.
71 Zur Weise der Ergänzung von irdischer Vernunft und himmlischer Offenbarung siehe Matthias Claudius: Eine Korrespondenz zwischen mir und meinem Vetter, angehend die Orthodoxie und Religionsverbesserungen [1774]. In: ders.: Aus dem Wandsbecker Boten, S. 23–26.

> Ein mannigfaltig groß Gebäu,
>   Durch Meisterhand vereinet,
> Wo seine Lieb' und seine Treu'
>   Uns durch die Fenster scheinet.
>
> Er selbst wohnt unerkannt darin
>   Und ist schwer zu ergründen.
> Seid fromm und sucht von Herzen ihn,
>   Ob Ihr ihn möchtet finden.[72]

Wenn das Naturschöne die Zuneigung des Menschen fromm zu erwidern scheint, fungiert es als antwortender Spiegel des Glaubens:

> Einfältiger Naturgenuß
>   Ohn' Alfanz drum und ran
> Ist lieblich wie ein Liebeskuß
>   Von einem frommen Mann.[73]

Die Spätausläufer der Empfindsamkeit aus dem Göttinger Hain und dem Umfeld des Sturm und Drang inszenieren das Riechen in der Natur in mannigfaltigen poetischen Kulten. Teils wird die empfindsame Tradition einfach nachgeahmt; Voß betont stärker die gärtnerische und kulinarische Bedeutung von Gerüchen, nimmt sie aber auch im Lichte allegorischer Göttervorstellungen wahr. Bürger heiligt mit der sinnlichen Liebe auch die olfaktorische Anziehungskraft der Natur, während Claudius ein exaltiert witterndes Selbst feiert, das im Glauben an Gott ruht. Das Bekenntnis zur Tugend schiebt möglichen Konflikten von Pflicht und Neigung einen Riegel vor; die Genierelgion des Sturm und Drang birgt indessen Risiken, die sie nicht aus eigener Kraft bewältigen kann. Goethe reagiert auf diese Gefahren, wie nun zu zeigen ist, mit einer dezidierten Abkehr von der Heiligung sinnlicher Bedürfnisse, und in diesem Zusammenhang wird auch die Beziehung von Glauben und Riechen neu konfiguriert.

---

72 Matthias Claudius: Frau Rebekka mit den Kindern an einem Maimorgen [1797]. In: ders.: Aus dem Wandsbecker Boten, S. 44–46, hier S. 46. Vgl. Matthias Claudius: Die Liebe [1797]. In: ders.: Aus dem Wandsbecker Boten, S. 49.
73 Matthias Claudius: Ein Lied vom Reifen [1780]. In: ders.: Aus dem Wandsbecker Boten, S. 28–30, hier S. 29.

# 11 Die Lehre der frommen Katze: Johann Wolfgang Goethe

Am 22. Februar 1788 schreibt Johann Wolfgang Goethe aus Rom:

> Wir haben diese Woche einen Fall gehabt, der das ganze Chor der Künstler in Betrübnis setzt. Ein Franzose namens Drouais, ein junger Mensch von etwa 25 Jahren [...], der unter allen studierenden Künstlern für den hoffnungsvollsten gehalten ward, ist an den Blattern gestorben. Es ist eine allgemeine Trauer und Bestürzung. Ich habe in seinem verlassenen Studio die lebensgroße Figur eines Philoktets gesehen, welcher mit einem Flügel eines erlegten Raubvogels den Schmerz seiner Wunde wehend kühlt. Ein schön gedachtes Bild, das in der Ausführung viel Verdienste hat, aber nicht fertig geworden.[1]

Der nächste Abschnitt setzt mit der Zeile ein: „Ich bin fleißig und vergnügt und erwarte so die Zukunft." Cornelia Zumbusch hat Goethes sprunghaften Wechsel des Themas als „Schutzreflex gegen die eigene Sterblichkeit" gedeutet: „Die unterlassene Reflexion auf die eigene Endlichkeit wird auf das Philoktet-Gemälde verschoben, in dem der Text die übergangene menschliche Anfälligkeit für Schmerz, Leiden und Tod speichert."[2] Der Bezug des Bildes zum Tod ist zwar nicht deutlich: es stellt Philoktet dar, der auf Lemnos einsam an seiner Wunde leidet, später aber siegreich am trojanischen Krieg teilnimmt und anschließend in seine Heimat zurück kehrt (vgl. Kap. 3).[3] Für das Verständnis von Goethes Umgang mit dem Schmerz ist Germain-Jean Drouais' (1763–1788) Bild (Abb. 2) gleichwohl instruktiv. Philoktet wendet den Oberkörper vom Fuß mit der stark riechenden Wunde ab und fächelt ihr an der Öffnung der Höhle Kühlung zu. Er bewältigt seinen Schmerz gefasst: er sitzt in aufrechter Haltung, seine Gebärden sind kraftvoll, und sein Gesicht zeigt keine Spur von übermannenden Affekten. Die Komposition verleiht der Erscheinung der parierten Belastung harmonische Züge: mit der linken Hand greift er ins Gewand und verbirgt die vor Schmerz geballte Faust in der harmonischen Symmetrie des Faltenwurfs, deren vertikale Achse die Nähe des betrachtenden Teils des Körpers zur seiner schmerzenden Seite betont. Der fächelnde Arm und das versehrte Bein sind spiegelbildlich um eine horizontale Achse angeordnet, die Lastendes und Strebendes harmonisch integriert, während sich die stützenden Glied-

---

1 Johann Wolfgang Goethe: Zweiter römischer Aufenthalt [1829]. In: Goethes Werke. Hamburger Ausgabe in 14 Bänden (= HA). Bd. 11: Autobiographische Schriften. Dritter Band. Hamburg 1964, S. 350–556, hier S. 518.
2 Cornelia Zumbusch: Die Immunität der Klassik. Berlin 2012, S. 246.
3 Vgl. Homer: Odyssee, hg. von Eduard Stemplinger. In: Homers Werke in zwei Teilen. Berlin u. a. o. J., Bd. 2, S. 37 (III.188–190).

maßen in der Diagonalen spiegeln. Der Schmerz erscheint als Teil einer Form, die zur ruhigen Betrachtung des spannungsreichen Themas auffordert. Drouais' Darstellung kommt der Absicht des klassischen Goethe, „allen Angriffen auf die Autonomie des Ich durch gezielte Verzichtleistungen" vorzubeugen, um „Freiheit von störenden Leidenschaften" als „Voraussetzung des erkennenden Zugangs zur Natur" zu erlangen und die Wahrnehmung vom bloß Subjektiven zu reinigen, thematisch und formal entgegen. Eine inhaltliche oder formale Betonung trübender Affekte würde Goethes klassische Ästhetik der „antrainierte[n] Unempfindlichkeit" stören.[4] Drouais' Bild lässt sich als Ausdruck der Haltung verstehen, mit der Goethe dem Schmerz über den Tod des vielversprechenden jungen Künstlers begegnen möchte, und daher eignet sich das Bild auch als Thema, das vom Ausdruck der Bestürzung zum Bekenntnis zur Zuversicht überleitet.

Zumbusch hat gezeigt, dass die Literatur des klassischen Goethe gegen die Vehemenz trübender Leidenschaften immunisieren will, indem sie deren Präsenz formal gestaltet. Im Unterschied zur bildenden Kunst, die „auf eine heitere Affektfreiheit" verpflichtet sei, handele die Dichtung von der „sinnlichen Affiziertheit" des Menschen;[5] Drouais kommt Goethes poetischem Programm in der bildenden Kunst aber zumindest entgegen. Jedenfalls bleibt die Poesie von dem, was sie formal bewältigt, kontaminiert: die kontrollierte Einbringung trübender Affekte in den poetischen Prozess mobilisiert eine Formgebung, die sich am widerständigen Inhalt abarbeitet und – analog zum Modell der Impfung – gegen die schädliche Wirkung des aufgenommenen Erregers resistent macht. Beim Thema des Geruchs ist das Modell der immunisierenden Impfung zum einen auf das Verhältnis von Stoffen zum Prozess ihrer formalen Gestaltung anwendbar. Zum anderen passt es auch zur Darstellung einer Vernunft, die an der Gewalt des olfaktorischen Verlangens entsagend wächst.[6] Der Geruchssinn selbst kann vor gewaltsamen Eindrücken nur hygienisch und diätetisch geschützt werden, denn er nimmt keinen Gegenstand wahr, dessen tätige Bearbeitung dem trübenden Affekt die Spitze nehmen könnte.[7] Drouais' Gemälde bezieht sich auf eine Situation, die Geruchsekel einschließt, zeigt ihn aber nicht gezielt an; die Gewalt *dieses* Affekts wird nicht mit

---

[4] Zumbusch, S. 244 u. 247.
[5] Zumbusch, S. 255–256.
[6] Der populäre Glaube, mit der Gewöhnung an schlechte Gerüche würde der Körper gegen Krankheiten gestärkt, betrachtet Gestank nicht als pathogenen Erreger, sondern als abhärtende Substanz. Zum Glauben an die abhärtende Wirkung widriger Gerüche unter der arbeitenden Bevölkerung im späten 18. und frühen 19. Jahrhundert siehe Alain Corbin: Pesthauch und Blütenduft. Eine Geschichte des Geruchs [frz. 1982]. Berlin 1984, S. 280.
[7] Auch die *Komposition* von Gerüchen bringt keine *gegenständliche* Form hervor; sie beruht auf dem Prinzip der Mischung und entscheidet über die Aufnahme und Dosierung von Substanzen.

**Abb. 2:** Germain-Jean Drouais (1763–1788): Philoctète sur l'île de Lemnos (1788). Musée des beaux-arts d'Orléans (Loiret, France)

Gebärden des Riechens ins Bild eingebracht, sondern durch Aussparung neutralisiert. Seit dem Übergang zur Klassik nutzt Goethe sämtliche dieser Zugänge zur Naturgewalt trübender Gerüche, die poetisch bearbeitet, entsagend anerkannt, dietätisch dosiert oder psychohygienisch ausgelassen werden; heiter stimmende Gerüche stellt er in den Dienst bildhafter Symbole, während naturwissenschaftlich relevante Gerüche Neugier wecken. Der problemgeschichtliche Zusammenhang dieser unübersichtlichen Ansätze besteht im Versuch, den Sinn für den Abstand und die Bezüge der Sinne zum Sakralen in die richtigen Bahnen zu lenken. Die folgende Übersicht soll diesen Problembezug ohne Anspruch auf werk- und gattungshistorische Vollständigkeit belegen.

Als Stürmer und Dränger radikalisiert Goethe den empfindsamen Anspruch auf die Verwirklichung der menschlichen Natur. An die Stelle der vom *moral sense* tugendhaft geführten Leidenschaft tritt eine heftige Liebe zum unvergleichlichen Einzelwesen, dessen Neigung keiner Regulierung bedarf. Die Inspiration des kreativen Individuums verdankt sich dem Ausfluss Gottes in die schöpferische Natur; der Versuch, die Epiphanie Gottes nachzuschaffen, scheitert allerdings. In diesem Sinne nimmt der titelgebende Held der *Leiden des jungen Werther* (1774; zit. n. d. Zweitf. v. 1787) die Landschaft als heiligen Spiegel seiner naturfromm entgrenzten Innerlichkeit wahr:

> Wenn das liebe Tal um mich dampft, und die hohe Sonne an der Oberfläche der undurchdringlichen Finsternis meines Waldes ruht, und nur einzelne Strahlen sich in das innere Heiligtum stehlen, ich dann im hohen Grase am fallenden Bache liege, und näher an der Erde tausend mannigfaltige Gräschen mir merkwürdig werden; wenn ich das Wimmeln der kleinen Welt zwischen Halmen, die unzähligen unergründlichen Gestalten der Würmchen, der Mückchen näher an meinem Herzen fühle, und fühle die Gegenwart des Allmächtigen, der uns nach seinem Bilde schuf, das Wehen des Allliebenden, der uns in ewiger Wonne schwebend trägt und erhält; mein Freund! wenn's dann um meine Augen dämmert, und die Welt um mich her und der Himmel ganz in meiner Seele ruhn wie die Gestalt einer Geliebten; dann sehne ich mich oft und denke: ach könntest du das wieder ausdrücken, könntest dem Papiere das einhauchen, was so voll, so warm in dir lebt, daß es würde der Spiegel deiner Seele, wie deine Seele ist der Spiegel des unendlichen Gottes! – Mein Freund! – Aber ich gehe darüber zugrunde, ich erliege unter der Gewalt der Herrlichkeit dieser Erscheinungen.[8]

Auch auf Werther wirkt das Riechen belebend; während Kleist das *Einsaugen* anregender Düfte und Klopstock die den Leib *umspielenden* Wohlgerüche lobt, zelebriert Goethe hier – wie der junge Herder (siehe Kap. 1) – das umfassende *Eintauchen* in eine beglückende Atmosphäre; im Unterschied zu Voß, der das Schwelgen im Duft aus tugendhaft-christlicher Perspektive feiert, will Werther ganz im panentheistischen Heiligtum der Natur aufgehen:

---

[8] Johann Wolfgang Goethe: Die Leiden des jungen Werther. In: HA. Bd. 6: Romane und Novellen. Erster Band. Hamburg 1963, S. 7–124, hier S. 9.

> Jeder Baum, jede Hecke ist ein Strauß von Blüten, und man möchte zum Maienkäfer werden, um in dem Meer von Wohlgerüchen herumschweben und alle seine Nahrung darin finden zu können.[9]

Als sich Werther und Lotte im empfindsamen Geiste Klopstocks einer Natur hingeben, die Augen, Ohren, Nase und Tastsinn anspricht, tauchen sie in eine duftende Frühlingsszene ein, deren Genuss zur Apotheose des Dichters gerät:

> Wir traten ans Fenster. Es donnerte abseitwärts, und der herrliche Regen säuselte auf das Land, und der erquickendste Wohlgeruch stieg in aller Fülle einer warmen Luft zu uns auf. Sie stand auf ihren Ellenbogen gestützt, ihr Blick durchdrang die Gegend; sie sah gen Himmel und auf mich, ich sah ihr Auge tränenvoll, sie legte ihre Hand auf die meinige und sagte: „Klopstock!" – Ich erinnerte mich sogleich der herrlichen Ode, die ihr in Gedanken lag, und versank in dem Strome von Empfindungen, den sie in dieser Losung über mich ausgoß. Ich ertrug's nicht, neigte mich auf ihre Hand und küßte sie unter den wonnevollsten Tränen. Und sah nach ihrem Auge wieder – Edler! hättest du deine Vergötterung in diesem Blicke gesehen, und möcht' ich nun deinen so oft entweihten Namen nie wieder nennen hören![10]

Für den jungen Goethe sind Natur und schöpferischer Geist zwei Seiten eines Lebensprozesses, der von Gott sichtbar erhalten und vom Genie nachahmend zum künstlerischen Ausdruck gebracht wird. Freilich scheitert Werthers Versuch, seine absolut gesetzte innere Natur zu verwirklichen, an Lotte, die seine Liebe, die mehr als Freundschaft sucht, nicht erwidert; Klopstocks Aufschönung der unerwiderten Liebe zum Mysterium (siehe Kap. 7) liefe aus Werthers Sicht auf einen Verrat an der heiligen Bedürfnisnatur hinaus. Der paradoxe Anspruch des Romans, dem Leser beim imaginativen Nachvollzug einer ausweglosen Situation in vergleichbaren Lebenslagen Trost zu spenden, greift nur in der Kontemplation, die von dem Handlungsdruck entlastet ist, an dem Werthers Leben scheitert. Im schöpferischen Prozess des Erzählens findet die heilige Substanz seiner inneren Natur aber auch dann ihren gültigen Ausdruck, wenn ihr Verlangen scheitert. Die offenkundige Häresie, in die sich Werther mit seiner prätendierten *imitatio Christi* verstrickt, verdankt sich trübenden Affekten,[11] die der Text auch als solche zur Darstellung bringt; indem gestörte Passionen in eine partiell distanzschaffende Form eingebracht werden, sollen sie dabei helfen, das Lesepublikum gegen die zerstörerischen Illusionen eines geheiligten Körper-Selbst zu immunisieren. Der Widerspruch zwischen dem dargestellten Problem und dem Anspruch seiner literarischen Form bleibt indessen ungelöst; das sinnliche Verlangen der inneren Natur bleibt ein

---

9 Goethe: Die Leiden des jungen Werther, S. 8.
10 Goethe: Die Leiden des jungen Werther, S. 27.
11 Siehe dazu Martin Swales: Goethe. The Sorrows of Young Werther. Cambridge u. a. 1987, S. 42–44.

Einfallstor für destruktive Gewalten, die Goethe in späteren Phasen zu zähmen versucht. Im Übergang zur Klassik, die Geist und Natur durch eine tätige Vernunft versöhnen will, begegnet Goethe der Naturgewalt der sinnlichen Bedürfnisse mit einer freiwilligen Entsagung, die auch auf die Gestaltung von Atmosphären des liebenden Begehrens durchschlägt. In einer Geschichte aus den *Unterhaltungen deutscher Ausgewanderten* (1795) erklärt ein Gatte, der im Begriff ist, seiner Frau auf Geschäftsreisen für längere Zeit fernzubleiben: „die Forderungen der Natur sind rechtmäßig und gewaltsam; sie stehen mit unserer Vernunft beständig im Streite". Für den Fall, dass sie fühle, der Liebe eines anderen nicht entbehren zu können, verlangt er lediglich, dass sie einen Mann wählt, der sie nicht aus Eitelkeit begehrt, sondern „bescheiden und verschwiegen" zu lieben weiß.[12] Als sie tatsächlich in diese Lage gerät, sollen die Sinne in der Wohnung zu ihrem Recht kommen:

> Mit unaussprechlicher Freude vernahm die schöne Frau, daß sie den Geliebten nun bald sehen und sprechen sollte. Sie eilte, sich aufs beste anzuziehen, und ließ geschwind ihr Haus und ihre Zimmer auf das reinlichste ausputzen. Orangenblätter und Blumen wurden gestreut, der Sofa mit den köstlichsten Teppichen bedeckt.[13]

Der Geliebte ist, wie der Gatte sich erbeten hatte, bescheiden und verschwiegen, und eben diese Tugenden verhindern eine voreilige Hingabe an die beiderseits vorhandene Leidenschaft. Da der Geliebte ein Gelübde abgegeben hat, das ihm noch für zwei Monate Enthaltsamkeit abverlangt, verzögert sich die erhoffte Erfüllung der Liebesfreuden. Die Frau schließt sich dem Gelübde an; sie verlegt sich auf Arbeit, Gebete und Fasten und lässt den duftenden Raumschmuck entfernen. „Zuerst wurden die schönen Blätter und Blumen hinausgekehrt, die sie zu seinem Empfang hatte streuen lassen;"[14] sie widmet sich der Mildtätigkeit und nährt ihre Leidenschaft derweil in der Einbildung. Dadurch erschöpft sie sich körperlich und bringt Neigung und Tugend unwissentlich ins Gleichgewicht. Im Rückblick erkennt sie:

> Sie haben mich fühlen lassen, daß außer der Neigung noch etwas in uns ist, das ihr das Gleichgewicht halten kann, daß wir fähig sind, jedem gewohnten Gute zu entsagen und selbst unsere heißesten Wünsche von uns zu entfernen. Sie haben mich in diese Schule durch Irrtum und Hoffnung geführt; aber beide sind nicht mehr nötig, wenn wir uns erst mit dem guten und mächtigen Ich bekannt gemacht haben, das so still und ruhig in uns wohnt [...].[15]

---

12 Johann Wolfgang Goethe: Unterhaltungen deutscher Ausgewanderten. In: HA. Bd. 6, S. 125–241, hier S. 174.
13 Goethe: Unterhaltungen deutscher Ausgewanderten, S. 178–179.
14 Goethe: Unterhaltungen deutscher Ausgewanderten, S. 183.
15 Goethe: Unterhaltungen deutscher Ausgewanderten, S. 185.

Goethes Abschied vom vorbehaltlos bejahten Eintauchen in die Düfte der Natur zugunsten einer tätigen Entsagung wird im Auskehren der kostbaren Blüten und Blätter sinnenfällig; Gerüche als mögliche Verstärker überwältigender Affekte werden bewusst gemieden.[16]

Goethe charakterisiert das Riechen nun vor allem als Sinn im Dienst des profanen Appetits. In der autobiographischen Schrift *Italienische Reise* (1816–1817) regt sich die Esslust in einer scheinbar frommen Katze:

> Unserer alten Wirtin schleicht gewöhnlich, wenn sie das Bett zu machen hereinkommt, ihre vertraute Katze nach. Ich saß im großen Saale und hörte die Frau drinne ihr Geschäft treiben. Auf einmal, sehr eilig und heftig gegen ihre Gewohnheit, öffnet sie die Türe und ruft mich, eilig zu kommen und ein Wunder zu sehen. Auf meine Frage, was es sei, erwiderte sie, die Katze bete Gott-Vater an. Sie habe diesem Tiere wohl längst angemerkt, daß es Verstand habe wie ein Christ, dieses aber sei doch ein großes Wunder. Ich eilte, mit eigenen Augen zu sehen, und es war wirklich wunderbar genug. Die Büste steht auf einem hohen Fuße, und der Körper ist weit unter der Brust abgeschnitten, so daß also der Kopf in die Höhe ragt. Nun war die Katze auf den Tisch gesprungen, hatte ihre Pfoten dem Gott auf die Brust gelegt, und reichte mit ihrer Schnauze, indem sie die Glieder möglichst ausdehnte, gerade bis an den heiligen Bart, den sie mit der größten Zierlichkeit beleckte und sich weder durch die Interjektion der Wirtin noch durch meine Dazwischenkunft im mindesten stören ließ. Der guten Frau ließ ich ihre Verwunderung, erklärte mir aber diese seltsame Katzenandacht dadurch, daß dieses scharf riechende Tier wohl das Fett möchte gespürt haben, das sich aus der Form in die Vertiefungen des Bartes gesenkt und dort verhalten hatte.[17]

Goethe entlarvt die Überhöhung des natürlichen, olfaktorisch stimulierten Appetits der Kreatur zur kultischen Verehrung Gottes als Selbsttäuschung. Zugleich gewinnt er dem unvernünftigen Gebrauch der Einbildungskraft einen ästhetischen Gehalt ab; die Passage führt den Anschein einer frommen Katze gezielt vor Augen, und Goethe erspart der Wirtin taktvoll den Verlust ihrer reizvollen Illusion. Augustinus hatte den Tieren einen Sinn fürs Naturschöne zugesprochen, in dem sie keinen Gott verehren könnten, da sie unfähig seien, sinnliche Eindrücke im Lichte des Glaubens vernünftig zu deuten;[18] in der Katze scheint sich hingegen die wunderbare Empfänglichkeit eines körperlichen Sinns für das Heilige in der Kunst zu offenbaren. Als ironisches Symbol einer irrigen Sakralisierung der Sinnlichkeit bleibt das Bild der

---

[16] Auch in der wunderbaren Welt des Kunstmärchens gilt es, Gerüche zu meiden; im Schlussteil der *Unterhaltungen deutscher Ausgewanderten* mit dem Titel „Das Märchen" zieht die Schlange im Vorfeld des erlösenden Endes einen „magischen Kreis" um die „Fäulnis" toter Körper (Goethe: Unterhaltungen deutscher Ausgewanderten, S. 230). Zur therapeutischen Unterlegenheit dieser Maßnahme des Abschließens im Vergleich zu heilenden Berührungen siehe Zumbusch, S. 318.
[17] Johann Wolfgang Goethe: Italienische Reise. In: HA. Bd. 11, S. 7–349, hier S. 151–152.
[18] Augustinus: Confessiones/Bekenntnisse. Lateinisch/Deutsch. Stuttgart 2017, S. 473 (X.VI.10).

frommen Katze lehrreich; der reizvolle Schein der Pictura, der mit einem irrationalen Affekt kontaminiert ist, überwältigt den Verstand nicht, weil die wissenschaftliche Subscriptio gegen seine täuschende Kraft immunisiert.[19] In Szenen mit einem positiven symbolischen Sinngehalt steigern erfüllende Düfte auf der Reise durch Italien die affektive Wirkung des Angeschauten auf unproblematische Weise. In Verona weht ein angenehm riechender Wind durch Säulenlauben und Grabmäler, deren Bildnisse eine sorgende Liebe zeigen und das Leben symbolisch würdigen: „Der Wind, der von den Gräbern der Alten herweht, kommt mit Wohlgerüchen wie über einen Rosenhügel. Die Grabmäler sind herzlich und rührend und stellen immer das Leben her."[20] Bei einem Kinderbegräbnis in Neapel scheinen die an einer Bahre befestigten Engelfiguren mit ihren beweglichen Blumenbüscheln „mild belebende Blumengerüche auszustreuen".[21] In beiden Situationen kommt ein geistiger Sinn des Lebens, der den Leib überdauert, in symbolischen Artefakten zum Ausdruck, deren aufheiternde Wirkung durch natürliche Düfte intensiviert wird. Der für Wohlgerüche der Natur empfängliche Glaube hat sich von der Landschaft als heiligem Spiegel des Körper-Selbst auf Artefakte verlagert, die der Versöhnung von Geist und Natur einen kunstreligiösen Ausdruck verleihen; wenn solche Gebilde überhaupt sakralisiert werden, sind sie von der Eigenliebe des sinnlichen Verlangens bereinigt. An seinem Lieblings-Heiligen Philippus Neri, der eine stark empfundene Frömmigkeit mit dem gut gelaunten Einsatz für die intellektuelle, sprachliche und musikalische „Bildung der Jugend" zu verbinden wusste, schätzt Goethe denn auch den Anspruch, „das Geistliche, ja das Heilige mit dem Weltlichen zu verbinden, das Himmlische in das Säkulum einzuführen", wobei „die höchste Entsagung das erste Gesetz" bleibe, das zur – nur schwer zu kultivierenden – Geringschätzung der Missachtung durch andere auffordert.[22]

Oft erwähnt Goethes Bericht aus Italien Gerüche, um die Signatur einzelner Landschaften oder Regionen zu charakterisieren; in Venedig gehören dazu auch „Lagunen", deren „böse Dünste" mehr und mehr „über dem Sumpfe schweben" oder, wie er in einem Brief zum selben Thema schreibt, „stincken", wodurch „die ganze Anlage der Republik und ihr Wesen nicht einen Augenblick dem Beobachter weniger ehrwürdig sein" werde.[23] Am Lido bemerkt er die „salzige Luft", bei der Ankunft auf Sizilien ist die Luft „mild, warm und wohlriechend, der Wind lau", und

---

19 Vgl. Jürgen Link: Literaturwissenschaftliche Grundbegriffe. Eine programmierte Einführung auf strukturalistischer Basis. München ²1979, S. 165–194.
20 Goethe: Italienische Reise, S. 42.
21 Goethe: Italienische Reise, S. 340.
22 Goethe: Italienische Reise, S. 327 u. 329.
23 Goethe: Italienische Reise, S. 69 u. 564.

im öffentlichen Garten in Palermo ist „der eigene Geruch des dünstenden Meeres" vernehmlich, was dazu beiträgt, ihm „die Insel der seligen Phäaken" aus dem Homer in ihrer ganzen Fülle „in die Sinne sowie ins Gedächtnis" zu rufen. In Girgenti stellt Goethe naturkundliche Betrachtungen über Gerüche der Bäder an; „ein heißer Quell dringt aus dem Felsen mit sehr starkem Schwefelgeruch, das Wasser schmeckt sehr salzig, aber nicht faul":[24]

> Sollte der Schwefeldunst nicht im Augenblick des Hervorbrechens sich erzeugen? Etwas höher ist ein Brunnen, kühl, ohne Geruch. Ganz oben liegt das Kloster, wo die Schwitzbäder sind, ein starker Dampf steigt davon in die reine Luft.[25]

In Pozzuoli registriert Goethe den Aushauch von „Schwefel", und bei der Erkundung der Landschaft am Vesuv bemerkt er den „Rauch"; Gerüche werden allerdings ebensowenig ausdrücklich erwähnt wie in der Rede von der „Bergluft" bei Neapel und der „frische[n] Luft" an der Reede außerhalb Palermos. Wenn Goethe Plinius' Lob der „Lebensluft" in Kampanien zitiert, charakterisiert er die Atmosphäre dieser Landschaft eher summarisch.[26] Dass Goethe in Verona den Gestank, der mit „Unreinlichkeit" und „Unrat" im öffentlichen Raum verbunden ist, nicht eigens erwähnt, passt zur geographischen Anlage des Berichts: sein Interesse gilt „den Gegenständen der Natur, die in allen ihren Teilen wahr und konsequent ist" und ebenso „laut" spricht wie die „echte Kunst, die ebenso folgerecht ist als jene".[27] Von Gestank spricht Goethe nur im Brief laut, während er seinen Bericht von störenden Intensitäten bereinigt. Die innere, der anschauenden Vernunft zugängliche Verwandtschaft von Natur und Kunst wird zwar durch Gerüche unterstrichen, die Erinnerungen an literarische Szenen hervorrufen, doch das Hauptaugenmerk gilt der gegenständlichen Wirklichkeit und ihrer Nachahmung.

Im Roman *Wilhelm Meisters Lehrjahre* (1796) wird der Geruchssinn gleich zu Anfang als ein mit den Tieren geteilter Spürsinn ein- und herabgestuft. Kinder spüren so „verbotene[s] Naschwerk" auf, dessen von Furcht begleiteter Genuss „einen großen Teil des kindischen Glücks ausmacht". Im Rückblick schildert Wilhelm seine kindliche Freude an den Düften der ironisch zum „Heiligtum" stilisierten Speisekammer:[28]

---

24 Goethe: Italienische Reise, S. 90, 231–232, 241 u. 272.
25 Goethe: Italienische Reise, S. 272.
26 Goethe: Italienische Reise, S. 187–188, 204, 230 u. 338.
27 Goethe: Italienische Reise, S. 50 u. 149; oft verwendet Goethe „Duft", „Düfte" oder „duftig" im Sinne von „Dunst" (S. 174, 209, 240 u. 298).
28 Johann Wolfgang Goethe: Wilhelm Meisters Lehrjahre. In: HA. Bd. 7: Romane und Novellen. Zweiter Band. Hamburg 1965, S. 19.

Die aufgehäuften Schätze übereinander umfingen meine Einbildungskraft mit ihrer Fülle, und selbst der wunderliche Geruch, den so mancherlei Spezereien durcheinander aushauchten, hatte so eine leckere Wirkung auf mich, daß ich niemals versäumte, sooft ich in der Nähe war, mich wenigstens an der eröffneten Atmosphäre zu weiden.[29]

Als die Kinder beginnen, Puppentheater zu spielen, trägt der Geruch jener Kammer zur Aura des Schauplatzes maßgeblich bei: „Ich fühlte täglich mehr Anhänglichkeit für das enge Plätzchen, wo ich so manche Freude genoß; und ich gestehe, daß der Geruch, den die Puppen aus der Speisekammer an sich gezogen hatten, nicht wenig dazu beitrug."[30] Auch hier führen Geruchsmotive wieder ins Zentrum der ethischen Belange eines literarischen Textes; sie profanieren die Theatromanie, der Wilhelm erst noch entwachsen muss, bereits in ihren ersten Anfängen. Das zweite Geruchsmotiv des Romans taucht in der Figurenrede des Hamlet auf, den Wilhelm am Hof des Prinzen mitreißend darstellt; wenn Hamlet die „Engel und himmlischen Geister" anruft, beschwört er Gerüche in einem nur *spukhaft* sakralen Kontext:[31]

> Sei du ein guter Geist, sei ein verdammter Kobold, bringe Düfte des Himmels mit dir oder Dämpfe der Hölle, sei Gutes oder Böses dein Beginnen, du kommst in einer so würdigen Gestalt, ja ich rede mit dir, ich nenne dich Hamlet, König, Vater, o antworte mir![32]

Wilhelm Meisters Lehrjahre erzählen „von der Immunisierung des Protagonisten gegen eine infektiöse Ästhetik";[33] Gerüche eignen sich in diesem Zusammenhang vor allem als Indikatoren der Empfänglichkeit für oder Resilienz gegen pathogene Einflüsse. Der Geruch, dem Wilhelm nach Erfüllung eines Auftrags der Turmgesellschaft ausgesetzt ist, die für seine weitere Bildung eine entscheidende Rolle spielt, muss entsagend pariert werden:

> Sie trat in Wilhelms Stube und fragte, ob er etwas bedürfe? „Verzeihen Sie", sagte sie, „daß ich Sie in ein Zimmer logierte, das der Ölgeruch noch unangenehm macht; mein kleines Haus ist eben fertig geworden, und Sie weihen dieses Stübchen ein, das meinen Gästen bestimmt ist. [...]"[34]

---

29 Goethe: Wilhelm Meisters Lehrjahre, S. 20.
30 Goethe: Wilhelm Meisters Lehrjahre, S. 24.
31 Goethe: Wilhelm Meisters Lehrjahre, S. 321.
32 Goethe: Wilhelm Meisters Lehrjahre, S. 321–322. „Düfte" mag in erster Linie auf „Dünste" bezogen sein, doch die Gegenüberstellung von Himmel und Hölle spielt auch auf den Geruch des Heiligen und den Gestank der Sünde an.
33 Zumbusch, S. 300.
34 Goethe: Wilhelm Meisters Lehrjahre, S. 442; zum unangenehmen Geruch von Anstrichen im 18. Jahrhundert siehe auch Fn. 4 in Kap. 9.

Die „Bekenntnisse einer schönen Seele", die Wilhelm zur Lektüre gegeben werden, erwähnen einen Geruch, der Heilkräfte der Natur anzeigt: „Nun war Wein, wohlriechendes Wasser, und was nur erquicken und erfrischen konnte, im Überfluß da, nun kam auch der Wundarzt".[35] Ein Freund der Erzählerin lenkt deren „Aufmerksamkeit" später „von der Kenntnis des menschlichen Körpers und der Spezereien auf die übrigen nachbarlichen Gegenstände der Schöpfung" und vermeidet den vorzeitigen Sprung in den Gedanken an das Fortleben der Seele nach dem Tod: „nur zuletzt [...] ließ er mich den in der Abendkühle im Garten wandelnden Schöpfer aus der Entfernung ahnen."[36] Der Freund hilft ihr, „Gott in der Natur zu sehen", ohne ihre frommen Gedanken vom tätigen Realitätsbezug als der wahren Bestimmung des Menschen abzukoppeln. Im Unterschied zu den riechenden Wassern in der weißen Magie bei Opitz, in denen sich geistige Kräfte *verkörpern* können, verweist der gute Geruch des heilenden Wassers bei Goethe allenfalls *zeichenhaft* auf Geistiges. Gott wird in der Natur erkennbar, wenn der Mensch das „Urbild" der Schöpfung mit Hilfe seines nachschaffenden Geistes hervorbringt.[37] Dieser Glaube heiligt nicht die Sinnenwelt, sondern das Projekt der geistigen Anverwandlung ihrer sichtbaren Formenvielfalt; da Gerüche keine gegenständliche Form annehmen, belegen sie in diesem Prozess bestenfalls einen untergeordneten Rang.

Im Roman *Die Wahlverwandtschaften* (1809) spielen potentielle Gerüche in einer ganz aufs Diesseits bezogenen Zeremonie eine mehrdeutige symbolische Rolle. Bei einer Grundsteinlegung wird der Neubau zum Symbol der wohlbedachten Situierung, Begründung und Führung des künftigen Haushalts stilisiert; die Dokumente und Gegenstände, die in den Stein eingemauert werden, sollen späteren Generationen den guten Geist offenbaren, in dem der Hausstand gegründet wurde. Indessen steht der gefeierte Haushalt geistig gerade nicht auf einer soliden Basis, wird er doch durch die Leidenschaften der Ehepartner Eduard und Charlotte in den Grundfesten erschüttert. Dass Ottilie eine Halskette in den Grundstein legt, „an der das Bild ihres Vaters gehangen hatte", bekräftigt ihre Bindung an Charlottes Gatten; Eduard liebt die junge Frau und hatte sie gebeten, das Porträt, das sie an der Brust trug, von ihrer Kette zu entfernen. Andere Frauen legen weniger Kostbares in den Stein: „Die Frauenzimmer säumten nicht, von ihren kleinen Haarkämmen hineinzulegen; Riechfläschchen und andre Zierden wurden nicht geschont".[38] Fläschchen dieser Art enthielten meist Ammoniak oder essigaltige Substanzen mit einem stechenden Geruch, der Ohnmachten vorbeugen und Ohnmächtige wiederbeleben

---

35 Goethe: Wilhelm Meisters Lehrjahre, S. 368.
36 Goethe: Wilhelm Meisters Lehrjahre, S. 416.
37 Goethe: Wilhelm Meisters Lehrjahre, S. 416 u. 405.
38 Johann Wolfgang Goethe: Die Wahlverwandtschaften. In: HA. Bd. 6, S. 242–490, hier S. 302.

sollte. Oft waren auch Parfums beigemischt, denn neben der Aufgabe, die Lebensgeister wiederherzustellen, erfüllte das Accessoire, wie Goethes Rede vom Zierrat andeutet, eine modische Funktion. Wohlhabende Frauen hielten es in Gesellschaft in den Händen und rochen daran, um eine delikate Innerlichkeit zur Schau zu stellen.[39] Ob sich die Frauen am Grundstein eines modischen Artikels entledigen, dessen affektierter Gebrauch einem inneren Gleichgewicht eher im Wege steht, oder ob sie sich damit eines wichtigen Mittels begeben, das ihnen helfen könnte, im Angesicht überwältigender Gefühle die Fassung zu bewahren, bleibt offen. Die Symbolik ihrer Geste changiert ebenso mehrdeutig zwischen Selbstbefreiung und -gefährdung wie Ottilies Bereitschaft, sich von der elterlichen Autorität zu lösen und Eduards Willen zu entsprechen. In jedem Fall sind Riechfläschchen für Situationen bestimmt, in denen die innere Fassung eines Menschen gefährdet ist; im Zusammenhang mit der unfreiwilligen Ironie der Grundstein-Symbolik verheißt ihre Preisgabe nichts Gutes. Ob ein Charakter im Roman wirklich gegen die Gewalt der Affekte gefeit ist, verrät sich in seiner Haltung zur frischen Luft. Eduard, der sich einer problematischen Leidenschaft hingibt, ist gegen Zugluft überaus empfindlich, während es seiner entsagungsfähigen Frau „nicht luftig genug sein".[40]

Auch in Goethes Spätphase steigen vom Altar der Kunstreligion gelegentlich Düfte auf. *Vor* seiner Reise nach Italien ordnet er Gerüche der Natur noch dem inspirierenden Urquell der dichterischen Wahrheit zu: wenn der Poet und seine Freunde am schwülen Mittag der „Dichtung Schleier aus der Hand der Wahrheit" „in die Luft" werfen, sind sie von „Blumen-Würzgeruch und Duft" umhaucht.[41] Schon auf der Reise nach Italien verlegt er sich darauf, kunstreligiös bedeutsame Gerüche der Natur als Begleitphänomen symbolischer Artefakte darzustellen. Im Spätwerk beschwört er Düfte einer Natur, die Heiliges symbolisch anzeigt, ohne es zu verkörpern. In der Sammlung *West-Östlicher Divan* (1819) verbindet Goethe die hör- und sichtbare Schönheit einer Gartenszene zwar wieder mit Liebe und Wohlgeruch, doch die kultische Aura dieser Eindrücke gehört der Vergangenheit an: „da duftet's wie vor alters, / Da wir noch von Liebe litten / Und die Saiten

---

**39** Zur sozialen Rolle und literarischen Darstellung des Riechfläschchens im England des 18. Jahrhunderts siehe Emily C. Friedman: Reading Smell in Eighteenth-Century Fiction. Lewisburg 2016, S. 51–70, und William Tullett: Material Cultures of Scent. The Curious Smelling Bottle. In: ders.: Smell in Eighteenth-Century England. A Social Sense. Oxford 2019, S. 154–178.
**40** Goethe: Die Wahlverwandtschaften, S. 289; auch Goethe vertraut ab 1805 zunehmend auf die „Heilkraft von Wasser und Atmosphäre" (Zumbusch, S. 336).
**41** Johann Wolfgang Goethe: Zueignung [verf. 1784]. In: HA. Bd. 1: Gedichte und Epen. Erster Band. Hamburg 1964, S. 149–152, hier S. 152 (V. 96, 98 u. 100).

meines Psalters / Mit dem Morgenstrahl sich stritten."[42] Dem Gereiften zeigt sich das Heilige in naturwüchsigen Symbolen eines Lebensprozesses, der den Sinnen *verborgen* ist. Der Duft der ergrünenden Natur wird in einem Atemzug mit dem Geruch des Staubes gelobt, der an die Vergänglichkeit des Lebens gemahnt, die duftende Atmosphäre der sinnlichen Liebe *übertrumpft* und zur Betrachtung des *Geistigen* disponiert, das *über* der Sinnenwelt steht: „Mehr als Moschus sind die Düfte [der Staubwolken] / Und als Rosenöl dir lieber." Auch hier zeigt sich ein Bedürfnis nach olfaktorischem Naturgenuss: „Gewitterregen, / Laß mich, daß es grunelt, riechen!"[43] Dessen Erfüllung steht auch im Wirkungsfeld heiliger Kräfte:

> Und sogleich entspringt ein Leben,
> Schwillt ein heilig heimlich Wirken,
> Und es grunelt und es grünet
> In den irdischen Bezirken.[44]

Der Geist, der das Irdische bedenkt, strebt indessen „nach oben".[45] Das Heilige wird nicht einsaugend evident, sondern gedanklich als Urgrund des Ein- *und* Ausatmens vergegenwärtigt:

> Im Atemholen sind zweierlei Gnaden:
> Die Luft einziehn, sich ihrer entladen.
> Jenes bedrängt, dieses erfrischt;
> So wunderbar ist das Leben gemischt.
> Du danke Gott, wenn er dich preßt,
> Und dank' ihm, wenn er dich wieder entläßt.[46]

---

42 Johann Wolfgang Goethe: Im Gegenwärtigen Vergangnes: In: ders.: Westöstlicher Divan [Ausg. l. Hd. 1827]. In: HA. Bd. 2: Gedichte und Epen. Zweiter Band. Hamburg 1965, S. 7–125, hier S. 15 (V. 9–12). Wenn das „Liebchen" in „Hegire" die „Ambralocken düftet", wird Geruch ebenfalls mit sexueller Liebe verknüpft; siehe ders.: Hegire. In: ders.: Westöstlicher Divan, S. 7–8 (V. 33–34).
43 Johann Wolfgang Goethe: All-Leben. In: Westöstlicher Divan, S. 17–18, hier S. 18 (V. 11–12 u. 20). Das Verb „grunelt" wird unter anderem als Bezeichnung für den Austritt von Geruch nach frischem Grün verwendet; siehe die Einträge 1) a) u. b) unter „grünelt" in: Deutsches Wörterbuch. Elektronische Ausgabe der Erstbearbeitung von Jacob Grimm und Wilhelm Grimm (DWB), hg. vom Kompetenzzentrum für elektronische Erschließungs- und Publikationsverfahren in den Geisteswissenschaften an der Universität Trier in Verbindung mit der Berlin-Brandenburgischen Akademie der Wissenschaften. Frankfurt am Main 2004, Bd. 9, Sp. 938.
44 Goethe: All-Leben, S. 18 (V. 25–28).
45 Johann Wolfgang Goethe: Talismane. In: ders.: Westöstlicher Divan, S. 10 (V. 13–16, hier V. 16).
46 Goethe: Talismane, S. 10 (V. 17–22).

Goethes säkulare Geist-Religion legt Düfte als *Anzeichen* verborgener heiliger Kräfte aus, ohne die Naturgewalt des sinnlichen Verlangens zu sakralisieren.[47] Seine Technik, Transzendentes symbolisch einzukreisen, ist mit Moritz' Klang-Theologie verwandt, für Düfte aber empfänglicher als diese. Jedenfalls befindet sich das permeable Körper-Selbst der Klassik allenfalls dort in einem sakralen Zusammenhang, wo das sinnliche Begehren schweigt. Die Romantik sakralisiert hingegen die Gerüche der Natur (siehe Kap. 12); sie entwirft eine Kunstreligion, der die Autonomie poetischer Prozesse als Manifestation einer panentheistisch verstandenen Natur gilt, die sich auch und gerade im sinnlichen Verlangen zu erkennen gibt. In diesem Kontext spielen Synergien und Synästhesien von Duft und Klang eine wichtige Rolle; bei Goethe büßen sie die Kraft, Bewusstsein und Sinnenwelt im Bezug aufs Heilige zu vereinen, dagegen ein. Faust wütet gegen „Lindenduft und Glockenklang", weil er ihnen wie in einer Kirche oder Gruft entfremdet ist.[48] Der Zusammenhang von Duft und Klang mit dem Willen des Allmächtigen steht hier außer Frage, doch für Faust verschärft er nur die Gewissheit über eine unüberbrückbare Kluft zwischen menschlichem Verlangen und dem Heiligen in der Natur.

---

**47** In den Dramen *Götz von Berlichingen* [1773] und *Egmont* [1788] verweisen reale oder imaginäre Wahrnehmungen schlechter Gerüche auf eine soziale Umwelt, die dem legitimen Freiheitsstreben des Protagonisten feindlich gesinnt ist, sakralem Sinn also entfremdet bleibt. Götz begründet seine Weigerung, sich vor dem Rat, der ihn der Rebellion bezichtigt, hinzusetzen, mit seinem Abscheu vor dem sündhaften Geist, der die Amtsstube durchweht: „Das Stühlchen riecht so nach armen Sündern, wie überhaupt die ganze Stube." (Johann Wolfgang Goethe: Götz von Berlichingen. In: HA. Bd. 4: Dramatische Dichtungen. Zweiter Band. Hamburg 1962, S. 73–175, hier S. 146). Im *Egmont* spiegelt sich das Schicksal des titelgebenden Helden für Jetter in der Natur: „Ich wittre den Geruch von einem Exekutionsmorgen; die Sonne will nicht hervor, die Nebel stinken." (Johann Wolfgang Goethe: Egmont. In: HA. Bd. 4, S. 370–454, hier S. 417). Alba verbindet die verdeckte Gefahr, in die er Egmont lockt, mit schlechtem Geruch: „Trug dich dein Pferd so leicht herein, und scheute vor dem Blutgeruche nicht, und vor dem Geiste mit dem blanken Schwert, der an der Pforte dich empfängt?" (S. 426).
**48** Hartmut Rosa: Resonanz. Eine Soziologie der Weltbeziehung. Frankfurt am Main 2019, S. 525.

## 12 Duft und Klang im Heiligtum der Natur-Poesie: Friedrich von Hardenberg, Joseph von Eichendorff und E.T.A. Hoffmann

Beim Riechen wird ein Teil der Sinnenwelt körperlich aufgenommen; beim Hören von Sprache oder Musik wird ein bedeutsamer Ausdruck wahrgenommen. Wenn Gerüche als hörbarer Ausdruck dargestellt werden, erscheint die Entgrenzung des Selbst in die Sinnenwelt als Manifestation eines Sinns, der Innen- und Außenwelt umspannt. Synästhesien von Gerüchen und Klängen eignen sich daher als Mittel zur poetischen Evokation sakraler Gehalte. Im Kontext des Mythos, in dem die Götter mit den Menschen teils sichtbar verkehren, ist der rituelle Anspruch von Synästhesien, Göttliches sinnenfällig zu machen, nicht weiter problematisch. Im entgötterten Diesseits des Christentums ist der Versuch, Gott in der sinnlichen Naturerfahrung zu vernehmen, indessen häresieverdächtig; die Synästhesie von Geruch und Klang kann hier allenfalls figurativ auf geistige Sinnzusammenhänge verweisen. Säkulare Kunst-Religionen, denen die poetisch erfahrene Sinnenwelt heilig ist, können das Sakrale hingegen auch in synästhetischen Wahrnehmungen verorten. Synästhesien von Geruch und Klang, mit denen eine ins Körper-Selbst verzweigte Sinnenwelt zum Sprechen gebracht wird, eignen sich gut dazu, dem sakralen Anspruch der romantischen Poesie Ausdruck zu verleihen.[1]

Schon Sapphos Dichtung (um 630 – um 570 v. Chr.) evoziert Synästhesien mit Gerüchen und Klängen. Sie stellt visuelle, auditive, olfaktorische und haptische Eindrücke von einem heiligen Fest vor die Sinne, das als Göttertrank imaginiert wird; die gustatorische Vorstellung göttlicher Nahrung und die Vielfalt sinnlicher Eindrücke erscheinen hier als *ein* Ganzes.[2] Im Christentum galt die Vorstellung, Klänge zu riechen, indessen lange Zeit als sinnwidrig. So schalt der frühchristliche Schriftsteller Tertullian (n. 150 – n. 220) in seiner Schrift *Vom Kranze des Soldaten* (211) die Träger von Blumenkränzen: „Blumen auf dem Kopfe haben zu wollen, ist ebensosehr gegen die Natur, als eine Speise mittels des Ohrs, einen Schall mittels der

---

[1] Zur Funktion moderner Synästhesien in Symbolismus, Dekadenz und Naturalismus, etablierte Hierarchien der Sinne zu unterlaufen, siehe die kurzen Hinweise in Michel Delville: Senses. In: Sascha Bru, Ben De Bruyn u. Michel Delville (Hg.): Literature Now. Key Terms and Methods for Literary History. Edinburgh 2016, S. 87–97, hier S. 92–93. Zur Bedeutung moderner Synästhesien im wissenschaftsgeschichtlichen Kontext siehe Margot Szarke: Modern Sensitivity. Émile Zola's Synaesthetic Cheeses. In: French Studies (2020), H. 2, S. 203–222.
[2] Catherine Maxwell: „Unguent from a Carven Jar". Odour and Perfume in Arthur Machen's *The Hill of Dreams* (1907). In: Adeline Grand-Clément u. Charlotte Ribeyrol (Hg.): The Smells and Senses of Antiquity in the Modern Imagination. London u. a. 2022, S. 27–51, hier S. 38–39.

Nase ergreifen zu wollen."³ Seine Invektive erstreckt sich aber nicht auf die *figurative* Rede von duftenden Klängen, die sich auf den biblischen Präzedenzfall des Hohelieds Salomos berufen könnte: „Es riechen deine Salben köstlich; dein Name ist eine ausgeschüttete Salbe, darum lieben dich die Jungfrauen."⁴ Die christliche Theologie hat das Hohelied als Allegorie über geistige Liebe gedeutet, und im Anschluss an die theologische Unterscheidung zwischen leiblichen und geistigen Sinnen lassen sich *innere* Sinne amalgamieren. Augustinus zufolge hatte Gott die einzelnen Sinne zwar angewiesen, jeweils nur die eigenen Aufgaben zu erfüllen und nicht Funktionen anderer Sinne zu übernehmen, doch das „ewige Licht im Inneren", das von Gott stammt, lässt sich geistig auch schmecken.⁵

Im Spätmittelalter charakterisiert Giovanni di Virgilio (spätes 13.–frühes 14. Jahrhundert) bukolische Klänge mit Gerüchen; er knüpft an Vergils Eklogen an, in denen Schäfer nahe dem arkadischen Gebirge Maenalus singen und Düfte von Kräutern, Balsam und rituellen Opfern gepriesen werden.⁶ Im Prinzip lassen sich christliche Anleihen beim Mythos mit einem allegorischen Verständnis paganer Götter rechtfertigen, und die christliche Auslegung der Eklogen hat eine lange Tradition, doch di Virgilios Lob einer Sinnesfreude, die selbst den Waldesel beglückt, überschreitet die Grenzen vergeistigender Deutungen. Im „Gedicht an Dante Alighieri" (1319–1320) erinnert der Sprecher, wie ihm ein Windgott den Gesang des Hirten Tityrus (vgl. den Abschnitt zur Theokrit in Kap. 2) von der Adria zugeweht hatte; dabei preist er „das Säuseln des lieblich wehenden Eurus, / durch den klingender Duft, über Mänalus Höhen ergossen, / Balsam strömt' in das Ohr und Milch träuft' über die Lippen".⁷ Der „Duft" verweist metonymisch auf den hörbaren Wind, während die Rede vom Balsam fürs Ohr den Geruch metaphorisch mit dem wohl-

---

3 Tertullian: Vom Kranze des Soldaten. In: Tertullians ausgewählte Schriften. Bd. 2. Kempten/ München 1915, S. 576–609, hier S. 587.
4 Hld. 1: 3 [Ct. 1: 2: „fraglantia unguentis optimis oleum effusum nomen tuum ideo adulescentulae dilexerunt te"].
5 Augustinus: Confessiones/Bekenntnisse. Lateinisch/Deutsch. Stuttgart 2017, S. 421 (IX.IV.10); zur Aufgabenteilung der leiblichen Sinne siehe S. 475 (X.VII.11). Vgl. Minucius Felix: Octavius. Lateinisch/ Deutsch, hg. von Bernhard Kytzler. Stuttgart 1977, S. 132 (38.2); der christliche Schriftsteller ridikülisiert das Tragen von Blumenkränzen auf dem Kopf mit dem Hinweis, er vernehme den Duft von Blumen nicht mit seinen Haaren, sondern mit der Nase.
6 Vergil [P. Vergilius Maro]: Bucolica. Hirtengedichte, hg. von Michael von Albrecht. Stuttgart 2015, S. 17 (II.11), 19 (II.48), 21 (II.54–55) (zu Gerüchen) u. 71 (VIII.61) (zum Maenalus).
7 Giovanni di Virgilio an Dante Alighieri. In: Dante Alighieri's lyrische Gedichte und poetischer Briefwechsel, hg. von Carl Krafft. Regensburg 1859, S. 345–352, hier S. 347 ˈhttps://archive.org/details/ bub_gb_uVpMzLNKNPIC/page/347/mode/2upˈ (Zugriff 22. September 2022). Im Original ist von einem Duft der Klänge – „vocalis odor" (S. 346) – die Rede, doch da es sich um zwei konkrete Eindrücke handelt, fällt die Umkehr der Beziehung von Bildspender und -empfänger in der deutschen Übersetzung kaum ins Gewicht.

## 12 Duft und Klang im Heiligtum der Natur-Poesie — 151

tuenden Klang verbindet; auf diese Weise wird das angenehme Zusammenwirken verschiedener Sinneswahrnehmungen rhetorisch unterstrichen.

Der Barock-Mystiker Scheffler imaginiert den Wohlgeruch eines Gotteslobs, das einem reinen Herzen entstammt (vgl. Kap. 4),[8] und er wandelt damit eine Geruchsmetapher des Paulus (vgl. 2. Kor. 2: 14–16) in eine sinnliche Vorstellung um, mit der die geistigen Sinne angesprochen werden sollen; *diese* Sinne sind für Scheffler sämtlich synästhetisch verbunden: „Die Sinnen sind im Geist all' ein Sinn und gebrauch. // Wer GOtt beschaut / der schmåkt / fühlt / reucht / und hört Jhn auch."[9] Der empfindsam religiöse Klopstock vergleicht den Fluss der Rede eines Apostels im Epos *Der Messias* mit duftendem Wind: „Wie von Hermon der Thau, wenn der Morgen erwacht ist, / Treufelt, und wie wohlriechende Lüfte dem Ölbaum entfliessen, / Also fliesset die liebliche Rede vom Munde Philippus."[10] Dass Klopstock die Poesie ermächtigt, Kraft der ästhetischen Erfahrung sakrale Gehalte zu beglaubigen, die mit der kirchlichen Orthodoxie unvereinbar sind, wurde bereits angesprochen (siehe Kap. 7). Voß lässt in einem Gedicht „An Friedrich Leopold Grafen zu Stolberg" (verf. 1780) Homer erscheinen, der im „Orakel der hohen Natur" die „töneduftenden Kränze" preist und die Zuhörer anweist, die Natur als „des Unendlichen sichtbare Gottheit" anzubeten. Das synästhetisch beschriebene Kranz-Symbol stellt Gesänge und natürliche Düfte als zwei Seiten *eines* Sinnzusammenhangs vor, dem Voß mit seiner behutsamen Vermählung von Schönem und Heiligem zur Geltung verhelfen möchte (vgl. Kap. 10).[11]

Die bislang angeführten Tropen können als Synästhesien bezeichnet werden, doch vorromantische Synästhesien bringen keine synästhetische Wahrnehmung einer *inneren* Verbindung von Eindrücken verschiedener Sinne zum Ausdruck. Auch Pedro Calderón de la Barcas (1600–1681) Drama *La señora y la criada* (1679) spricht lediglich von einer Konfusion von Harmonien und Düften.[12] Von Klängen, die riechen, oder Gerüchen, die klingen, ist zunächst in satirischen Schilderungen

---

8 Angelus Silesius [Johannes Scheffler]: Cherubinischer Wandersmann. Kritische Ausgabe, hg. von Louise Gnädinger. Stuttgart 2000, S. 134 (III 145).
9 Angelus Silesius, S. 238 (V 351).
10 Friedrich Gottlieb Klopstock: Der Messias. Gesang I–III [1748]. Stuttgart 1995, S. 82 (III.209–211). In der Ode „Der Kamin" [1770] antwortet die Natur dem Duft der Blüten mit dem Klang des Windes: „Wenn der Morgen in dem Mai mit der Blüten / Erstem Geruch erwacht, / So begrüßet ihn entzückt vom betauten / Zweige des Waldes Lied; / So empfindet, wer in Hütten an dem Walde / Wohnet, wie schön du bist, / Natur!" (in: Klopstocks gesammelte Werke in vier Bänden, hg. v. Franz Muncker. Bd. 3: Oden und geistliche Lieder in Auswahl. Stuttgart/Berlin 1885, S. 127–129, hier S. 127).
11 In: Der Göttinger Hain. Hölty – Miller – Stolberg – Voß, hg. von Alfred Kelletat. Stuttgart 1984, S. 290–294, hier S. 291–292.
12 Las Comedias de D. Pedro Calderón de la Barca, hg. von Juan Jorge Keil. Bd. 4. Leipzig 1830, S. 503–526, hier S. 507.

die Rede; als Sir Toby in William Shakespeares (1564–1616) *Twelfth Night* (verf. 1601–1602) meint, den Gesang des Feste mit der Nase zu hören, da er Wohlklang mit Mundgeruch verbindet, verwendet er eine humorvolle Katachrese: „To hear by the nose, it is dulcet in contagion."[13] Im späten 17. Jahrhundert erwähnt François Fénelon in einer christlichen Satire über das Schlaraffenland eine „musique de parfums", die aus Düften komponiert ist, mit denen die saturierten Einwohner stimuliert werden, die infolge ihrer Hingabe an Genüsse feige, faul und dumm wurden.[14]

Ein Vorläufer der romantischen Synästhesie findet sich in Shakespeares Drama *The Tempest* (verf. 1610–1611), das synästhetische Wahrnehmungen verzauberter Sinne erwähnt: „they pricked their ears, / Advanced their eyelids, lifted up their noses / As they smelt music; so I charmed their ears";[15] im romantischen Kunstmärchen werden die Sinne ebenfalls magisch entgrenzt, während die Naturschilderungen der Romantik poetisch verzaubern wollen. Die Romantik kennt zwei Spielarten der Entgrenzung von Riechen und Hören. In *synästhetischen* Wahrnehmungen gehen reale Eindrücke eines Sinnes in reale oder imaginäre Eindrücke eines anderen Sinnes über; diese Übergänge werden ekstatisch als Prozess in der Sinnenwelt erlebt. In *tagtraumartigen* Erfahrungen verbinden sich Klänge und Düfte in einer Zone zwischen Vorstellung und Wirklichkeit zu einem bedeutsamen Ganzen.

Das tagtraumhafte oder synästhetische Zusammenspiel von Klängen und Düften eignet sich besonders zur Markierung von *Schwellen* zu romantischen Heiligtümern, in denen der Mensch am schöpferischen Geist der Natur teilhat. Werden Klänge der natürlichen Umwelt als Gebärden einer poetisch verfassten Natur ausgelegt, so erlaubt deren innere Verbindung mit natürlichen Gerüchen, das Selbst auch körperlich am inspirierenden Ausdrucksgeschehen teilhaben zu lassen. Aus romantischer Sicht entspringt die klingende Poesie des Menschen derselben Ursprungsmacht, die im äusseren Geschehen wirkt; auch die Poesie korrespondiert mit realen oder imaginären Düften und offenbart so die Einheit von innerer und äußerer Natur. Im Roman *Heinrich von Ofterdingen* (1802) von Friedrich von Hardenberg (1772–1801) alias Novalis wird Heinrich gebeten, von der Zeit seines Auf-

---

13 William Shakespeare: Twelfth Night, hg. von J. M. Lothian u. T. W. Craik. London/New York 1975, S. 46 (2.3.57). Ein Beispiel für eine humorvolle Rede vom Sehen mit der Nase bei Plautus findet sich in Constance Classen, David Howes u. Anthony Synnott: Aroma. The Cultural History of Smell. London/New York 1994, S. 28.
14 François de Salignac de la Mothe Fénélon [!]: Voyage dans l'îsle des plaisirs. In: ders.: Œuvres. Bd. 4. Paris 1787, S. 502–509, hier S. 507.
15 William Shakespeare: The Tempest, hg. von Virginia Mason Vaughan u. Alden T. Vaughan. London u. a. 2011, S. 278 (4.1.176–178).

wachsens zu sprechen, das als „Aufblühen" einer geistigen Kraft „aus der unendlichen Quelle" gedeutet wird:

> Wir Alten hören am liebsten von den Kinderjahren reden, und es dünkt mich, als ließt ihr mich den Duft einer Blume einziehn, den ich seit meiner Kindheit nicht wieder eingeatmet hatte. Nun sagt mir noch vorher, wie Euch meine Einsiedelei und mein Garten gefällt, denn diese Blumen sind meine Freundinnen, mein Herz ist in diesem Garten.[16]

Das erfüllende Zusammenspiel von hörbarem Ausdruck und duftender Natur steht allerdings am Ende einer langen Entwicklung. Im Vorfeld von Heinrichs Erweckung zur Liebe herrscht zunächst duftende Stille:

> Versunken lag ich ganz in Honigkelchen;
> Ich duftete, die Blume schwankte still
> In goldner Morgenluft. Ein innres Quellen
> War ich [...][17]

Als Heinrich zu Beginn des Romans träumt, sich der blauen Blume als Symbol der Natur zu nähern, erreicht er ein Gewölbe im Inneren eines Berges, wo „nicht das mindeste Geräusch [...] zu hören" ist; „eine heilige Stille umgab das herrliche Schauspiel".[18] Er folgt einem Fluss und wird magisch von der Blume angezogen:

> Was ihn aber mit voller Macht anzog, war eine hohe lichtblaue Blume, die zunächst an der Quelle stand, und ihn mit ihren breiten, glänzenden Blättern berührte. Rund um sie her standen unzählige Blumen von allen Farben, und der köstlichste Geruch erfüllte die Luft. [...] die Blume neigte sich nach ihm zu, und die Blütenblätter zeigten einen blauen ausgebreiteten Kragen, in welchem ein zartes Gesicht schwebte. Sein süßes Staunen wuchs mit der sonderbaren Verwandlung, als ihn plötzlich die Stimme seiner Mutter weckte, und er sich in der elterlichen Stube fand, die schon die Morgensonne vergoldete.[19]

An dieser Stelle bringt der Klang den Duft des Traumes nicht zum erfüllenden Ausdruck, sondern drängt ihn zurück. Die Erziehung der Mutter ist aber darauf angelegt, das Heilige im Inneren des Sohnes aufblühen zu lassen, und Heinrich reagiert freundlich auf ihre Stimme. Bei der Aktualisierung seiner inneren Natur steht die Poesie im Mittelpunkt, deren Natürlichkeit vom „duftenden Kranz[es]", den die Sieger in den „Wettgesängen der begeisterten Sänger" erhalten, suggestiv

---

16 Novalis [Friedrich von Hardenberg]: Heinrich von Ofterdingen. Ein Roman [1802]. Stuttgart 1997, S. 166–167.
17 Novalis, S. 155, V. 18–21.
18 Novalis, S. 10.
19 Novalis, S. 11–12.

unterstrichen wird. Die figurative Rede von Dichtern, die „von keinen törichten Begierden umhergetrieben" sind und „nur den Duft der irdischen Früchte" einatmen, „ohne sie zu verzehren", verbindet den Geruch der Natur mit einer geistigen und sinnlichen Liebe als Quelle der poetischen Inspiration: „Die Liebe ist stumm, nur die Poesie kann für sie sprechen. Oder die Liebe ist selbst nichts, als die höchste Naturpoesie." Heinrichs Erweckung zur Liebe und zur Dichtung kommt einer Verklärung des Lebens gleich: „Ja Mathilde, die höhere Welt ist uns näher, als wir gewöhnlich denken. Schon hier leben wir in ihr, und wir erblicken sie auf das innigste mit der irdischen Natur verwebt." Im Märchen von der Erlösung der Welt durch den Geist der Poesie, das Klingsohr am Ende des ersten Romanteils erzählt, markieren Düfte den Wandel zum Besseren: „Ein duftender Wind wehte im Saale", als ein Vogel von der kommenden Macht der Liebe singt; als die Erde ihre frühere Leichtigkeit zurückgewinnt, verkündet ein alter Riese im Blick auf den Garten der Sophie: „Bald wird ihr Garten wieder blühen, und die goldne Frucht duften." Und als die Welt erlöst ist, schein alles „beseelt. Alles sprach und sang. [...] Die Pflanzen bewirteten sie mit Früchten und Düften." Der sprechende Name des Erzählers unterstreicht einmal mehr, dass die Poesie den erfüllenden Duft der liebenden Natur in heiligen *Klängen* manifestiert.[20]

Joseph von Eichendorffs (1788–1857) Gedichte zeigen Landschaften, die in traumartige Vorstellungen übergehen und dabei die Magie eines schöpferischen Ursprungs der Natur enthüllen sollen. Seine Lyrik spricht mehrere Sinne an, doch wenn im Gedicht „Götterdämmerung" (1818) von Duft die Rede ist, handelt es sich – wie in vielen anderen Gedichten auch – um Dunst:

> Verwirrend in den Bäumen
> Gehn Stimmen hin und her,
> Ein sehnsuchtsvolles Träumen
> Weht übers blaue Meer.
>
> Und unterm duftgen Schleier,
> Sooft der Lenz erwacht,
> Webt in geheimer Feier
> Die alte Zaubermacht.[21]

Rindisbacher hatte der Romantik bescheinigt, weitgehend ohne Geruchsmotive auszukommen,[22] und tatsächlich spricht diese Bewegung häufig nur vage von Duft. Seine Überlegung, dass diese Motive dem romantischen Interesse am Erhabenen

---

20 Novalis, S. 32, 94, 117, 119, 122, 145 u. 140.
21 In: Joseph von Eichendorff: Gedichte. Eine Auswahl. Stuttgart 1975, S. 112–115, hier S. 113.
22 Hans J. Rindisbacher: The Smell of Books. A Cultural-Historical Study of Olfactory Perception in Literature. Ann Arbor, MI 1992, S. 28, Fn. 4.

nicht entgegenkämen, ist bedenkenswert, da Gerüche meist starke Wertungen hervorrufen, die ein Wohlgefallen gegen das Interesse der Sinne eher behindern; andererseits konnte Klopstock im Gedicht „Sommernacht" unter anderem im Verweis auf das Versiegen von Düften in der Natur eine erhabene Atmosphäre inszenieren.[23] Die romantische Beschwörung sinnlicher Offenbarungen einer göttlichen *natura naturans* bezieht naturspezifische Gerüche vor allem ein, um Augenblicke der Erweckung zur poetischen Sensibilität zu gestalten, und die allgemeine, unterbestimmte Rede von Düften kommt der Absicht entgegen, beim Nachvollzug dieser Situationen durch die Rezipienten auch *deren* schöpferische Phantasie zu aktivieren. Das Zusammenwirken von Klang und Duft markiert in der Romantik regelmäßig Momente, in denen Traum und Wirklichkeit ineinander übergehen. In Eichendorffs „Lockung" (1834) geht die Inspiration zur Poesie von einer Szene aus, die von Fliederduft und einem rauschenden Fluss geprägt ist:

> Kennst du noch die irren Lieder
> Aus der alten, schönen Zeit?
> Sie erwachen alle wieder
> Nachts in Waldeseinsamkeit,
> Wenn die Bäume träumend lauschen
> Und der Flieder duftet schwül
> Und im Fluß die Nixen rauschen –
> Komm herab, hier ists so kühl.[24]

Der Frühling als besonders prägnantes Erwachen schöpferischer Naturkräfte kündigt sich im Gedicht „Frühlingsnacht" (1837) durch das Zusammenspiel von hörbarem Flügelschlag und antizipiertem Lenzgeruch an:

> Übern Garten durch die Lüfte
> Hört ich Wandervögel ziehn,
> Das bedeutet Frühlingsdüfte,
> Unten fängts schon an zu blühn.[25]

---

**23** Vgl. Ludwig Christoph Heinrich Hölty: Das Landleben. Dritte Fassung [ersch. 1777]. In: Der Göttinger Hain. Hölty – Miller – Stolberg – Voß, hg. von Alfred Kelletat. Stuttgart 1984, S. 86–87: Dem Mann, „welcher der Stadt entfloh", ist jeder „Rasen ein Altar, / Wo er vor dem Erhabnen kniet". Dort trinkt er auch „den Atem der Blüte". Zum historischen Gewicht von Gerüchen in der englischen Romantik siehe Clare Brant: Fume and Perfume: Some Eighteenth-Century Uses of Smell. In: Journal of British Studies (2004), H. 4, S. 444–463, hier S. 462; widriger Geruch scheint romantische Bewusstseinslagen empfindlich zu stören (S. 459).
**24** In: Eichendorff: Gedichte, S. 48.
**25** In: Eichendorff: Gedichte, S. 97.

Das Poem „Der Kranke" (1837) bejaht die Wiederbelebung der natürlichen Lebenslust durch frische Luft und poetischen Gesang:

> „Was willst du singen
> In tiefster Not?
> Lenz, Lust vergingen,
> Liebchen ist tot!" –
>
> Laßt mich, Gespenster!
> Lied, riegl auf die Gruft!
> Öffnet die Fenster,
> Luft, frische freie Luft![26]

Im Gedicht „Frau Venus" (1819) erwacht die natürliche Liebessehnsucht in einer duftenden und klingenden Frühlingslandschaft:

> Was weckst du, Frühling, mich von neuem wieder?
> [...]
>
> So mich auch ruft ihr aus dem stillen Hause –
> Und schmerzlich nun muß ich im Frühling lächeln,
> Versinkend zwischen Duft und Klang vor Sehnen.[27]

Das Gedicht „Die Spielleute" (1837) kontrastiert wandernde Sänger in freier Natur mit einer träumenden Schläferin in einem kunstvoll stilisierten Garten. Die Spielleute und die schöne Frau nehmen einander in komplementären Phantasien wahr: die vorüberziehenden Spielleute stellen sich vor, wie die Frau den Gesang der Männer im Traum vernimmt. Auf beiden Seiten gehen Wahrnehmungen und Vorstellungen augenblickshaft ineinander über; ausgelöst wird dieser poetische Prozess durch die Ankunft des klingenden Spielmannszugs an einem duftenden Garten:

> [...]
> Tief unten da ist ein Garten,
> Da wohnt eine schöne Frau,
> Wir können nicht lange warten,
> Durchs Gittertor wir schaun,
> Wo die weißen Statuen stehen,
> Da ists so still und kühl,
> Die Wasserkünste gehen,
> Der Flieder duftet schwül.

---

26 In: Eichendorff: Gedichte, S. 90–91, hier S. 91.
27 In: Eichendorff: Gedichte, S. 97–98, hier S. 98.

## 12 Duft und Klang im Heiligtum der Natur-Poesie — 157

> Wir ziehn vorbei und singen
> In der stillen Morgenzeit,
> Sie hörts im Traume klingen,
> Wir aber sind schon weit.[28]

Eichendorff modifiziert die aus der Aufklärung und ihren Ablegern vertraute Auslegung der äußeren Natur als einer durch Liebe geprägten Schöpfung; in seinem „Morgengebet" (1834) scheint es, als sei Gott in der bewegten Natur real präsent: „Die Wälder nur leise sich neigen, / Als ging' der Herr durch's stille Feld."[29] Wenn das untröstliche Leiden am irdischen Dasein im Zyklus „Der Umkehrende" (1841) in der „Waldeinsamkeit" im Vertrauen auf Gott klaglos geduldet wird,[30] gerät die Landschaft zu einem Ort zur Weltabkehr; in diesem Kontext bilden irdischer Duft und himmlische Stille einen Gegensatz:

> Du sollst mich doch nicht fangen,
> Duftschwüle Zaubernacht!
> Es stehn mit goldnem Prangen
> Die Stern auf stiller Wacht,
> Und machen überm Grunde,
> Wo du verirret bist,
> Getreu die alte Runde –
> Gelobt sei Jesu Christ![31]

Die Darstellung des erfüllenden Zusammenspiels von Duft und Klang bleibt der poetischen Weltbejahung vorbehalten; im frühen Gedicht „Maria Magdalena" (verf. 1808) wird es zur Synästhesie gesteigert:

> Und die Ströme tönend zogen,
> Und die Nachtigallen schlugen,
> Berge, Auen, Wälder, Bronnen,
> Von so überholden, reichen
> Sternes Strahlen angesogen,
> Tiefe Sehnsucht auszusagen,
> Sendend Blicke still nach oben,
> Standen, eine glüh'nde Blume
> Zart aus Duft und Klang gewoben,

---

28 In: Eichendorff: Gedichte, S. 13–15, hier 14–15.
29 In: Eichendorff: Gedichte, S. 119–120, hier S. 119.
30 Joseph von Eichendorff: Der Umkehrende. In: ders.: Gedichte, S. 125–128, hier S. 127.
31 Eichendorff: Der Umkehrende, S. 125–126.

Wie in Träumen ganz versunken,
Aufgericht't im Abendgolde.³²

Die Rede vom strahlenden Stern bezieht sich vordergründig auf die Abendröte, spielt aber zugleich figurativ auf Maria Magdalenas prachtvolles Erscheinen auf dem Balkon ihres Schlosses an. Hier geht die tagtraumartig offenbarte Beseelung der Natur in einem erotischen Versprechen auf, dessen Licht aus Duft und Klang zu bestehen scheint.

E. T. A. Hoffmann (1776–1822) stellt magische Entsprechungen von Duft und Klang in künstlichen Märchenwelten dar, die den kontrafaktischen Status ihrer versinnlichten Ideale hervorheben. Auch solche Artefakte können der Romantik als Manifestationen einer Natur gelten, die an der schöpferischen Anverwandlung ihrer äußeren Erscheinungen mitwirkt. Im Märchen *Klein Zaches genannt Zinnober* (1819) leidet Balthasar darunter, dass die Anerkennung, die eigentlich er verdient hätte, immer von Klein Zaches erheischt wird, während dessen Fehler und Missetaten dem Balthasar zugeschrieben werden. Als sich der Geschädigte an Alpan wendet, um den bösen Bann lösen zu lassen, „wallt[e]" in dem Raum, in dem der Magier seine Künste ausübt, der „geheimnisvolle Duft eines unbekannten Aroma [...] auf und nieder und schien die süßen Töne der Harmonika hin und her zu tragen".³³ Im Wirkungskreis der Fee Rosabelverde sind Klänge und Gerüche ebenfalls mysteriös verbunden; als Klein Zaches „auf dem Rasenplatz bei den Rosen angekommen" war, an dem die Fee den Zauber seiner vorteilhaften Wirkung mit ihrem goldenen Kamm regelmäßig erneuert, „ging ein süßtönendes Wehen durch die Büsche und durchdringender wurde der Rosenduft".³⁴ Alpan zerbricht Rosabelverdes Kamm, was die Fee aber gutmütig hinnimmt; sie teilen das Interesse, eine Parklandschaft guter Geister vor der „Aufklärungs-Polizei"³⁵ zu retten, und versichern sich gegenseitig ihrer ewigen Freundschaft. Auf dem Rückweg von ihrem Treffen mit Alpan schwelgt die Fee in einer Atmosphäre von Klängen und Düften in Erinnerungen an vergangene Höhepunkte ihres magischen Wirkens: „In die seligste Zeit ihres herrlichsten Feenlebens fühlte sich die Stiftsdame versetzt, als der Wagen herrlich tönend durch den duftenden Wald rauschte."³⁶ Am glücklichen Ende des Märchens kann sich Balthasar mit Candida verheiraten, die ihm Klein Zaches zunächst ausgespannt hatte; unter dem harmonischen Zusammenspiel von Tönen und

---

32 In: Joseph von Eichendorff: Werke. Bd. 4: Nachlese der Gedichte. Erzählerische und dramatische Fragmente. Tagebücher 1798–1815. München 1980, S. 26–27, hier S. 26.
33 E. T. A. Hoffmann: Klein Zaches genannt Zinnober. Ein Märchen. Stuttgart 2014, S. 63.
34 Hoffmann: Klein Zaches genannt Zinnober, S. 68.
35 Hoffmann: Klein Zaches genannt Zinnober, S. 78.
36 Hoffmann: Klein Zaches genannt Zinnober, S. 79.

Düften wird das Paar von Rosabelverde und Alpan zauberisch beschenkt: „Und dabei tönte stärker die Musik des Waldes, und der Nachtwind strich daher, geheimnisvoll säuselnd und süße Düfte aushauchend."[37]

Im *Klein Zaches* stellt Hoffmann magische *Synergien* von Düften und Klängen einer traumhaft anmutenden Sinnenwelt dar. In seinem Märchen *Der goldene Topf* (1814; zit. n. d. 2. Aufl. v. 1819) sind Klänge und Gerüche der Natur stärker *synästhetisch* verbunden. Dem Studenten Anselmus offenbart sich die Naturgewalt der magischen Poesie im harmonischen Einklang olfaktorischer, taktiler und visueller Eindrücke, die als Zeichen *eines* hörbar vernehmlichen Sinns verstanden werden wollen:

> Der Holunderbusch rührte sich und sprach: „Du lagst in meinem Schatten, mein Duft umfloß dich, aber du verstandest mich nicht. Der Duft ist meine Sprache, wenn ihn die Liebe entzündet." Der Abendwind strich vorüber und sprach: „Ich umspielte deine Schläfe, aber du verstandest mich nicht, der Hauch ist meine Sprache, wenn ihn die Liebe entzündet." Die Sonnenstrahlen brachen durch das Gewölk, und der Schein brannte wie in Worten: „Ich umgoß dich mit glühendem Gold, aber du verstandest mich nicht; Glut ist meine Sprache, wenn sie die Liebe entzündet."[38]

Durch Busch, Wind und Sonne sprechen drei goldgrüne Schlangen zu dem Studenten und lassen ihn so an einem frohen Leben teilhaben, das Hör- und Geruchssinn entgrenzt: „Blumen und Blüten dufteten um ihn her, und ihr Duft war wie herrlicher Gesang von tausend Flötenstimmen".[39] Dieses Glück ist von kurzer Dauer, klingt aber im Zaubergarten des Archivarius und Geisterfürsten Lindhorst wieder an:

> Dagegen waren wieder die rosenfarbnen und himmelblauen Vögel duftende Blumen, und der Geruch, den sie verbreiteten, stieg aus ihren Kelchen empor in leisen lieblichen Tönen, die sich mit dem Geplätscher der fernen Brunnen, mit dem Säuseln der hohen Stauden und Bäume zu geheimnisvollen Akkorden einer tiefklagenden Sehnsucht vermischten.[40]

Blüten sind Insekten, Vögel sind Blumen, und Düfte singen oder mischen sich mit Klängen. Die metamorphotische Identität von Vögeln und Blumen markiert Anselmus' Eintritt in den magischen Bezirk einer Poesie, deren natürliche Kraft autonome Formen hervorbringt; der liebesethische Gehalt dieser Schöpferkraft offenbart sich in einem klingenden Blumen-Duft:

---

37 Hoffmann: Klein Zaches genannt Zinnober, S. 114.
38 E.T.A. Hoffmann: Der goldene Topf. Ein Märchen aus der neuen Zeit. Stuttgart 1994, S. 12.
39 Hoffmann: Der goldene Topf, S. 12.
40 Hoffmann: Der goldene Topf, S. 80.

> Glühende Hyazinthen und Tulipanen und Rosen erheben ihre schönen Häupter, und ihre Düfte rufen in gar lieblichen Lauten dem Glücklichen zu: „Wandle, wandle unter uns, Geliebter, der du uns verstehst – unser Duft ist die Sehnsucht der Liebe – wir lieben dich und sind dein immerdar!"[41]

Der Erzähler beglaubigt, dass diese beglückenden Erfahrungen den sakralen Urgrund der Natur zu erkennen geben: „Ist denn überhaupt des Anselmus Seligkeit etwas anderes als das Leben in der Poesie, der sich der heilige Einklang aller Wesen als tiefstes Geheimnis der Natur offenbaret?"[42] Realiter bleibt die Spannung zwischen dem bürgerlichen Alltag und dem poetischen Ausbruch aus seiner Normalität im *Goldenen Topf* auch in Liebesdingen unaufhebbar, was den erlösenden Anspruch der Poesie – seiner idealen Geltung zum Trotz – paradox wirken lässt.[43]

In der Oper *Tristan und Isolde* (verf. 1859) von Richard Wagner (1813–1883) versinnlichen Töne und Gerüche die entgrenzende und verklärende Teilhabe der sterbenden Isolde am Ursprung des Weltganzen; die Synästhesie von Duft und Klang kann noch in der „späte[n] Kulmination der Romantik" ohne Ironie das Heiligtum der Kunst anzeigen.[44] Isolde nimmt Tristans Leiche im Lichte der poetischen Vorstellung wahr, dass seinen Lippen ein Klagegesang entströmt:

> Heller schallend,
> mich umwallend,
> sind es Wellen
> sanfter Lüfte?
> Sind es Wogen
> wonniger Düfte?
> Wie sie schwellen,
> mich umrauschen,
> soll ich atmen,
> soll ich lauschen?
> Soll ich schlürfen,
> untertauchen?
> Süß in Düften
> mich verhauchen?
> In dem wogenden Schwall,
> in dem tönenden Schall,
> in des Welt-Atems

---

41 Hoffmann: Der goldene Topf, S. 127.
42 Hoffmann: Der goldene Topf, S. 130.
43 Hartmut Steinecke: Nachwort. In: Hoffmann: Der goldene Topf, S. 135–151, hier S. 149–150. Ludwig Tieck: Prinz Zerbino oder Die Reise nach dem guten Geschmack. Berlin 1828, S. 251, verlegt die Entgrenzung von Duft und Klang ebenfalls ins Reich der Phantasie.
44 Paul Hoffmann: Symbolismus. München 1987, S. 91.

wehendem All –
ertrinken,
versinken –
unbewußt –
höchste Lust!⁴⁵

Bei Hardenberg band sich die Auffassung vom Sterben als Vereinigung mit dem Numinosen noch an die Utopie einer poetisierten Sinnenwelt; bei Wagner erfüllt sich die Liebes- und Todesmystik in der Vision.

In Platons *Hippias Maior* erinnert Sokrates daran, dass „uns, wollen wir sagen, jedermann ohne Ausnahme auslachen würde, wenn wir sagten, [...] Wohlgeruch wäre nicht angenehm, sondern schön".⁴⁶ Das hatte Sokrates in Platons *Phaidros* freilich nicht daran gehindert, den angenehmen Geruch des Naturschönen zu erwähnen. Die historische Leistung der romantischen Synästhesie von Klängen und Gerüchen besteht darin, die Grenze zwischen dem Angenehmen und dem Schönen – im bewussten Gegensatz zur Klassik – aufzulösen, so dass Geist und Sinne zu ihrem gemeinsamen Recht kommen. Catharina von Greiffenberg hatte die äußere Natur imaginativ verinnerlicht, um die Sinnenwelt in der mystischen Vereinigung mit Gott magisch zu überschreiten (siehe Kap. 4); bei Hoffmann wird die innere Natur imaginativ veräußerlicht, um die Sinnenwelt in der ekstatischen Vereinigung mit ihrem heiligen Urgrund magisch zu verklären. In der Barock-Mystik gießt sich Gott in einen Geist aus, der über der Sinnenwelt steht; in der Romantik verzweigt sich der heilige Geist in Subjektivität und Sinnenwelt. Die romantische Synästhesie naturalisiert den mystischen Glauben an die Einheit der inneren Sinne, so dass ansprechender Geruch nicht nur als Begleitphänomen des Naturschönen, sondern auch als eine von vielen Manifestationen seines inneren Wesens gelten kann.

Die Reichweite romantischer Projekte, innere und äußere Natur im historischen Prozess zu versöhnen, variiert; die poetische Erlösung des Menschen bleibt ein Ideal, dem die soziale Wirklichkeit bei manchen noch nicht, bei anderen nicht immer und bei einigen nur in der Phantasie entspricht. Im Zusammenhang mit

---

45 Richard Wagner: Tristan und Isolde. Handlung in drei Aufzügen, hg. von Wilhelm Zentner. Stuttgart 1984, S. 74.
46 Platon: Hippias I. In: ders.: Sämtliche Werke. Bd. 1, hg. von Ursula Wolf. Reinbek bei Hamburg 1994, S. 501–540, hier S. 531 (299a). – Die Forschung zur Geruchskunst der Gegenwart nimmt die Frage, ob Gerüche als Gegenstände ästhetischer Erfahrungen fungieren können, indessen ernst; vgl. Larry Shiner: Art Scents. Exploring the Aesthetics of Smell and the Olfactory Arts. Oxford 2020. Zu aktuellen Tendenzen der Geruchskunst siehe auch Mădălina Diaconu: Being and Making the Olfactory Self. Lessons from Contemporary Artistic Practices. In: Nicola Di Stefano u. Maria Teresa Russo (Hg.): Olfaction. An Interdisciplinary Perspective from Philosophy to Life Sciences. Cham 2022, S. 55–73.

neuromantischen Synästhesien von Klang und Geruch bei Hugo von Hofmannsthal (1874–1929) und Hermann Hesse (1877–1962) und einer spätexpressionistischen Reminiszenz an verlorene neuromantische Gewissheiten bei Hans Henny Jahnn (1894–1959) wird auf dieses Problem zurückzukommen sein (siehe Kap. 14). Zunächst sei auf religionsskeptische Inszenierungen von Gerüchen der Natur im Realismus eingegangen, der zum Teil auch romantische Motive aufgreift. Wenn Wilhelm Raabes spätrealistischer Roman *Kloster Lugau* (1894) die erste Strophe des Gedichts „Frühlingsglaube" (verf. 1812) von Ludwig Uhland (1787–1862) zitiert, nimmt die Zeile „O frischer Duft, o neuer Klang!" eine profane Bedeutung an. Der Erzähler preist den „lugauschen Blumenstaub" und die „lugausche Berg- und Waldluft" in einem Atemzug mit einem „Pfingstkuchengeruch", der „aus der Küche oder vom Backofen her" kommt, und er betont, dass „keine" der Damen des Klosters Lugau nach „Weihrauch roch".[47] Der Geist, der die pfingstliche Atmosphäre des Klosters durchweht, ist ganz von dieser Welt. Der junge Dr. Eberhard Meyer aus Tübingen charmiert die Damen des lutherischen Klosters bei Wittenberg und gewinnt das Herz der dort zur Erholung weilenden Eva Kleynkauer; ihre Verbindung nimmt symbolisch den erhofften Ausgleich von Spannungen im Deutschen Bund vorweg. Bei aller Ironie behält die wohlriechende Atmosphäre als Quelle der Inspiration zur lebensfrohen, von kleinstaatlerischen Vorurteilen freien Liebe ihre profane Gültigkeit; auf diese Weise will Raabe den tragfähigen Gehalt gläubiger Auslegungen von ihrem spekulativen Sinnüberschuss bereinigen. Auch in der vaterländischen Lyrik lobt Raabe den „Duft und Klang" der profanen Natur, und wenn in einem Liebesgedicht die „weiße duftende Rose" der Geliebten auf dem „Bilderbuch" liegt, während „Feinsliebchens Stimm' im Garten klingt", zeigt der Gedichttitel „Buch zu!" an, dass die Situation keiner gläubigen Spekulation bedarf, sondern pragmatisches Handeln erfordert.[48] Nicht, dass Raabe sich des metaphysischen Denkens gänzlich enthielte; seine Affinität zu Arthur Schopenhauer (1788–1860) erlaubt ihm aber nicht, das Wirken transzendentaler Macht, das aller Erfahrung vorausliegt, ohne Ironie vor die Sinne zu stellen. Als diese Macht in *Gutmanns Reisen* (1892) ein Liebespaar zusammenbringt, das zugleich die Möglichkeit einer friedlichen Verbindung von Niedersachsen und Oberfranken im Deutschen Bund vorlebt, ist der Erzählerkommentar denn auch nicht frei von Komik: „Aus dem Dinge an sich, aus dem Unbewußten, aus der Welt als Wille heraus nahmen sie Platz auf der Bank [...]."[49]

---

[47] In: Wilhelm Raabe: Sämtliche Werke. Dritte Serie. Bd. 3. Berlin 1916, S. 387–624, hier S. 502, 503, 504 u. 510.
[48] In: Wilhelm Raabe: Sämtliche Werke. Dritte Serie. Bd. 6, S. 367 u. 388–389, hier S. 388.
[49] In: Wilhelm Raabe: Sämtliche Werke. Dritte Serie. Bd. 4, S. 229–462, hier S. 366.

## 13 Profaner Geruch und religiöser Anspruch: Gottfried Keller und Wilhelm Raabe

Rindisbacher zufolge setzt Adalbert Stifter (1805–1868) Geruchsmotive selten ein, weil sie unvorhersehbare Affekte und Assoziationen auslösen könnten, die den Anspruch des literarischen Realismus, die Ordnung der Wirklichkeit anschaulich zu objektivieren, tendenziell stören. Gerüche repräsentierten keine allgemein verbindlichen Werte und seien in Stifters Texten daher meist als Gegenstände wissenschaftlicher, zum Beispiel botanischer oder meteorologischer Erkenntnis von Interesse; nur gelegentlich würden sie als Auslöser innerer Zustände dargestellt, deren Wirkungen vom Erzähler eindeutig kontrolliert würden.[1]

So warnt Stifter denn auch vor der Gefahr eines Geruchs, der starke Affekte weckt und damit den Spielraum seelischer Kräfte einschränkt. In der Erzählung *Brigitta* (1844) stellt er Gerüche zum einen als spezifische Merkmale von Landschaften dar, die nur Fremden auffallen, solange sie mit einer neuen Umgebung noch nicht vertraut sind.[2] Zum anderen werden sie mit „niederen" Wesen assoziiert, die sich – wie Hunde – mit der Nase orientieren oder – wie ein phantasierter Dämon – mit einem üblen Anhauch bemerkbar machen.[3] Solche Gerüche können körperliche Lebenslagen und seelische Gefährdungen anzeigen, aber keine geistigen Werte erschließen. Bevor der Erzähler mit seiner Geschichte beginnt, führt er aus, dass der Schönheitssinn nicht nur auf wohlgeformte sinnliche Gebilde, sondern auch und gerade auf den anschaulichen Ausdruck einer sittlich anziehenden Seele anspricht, deren körperliche Gestalt allein nicht überzeugen würde. Das seelische Kräftespiel zwischen den Sinnen für innere und äußere Schönheit bleibe ein „heiterer unermeßlicher Abgrund, in dem Gott und die Geister wandeln", solange die „Seelenkunde" diesen Bereich noch nicht erschlossen habe.[4] Auch wenn der Glaube als vorläufiger Stellvertreter eines künftigen wissenschaftlichen Zugangs zur Seele dient, bleibt er einstweilen ein ernstzunehmender Bezugsrahmen der Darstellung; die Erzählung führt vor Augen, wie das Gleichgewicht seelischer Kräfte in einer auf innere Werte gegründeten Liebesehe vom Verlangen nach sinnlicher Schönheit gestört und auf langen Umwegen wiederhergestellt wird. Stifters poeti-

---

[1] Hans J. Rindisbacher: The Smell of Books. A Cultural-Historical Study of Olfactory Perception in Literature. Ann Arbor, MI 1992, S. 60–72.
[2] Adalbert Stifter: Brigitta. Stuttgart 1974, S. 4 u. 24; diese positiven Motive passen zum Lob des Landbaus in der römischen Antike (S. 28).
[3] Stifter, S. 15 u. 37.
[4] Stifter, S. 3; zum Zusammenhang des Schönheitssinns mit der Befähigung zur „Liebe der Seelen" und zum „sanfte[n] Gesetz der Schönheit" vgl. S. 36 u. 62.

scher Realismus, der den Spuren einer immateriellen Substanz des Menschen im Schönen der gegenständlichen Wirklichkeit nachgeht, zählt die Empfindlichkeit für Gerüche auch im Kontext der Liebe zum Sinn für das Äußerliche. Am Wendepunkt der Erzählung, der die Trennung der Gatten nach sich zieht, spielt unter anderem der wohlriechende Atem einer attraktiven Frau eine wichtige Rolle; „[...] vor seiner Seele, wie" der Ehemann „heimritt, hing das Bild der sanften Wange, des süßen Atems, und der spiegelnden Augen."[5] Als das Ehepaar im glücklichen Ausgang der Erzählung wieder die Freuden der heiligen Gattenliebe genießt, ist in ihrem Schloss „alles gelöset und gelüftet".[6] Diese Spielart des Realismus bestätigt die schon beim klassischen Goethe betonte Profanität des Riechens: wenn *geistige* Sinngehalte nur an *vergegenständlichten* Ordnungen ablesbar sind, spielen Gerüche – je nachdem, ob sie erhellende oder trübende Affekte hervorrufen – eine untergeordnete oder störende Rolle.[7]

Der Realismus interessiert sich indessen auch für den Schein sakraler Auren, der aus profaner Perspektive nachzuvollziehen wäre. Der Vormärz-Schriftsteller und frühe Realist Georg Büchner (1813–1837) stellt in seiner fragmentarischen Erzählung *Lenz* (verf. 1835–1836) den psychischen Verfall des Sturm-und-Drang-Dramatikers Jakob Michael Reinhold Lenz (1751–1792) aus der Sicht einer einfühlsamen Psychologie dar, die Erfahrungen einer all-beseelten Natur, Geistererscheinungen und religiöse Visionen als innere Episoden eines von Wahnvorstellungen geplagten Bewusstseins erkennt. Als Lenz einmal innere Ruhe findet und auf den Text einer Predigt sinnt, erscheint ihm die Natur im Umfeld des sonntäglichen Kirchgangs als Ausdruck einer allumfassenden Harmonie: „Ein Sonnenblick lag manchmal über dem Tal, die laue Luft regte sich langsam, die Landschaft schwamm im Duft, fernes Geläute – es war, als löste sich alles in eine harmonische Welle auf."[8] Mit „Duft" ist Dunst gemeint, der im Tauwetter bei zunehmender Temperatur aus dem Tal aufsteigt; ob der Anblick der Schwaden oder der Rosmarinzweige auf den Gesangbüchern der Frauen von Gerüchen begleitet wird, bleibt ungewiss. Jedenfalls stellt Büchners *Lenz* exorbitante Naturerfahrungen aus einer psychologischen Sicht dar, die den Glauben des Protagonisten an einen allumfassenden Geist der Natur weder ironisiert noch bestätigt; Büchners Realismus konvergiert mit Lenz' Abkehr von idealisierenden Darstellungen, die leblos und unnatürlich bleiben, doch die

---

5 Stifter, S. 48–49.
6 Stifter, S. 63.
7 Zur Wahrnehmung von Natur als göttlich anmutendem Gleichnis seelischer Gehalte in Stifters Werk siehe auch Oliver Völker: Still leben. Stifters Poetiken der Natur. In: Gabriele Dürbeck u. Christine Kanz (Hg.): Deutschsprachiges Nature Writing von Goethe bis zur Gegenwart. Kontroversen, Positionen, Perspektiven. Stuttgart 2020, S. 131–148, hier S. 136.
8 In: Georg Büchner: Lenz. Der hessische Landbote. Stuttgart 1986, S. 3–35, hier S. 10.

Auffassung von der Natur als einem beseelten Mysterium, das sich in traumartigen Wahrnehmungen erschließt, wird als Bestandteil einer instabilen Bewusstseinslage dargestellt.[9] Im Unterschied zur aufklärerischen Konfessions- und Schwärmerkritik, die Gründen für Fehldispositionen nachgeht, konzentriert sich diese Diagnostik stärker auf Beiträge spekulativer Deutungen zur Erhaltung einer spezifischen Lebenspraxis.

Eben weil sich problematische Geltungsansprüche auf die affektive Wirkung von Gerüchen stützen können, bieten sie sich dem Realismus auch zur kritischen Inszenierung des Scheins einer duftenden Aura an. Der Roman *Der grüne Heinrich* (1854–1855) von Gottfried Keller (1819–1890) stellt das Misslingen eines Lebensentwurfs dar, der frommen Illusionen aufsitzt, die auch Geruchseindrücke färben. Der titelgebende Protagonist lässt sich bei der Wahl des Berufs, in dem er scheitern wird, vom Geruchssinn leiten. Die Gelegenheit zur Ausbildung in einer Fabrik nimmt er nicht wahr: „Ein häßlicher Vitriolgeruch drang mir in die Nase und bleiche Kinder arbeiteten innerhalb und lachten mit rohen Grimassen hervor."[10] Den entscheidenden Anstoß zum Entschluss, Landschaftsmaler zu werden, gibt eine Kunstausstellung, deren positive Wirkung auf den jungen Mann durch den Geruch der Gemälde gesteigert wird:

> Der erste Eindruck war ganz traumhaft, große klare Landschaften tauchten von allen Seiten, ohne daß ich sie vorerst einzeln besah, auf und schwammen vor meinen Blicken [...]. Dazu verbreiteten die frischen Firnisse der Bilder einen sonntäglichen Duft, der mir angenehmer dünkte, als der Weihrauch einer katholischen Kirche, obschon ich diesen sehr gern roch.[11]

Der feiertäglich anmutende Geruch der Bilder, der den Duft sakraler Räume sinnlich überbietet, wird nicht ohne Ironie dargestellt. Der Eindruck passt zu Heinrichs naturfrommem Glauben an die Allgegenwart von Gottes Geist in der Welt,[12] doch die sakramentale Aura der Bilder entspringt keiner geistigen Tiefe ihres Inhalts, sondern dem profanen Schutz ihrer materialen Oberfläche. Zudem wird Heinrich an der selbstgestellten Aufgabe scheitern, Formen der Natur so nachzuahmen, dass ihr Wesen in der Komposition anschaulich wird. Der auratische Schein einer traumhaft überwältigenden Fülle einzelner Eindrücke deutet die Problematik des romantischen Anspruchs, der sich Heinrich nicht entwinden wird, bereits an.

Gegen Ende des Romans will Heinrich, der seinen Glauben an Gott verloren hat, ausgerechnet im Barockdichter Johann Scheffler alias Angelus Silesius einen

---

9 Büchner, S. 9, 12–13 u. 14.
10 Gottfried Keller: Der grüne Heinrich [1854–1855], hg. von Jörg Drews. Stuttgart 2019, S. 304.
11 Keller, S. 305.
12 Keller, S. 396.

Vordenker der Geistesfreiheit erblicken, die er nun genießt. Dessen mystischer Anspruch, Gott im Diesseits zu erfahren, sei mit seiner jugendlichen Religiosität verwandt, die den heiligen Geist in der Sinnenwelt verehrte.[13] Gewiss, die Barock-Mystik wendet sich von der Sinnenwelt ab, um mit Bildern einer imaginativ verinnerlichten Natur eine Vereinigung mit Gott heraufzubeschwören; der Weg von der mystischen Selbstvergottung zur Freigeisterei erscheint Heinrich jedoch kaum länger als sein Schritt von der Naturfrömmigkeit zum Agnostizismus. Dortchen ist gleichwohl erfreut, dass Heinrich sich im Spiegel eines verlorenen Glaubens erkennen kann und den Gläubigen die Anerkennung nicht versagt; begeistert singt sie den Spruch III 90 aus dem *Cherubinischen Wandersmann*:

> Blüh' auf, gefrorner Christ! Der Mai ist vor der Thür:
> Du bleibest ewig todt, blühst du nicht jetzt und hier.[14]

Der am Kapitelende gesungene Spruch suggeriert noch eine Verwandtschaft von Schefflers Mystik mit Heinrichs früherer Naturfrömmigkeit, doch am Anfang des nächsten Kapitels wird er erneut – und dieses Mal mit Ausrufungszeichen am Ende – zitiert, da er Heinrich die ganze Nacht nicht aus dem Kopf geht. Hier wird der religiöse Anspruch der Zeilen ironisch verfremdet, denn Heinrich ist in Dortchen verliebt, und seine Frühlingsgefühle sind eindeutig diesseitiger Natur. Wenn die Natur im Roman duftet, geht es meist um sinnlichen Weltgenuss; nur einmal entstammt frischer „Herbstgeruch" einer Waldszene, die wirkt, „als ob man in einen weiten Tempel getreten",[15] doch auch hier geht es wieder um erotische Freuden, die den Rahmen einer religiösen Weltbejahung eindeutig sprengen. Heinrich begegnet der attraktiven Judith, deren Küssen er ausweicht, weil er mit Anna verbunden ist; Judith reicht ihm Äpfel, deren Süße ihn fast geneigt macht, sie doch noch zu küssen. Die Natur wird zum Tempel einer verführerischen Sinnlichkeit, deren sündhaftem Sog sich Heinrich gerade noch entzieht.[16] Die Symbolik der Herbstluft erhellt auch

---

13 Keller, S. 884–887.
14 Keller, S. 887; vgl. S. 888.
15 Keller, S. 503 u. 504.
16 Keller, S. 504–505. Rindisbacher (S. 77–86) betont zu Recht, dass Kellers Geruchmotive eine enge Verbindung von Natur und Weiblichkeit suggerieren. Zwar genießt Heinrich auf dem Land, „wo es von frisch gebackenem Brote duftete" (Keller, S. 228), auch gustatorisch bedeutsame Gerüche, und die „balsamische Morgenluft", „balsamische Mailuft", „frische[r] Herbstgeruch" und das „stark duftende Holzwerk der Fichtenkronen" (S. 224, 345, 503 u. 796) sind nicht weiblich codiert. Ansonsten werden Gerüche aber in Verbindung mit den Frauen erwähnt, zu denen Heinrich sich hingezogen fühlt. Die erotisch-sinnliche Judith schüttet die Blumen, die sie in der Schürze trägt, auf den Tisch; das „Gewirre von Form, Farbe und Duft" wirkt überwältigend, und sie gibt ihm „einen großen betäubenden Strauß von Rosen, Nelken und stark duftenden Kräutern" (S. 231–232). Die olfakto-

die Kehrseite des leiblichen Daseins, denn Heinrich erfährt bei dieser Begegnung von Annas Krankheit, der sie bald erliegen wird. Die entzauberten auratischen Düfte bekräftigen, dass der Glaube an einen sakralen Sinn der Natur, der Heinrichs Lebensentwurf leitet, in die Irre führt; das riechende Körper-Selbst ist ebenso ganz von dieser Welt wie die Firnis, die Naturdarstellungen einen duftenden Heiligenschein zu verleihen scheint.

Auch Wilhelm Raabe inszeniert Gerüche der Natur, um tradierte religiöse Topoi aus profaner Sicht zu verfremden; wie oben am Beispiel von *Pfisters Mühle* bereits gezeigt wurde, kann es dabei auch um die Entlarvung frommer Träume eines Geisterriechers gehen (siehe das Ende von Kap. 3). Meistens handelt es sich indessen um rezeptionslenkende Stellungnahmen aus Sicht der Erzählinstanz; erste Beispiele dafür finden sich bereits im Frühwerk. Die historische Erzählung *Die schwarze Galeere* (1861) scheint für Rindisbachers These zu sprechen, dass der Bürgerliche Realismus zur Desodorierung der literarischen Fiktion neigt,[17] doch schon in der Novelle *Holunderblüte* (1863) spielen Gerüche eine wichtige Rolle. Raabe verfremdet den Topos des Friedhofs im Blumenduft,[18] den Goethe noch eingesetzt hatte, um ein lebensbejahendes Totengedenken zu preisen (siehe Kap. 11); dem Ich-Erzähler fällt das Atmen auf dem Prager Jüdischen Friedhof, dessen Fliederblüte sich als Symbol eines bejahenswerten Lebens anböte, anfangs schwer:

> Die Sonne schien wohl, und es war Frühling, und von Zeit zu Zeit bewegte ein frischer Windhauch die Holunderzweige und -blüten, daß sie leise über den Gräbern rauschten und die Luft mit süßem Duft füllten; aber das Atmen wurde mir doch immer schwerer, und sie nennen diesen Ort Beth-Chaim, das *Haus des Lebens*?![19]

Die vom Geruch des irdischen Verfalls kontaminierte Frühlingsluft kann auch keine Auferstehungshoffnung versinnlichen: „aus diesem Boden stieg ein Hauch der

---

rische Aura seiner idealisierenden Liebe zu Anna verbindet Lebensfreude mit der Suggestion von Vergänglichkeit; bevor sich die beiden in einer „stark duftenden Finsterniß" küssen, werden die „nach feuchter Erde duftenden Hügel" eines Kirchhofs erwähnt, wo „die vielen Blüthen" „einen mächtigen Duft" gaben (S. 300–301). Auch in einer früheren Szene duftete es auf dem Kirchhof „gewaltig von tausend Blumen", und bei Annas Begräbnis finden sich „Sträuße weißer duftender Blüthen aller Art" (S. 225 u. 554).
17 In dieser Geschichte wird kein einziger Geruch erwähnt. Einmal wird das Verb „wittern" als Metapher für intuitives Gespür verwendet, und gelegentliche Rauchmotive und imaginierte Kränze von Rosen und Myrten *implizieren* allenfalls Gerüche (Wilhelm Raabe: Die schwarze Galeere [1861]. Geschichtliche Erzählung. Stuttgart 1995, S. 30, 38, 43 u. 52).
18 „Holunder" bezeichnet hier Flieder; siehe Dieter Arendt: Anmerkungen. In: Wilhelm Raabe: Holunderblüte [1863], hg. von Dieter Arendt. Stuttgart 1996, S. 43–45, hier S. 43.
19 Raabe: Holunderblüte, S. 15.

Verwesung auf, erstickender als von einer unbeerdigten Walstatt, gespenstisch genug, um allen Sonnenglanz und allen Frühlingshauch und allen Blütenduft zunichte zu machen."[20] Im Beisein des jüdischen Mädchens Jemina, das er auf dem Friedhof kennenlernt und bald regelmäßig trifft, wandelt sich die Atmosphäre: „Nun war die Luft an diesem Ort nicht mehr unatembar für mich, und keine Gespenster traten mehr in das Sonnenlicht, welches durch die Blätter schoß und über den Gräbern tanzte." Als er sich einige Zeit später gewiss ist, Jemima zum letzten Mal gesehen zu haben, ist die „Luft" – dieses Mal in seiner Stube – wieder „kaum zu atmen". Der alte Friedhofswärter würdigt die komplexe Atmosphäre der Grabstätte: „wer die Luft dieses Ortes atmet, der gewinnt ein mildes Auge für das Tun und Lassen seiner Mitmenschen". Dem Erzähler rät er, die Verbindung mit dem Mädchen abreißen zu lassen: „Auch Ihr seid zu jung, um hier Atem zu holen".[21] Das gute, nachsichtige Ethos des Wärters wird in einer episodisch gestörten Aura gespiegelt, deren Dünste das Leben tendenziell schwächen; mit der Bejahung der ambivalenten Friedhofsluft erkennt der Wärter das menschliche Dasein mit all seinen Mängeln an.

Das Leben Jemimas ist – wie das jüdische Viertel insgesamt – von „Dunst und Moder" als Zeichen der Armut geprägt. Der Erzähler bezeugt: „Und was ich" in Jeminas Elternhaus „roch, war fast noch schlimmer als das, was ich sah". Der Geruch bedrückt, obwohl die Mauer, die das Judenviertel von der übrigen Stadt trennte, auf Geheiß des Kaisers bereits abgerissen wurde, um die Bewohner „atmen" zu „lassen mit dem andern Volk". Unter der vorherigen Regentin Katharina waren die Verhältnisse mithin noch schlechter: man gönnte den Menschen des Viertels „die reine Luft nicht". Zurück in seiner Stube, „eingehüllt in dichte, blaue, duftende Wolken" von Tabak, sinnt der Erzähler über seinem seelischen Zustand. Als er Jahre später nach Prag zurückreist und das Fenster seines Herbergszimmers am Rossmarkt öffnet, bemerkt er, dass „nicht die allerreinsten Düfte zu mir emporstiegen"; der Geruch der Armut verdichtet sich im Judenviertel, woran die christlichen Stadtbewohner eine Mitschuld tragen, zeigt sich aber auch an anderen Orten wie jenem Markt, an dem der Erzähler Jemimas Vater wieder begegnet.[22]

Der gute Fliederduft auf dem Friedhof versinnlicht die Lebensfreude, die Jemima für die kurze Dauer ihrer Bekanntschaft mit dem Erzähler vergönnt ist; zugleich spiegelt er dessen fieberhafte Zuneigung zu dem Mädchen, das er indessen nicht eigentlich liebt. Die Modergerüche verweisen auf Jemimas frühen Tod; die Herzkranke weiß, dass sie nicht mehr als ein Jahr zu leben hat, was der Erzähler ihr

---

20 Raabe: Holunderblüte, S. 15.
21 Raabe: Holunderblüte, S. 21, 31, 33 u. 34.
22 Raabe: Holunderblüte, S. 17, 18, 24, 25, 27 u. 38.

aber nicht glauben will. Er folgt dem Rat des Wärters, kehrt er nicht zum Friedhof zurück, reist aus Prag ab und beendet sein Medizinstudium. Jahre später erinnert er sich bei Gelegenheit des Todes einer jungen Patientin, in deren Zimmer er einen Kranz aus künstlichen Fliederblüten erblickt, an Jemima. Dabei betrachtet er die Mutter der Verstorbenen, die „mit tränenleeren, ach so tränenleeren, traurigen Augen zu mir emporblickte"; sie „berauschte sich täglich – in jeder Minute, im tödlichen Schmerz, in diesem Duft und Glanz – Duft und Glanz des Gewesenen, Nimmerwiederkehrenden".[23] Ein solcher Rausch bleibt dem Erzähler verwehrt, denn die Kunstblume weckt das Gefühl der Schuld, Jemima nicht geholfen zu haben. Er kehrt nach Prag zurück, erfährt von ihrem Tod und lernt, dass sie ihm bis zuletzt für die gemeinsam verbrachte Zeit dankbar war, so dass er sein Schuldgefühl überwinden kann. Jemima war seinerzeit wirklich nicht mehr zu helfen gewesen, und seinen Rückzug hatte sie ihm nicht verübelt.

Das Motiv eines duftenden Sakralbereichs der Natur, das bei der ästhetischen Grundlegung religiöser Gehalte seit der Aufklärung eine wichtige Rolle gespielt hatte, wird zum Symbol eines profan ernüchterten Weltwissens verfremdet. Die gegenüber dem Judentum agnostische Inszenierung einer religiösen Atmosphäre indiziert zugleich das Scheitern des klassischen Projekts, Prozesse in der sozialen Welt auf einen metasozialen Sinn zu beziehen, der in einer geistig gehaltvollen Natur seinen symbolischen Ausdruck findet.[24] Das riechende Körper-Selbst ist auch hier wieder ganz von dieser Welt, was seine Bedeutung bei Raabe freilich nicht schmälert:

> Im Werk Raabes zeigt sich beispielhaft für den deutschen Realismus des 19. Jhrhdts., wie die Überzeugung von einer erkennbaren Weltharmonie mehr und mehr von Zweifeln bedroht wird und die Darstellung eines „Zusammenhangs der Dinge" nur als subjektive Setzung gelingt. Postulierter Lebenszusammenhang und wahrgenommene Wirklichkeit klaffen zu weit auseinander, als daß sie noch überzeugend vereint werden könnten; soweit eine solche Versöhnung vordergründig gelingt, ist das Ausgehen von der empirisch beobachtbaren Welt aufgegeben zugunsten eines offensichtlichen Hineinprojizierens individueller Vorstellungen in die Welt. Der Versuch eines poetischen Realismus endet hier mit der Einsicht, daß die externe Welt sinnvoll nicht darstellbar ist. Hält man im Falle Raabes an der Signatur „Realismus" fest, hat man darunter einen experimentellen Prozeß zu verstehen [...]. Die Orientierung an der phänomenalen Wirklichkeit, die unter diesen Umständen von einer allgemeinen Repräsentanz

---

23 Raabe: Holunderblüte, S. 6.
24 Zur Inkongruenz von konsekutiver Logik und symbolischen Funktionen sozialer Prozesse im poetischen Realismus im Unterschied zu Goethes Erzählweise siehe Moritz Baßler: Figurationen der Entsagung. Zur Verfahrenslogik des Spätrealismus bei Wilhelm Raabe. In: Jahrbuch der Raabe-Gesellschaft 2010, hg. von Dirk Göttsche und Ulf-Michael Schneider. Berlin u. a. 2010, S. 63–80.

des Partikularen selbstverständlich nicht ausgehen kann, versteht sich dann als Mittel, wieder zu einer Sicherheit im Verhältnis zur Realität zurückzufinden.²⁵

In diesem Kontext erweist sich die profane Brechung einer sakralen Illusion als treffendes Symbol des unausweichlichen Entzugs eines bergenden Sinnganzen.

In Raabes Erzählung *Höxter und Corvey* (1875) ziehen verfeindete Gruppen von Protestanten und Katholiken, die sich in Höxter gerade noch eine gewaltsame Auseinandersetzung geliefert hatten, im Jahr 1673 ins Judenviertel der Stadt, um die Einwohner zu vertreiben, und manche Lutheraner unter ihnen wollen auch gegen das katholische Corvey ziehen. Die Vertreibung der Juden und der Angriff auf die Katholiken können abgewendet werden, doch die Ereignisse und ihre Folgen geraten dem Mob der Christen nicht zur Ehre. Die alte Jüdin Leah stirbt an den Folgen ihrer Misshandlung, und ihr Haus wird angezündet. Schon zu Beginn der Geschichte ist Höxter von einem Gestank geprägt, der auf Gewalt zwischen verfeindeten Religionsgruppen verweist; die Truppen, unter deren Kasernierung die Stadt zu leiden hatte, wurden gerade abgezogen:

> Gleich einem verwesenden Körper lag die Stadt Huxar in dem grauen Abendlicht des Dezembers da, und die alten schwarzen Kirchen ragten wie das Knochengerüst aus dem zerfallenden Fleische der Stadt. Und die Gasse war voll des zerstampften Strohs, des Schutts, der Asche und Trümmer und stank auch sonst dem Heer des Allerchristlichsten Königs übel nach: der Student hielt sich die Nase zu, schob den Hut vom einen Ohr zum andern und nickte: „Bei den Göttern, es ist ein Elend!"²⁶

Der Erzähler beschreibt auch die historischen Dokumente, in denen solche Truppenbewegungen überliefert sind, als „gelb und muffig".²⁷ Die Gerüche rücken die konfessionelle Legitimation der katholischen Truppen in ein ironisches Licht, denn Gestank, der zu Gott aufsteigt, gilt im Christentum als Sündenzeichen.

Bei der Abwendung weiteren Schadens spielt der weltlich gesinnte, frisch der Universität verwiesene Student Lambert Tewes, der die Werke des Horaz bei sich trägt, eine entscheidende Rolle. Der Erzähler würdigt ihn als gottgefälligen Helfer im stinkenden Dunstkreis der Stadt und ihrer landschaftlichen Umgebung:

> Wann die Hochwasser sich verlaufen haben, dann hängt der Schlamm noch für lange Zeit an den Büschen und überdeckt Wiesen und Felder, und es bedarf mehr als eines klaren Regens und heitern Sonnenscheins, um das Land der Wüstenei wieder zu entledigen. Und wenn die

---

25 Stephan Kohl: Realismus. Theorie und Geschichte. München 1977, S. 111–112 u. 207.
26 Wilhelm Raabe: Höxter und Corvey. Eine Erzählung [1875]. Nach der Handschrift von 1873/74, hg. von Hans-Jürgen Schrader. Stuttgart 2011, S. 20.
27 Raabe: Höxter und Corvey, S. 25.

Flut gar in die Städte und Stuben der Menschen drang, dann ist das, was sie hineintrug und zurückließ, gleichfalls nicht so bald ausgekehrt und vor die Tore abgefahren.

In diesen schlechten und stinkenden Tagen sieht aber der Herr mit Vorliebe auf solche leichte, unverwüstliche Gesellen, die lachend über den Schmutz weghüpfen und ihre Hand zur Hülfeleistung gern und lachend da anbieten, wo sich mancher Ehrbare, Wohlweise und Hochansehnliche mit Ekel und Unlust abwendet und die Sache sich selber überläßt. Der Herr der Heeresscharen hatte nach dem französischen Abzug in Höxter seine Freude an dem relegierten Helmstedter, Herrn Lambert Tewes.[28]

Lamberts Verhalten ist in der Tat vorbildlich, doch der lebensfrohe Spötter, der sich gern an die Götter der römischen Antike hält, eignet sich kaum zur Verkörperung eines gottgefälligen christlichen Ethos, zumal er auf die erregten Stadtbürger mit einer Beredsamkeit einwirkt, die eindeutig säkularen Interessen dient. Außerdem erinnert die Atmosphäre, in der er Hilfe leistet, zu sehr an den eingangs erwähnten Gestank im Dunstkreis verrohter Religionsparteien, der zur Inszenierung einer gottgefälligen Situation denkbar ungeeignet ist. Als profane Exempel, die nur ironisch *sub specie aeternitatis* gelten können, sind die Szenen indessen lehrreich: es gilt, sich auch auf das Schlechte der ambivalenten Wirklichkeit tätig einzulassen, um Leiden an sozialer Gewalt zu mindern. Die Illusionsbrechung bekräftigt die Einsicht, dass die Situation nicht nach religiöser Betrachtung, sondern nach weltklugem Eingreifen verlangt.

Wenn die katholischen Bewohner des Stiftes Corvey bekunden, sich mit der guten Bewirtung der soeben abgezogenen französischen Truppen gottgefällig verhalten zu haben – ihr Esstisch erscheint geradezu als Opferaltar, wenn ein Bruder meint: „Wir haben ein gutes Gedüfte von uns mit ihnen in die Ferne entlassen."[29] –, stilisieren sie kulinarische Lebensfreuden mit sanfter Selbstironie zur kultischen Handlung. Als der Mob zum Haus der Leah zieht, geht er „dem Geruch" einer „Erbschaft" nach, die sie angetreten hatte;[30] verrohte Christen geben sich mit unfreiwilliger Ironie der – übrigens täuschenden – Witterung für finanzielle Vorteile hin, die das antisemitische Klischee den Juden zuschreibt. Die einzigen Gerüche, die nicht ironisiert werden, stammen aus der jüdischen Überlieferung, von der Leah ihrer Enkelin erzählt, als die Tür zu ihrem Haus eingeschlagen wird: „Unsere Könige waren Hirten in den Zeiten der Ehren. Aber die Herden weideten unter den Pal-

---

28 Raabe: Höxter und Corvey, S. 88.
29 Raabe: Höxter und Corvey, S. 39. Das Wort „Gedüfte" kann Opferdampf bezeichnen; siehe den Eintrag in: Deutsches Wörterbuch. Elektronische Ausgabe der Erstbearbeitung von Jacob Grimm und Wilhelm Grimm (DWB), hg. vom Kompetenzzentrum für elektronische Erschließungs- und Publikationsverfahren in den Geisteswissenschaften an der Universität Trier in Verbindung mit der Berlin-Brandenburgischen Akademie der Wissenschaften. Frankfurt am Main 2004, Bd. 4, Sp. 2041.
30 Raabe: Höxter und Corvey, S. 70.

menbäumen – die Sonne des Herrn leuchtete, das Land unserer Väter duftete von Myrrhen und Weihrauch. [...]."[31] Vor dem Hintergrund der gesegneten Landschaft aus der heiligen Überlieferung verweisen die stinkenden Szenen in Moder und Schlamm um so deutlicher auf die soziale Missachtung religiöser Gebote, deren ethische Substanz in Lamberts profaner Haltung pragmatisch gerettet wird.

Raabe gestaltet auch wohlriechende Umgebungen eines vorbildlichen Ethos, dessen frommer Anspruch vom Erzähler aus agnostischer Sicht gewürdigt wird. In der Idylle *Horacker* (1876) spielt der Erzähler mehrfach auf Vossens *Luise* an. Der Pastor von Gansewinckel wird zum „treffliche[n] Pfarrherr[n] von Grünau" stilisiert. Um seinen „Verdruß gänzlich zu dämpfen", will er zu einem Buch von Voß greifen, weiß aber nicht, ob er nun die *Luise* oder eine Homer-Übersetzung lesen soll. Ein Beamter stellt sich seine bevorstehende Reise nach Gansewinckel als „Exkursion in den braven Voß" hinein vor.[32] Wie in Grünau „roch" es in Gansewinckel „angenehm nach allerhand angenehmen Dingen"; des Pfarrers „Kollege Eckerbusch sog zu verschiedenen Malen den Duft mit großem Vergnügen ein".[33] Auch das „aromatische Gewölk" aus der Pfeife, die der Konrektor Eckerbusch im Pfarrhaus stehen hat, erinnert an die behagliche Atmosphäre der *Luise*; der Staatsanwalt, der sich in Rechtsangelegenheiten in der weltabgeschiedenen Provinz aufhält, lobt den „balsamische[n] Abend", und im glücklichen Ausgang der Geschichte „füllten" „Duft und Sommerwonne und leises Blätterrauschen die Welt", während im Garten einmal mehr die Gläser gefüllt werden.[34]

Die Sorge des Erzählers, dem Konrektor und seinem Zeichenlehrer könnte auf ihrer Exkursion in der freien Natur etwas zustoßen, so dass „ihre verstümmelten Leichname seitab vom Pfade in der Wildnis" „nur vermittelst" des „Geruchssinns" aufzufinden wären, erweist sich als maßlose Übertreibung,[35] denn die Angst vor dem angeblichen Mörder Horacker, der sich in der Wildnis verborgen hält und Leib und Leben der Dorfbewohner zu gefährden scheint, ist – wie sich schon bald zeigt – unbegründet. Tatsächlich versteckt sich Horacker im Wald, weil er aus Liebessorgen der Fürsorgeanstalt entlaufen ist, in die er wegen eines kleinen, aus Not begangenen Diebstahls eingewiesen wurde; er will seine Liebste sehen, da er befürchtet, dass sie einen anderen gefunden haben könnte. Der Fall wird vom Konrektor und dem Pfarrer mit menschenfreundlicher Nachsicht geklärt und bereinigt; die guten Gerüche in Gansewinckel unterstreichen die ansprechende Behaglichkeit des Lebens

---

31 Raabe: Höxter und Corvey, S. 65.
32 Wilhelm Raabe: Horacker [1876]. Stuttgart 1980, S. 17, 48 u. 146.
33 Raabe: Horacker, S. 139.
34 Raabe: Horacker, S. 86, 162 u. 169. Die Erwähnung einer „Lieblingsschnupftabakdose" des Staatsanwalts verweist einmal mehr auf die Nase als Organ des sinnlichen Weltgenusses (S. 167).
35 Raabe: Horacker, S. 22.

auf dem Lande, dessen führende Bewohner als die letzten ihrer Art gelten, die vom Typus des karrierebewussten Beamten bald verdrängt werden. Die Idylle trügt freilich insofern, als die meisten Insassen des Dorfs ihren Vorurteilen über Horacker erliegen, vor denen der Pfarrer und der Konrektor den Flüchtigen in Schutz nehmen müssen.

Anders als Voß vermählt Raabe die Schönheit der Idylle nicht mehr mit dem Heiligen (siehe Kap. 10), sondern mit einem naturkundlichen Interesse an den aussterbenden Formen des sozialen Lebens, die es wert wären, ausgestopft überliefert zu werden.[36] Die Würde der Sittlichkeit, der Raabe im *Horacker* ein Denkmal setzt, wird in einer wohlriechenden Atmosphäre versinnlicht, die nicht länger sakral anmutet. Statt von spezifischen Düften spricht Raabes Erzähler wiederholt wörtlich oder bildhaft von der Nase als einem Organ, das Neugier verkörpert und schmerzhaft registriert, dass einem etwas widerfährt,[37] und mit dieser Art von Wissen sind keine religiösen Ansprüche verbunden. Gewiss, als Voß-Liebhaber schätzt der Pastor eine naturfromme Haltung, doch der Erzähler lobt dessen sympathisches Ethos im duftenden *locus amoenus* von Gansewinckel aus einer Sicht, die gegenüber dem religiösen Anspruch der Akteure implizit Abstand wahrt und ihr literarhistorisches Vorbild profan verfremdet.[38]

Im Roman *Das Odfeld* (1888) geht Raabe zur agnostischen Inszenierung eines ominösen *locus horribilis* über, dessen Himmel von ungeheuren Krähenschwärmen verdunkelt wird, die auf den Schlachtfeldern des Siebenjährigen Krieges (1756– 1763) nach Nahrung suchen. Der Anblick der hungrigen Krähen, die sich unter gegenseitigen Kämpfen für eine Stunde auf dem Odfeld niederlassen, ist so beeindruckend, dass der pensionierte Schullehrer und Magister Buchius von einem „Prodigium" „des barmherzigen Gottes" spricht, das eine „Tröstung" oder „Warnung" bedeuten könnte. Der Erzähler weiß, dass sich der Sachverhalt dem „nüchternen und in den exakten, den empirischen Wissenschaften besser beschlagenen Menschen des neunzehnten Jahrhunderts" anders darstellen würde, doch er und die Leser würden das „Wunderzeichen" dem genauen und gewissen Fachwissen

---

36 Raabe: Horacker, S. 3.
37 Raabe: Horacker, S. 58, 72, 74, 81, 83, 87, 92, 113, 119, 125, 133, 142, 143, 154 u. 155.
38 In der Erzählung *Zum wilden Mann* [1884] setzt Raabe eine ganze Reihe von Geruchsmotiven zur Rezeptionslenkung ein; der einzige religiös konnotierte Geruch ist Teil einer suggestiven *Anmutung* des Diabolischen: „[...] in diesem gottverdammten Schiffsraume, dem schwärzesten, stinkendsten Loche, das je auf dem Wasser schwamm, lernte ich einen Arzt kennen, der eine Kur an mir verrichtete, wie sie keinem europäischen Mediziner gelungen wäre –' / ‚Das wäre der Teufel!', rief der europäische Physikus. / ‚Der war es sozusagen auch', sprach gelassen der brasilianische Oberst [...]" (Wilhelm Raabe: Zum wilden Mann. Eine Erzählung, hg. von Axel Dunker. Stuttgart 2011, S. 48). Als Anmutung behält das Motiv seine Gültigkeit.

vorziehen.³⁹ Die undurchsichtigen Schrecken der Kriegszeiten, in denen die Menschen hilflos zwischen Furcht und Hoffnung schwanken, finden in der Anmutung eines mehrdeutigen, religiös bedeutsamen Wunderzeichens ihren treffenden Ausdruck. Auch der Magister weiß, dass seine ungesicherte religiöse Spekulation vergeblich ist – er wird sie später als „Einbildung" bezeichnen⁴⁰ –, studiert aber erst einmal weiter in einschlägigen Büchern, um sich unterhaltsam von seiner Not abzulenken und exerzitienartig über die Welt als „ein großes Wunder" zu staunen, und auch gegen Ende der Erzählung gerät er wieder in den Sog der Zeichendeutung,⁴¹ mit der er nach einem überzeugenden symbolischen Ausdruck für die Kontingenzen seiner Situation sucht.

Die Erzählung verdeutlicht am Rande, dass dieses Prodigium stinkt. Der Magister nimmt einen verletzten Vogel vom Odfeld mit auf seine Stube, der „mit dem Krachen der Flinten drunten in den Gängen des alten Klosters das Pulver und sein Futter bis hinauf in die abgelegene Zelle [...] zu riechen" schien.⁴² Bei dem Futter handelt es sich um Leichen;⁴³ Buchius kann die Toten von seiner Stube aus nicht riechen, aber am Odfeld, wo er den Vogelschwarm wahrnahm, sind „Äser von Pferden und krepiertem Schlachtvieh noch unheimlich häufig unvergraben in den Gräben und Büschen und an den Wassertümpeln der Verwesung überlassen"; auch auf der Heerstraße liegen „Pferdekadaver", noch im November sind einige Leichen vom Sommer „unverscharrt", und dass kürzlich „zweitausend Mann drei Tage und drei Nächte hindurch" Leichen bestatten mussten,⁴⁴ verdeutlicht das Ausmaß des Problems. Wenn Kriegsgeruch ausdrücklich erwähnt wird, handelt es sich allerdings um Rauch, und Motive von Qualm, Pulver und Brand implizieren vergleichbare Gerüche.⁴⁵

Vor dem Hintergrund dieser angedeuteten Geruchslandschaft überrascht es, dass Buchius überhaupt erwägt, den Vogelschwarm als mögliche Bestätigung zuversichtlicher Erwartungen auszulegen. Die Stärke des Magisters besteht denn auch darin, sich vom Elend nicht abzuwenden und von Gefahr nicht entmutigen zu lassen. Daher gelingt ihm die Flucht vor den französischen Truppen, die das Kloster besetzen, in dem er wohnt. Er kann seine Mitflüchtlinge in einer Höhle in Sicherheit bringen, und nachdem ihr Versteck aufgeflogen ist, hilft er ihnen, sich aus der

---

39 Wilhelm Raabe: Das Odfeld. Eine Erzählung [1888]. Stuttgart 2010, S. 26–27 u. 28.
40 Raabe: Das Odfeld, S. 222.
41 Raabe: Das Odfeld, S. 60–67, hier S. 63. Zur unauflösbaren Mehrdeutigkeit der Krähe als Sinnbild der Teilhabe an einer Welt der Angst siehe S. 230.
42 Raabe: Das Odfeld, S. 107.
43 Raabe: Das Odfeld, S. 229.
44 Raabe: Das Odfeld, S. 21, 118, 130 u. 229.
45 Raabe: Das Odfeld, S. 119, 140–141, 201 u. 205.

Gefechtszone und von der Heerstraße zurück ins Kloster zu retten, aus dem die feindlichen Truppen mittlerweile wieder abgezogen sind. Erst am Ende sinnt Buchius ausdrücklich über den Gestank dieses Kriegstages nach; im Kloster findet er „von Freund und Feind mit Trümmern und Unflat erfüllte Gänge" vor:[46]

> Was von dem Durchmarsch in den früheren Schulstuben von Kloster Amelungsborn zurückgeblieben war, das war eitel scheußlicher Unrat, teuflischer Hohn, Stank und Mutwillen – ein Spott auf alle klösterliche und pädagogische Zucht und Reinlichkeit. Magister Buchius wendete schaudernd den Blick nach oben und hielt trotz allem, was er schon in seinem Leben und vor allem am heutigen Tage hatte riechen müssen, die Nase zu.[47]

In seine Stube, in der er den verletzten Vogel zurückgelassen hatte, waren die Truppen indessen nicht eingedrungen, und er lässt die mittlerweile genesene Krähe, in der er ein Symbol der rätselhaften Gründe für die schwer wiegende „Angst der Welt" bei Mensch und Tier erblickt, wieder frei.[48] Der draufgängerische Thedel von Münchhausen, der mit Buchius geflohen war, sich den Truppen anschloss und noch vor Ausführung seines ersten Auftrags ums Leben kam, erwähnte Gerüche stets humorvoll; den Geruch seiner alten Schulstube im Kloster gönnt er ironisch den quartiersuchenden Truppen des Feindes, und mit seinen Geruchsmetaphern gebärdet er sich schelmisch.[49] Buchius bleibt angstbereit, ernst und stoisch, und er schlägt sich damit erfolgreich durch die Wirren des Krieges; seine philologische Gelehrsamkeit wirkt aus der Zeit gefallen, doch sein obsolet anmutendes historisches Wissen hilft ihm, beängstigende Undurchsichtigkeit als einen Grundzug der Welt zu erkennen, deren Mehrdeutigkeit zugleich verhindert, dass er von der Übermacht eines eindeutigen Verhängnisses entmutigt wird. Eben *weil* der Anspruch des heilig anmutenden Natur-Zeichens ungesichert und mehrdeutig bleibt, kann seine sinnliche Erscheinung auch dem wissenschaftlich ernüchterten Lesepublikum als ein profan lehrreiches Symbol präsentiert werden.

In Raabes „See- und Mordgeschichte" *Stopfkuchen* (1891) versinnlichen Gerüche der Natur die bejahenswerte Ambivalenz einer idyllisch anmutenden Welt, deren religiöse Auslegung nur noch ironisch anzitiert wird. Eduard ist aus Südafrika in die Heimatstadt seiner Kindheit gereist, wo er enttäuscht feststellt, dass der Lurkenteich, an dem er seinen Sinn für die Formen der Natur geschult hatte, trockengelegt wurde:

---

46 Raabe: Das Odfeld, S. 222.
47 Raabe: Das Odfeld, S. 223.
48 Raabe: Das Odfeld, S. 230.
49 Raabe: Das Odfeld, S. 73–74, 75–76 u. 167.

> Früher aller geheimnisvoll wimmelnden Wunder voll, hatte man ihn jetzt zu einem Stück mehr oder weniger fruchtbaren Kartoffellandes gemacht, und so nützlich das auch sein mochte, schöner war's doch früher gewesen und „erziehlicher" auch. Der Lurkenteich hatte das volle Recht dazu, zu verlangen, dass ich mich mit Verwunderung nach ihm umsehe und nachher schmerzlich ihn vermisse. Solch ein guter Bekannter, ja vertrauter Freund, so voll von Kalmus, Schilfrohr, Kolben, Fröschen, Schnecken, Wasserkäfern, so überschwirrt von Wasserjungfern, so überflattert von Schmetterlingen, so weidenumkränzt und so – wohlriechend. Ja, wohlriechend, ja süßanheimelnd übelduftend, vorzüglich an heißen Sommertagen und wenn man uns in der nachmittäglichen Naturgeschichtsstunde gesagt hatte:
> „Im Lurkenteich findet man alles, was zur heutigen Lektion gehört, in seltener Vollständigkeit."[50]

Eduards „Heimatstadt in Arkadien"[51] hatte ihn also früh gelehrt, dass die Natur bei aller anziehenden Schönheit in menschlichen Werten nicht aufgeht und nur dem vertraut wird, der ihre „süßanheimelnd-übelduftenden", kurz: ambivalenten Züge zu schätzen weiß. Als Kind hatte er zusammen mit dem Postboten Störzer auf dessen langem Arbeitsweg die Landschaft erkundet, ohne auf „fortgeschrittene Bildung" und ihre Fachbegriffe angewiesen zu sein. Sie verließen sich auf „den lieben Namen, den Heimatsnamen von allem, was ,auf dem Felde' (,Sehet die Lilien' und so weiter) wächst",[52] und auch die Worte aus dem Evangelium (Mt. 6: 28), die in Anführungszeichen zitiert werden, sind dem Geist der bodenständigen Naturerkundung äußerlich. Der Evangelist Matthäus hatte gemahnt, über dem Streben nach Geld, Nahrung und Kleidung die Sorge um das religiöse Heil nicht zu vergessen; was das Auskommen angeht, könne man wie die Lilien auf dem Felde auf Gott vertrauen. Eduard und Störzer betrachten die Natur stattdessen auf dem Arbeitsweg, und der Junge ist nicht von einem Reinheitssymbol angetan, sondern von der wimmelnden Vielfalt einer Natur, die bisweilen auch unsauber riecht. Raabe stimmt die Leser gleich zu Anfang auf einen Kontrast ein, den er gegen Ende der Geschichte variiert.

Die Familie Störzer wohnt im Matthäus-Viertel der „kleinen Leute", dessen Erscheinungsbild mit der Symbolik des namensgebenden Evangelisten deutlich kontrastiert:

> Und noch immer standen die Mütter mit den Kleinsten auf dem Arm in den Haustüren, und noch immer roch es nach Eierkuchen und Ziegenställen, und noch immer wurde Salat gewaschen. Der symbolische Begleiter des Evangelisten Matthäus ist ja eigentlich ein recht schöner Engel; aber im Sankt-Matthäus-Viertel da war und ist das nicht der Fall. Da ist es das Schwein, das Haupt-Segens- und Glückstier des „kleinen Manns", und man hörte es behaglich

---

50 Wilhelm Raabe: Stopfkuchen. Eine See- und Mordgeschichte [1891]. Stuttgart 2011, S. 32–33.
51 Raabe: Stopfkuchen, S. 7.
52 Raabe: Stopfkuchen, S. 20.

grunzen aus einem nähern oder fernern Stall. Es roch auch wohl nach ihm; aber – mir sollte einer im Viertel Matthäi am letzten mit Kölnischem Wasser und dergleichen kommen, zumal in einer Zeit, wo auch die türkische Bohne noch blühte – rot, das schönste Rot der Erde – ein Wunder von Schönheit und Nutzbarkeit, wenn sie sich zwischen den Häusern des kleinen Manns über die Zäune hängt oder hinter denselben an ihren Stangen sich aufrankt. Man muss freilich eben für dies alles riechen, sehen und fühlen können; und wer das nicht kann, der gehe hin und werde Liebhaber-Photograph.[53]

Der Engel als Symbol himmlischer Inspiration wird durch riechende Schweine ersetzt, die das materielle Glück der weniger Begüterten verkörpern; hatte Matthäus gelehrt, keine irdischen Schätze zu sammeln, sondern Gott zu dienen (Mt. 6: 19–24), eignen sich die Bewohner der einfachen Häuser die Natur zum Lebensunterhalt an. Einmal mehr wirkt unreiner Geruch anheimelnd, und erneut widersetzt sich das Naturschöne religiöser Stilisierung; es kulminiert nicht in der weißen Lilie auf dem Felde, sondern im erotisch konnotierten Rot der Bohnen im Küchengarten. Die streng duftende Schönheit der Kleingärten unterstreicht deren Bedeutung als Sinnbild der profanen Würde eines „einfachen", in Wahrheit schwierigen Lebens; der Name des Evangelisten passt nur in einem ironischen Sinn zu diesem Stadtviertel, denn für die Bewohner, die mit einem Leben am Rande der Not vertraut sind, ist häufig „Matthäi am Letzten". Diese Symbolik, die das Schöne betont, ohne den Mangel zu leugnen, passt zum Selbstverständnis des Erzählers als eines „Teutonen", der „mit ein wenig Weltverschönerungssinn" begabt ist.[54]

Schlechter Geruch wird im *Stopfkuchen* in drei Zusammenhängen wiederholt erwähnt. Die „Rote Schanze" des Bauern Quakatz, der im Verdacht steht, den Händler Kienbaum getötet zu haben, stinkt; allem, was mit dem Hof dieses mutmaßlichen Mörders verbunden ist, wird figurativ ein schlechter Geruch zugeschrieben; und auch das noch zu lüftende Geheimnis des Tathergangs wird mit Gestank assoziiert. Der Anschein olfaktorischer Sündenzeichen trügt indessen; tatsächlich hatte Störzer den oft aufbrausenden Händler, der ihn wiederholt gekränkt hatte, im Affekt erschlagen. Der Mief bei Quakatz verdankt sich einzig der Vernachlässigung von Haus und Hof; die „Jauche" kann sich frei „ihre Rinnsale" suchen, und es „war eine Luft in der niedern, schwarzen Bauernstube, die keinem gefallen konnte": „Sowie man den ersten Atemzug hier innen tut, hat man genug davon und schnappt nach der Luft da draußen." Aus der Sicht der feindseligen Mitwelt hatte jeder „Groschen, den der Bauer Quakatz hergab", „einen Blutgeruch an sich", und wer „von der Roten Schanze kam und einen andern Dienst suchte, der

---

53 Raabe: Stopfkuchen, S. 167–168.
54 Raabe: Stopfkuchen, S. 62.

brachte denselben Geruch in den Kleidern mit".[55] Auch seine Tochter hatte einen „Hautgout von Blut, Moder und ungesühntem Totschlag", kurz: den „Kienbaums-Geruch" „an sich". Heinrich Schaumann, der den Hof und die Tochter des Bauern liebt, „musste alles mögen, was der Bauer Quakatz und sein kleines Mädchen geben konnten, ohne sich vor dem Mord- und Schinderkuhlengeruch, der dranhing, zu ekeln und zu fürchten".[56] Die Wahrheit über den Totschlag gilt Schaumann, dem Störzer die Tat gestanden hatte, als „alberner, alter, abgestunkener Unrat", dessen „letzten, öden, faden Geruch, der davon aufsteigen wird", er möglichst vom Hof fernhalten möchte.[57] Um dem Briefträger die Ausgrenzung zu ersparen, die seine lange verjährte Tat nach sich ziehen würde, hatte Schaumann sein Wissen bis zu dessen Tod für sich behalten. Auf dem Rückweg per Schiff nach Südafrika zeichnet Eduard die Geschichte seines Aufenthalts in der alten Heimat auf; die Handlung wird aus der Sicht des arbeitenden Autors unter Deck vergegenwärtigt. Als der Erzähler bei Schaumanns Ankündigung angelangt ist, dass er wisse, wer Kienbaum getötet habe, löst der „Brandgeruch" eines alten Wollstrumpfs, der dem Schiffskoch unter die Kohlen seines Herds geraten war, einen falschen Feueralarm auf dem Schiff aus: „Wie als wenn eben vom Hause her auch der Ruf: ‚Feuer! Feuer auf der roten Schanze!', erschollen wäre, war ich aufgesprungen", während Schaumanns „Frau Valentine aufrecht am Tische" stand und „ihr Strickzeug weit von sich geschleudert" hatte.[58] Schaumann nutzt die Kontrolle über den Zeitpunkt, an dem die von ihm verachteten Mitbürger am Ende beschämt werden, geschickt aus. Die Bismarck-Begeisterung des früheren *underdog* und die listige Machtausübung des Parvenus zeigen, dass sein grotesk übersteigertes Verlangen nach sinnlichem Behagen mit einem machtbewussten Illiberalismus einhergeht.[59] Seine Genussfähigkeit wird nicht ohne Sympathie dargestellt, doch sein Vermögen, auf dem Weg zum Glück in realem und sinnbildlichem Gestank unbeirrt auszuharren, wirkt im Kontext dieser politischen Haltung ambivalent. Auch unter kulturellen Aspekten bleibt Schaumann eine dubiose Figur; konnte der klassische Goethe den Urformen der Natur noch in wohlriechenden Landschaften nachspüren, begibt sich Schaumann auf die Suche nach dem Ur-Faultier und erfreut sich an seiner Sammlung von fossilem, olfaktorisch nicht länger verstörendem Kot.

Schaumann repräsentiert indessen nur eine von zahlreichen Spielarten der unausweichlichen Ambivalenz eines prinzipiell bejahenswerten Lebensprozesses.

---

55 Raabe: Stopfkuchen, S. 40, 41, 45 u. 46.
56 Raabe: Stopfkuchen, S. 91 u. 113.
57 Raabe: Stopfkuchen, S. 158.
58 Raabe: Stopfkuchen, S. 97.
59 Siehe dazu Peter Sprengel: Geschichte der deutschsprachigen Literatur 1870–1900. Von der Reichsgründung bis zur Jahrhundertwende. München 1998, S. 339–340.

Der anheimelnd üble Duft des Lurkenteichs und der heimatlich vertraute Ziegen- und Schweinestallgeruch des Matthäus-Viertels verweisen auf einen vertrauten Umgang des Menschen mit der Natur, der nicht von Vorurteilen verstellt ist. Zu dem Zeitpunkt, da Eduard das proletarische „Arkadien" des Matthäus-Viertels preist, weiß er aber nicht, dass der dort aufgebahrte Störzer der Täter war, denn Schaumann gibt sein angekündigtes Wissen erst am Sarg des Postboten preis. Anheimelnd strenge Gerüche und figurativ Übelduftendes liegen mithin näher beisammen, als die harmonische Kleingartenidylle zu erkennen gab. Landschaft und Küchengarten verdecken eine Gewalt, in deren figurativem Gestank die ambivalenten Gerüche der gleichwohl schönen Natur fortzuwirken scheinen. Eben weil sich das Naturschöne der frommen Aufschönung spürbar verweigert, eignet es sich zum profanen Symbol eines ambivalenten Lebens, das menschlichen Werten entgegenkommt, ohne in ihnen aufzugehen.[60]

In Raabes letztem Werk *Altershausen* (verf. 1899–1902), das Fragment geblieben ist, wird die Handlung von der Wechselwirkung zwischen Geruch und Ge-

---

**60** In seiner Studie *Der metaphysische Realist. Zur Schopenhauer-Rezeption in Wilhelm Raabes Spätwerk* (Göttingen 2007) betont Sören R. Fauth zu Recht die anregende Bedeutung der Philosophie Schopenhauers für Raabes Spätwerk; im *Stopfkuchen* werden zentrale Gedanken Schopenhauers indessen in ironisierter Form aufgegriffen. So bekennt Stopfkuchen: „Ich war feist und faul, aber doch nun grade, euch allen zum Trotz, noch vor meiner Kenntnisnahme des Weisen von Frankfurts bester Table d'hote ein Poet ersten Ranges: der Begriff war mir gar nichts; ich nahm alles unter der Hecke weg, mit dem Sonnenschein des Daseins warm auf dem Bauche, aus der Anschauung!" (Raabe: Stopfkuchen, S. 122–123) Schaumanns körperliches Behagen steht der Emanzipation des anschauenden Subjekts vom Willen mit Hilfe einer ästhetischen Erfahrung, wie sie Schopenhauer vorschwebte, auch dann im Wege, wenn der Philosoph dem guten Essen nicht abgeneigt war. Eduard beruft sich, als er den Stoff zu seiner späteren Erzählung Revue passieren lässt, zumindest als Künstler ebenfalls zu Unrecht auf Schopenhauer: „Und mehr und mehr kam mir wieder zum vollen Bewusstsein der alte ganz richtige Satz vom zureichenden Grunde, wie ihn der alte Wolff hat: ‚Nihil est sine ratione, cur potius sit quam non sit', und wie es der Frankfurter Buddha übersetzt. ‚Nichts ist ohne Grund, warum es sey.'" (S. 208) Aus Schopenhauers Sicht beruht die künstlerische Gestaltung auf einer Kontemplation von Ideen, für deren Dauer der Satz vom Grunde „aufgehoben" ist (vgl. Volker Spierling: Arthur Schopenhauer. Eine Einführung in Leben und Werk. Leipzig 1998, S. 145–148, hier S. 147). Bei Schopenhauer findet der metaphysische Urgrund der Welt in außergewöhnlichen Erfahrungen als das Andere der verstandesmäßigen Erkenntnis einen *Ausdruck*, ohne selbst in der Erfahrung *präsent* zu sein, aber keine dieser Ausdrucksformen – das Mitleid, die ästhetisch-geniale Erkenntnis, das Musikhören und die Askese als zwanglose Abkehr vom Wollen – spielt für Eduard und Heinrich eine Rolle; sie bleiben der Welt wollend und dem Individuum sinnverstehend zugewandt und richten sich am Satz vom Grunde aus. Wie oben (siehe Kap. 12) gezeigt, spricht Raabe gelegentlich ironisch von der Sinnenfälligkeit von Wirkungen aus dem „Dinge an sich", als ob das, was sich nur analytisch bestimmen lässt, anschaulich werden könnte, und auch Eduard mag mit seiner Anleihe bei Schopenhauer mit unfreiwilliger Ironie recht behalten, ohne zu bemerken, dass er den Philosophen gegen den Strich seines Kunstverständnisses liest.

dächtnis im Zusammenhang mit dem Orts- und Heimatempfinden vorangetrieben. Die Erzählung handelt vom „Heimweh nach der Jugend",[61] deren Lebensgefühl in der Erinnerung wieder lebendig wird und den Wunsch nach der Rückkehr in die frühere Heimat weckt, in der das aufgefrischte Empfinden mit der aktuellen Wirklichkeit aber nicht ganz zur Deckung gerät. Das Scheitern des Versuchs, das Verrinnen der Lebenszeit mit Hilfe der Erinnerung *sub specie aeternitatis* zu betrachten, wird mit einem Traum symbolisiert, der den fingierten Zauber eines duftenden Weihnachtsfestes vor die Sinne stellt. Auch in dieser Erzählung sind Gerüche ganz von dieser Welt; mit einem Seitenblick auf Vossens Idylle *Der siebzigste Geburtstag* kommen die Düfte festlicher Tafelfreuden zur Sprache,[62] und Orientierung stiftet das Riechen vor allem im Leben der Tiere. In diesem Text will die Affirmation der Ambivalenz des profanen Lebens aber nicht mehr recht gelingen; der nostalgische Wunsch nach der Rückkehr in die Jugend ist vom vergeblichen Tagtraum eines Überschreitens der Zeit nicht zu trennen. Der illusionsbrechende Traum vom nur scheinbar heiligen Fest ist daher auch ein Symptom der profanen Bewusstseinslage des Protagonisten, und damit schließt sich der Kreis zu den kritischen Inszenierungen eines gläubigen Riechens in *Pfisters Mühle* und im *Grünen Heinrich*.

Friedrich Feyerabend, genannt Fritz, erinnert sich an seinem siebzigsten Geburtstag im „festlichen Gedünst" und „Jubelbratendunst", wie sein bester Jugendfreund Ludchen Bock einmal „heimtückisch grinsend [...] an seiner Schulter schnüffelte".[63] Schon am Morgen des Ehrentags hatten die festtäglichen Aromen die Erinnerung an Düfte vergangener Feierlichkeiten geweckt, denn es „roch um den erwachenden Jubelgreis nach Kuchen – Geburtstagskuchen, Hochzeitskuchen, Begräbniskuchen – nach dem Kuchen aller Erdenfestlichkeiten!"[64] Das Erinnerte ist deutlich von Gerüchen geprägt; Fritz denkt an die Zeit zurück, als er „auf dem Bauche mit dem Riechorgan im Duft der kurz abgeweideten Grasnarbe" lag, und der erinnerte Duft scheint gelegentlich sinnlich präsent zu sein: „Wie der alte Herr das Harz an den Händen fühlte und wie er den Duft des Weihnachtsbaums in der Julisonne in der Nase hatte!"[65] Er reist kurzentschlossen in seine frühere Heimatstadt Altershausen, wo er auf seinen Freund Ludchen trifft, der in Folge eines Unfalls auf dem geistigen Stand eines Heranwachsenden stehengeblieben ist, so dass ihm sich das Problem der Heimweh nach der Jugend erst gar nicht stellt.

---

61 Wilhelm Raabe: Altershausen [verf. 1899–1902]. Stuttgart 1981, S. 18.
62 Raabe: Altershausen, S. 16.
63 Raabe: Altershausen, S. 20–21.
64 Raabe: Altershausen, S. 4.
65 Raabe: Altershausen, S. 18 u. 25.

Im Unterschied zu den Menschen finden die Tiere riechend heraus, wo sie hingehören und wem sie trauen können. So hatte ein Parkwächter dem Fritz den Artenschwund im Zusammenhang mit der Verstädterung erklärt: „[...] Was wir nicht riechen, das riechen sie und gehen davon ein oder anderwärts hin. [...] Daß es bei uns in der Nacht nicht mehr Nacht und Schlafenszeit wird, das hat" die Dohlen „von den Hausdächern und Türmen vertrieben, wie der Geruch die Käfers und Raupen und Buttervögels hier aus dem Buschwerk und sonstiger unserer Kunstgärtnerei. [...]".[66] In Altershausen wird Fritz vom Hund des Nachtwächters freundlich berochen; dabei ist ihm, als ob er nach sechzig Jahren den Vierbeiner seines Elternhauses wieder träfe. Der Erzähler ruft dem Rückkehrer zu: „Nimm hin und mache die Gegenwart zur Vergangenheit und die Vergangenheit zur Gegenwart. [...] du siehst, wie wohlwollend wir obersten Mächte immer noch gegen dich gesinnt sind [...]". Der Angesprochene bewegt sich indessen „weiter hinein in die Nacht und den Traum vom Dasein des Menschen auf seiner Erde" und bleibt – bei allem verlässlichen Sinn für Gerüche vielerlei Art – ein „altes närrisches Menschenkind".[67] Der Geruchssinn erschließt keine höheren Mächte, sondern bleibt der Immanenz verhaftet.

Der wirkliche Geruch der Heimat seiner Kindheit scheint ihn zunächst in die Vergangenheit zurückzuversetzen:

> Und der Geruch! ... der Geruch von Altershausen! ...
> [...]
> Je berühmter der Arzt, desto mehr Erdengerüche muß er kennengelernt haben, gute und schlimme; denn nicht nur in den Dachstuben und Kellerwohnungen der Menschheit, sondern auch aus ihren Wonneburgen gehen von den Kranken- und Sterbebetten allerlei Düfte aus, die er wiedererkennen muß, wenn sie ihm von neuem in die Nase kommen. Den Geruch seiner Kindheitsheimatstadt hatte Wirklicher Geheimer Obermedizinalrat Professor Doktor Fritz Feyerabend seit zwei Menschenaltern nicht in der Nase gehabt, und nun – wenn ihn etwas dazu hätte bringen können, vor der Tür des Ratskellers von Altershausen seinem Freund Ludchen gegenüber sein Inkognito fallen zu lassen, so wäre er es gewesen – der Geruch von Altershausen![68]

Er findet „mit der Nase" auch den „Misthaufen" wieder, in den er zum olfaktorischen Leidwesen seiner Eltern als Kind von Ludchen hineingedrückt worden war; die Rede von der „balsamische[n] Nacht" ist daher nicht frei von Komik.[69] Die Gerüche des Orts stiften ein Gefühl ungebrochener Kontinuität:

---

66 Raabe: Altershausen, S. 13–14.
67 Raabe: Altershausen, S. 47.
68 Raabe: Altershausen, S. 41–42.
69 Raabe: Altershausen, S. 46 u. 47.

Aber je bekannter dem am Ort Fremdgewordenen die Wege unter den Füßen wurden – immer wieder der Geruch! Wahrhaftig sind es nicht die Sinne des Sehens, Hörens, Schmeckens und Fühlens, was einem den Ortssinn und das Heimatsgefühl schärft: die Nase ist, die da sagt: Ja, geh nur mir nach! so roch es hier, und so wird's hier riechen.[70]

Die aus der Kindheit vertraute Gartenlaube bezaubert ihn, auch wenn an der Möblierung manches abgemoderte Bein ersetzt worden ist.[71] Im Traum muss er aber erkennen, dass er nur zum Schein verjüngt in die Vergangenheit eintaucht. Als „Nußknacker vom vorigen Jahr" verbringt er das Weihnachtsfest mit den anderen, noch jungen Holzfiguren im „glänzenden, duftenden, leuchtenden Gedränge edelsten Puppentums", doch das Fest führt ihn bloß in „unseres Herrgotts ganze Nürnberger-Tand-Schöpfung". Die vom Vater „ausgeblasenen Wachslichter an der Tanne" flammen „dem Sohn zur Nachfeier seines siebenzigsten Geburtstages" noch einmal „mit magischem Licht sub specie aeternitatis" auf, verklären aber nur ein desillusionierendes Puppenspiel.[72] Die durchschaubar fingierte Aura des duftenden Heiligtums eines irreal verfremdeten Kinderglaubens bekräftigt, dass der Zauber des zurückliegenden Lebensalters unwiederbringlich erloschen ist.

Klopstocks Feier eines Lebens, das „im Dufte des röthlichen Abends" unter Blumen „mit glücklicher Täuschung" im Alter „zu jugendlichem sich dichtet",[73] kann nicht in den Horizont eines profan ernüchterten Weltbildes eingeholt werden. Bei Friedrich von Hardenberg war der überzeitliche Zauber des Dufts aus jungen Jahren noch ungebrochen: „Wir Alten hören am liebsten von den Kinderjahren reden, und es dünkt mich, als ließt ihr mich den Duft einer Blume einziehn, den ich seit meiner Kindheit nicht wieder eingeatmet hatte."[74] Es scheint, als ob Feyerabend sich vergeblich bemühte, den Sinngehalt einer empfindsamen oder romantischen Rückschau am Lebensabend aus der profanen Sicht eines Mediziners zu retten, und in diesem Zusammenhang misslingt nicht nur der Anschluss ans Vergangene. Da der Nussknacker-Traum auch seinen Beitrag zur Wissenschaft in zweifelhaftes Licht rückt,[75] wird zugleich die Kontinuität des erwachsenen Mannes brüchig. Ein literarisches Programm, das unausweichliche Konflikte mit einer robusten Bejahung ambivalenter Verhältnisse bewältigt, gerät in diesem Zusammenhang in grundsätzliche Schwierigkeiten. Jedenfalls arbeitet sich Feyerabend an einem

---

70 Raabe: Altershausen, S. 56.
71 Raabe: Altershausen, S. 109.
72 Raabe: Altershausen, S. 101, 102 u. 104.
73 Friedrich Gottlieb Klopstock: An die nachkommenden Freunde. In: ders.: Oden, hg. von Karl Ludwig Schneider. Stuttgart 1986, S. 123–124, hier S. 123.
74 Novalis [Friedrich von Hardenberg]: Heinrich von Ofterdingen. Ein Roman [1802]. Stuttgart 1997, S. 166–167.
75 Siehe Sprengel: Geschichte der deutschsprachigen Literatur 1870–1900, S. 95 u. 342.

Wunsch nach der Rückkehr in die Weltbezüge eines frühen Lebensalters ab,[76] der – wie nun zu zeigen ist – auch den Symbolismus und seine Spätausläufer beschäftigt. Doch während Raabe Motive von Gerüchen einsetzt, um die profane Problematik einer umfassend entzauberten Wirklichkeit zu erhellen und mit der ironischen Inszenierung eines sakralen Scheins symbolisch zu kommentieren, beansprucht der Symbolismus, das Geistige auch beim Riechen in der Natur zu vernehmen. In *Altershausen* zeigt ein nächtlicher Traum, dass der Zauber der Wirklichkeit fingiert ist; der Symbolismus glaubt hingegen an den autonomen Zauber poetischer Tagträume.

---

[76] Der Erzähler einer 1896 publizierten Geschichte von Raabe mutet im Vergleich zu Feyerabend fast anosmisch an. „Stearin-, Chlor- und Blumengeruch" dienen ihm als Metonymie für häusliche Trauer, der eine „frische, sonnige Alltagsluft" vorzuziehen wäre; einmal ist die Rede von „Fabrikgerüchen", und „Lindenduft" gehört für ihn zu einer Poesie, von der sich die Jugend zwischen sechzehn und zwanzig Jahren zur Irritation der Alten faszinieren lässt (Wilhelm Raabe: Die Akten des Vogelsangs. Erzählung. Stuttgart 2017, S. 32, 114 u. 135). Ansonsten dominieren Motive der Nase als eines exponierten Organs, das sich an der Welt bisweilen stößt und reibt. Im Unterschied zu Feyerabend, der sich wünscht, in der Erinnerung aufgehen zu können, organisiert dieser Erzähler die Erinnerung an seine Jugend als eine Art von Aktenführung „in nüchterner Prosa" (S. 199), deren Ordnung vom Eigensinn des Erzählten unterlaufen wird.

# 14 Duftende Landschaft im kultischen Artefakt: Von Hugo von Hofmannsthal zu Hermann Hesse

Der Symbolismus gestaltet Erfahrungen, in denen sich Wahrnehmungen und sinnenhafte Vorstellungen zu einer eigenständigen Form verbinden und einen inneren Zustand hervorrufen, der in dieser Form zum Ausdruck kommt. Das poetische Denken bringt ein Artefakt im Zwischenbereich von innerer und äußerer Wirklichkeit hervor, das wie ein Spiegel der von ihm evozierten Gefühle und Gedanken anmutet, der auf das eigensinnige Spiel der Imagination zu antworten scheint. Der Ursprung solcher Erfahrungen, die den Imperativen der Arbeit und der Moral entrückt sind, wird als immaterielle Macht vorgestellt, die sich des schöpferischen Bewusstseins auf reflexiv uneinholbare Weise bemächtigt. Die ästhetische Erfahrung, die den autonomen Eigensinn des Artefakts zu erkennen gibt, wird mit dem Anspruch ausgestattet, die Welt der bloßen Erscheinung zu überschreiten, um zu einer verborgenen Weltseele vorzudringen. Eine solche Dichtung ist insofern sakral, als sie Manifestationen jener immateriellen Macht inszenieren will; das poetische Sprechen gerät zum magischen Ritus im Bann der substantiellen Autorität eines eigengesetzlichen schöpferischen Prozesses, der um seiner selbst willen beschworen wird. Der symbolistische Sprachkult beerbt den romantischen Glauben an die Heiligkeit autonomer poetischer Formen, vernimmt die Präsenz des Göttlichen aber nicht mehr in der äußeren Natur, in der sich die romantische Utopie der umfassenden Versöhnung von innerer und äußerer Wirklichkeit noch aufgehoben sah.[1]

Die Landschaft kann weiterhin als „äußere Entsprechung der menschlichen Innenwelt" fungieren, und in „diesem Sinn wird" Paul Hoffmann zufolge „bei Hofmannsthal davon die Rede sein, daß ,die geheimsten und tiefsten Zustände unseres Inneren in der seltsamsten Weise mit einer Landschaft verflochten' sind".[2] Hier ist indessen nicht die Landschaft heilig, sondern der kultische Sinn ihrer Er-

---

[1] Das Modell der Weltseele gibt kontrastierenden Auffassungen der Beziehung von materiellen und seelischen Zusammenhängen Raum; die Materie kann als nur eine mögliche Weise der Erscheinung einer immateriellen Substanz gelten, aber auch als allgemeiner Träger des Seelischen bestimmt werden. Siehe dazu genauer Monika Fick: Sinnenwelt und Weltseele. Der psychophysische Monismus in der Literatur der Jahrhundertwende. Tübingen 1993, und dies.: Sinnstiftung durch Sinnlichkeit. Monistisches Denken um 1900. In: Wolfgang Braungart, Gotthard Fuchs u. Manfred Koch (Hg.): Ästhetische und religiöse Erfahrungen der Jahrhundertwenden. Bd. II: um 1900. Paderborn u. a. 1998, S. 69–83.
[2] Paul Hoffmann: Symbolismus. München 1987, S. 61.

scheinung im poetischen Artefakt. An die Stelle einer Natur, deren göttlicher Ursprung sich in Innen- und Außenwelt verzweigt, tritt eine Weltseele, die der inneren und äußeren Natur inhärent ist; das seelische Leben des Menschen realisiert sich in poetischen *Beziehungen* zum sinnenfälligen Leben, das auch in Landschaften und ihren erinnerten oder kreativ angeeigneten Fragmenten aufscheinen kann. „Die Briefe des Zurückgekehrten" (1907) von Hugo von Hofmannsthal arbeiten dieses Naturverständnis am Beispiel der „Farben" heraus, die „uns ins Ewige ziehen";[3] unter der Kraft einer „Welle der Liebe" fühlt sich der Briefschreiber in außergewöhnlichen Momenten „im Innern der Dinge" entgrenzt:

> [...] schlang sich da nicht aus dem Innersten des Erlebnisses die umarmende Welle und zog dich hinein, und du fandest dich einsam und dir selber unverlierbar, groß und wie gelöst an allen Sinnen, namenlos, und lächelnd glücklich? Warum sollte nicht die stumme werbende Natur, die nichts ist als gelebtes Leben, und Leben das wieder gelebt sein will, ungeduldig der kalten Blicke, mit denen du sie triffst, dich zu seltenen Stunden in sich hineinziehen und dir zeigen, daß auch sie in ihren Tiefen die heiligen Grotten hat, in denen du mit dir selber eins sein kannst, der draußen sich selber entfremdet war?[4]

Der Eindruck, dass das Wesen der äußeren Natur in der Erfahrung immer schon fraglos evident sei, verliert sich den Symbolisten zufolge an der Schwelle zum Erwachsensein; für die Dichtung bleibt er als verlorene, traumartig erinnerte Gewissheit interessant. In diesem Zusammenhang wird die romantische Tradition fortgesetzt, Düfte der Natur als Entsprechung expressiver Klänge darzustellen. In Hofmannsthals Erzählung „Der Geiger vom Traunsee" (verf. 1889) taucht ein Schläfer *in* der Natur mit einem Traum *über* die Natur wieder in das Lebensgefühl seiner Jugend ein. Im duftenden und rauschenden Wald erscheint ihm ein Geiger:

> Da war's mir als hielte gleich mir die ganze Schöpfung den Atem an, dem sehnsuchtsvollen Werben zu lauschen. Und wo er ging, da leuchteten die weißen Sternblumen heller, und durch die Bäume ging ein wonniges Beben. Und wie die Töne immer heißer, inniger flehten, da öffnete sich die unentwirrbar grüne Wand, die verschlungenen Äste lösten sich lautlos und vor uns lag ein grüner Waldpfad. Da erklang es wie gestilltes Liebessehnen, goldne Töne schwangen sich auf zu den alten Wipfeln, die rauschend zusammenschlugen. Der unbeschreiblich süße Hauch, der auf den Märchen unserer Kindheit liegt, umschwebte mich wieder, dazwischen scholl das Lied, mit dem mich meine Mutter in den Schlaf gesungen.[5]

---

3 Hugo von Hofmannsthal: Die Briefe des Zurückgekehrten. In: ders.: Erzählungen, hg. von Ursula Renner. Stuttgart 2014, S. 164–196, hier S. 196.
4 Hugo von Hofmannsthal: Die Briefe des Zurückgekehrten, S. 195.
5 Hugo von Hofmannsthal: Der Geiger vom Traunsee. In: ders.: Erzählungen, S. 9–15, hier S. 12–13.

## 14 Duftende Landschaft im kultischen Artefakt

Die Übermacht zerstörerischer Naturgewalten trennt ihn bald vom Geiger, die Klänge werden dissonant, und der süße Hauch, mit dem das Gefühl der Kindheit zurückkehrte, weicht einer erstickenden Feuchte:

> Da fegte der Sturm eine schwarze Wolke über die Schluchten; die Schroffen und Zinken streckten ihre Fangarme nach den gehetzten Wolken aus, sie zu Fetzen zerreißend, ein feuchter erstickender Schleier füllt den Abgrund zu meinen Füßen aus, die Steine, an denen ich hänge, wanken, krachend stürzen sie hinab [...].
> Als ich erwachte, war ich durchnäßt, und rings um mich trieften die Bäume.[6]

Die Illusion einer naturwüchsigen Vertrautheit mit der Welt im Ganzen wird von innen heraus aufgebrochen; sie weicht einer Ernüchterung, die den Traum aber nicht entwertet.

Hofmannsthals „Age of Innocence" (verf. 1891) zeigt, wie aus dem naiven Weltvertrauen der Kindheit die Fähigkeit zur Liebe erwächst:

> Das Erwachen kam über ihn und das Erstaunen über sich selbst und das verwunderte Sich-leben-Zusehen. Da wurden die Gerüche lebendig und die Farben leuchtend; die Aufeinanderfolge des Alltäglichen wurde Ereignis und die Umgebung Bild. Und es kam eine süße Hast und Unruhe über ihn, als ob die unmittelbare Zukunft irgend etwas bringen müßte und der kommende Tag irgendeinen großen Sinn haben.[7]

Schon als Kind genießt der Erzähler Gerüche als Vorschein unterbestimmter Erinnerungen: „Mit acht Jahren fand er den größten Reiz an dem Duft halbvergessener Tage und tat manches nur mit dem dumpfen Instinkt, zukünftige hübsche Erinnerungen auszusäen."[8] Eine traumartig anmutende Landschaft im Frühling wird zum duftenden Spiegel seines erwachenden Interesses an Mädchen:

> Es kam im März ein lauer fast schwüler Abend, so einer wo im Wind auf den Wegen der Duft und Atem des ganzen Frühlings ist und über den kahlen Bäumen feuchtwarme Sommerwolken hintreiben. Ich ging lange durch die Gassen; mir fielen gewisse Dinge mit einer Deutlichkeit ein, die mich angenehm beschäftigte. Es waren an sich ganz gleichgültige Dinge, aber sie waren interessant wie ein Traum. Besonders eine bestimmte alte tändelnde Melodie und ein Duft, der Duft eines Vormittags, einmal im Schwarzenberggarten, und der braungrüne Teich mit den Sandsteintritonen und die vielen jungen Mädchen und die warme einschläfernde Luft.[9]

---

6 Hofmannsthal. Der Geiger vom Traunsee, S. 15.
7 Hugo von Hofmannsthal: Age of Innocence. In: ders.: Erzählungen, S. 16–28, hier S. 19.
8 Hofmannsthal: Age of Innocence, S. 21.
9 Hofmannsthal: Age of Innocence, S. 25–26.

Die Parklandschaft mit Mädchen weicht einer Szene, in der die Natur nur noch als imaginiertes Fragment in ein Zimmer hineinragt, in dem musiziert wird: „Ich saß mit halbgeschlossenen Augen und hörte zu; einmal war mir, als wäre alles angefüllt mit rosenroten Rosen, ich fühlte den betäubenden Geruch, ja den Geschmack".[10] Im Zusammenspiel natürlicher Düfte und expressiver Klänge spiegelt sich der geradezu körperlich empfundene Sinn des Liebeswerbens.

In der Kindheit wird eine poetische Haltung eingeübt, die den Verlust des naiven Weltvertrauens überdauert und einer augenblickshaften Fülle Raum gibt. Der erwachsene Erzähler der Geschichte „Das Glück am Weg" (1893) gibt sich dem Anblick einer schönen Dame auf einem vorbeigleitenden Schiff hin; ihm ist, als ob er sie kenne, doch er erkennt sie nicht wieder. Der flüchtige Eindruck ruft fragmentarische sinnliche Erinnerungen an einen Garten der Kindheit hervor; dazu gehört „der starke Geruch der taufeuchten Lohe und Kastanienblütenduft und ein gewisses helles Lachen".[11] Dem Tagtraum über ein Liebesglück zwischen Duft und Klang entspricht der Zerfall der fraglosen Einheit von Hören und Riechen in Szenen einer endenden Liebesverbindung. In einem Märchen von Hofmannsthal aus dem Jahr 1900 kann eine schwangere Frau diese Einheit nur noch momenthaft forcieren: sie „hob die Arme über sich und langte nach der Nelke, sog ihren farbigen Glanz und ihren Duft in sich und sang etwas halblaut, das ihr aus einem alten Gesangbuch geblieben war".[12] Nachdem sie ihrem Mann als Tote erschienen ist, folgt er einem inneren Ruf, sich aus der Bindung an Frau und Kind zu lösen. Zuerst nimmt sie wieder „die gewohnte liebe Gestalt" an; ihr „Nicken kam noch zu ihm; schon in die grundlose Tiefe eines auflösenden Schlafes versinkend hing sich sein Bewußtsein

---

10 Hofmannsthal: Age of Innocence, S. 27.
11 Hugo von Hofmannsthal: Das Glück am Weg. In: ders.: Erzählungen, S. 32–37, hier S. 34. Im Jugendstil, der den sinnlichen und imaginativen Genuss kunstvoll stilisierter Situationen feiert, nimmt das Glück an olfaktorischen Spuren der Natur teilweise deutlich konkretere Formen an; in Maximilian Dauthendeys Einakter *Glück* riecht die Haut der Geliebten – je nach der Phase des Liebesglücks, dem unterschiedliche Stimmungen entsprechen – nach Sonne und wildem Mohn oder sanften Schneeglocken (Maximilian Dauthendey: Glück. In: Einakter und kleine Dramen des Jugendstils, hg. von Michael Winkler. Stuttgart 1979, S. 25–54, hier S. 38 u. 52). Andere Gerüche gehen von Aromen trinkbarer Substanzen aus: vom nach bitteren Mandeln riechenden Gift im Augenblick der Verzweiflung darüber, dass der vergängliche Höhepunkt des Liebesglücks nun erreicht ist, und vom Tee im Interieur des mittlerweile gereiften Paares, das nicht länger nach der ständigen Überbietung emotionaler Intensitäten strebt (S. 48 u. 53). Der einzige Geruch, der nicht am Körper oder an Trinkbarem haftet, geht von welkem Flieder aus (S. 45), der die Vorstellung eines Begräbnisses evoziert.
12 Hugo von Hofmannsthal: Das Märchen von der verschleierten Frau. In: ders.: Erzählungen, S. 144–153, hier S. 146.

daran wie an einen süßduftenden Zweig. [...] Er erwachte und wußte, daß eine Stimme seinen Namen gerufen hatte".[13]

Hofmannsthals kurze Reiseerzählung „Das Kloster des Heiligen Lukas" (1908) setzt mit einem Ritt durch eine Landschaft ein, der durch eine Mulde führt, in der „Tausende von kleinen stark duftenden Sträuchern wuchsen"; bald darauf weht der Gruppe Luft aus einem Tal entgegen, und ein „Geruch von Akazien, von Erdbeeren und von Thymian schwebte über den Weg".[14] Der Reisende gelangt zu einem Kloster in der Nähe des Parnass, wo es scheint, als ob sich der Geist Arkadiens mit dem Christentum vermischte. Ein Priester spricht zum Knecht im Rhythmus des vorhomerischen Lebens, und der Gesang der Mönche ist von einer ähnlichen Überblendung der Zeiten geprägt:

> In der Kirche fingen halblaute Stimmen an, Psalmen zu singen, nach einer uralten Melodik. Die Stimmen hoben und senkten sich, es war etwas Endloses, gleich weit von Klage und von Lust, etwas Feierliches, das von Ewigkeit her und weit in die Ewigkeit so forttönen mochte. Über dem Hof aus einem offenen Fenster sang jemand die Melodie nach, von Absatz zu Absatz: eine Frauenstimme. Dies war so seltsam, es schien wie eine Einbildung. Aber es setzte wieder ein, und es war eine weibliche Stimme. Und doch wieder nicht. Das Echohafte, das völlig Getreue jenem feierlichen, kaum noch menschlichen Klang, das Willenlose, fast Bewußtlose schien nicht aus der Brust einer Frau zu kommen. Es schien, als sänge dort das Geheimnis selber, ein Wesenloses. Nun schwieg es. Aus der Kirche drang mit den dunklen, weichen, tremolierenden Männerstimmen ein gemischter Duft von Wachs, Honig und Weihrauch, der wie der Geruch dieses Gesanges war.[15]

Bienen und nach Thymian duftender Honig wurden schon in der Antike mit Arkadien verbunden; sie galten als Symbole der hellenistischen Dichter und ihrer Poesie (siehe Kap. 2). Die Gerüche von Thymian, Wachs und Honig spielen auf diese Tradition an, und wenn Stefan Zweig (1881–1942) meint, Hofmannsthal habe die Sprache der Dichtung „wie duftendes Wachs vom Hymettos" in seinen Händen gehalten,[16] erneuert er jenen Topos im poetologischen Kommentar. Auf der Reise zum Kloster stimmt der Duft der Natur auf einen Ort ein, an dem der Geist einer längst vergangenen Zeit in der sinnlichen Überzeugungskraft eines evokativ duftenden und klingenden Kults wiederaufzuleben scheint.

Der duftende Klang der Rede von der Kindheit im *Heinrich von Ofterdingen* entstammte einer utopischen Welt, in der die Poesie reale Gestalt angenommen hatte (siehe Kap. 12). Hermann Hesses Gedicht „Verlorener Klang" (verf. 1917) kann

---
13 Hofmannsthal: Das Märchen von der verschleierten Frau, S. 152.
14 Hugo von Hofmannsthal. Das Kloster der Heiligen Lukas. In: ders.: Erzählungen, S. 236–243, hier S. 236–237.
15 Hofmannsthal: Das Kloster der Heiligen Lukas, S. 239.
16 Stefan Zweig: Die Welt von gestern. Erinnerungen eines Europäers. Berlin/Weimar 1990, S. 56.

die Synästhesie von Blumenduft und Windgesang, in der das Lebensgefühl der Kindheit zum Ausdruck kommt, nur noch in der lebendigen Erinnerung an ein unwiederbringliches Lebensalter heraufbeschwören:

> Einmal in Kindertagen
> Ging ich die Wiese lang,
> Kam still getragen
> Im Morgenwind ein Gesang,
> Ein Ton in blauer Luft,
> Oder ein Duft, ein blumiger Duft,
> Der duftete süß, der klang
> Eine Ewigkeit lang,
> Meine ganze Kindheit lang.
>
> Es war mir nicht mehr bewußt – –
> Erst jetzt in diesen Tagen
> Hör ich innen in der Brust
> Ihn wieder verborgen schlagen.
> Und jetzt ist alle Welt mir einerlei,
> Will nicht mit den Glücklichen tauschen,
> Will nur lauschen,
> Lauschen und stillestehn,
> Wie die duftenden Töne gehn,
> Und ob es noch der Klang von damals sei.[17]

In Hesses Märchen „Iris" (verf. 1918) bringen duftende Blumen, Musik und Gedichte die verlorene Heimat der Kindheit als einer Phase zurück, in der die Menschen im Lichte synästhetischer Wahrnehmungen noch fraglos mit dem geistigen Wesen des Lebens vertraut sind und „die feinen, hundertfachen Zusammenhänge zwischen Auge und Ohr, Geruch und Getast" vernehmen können.[18] Sein Märchen „Piktors Verwandlungen" (1925) stellt die Rückkehr ins Paradies dar, wo eine Blume „nach dem Garten der Kindheit" roch: „wie die Stimme der Mutter klang ihr süßer Duft".[19] Auch hier ruft Hesse den Geist der Kindheit momenthaft in der poetischen Kontemplation auf.[20] Er schreibt der Literatur die magische Fähigkeit zu, im Chaos der

---

**17** Hermann Hesse: Verlorener Klang. In: ders.: Die Gedichte, hg. von Volker Michels. Frankfurt am Main 2002, S. 236.
**18** Hermann Hesse: Iris [1918]. In: ders.: Die Märchen, hg. von Volker Michels. Frankfurt am Main 2006, S. 143–162, hier S. 147; zur Verwandtschaft der Wirkungen von Duft und Musik siehe auch S. 151.
**19** In: Hesse: Die Märchen, S. 217–222, hier S. 217.
**20** Ähnlich hält Arthur Machen die Fähigkeit zur Ekstase, die bei ihm ebenfalls mit Synästhesien von Düften und Klängen verbunden ist, für „a recollection, a remnant from the childish vision", feiert aber eine dekadente Hingabe an die Sinne, die der Zivilisationskritik Hesses fremd ist. Siehe Catherine Maxwell: „Unguent from a Carven Jar". Odour and Perfume in Arthur Machen's *The Hill of*

verzeitlichten Erfahrung augenblickshaft die Gewissheit eines überzeitlichen Urgrunds zu erwecken, die durch den unumkehrbaren Verlust seiner fraglosen Präsenz in der Sinnenwelt keinesfalls entwertet wird.[21] Gegen Ende der 1920er Jahre ist der neuromantische Topos vom duftenden Klang der Jugend auch in der Unterhaltungsliteratur zu finden. Hermann Schefflers (Lebensd. unbek.) Kurzgeschichte „Pia" (1928) handelt von einer Sechzehnjährigen, deren „Seele" mit einem Schönheitssinn begabt ist, der für heranwachsende Mädchen typisch sei, und ihr Spanisch ist berauschend wie „klingender Duft", der seinen „Klangzauber" auf den Erzähler ausübt, der bereits das nahende Ende ihrer kindhaften Weiblichkeit ahnt. Der Schlusssatz fragt nach ihrem Wandel zum „Weib", der als Erwachen durchaus positive Züge trägt: „Wie lange noch wird ihre Seele ein Platz der Ausschließlichkeit sein für alle Schönheiten, die diesseits liegen von Weib und Erwachen?! –"[22]

Schon im Symbolismus der Jahrhundertwende wird gläubiges Riechen zum Problem. Rainer Maria Rilkes (1875–1926) Gedicht „Orpheus. Euridyke. Hermes" (verf. 1904) zeigt einen sinnlich entzweiten Orpheus: auf dem Rückweg aus der Unterwelt schaut er nach vorn, richtet den Gehörsinn aber darauf, was hinter ihm geschieht: „indes der Blick ihm wie ein Hund vorauslief, / [...] / blieb sein Gehör wie ein Geruch zurück".[23] Orpheus' Versuch, die Geliebte Eurydike aus der Unterwelt zu sich zu holen, misslingt, weil er gegen das göttliche Verbot verstößt, sich auf dem Weg nach oben zu ihr umzudrehen. Der synästhetische Vergleich des Gehörs mit einem Geruch suggeriert bereits Orpheus' leibliche Wendung nach hinten, denn er müsste sich umwenden, um Witterung aufzunehmen. Sobald die Nase im bedrohlichen Wirkungsfeld höherer Mächte nach Spuren sucht, widersetzt sie sich dem göttlichen Willen. Es geht nicht um ein Riechen im wörtlichen Sinn, doch der Geruchssinn erscheint als Organ, das für göttliche Gebote unempfindlich ist; der romantische Zauber der Synergien von Hören und Riechen ist gebrochen, und das Motiv des laufenden Hundes zeigt an, dass die Sinne ihrem menschlichen Herrn nur bedingt zu Dienste sind. Das „Sonett I 16" (verf. 1922) begegnet dieser Problematik mit einer paradoxen poetischen Vorstellung:

---

*Dreams* (1907). In: Adeline Grand-Clément u. Charlotte Ribeyrol (Hg.): The Smells and Senses of Antiquity in the Modern Imagination. London u. a. 2022, S. 27–51, hier S. 43; zu seinen Synästhesien siehe auch S. 37–39 u. 42.

21 Vgl. Julia Moritz: Inbegriff der Kunst. Die Verwandlung von Zeit und Raum durch die Musik. Metamorphosen des Chronotopos und Paradoxien der Sujet-Gestaltung bei Hermann Hesse. In: Hermann Hesse und die literarische Moderne. Kulturwissenschaftliche Facetten einer literarischen Konstante im 20. Jahrhundert, hg. von Andreas Solbach. Frankfurt am Main 2004, S. 305–321.

22 Hermann Scheffler: Pia. In: Die Frauen-Illustrierte (1928), H. 12, S. 17 'https://digital.zlb.de/viewer/image/15599725_1928/285/' (Zugriff 22. September 2022).

23 Zit. n. Silke Pasewalck: „Die fünffingrige Hand". Die Bedeutung der sinnlichen Wahrnehmung beim späten Rilke. Berlin/New York 2002, S. 86.

Du, mein Freund, bist einsam, weil ...
*Wir* machen mit Worten und Fingerzeigen
uns allmählich die Welt zu eigen,
vielleicht ihren schwächsten, gefährlichsten Teil.

Wer zeigt mit Fingern auf einen Geruch? –
Doch von den Kräften, die uns bedrohten,
fühlst du viele ... Du kennst die Toten,
und du erschrickst vor dem Zauberspruch.

Sieh, nun heißt es zusammen ertragen
Stückwerk und Teile, als sei es das Ganze.
Dir helfen, wird schwer sein. Vor allem: pflanze

mich nicht in dein Herz. Ich wüchse zu schnell.
Doch *meines* Herrn Hand will ich führen und sagen:
Hier. Das ist Esau in seinem Fell.[24]

Das Gedicht richtet sich an einen Hund.[25] Er kann die Spur geistiger Wesen und Kräfte in der Sinnenwelt körperlich vernehmen, während die Menschen die Welt sprechend und zeigend erschließen. Beide Perspektiven sind beschränkt: während der Mensch sich in unerkannter Bedrohung häuslich einrichtet, erschrickt der Hund vor ihrer unverstandenen Präsenz. Die ungleichen Freunde können diese prekäre Situation nur unzureichend bewältigen; der Schrecken des Hundes warnt den Menschen vor der Gegenwart des Unerkannten, doch der Mensch kann dem erschreckten Tier wenig helfen. Die menschliche Antwort auf die Zuneigung des Hundes neigte dazu, das Tier übermäßig einzuschränken. Der lückenhafte Weltbezug dieser Gefährten könnte nur den Segen eines Gottes erhalten, der sich darauf einlässt, dass ihm das Vermögen des Tiers als Eigenschaft des sprachbegabten Menschen präsentiert wird. Während Jakob mit Fellen an den Händen die Behaarung seines älteren Bruders vortäuschte, um den Erstgeburtssegen des erblindenden Vaters zu empfangen (1. Mos. 27: 11, 16, 22 u. 23), will das lyrische Ich seinem Herrn das Fell des lebenden Tieres als Esaus Kleidung unterschieben. Der erhoffte Segen unterscheidet sich vom anzitierten biblischen Vorfall. Es geht nicht darum, einen anderen Menschen mit Gottes Segen zu täuschen; Gott müsste den fingierten Anschein eines sinnlichen Gespürs des Menschen für das Geistige als ein künstli-

---

24 Rainer Maria Rilke: Duineser Elegien. Die Sonette an Orpheus. Frankfurt am Main 1977, S. 60.
25 Diese Darstellung lehnt sich an Pasewalcks detaillierte Analyse an (in: „Die fünffingrige Hand", S. 180–191). Pasewalck zufolge greift Monika Ficks These, Rilkes Literatur sei dem Spiritismus verbunden, zu kurz, weil sie unterschätzt, wie sehr seine Texte diese Position komplizieren (S. 82, Fn. 110 u. S. 268, Fn. 95). Auch Paul Bishop (in: The Cambridge Companion to Rilke, hg. von Karen Leeder u. Robert Vilain. Cambridge 2010, S. 159–173, hier S. 162–164 u. 171) betont, dass Rilkes literarische Texte bei aller Affinität zum Spiritismus eigenständige ästhetische Ansprüche erheben.

ches Werk eigener Art durchgehen lassen. Zudem unterstreicht das Motiv vom Menschen im Fell mit seiner Anspielung auf die biblisch überlieferte Geschichte das Täuschende der Inszenierung auch für den, der Segen spenden soll. Nur im gesegneten Schein des poetischen Artefakts zeigt der Mensch ein sinnliches Gespür für das Geistige, das im riechenden Aufspüren von Unsichtbarem seinen bildhaften Ausdruck findet.[26] Gewiss, in Rilkes Roman *Die Aufzeichnungen des Malte Laurids Brigge* (1910) wittern Menschen Spuren einer unheimlichen Präsenz von Vergangenem,[27] doch dieses leibliche Vernehmen, das dem Unsichtbaren nicht seinen Schrecken nimmt, ist auf sinnenhafte Erinnerungen oder Vorstellungen angewiesen und vernimmt wie der Hund und das lyrische Ich nur Stückwerk und Teile. Der Geltungsanspruch jener poetischen Geisterriecher, die sich im Heiligtum einer erfüllenden Natur wähnen, wird im Sonett implizit kritisch gebrochen. Für Rilke stellt sich das Problem, Geistiges sprachlich zu fassen, aus Sicht einer modernen Produktionsästhetik, deren Religiosität sich in der poetischen Reflexion auf ihre unausweichliche Paradoxie erhält. In nachfolgenden Epochen wird das Problem, die Verkörperung des Seelischen mit Sprache zu erfassen, teils im Rückgang zur Naturnachahmung entschärft. Wilhelm Lehmann vertritt eine Ästhetik der Wahrnehmung, die das Selbst für den Eigenwert des beseelten Anderen im *äußeren* Lebensprozess sensibilisieren will (siehe Kap. 16), und Marion Poschmann (1969 – ) will mit autonomen poetischen Formen die Alterität des animistisch verfassten Gestaltwandels in der Natur einkreisen (siehe Kap. 19).

In einem anderen Zweig des Symbolismus mündet das Ungenügen an seinen kultischen Inszenierungen duftender Szenen in den Expressionismus. Hier dient die Landschaft als positives Gegenbild der künstlichen Paradiese, in die sich das *L'Art pour l'art* zurückgezogen hatte.[28] So bekennt sich Ernst Stadler in seinem symbo-

---

26 Zum paradoxen Versuch Rilkes, das Unsichtbare im autonomen Bereich der poetischen Sprache zu versinnlichen, vgl. Andreas Kramer: Rilke and Modernism. In: The Cambridge Companion to Rilke, S. 113–130, hier S. 128; zu Rilkes Ansatz, sich der transzendierenden Qualität der Erscheinungen im Prozess ihrer poetischen Verinnerlichung zu vergewissern, siehe Bishop: Rilke. Thought and Mysticism, S. 169–170.
27 Hans J. Rindisbacher: The Smell of Books. A Cultural-Historical Study of Olfactory Perception in Literature. Ann Arbor, MI 1992, S. 206–219.
28 In der Literatur im Grenzbereich von Jugendstil und Expressionismus verbindet sich der Eigensinn synästhetischer Erfahrungen von Duft und Klang mit lebendigen Körpern. In Else Lasker-Schülers Zeile „Deine Augen singen / Schönheit, / Duftende Schönheit ....." sind gleich drei Sinne synästhetisch vereint; siehe Else Lasker-Schüler: Nachklänge. In: dies.: Sämtliche Gedichte. Frankfurt am Main 2004, S. 87–88, hier S. 87; mit Ausnahme der letzten Zeile, die nun „Duftende ....." lautet, ist die zweite Fassung des Gedichts mit der ersten identisch (S. 137–138, hier S. 137). Mit der Zeile „schüchtern riecht ein Klang" evoziert ein Gedicht von Hermann Finsterlin unterbestimmte Impressionen aus einem Zimmer; der Aufflug eines Schwärmers am Fenster löst eine ekstatische

listischen Gedicht „Incipit Vita Nova" (1904) zu einem Überdruss an der berauschenden Fülle kunstvoll arrangierter Kostbarkeiten, die das „Leben" wie in einer Gruft einschließen:

> Zu lange lauscht ich in den smaragdenen Grüften
> schwebenden Schatten · sickernder Tropfen Fall –
> Zu lange lag ich umschwankt von betörenden Düften ·
> lüstern gewiegt von schläfernder Geigen Schwall.
> 
> [...]
> 
> Süßer als aus Rubin und Demant die Hallen
> wiegt mich der funkelnde Himmel · das dampfende Ried –
> Durch die taumelnden Tannen will ich wallen ·
> weinend lauschen der kleinen Amseln Lied.[29]

Der Aufbruch aus den Düften und Klängen überladener Innenräume führt in die belebende Schönheit einer selbst berauschten Landschaft; das lyrische Ich taucht nicht in ein früheres Lebensalter ein, sondern erschließt neue Spielräume eines gesteigerten Lebensgefühls. Diese Erkundung bewegt sich noch im Horizont der empfangenden Sensibilität des Symbolismus und verlegt dessen exaltierte Flucht aus der sozialen Wirklichkeit vom stilisierten Innenraum in eine ausgesuchte Landschaft.[30] Dagegen stellt Stadlers expressionistische Lyrik die Natur als einen bis in die Stadt hinein reichenden Lebensprozess dar, dessen kosmisches Potential nach allseitiger aktiver Entfaltung drängt. Im Gedicht „Vorfrühling" (1914) führt der Weg von der Stadt aufs Land zum erfüllenden Aufbruch in eine Natur, die auch und gerade mit ihrem Duft auf ein frisches Werden verweist: „In dieser Märznacht trat ich spät aus meinem Haus. / Die Straßen waren aufgewühlt von Lenzgeruch und grünem Saatregen." Die Teilhabe an diesem Prozess – „In jedem Lufthauch war ein junges Werden ausgespannt" – aktualisiert einen Sinn der Welt im Ganzen: „Schicksal stand wartend in umwehten Sternen. / In meinem Herzen lag ein Stürmen wie von aufgerollten Fahnen."[31] Im Rückblick erweist sich der Symbolismus für Stadler als Zwang zur berauschenden Hingabe an ichfremde Traumwelten, die den Zugang zum autonomen Kern menschlicher Innerlichkeit verstellen; im Anschluss an einen Aphorismus von Johannes Scheffler bekennt er sich nun zum

---

Entgrenzung ins „Uferlose" aus (Hermann Finsterlin: Morgen. In: Reinhard Döhl (Hg.): Hermann Finsterlin. Eine Annäherung. Stuttgart 1988, S. 368).
**29** In: Ernst Stadler: Der Aufbruch und andere Gedichte, hg. von Heinz Rölleke. Stuttgart 2014, S. 62.
**30** Vgl. Gunter Martens: Vitalismus und Expressionismus. Ein Beitrag zur Genese und Deutung expressionistischer Stilstrukturen und Motive. Stuttgart, Berlin, Köln u. Mainz 1971, S. 131–134.
**31** In: Stadler: Der Aufbruch und andere Gedichte, S. 15.

Appell „Mensch, werde wesentlich!".[32] Gottfried Keller hatte die naturfromme Aneignung barockmystischer Sinnsprüche einfühlsam ironisiert; bei Stadler ist das Pathos dieser schöpferischen Aneignung aller Ironie entwachsen.

---

[32] Siehe dazu Ernst Stadler: Der Spruch [1914]. In: ders.: Der Aufbruch und andere Gedichte, S. 5–6.

## 15 Geistige Substanz im organischen Prozess: Olfaktorische Diagnosen des Expressionismus

Der literarische Expressionismus stellt unpersönliche Zwänge, die ungeplanten und ungesteuerten gesellschaftlichen und kulturellen Prozessen entspringen, im Lichte eines metaphysisch verstandenen Anspruchs auf Selbstbestimmung kritisch dar. Die Erfahrung, dass anonyme Prozesse die Grundlagen menschlicher Autonomie auf eine Weise zerstören, die sich der direkten Einflussnahme des ungezwungenen Willens der Betroffenen entzieht, erschüttert die Grundlagen des Glaubens an eine metasoziale Befähigung des Menschen zur Selbstbestimmung. Die skeptischen Texte des Expressionismus bringen leidhafte Erfahrungen dieser Problematik zum Ausdruck und harren im Widerspruch von metaphysischem Anspruch und heilloser Wirklichkeit aus. Die messianischen Texte wollen Offenbarungen eines metaphysischen Urgrunds zwangloser Werterlebnisse heraufbeschwören, um zur inneren Erneuerung der Menschheit beizutragen, die ihren souveränen Willen zur Freiheit erneuert.[1] Der metaphysische Urgrund, den diese Richtungen *via negationis* anzeigen oder messianisch verkünden, ist eine selbständig seiende Sinnquelle, die der Welt nicht grundsätzlich transzendent ist, ihr aber auch nicht als All-Seele immer schon innewohnt; der Mensch muss sich dieser Substanz erst innerlich öffnen, bevor sie in der sozialen Wirklichkeit Fuß fassen kann. Im Unterschied zu *monistischen* Lehren, die ihre Sollgeltung aus einer beseelten Sinnenwelt beziehen, in die der Mensch verwoben ist, arbeitet sich der Expressionismus an einem *Dualismus* von faktischem Dasein und seelischem Sollen ab. Im Gegensatz zur Bewusstseinsphilosophie, die nach den metaphysischen Bedingungen der Möglichkeit von Erfahrung fragt, die sich nur der gedanklichen Selbstreflexion erschließen, zeigt sich den messianischen Expressionisten die metaphysische Substanz des Menschen in vorausdrücklichen Selbsterfahrungen.

Den messianischen Expressionisten ist die Offenbarung jener Substanz und ihre Beschwörung im sprachmagischen Akt heilig; die umfassend skeptischen Expressionisten deuten die Erfahrung des Entzugs metaphysischer Substanz als rätselhafte Wirkung eines verborgenen Urgrunds, in dessen Machtbereich ihre unerlöste Subjektivität geheiligt wird.[2] Die offenbarte oder eingekreiste Substanz überschreitet die Sinnenwelt und die Gesamtheit der von ihr hervorgerufenen inneren Zustände – und transzendiert damit auch die Natur. Das organische Leben

---

[1] Siehe Silvio Vietta u. Hans-Georg Kemper: Expressionismus. München 1975; vgl. Frank Krause: Literarischer Expressionismus. Göttingen 2015, S. 69–137.
[2] Frank Krause: Sakralisierung unerlöster Subjektivität. Zur Problemgeschichte des zivilisations- und kulturkritischen Expressionismus. Frankfurt am Main u. a. 2000.

und die anorganische Natur sind für den Expressionismus nur interessant, sofern sie sakrale Durchbrüche metaphysischer Sinngebung symbolisch spiegeln oder faktisch vereiteln; das unverklärte Körper-Selbst ist metaphysisch sinnlos. Die Öffnung des Körper-Selbst zur Sinnenwelt beim Riechen in der Natur ist für den Expressionismus in zwei Zusammenhängen von Belang. In der messianischen Richtung kann das Riechen in einer Natur, in der sich der substantielle Sinn des menschlichen Daseins spiegelt, das Erlebnis der Erlösung zum ekstatischen Körpergefühl steigern. Im unerlösten Zustand dringt die metaphysisch sinnlose Natur beim Riechen körperlich ins Selbst ein und steigert die Erfahrung des Sinnentzugs zur umfassenden Selbstentfremdung. Sofern profane Gerüche der Entfremdung sakrale Gegenkräfte des Menschen mobilisieren, können sie eine bejahenswerte Ambivalenz anzeigen.[3]

In seinem Gedicht „Der Mensch" (1916) evoziert Ludwig Rubiner (1881–1920) eine Vision des erlösten Gattungswesens, dessen Denken in abstrakten Formen, Kurven und Zahlen die ganze Welt durchwirkt. Der Segen dieser gestaltenden Eingriffe offenbart sich in der Schönheit einer responsiven Natur, die Auge, Ohr, Haut und Nase anspricht:

> Der Mensch in Strahlenglorie hebt aus der Nacht seine Fackelglieder und gießt seine Hände weiß über die Erde aus,
> Die hellen Zahlen, o sprühende Streifen wie geschmolzenes Metall.
>
> Aber wenn es die heiße Erde beströmt (sie wölbt sich gebäumt),
> Schwirrt es nicht später zurück? dünn und verstreut hinauf, beschwert mit Erdraum:
>
> Tiergeblöke. Duft von den grünen Bäumen, bunt auftanzender Blumenstaub, Sonnenfarben im Regenfall. Lange Töne Musik.[4]

Bei Rubiner *beherrscht* der freie Mensch segensreich die blökend und duftend antwortende Natur; in Iwan Golls (1891–1950) Lyrik gibt sich der Mensch dem *brüderlichen* Geist seiner kreatürlichen Mitwelt hin. Im Gedicht „Wald" (1916) erkennt er sich im ethisch maßgebenden, göttlichen Geist der Tiere, nachdem er zuvor vergeblich versucht hatte, den Schöpfer in einem Veilchen zu lieben:

---

**3** So fungiert der Gestank des Krieges bei Walter Hasenclever als einer von vielen Auslösern des zornigen Rufs nach Frieden; siehe dazu Frank Krause: Geruchslandschaften mit Kriegsleichen. Deutsche, englische und französische Prosa zum Ersten Weltkrieg. Göttingen 2016, S. 119. Dieser Gestank entstammt allerdings nicht der Natur. Zur Vielfalt der Bedeutungen ekelhafter oder schlechter Gerüche im Expressionismus siehe auch die Beiträge in Expressionismus (2023), H. 18.
**4** Ludwig Rubiner: Der Mensch. In: Menschheitsdämmerung. Ein Dokument des Expressionismus [1920], hg. von Kurt Pinthus. Berlin 1978, S. 273–274, hier S. 274.

Durch Disteln war der Gang zu dir,
Verschlossen du im glühenden Kosmos
Wie ein Patriarch inmitten Gottes.

[...]

In deinen tiefen Tieren aber,
Aus feuchten Augen gleichen Geistes dunkelnd,
Warst du mir ebenbürtig, Wald!
O, dein Geschöpf zu sein,
[...].
Hingabe sein und brüderlicher Friede!

In deinen Tieren warst du mir geheiligt.
Und ich ergab mich dir,
Ging groß in Trieb und Düften auf.[5]

In Golls Gedicht markiert das Riechen die körperliche Teilhabe des Selbst an einer Natur, die kraft ihrer geistigen Substanz sakralen Sinn stiftet. In Theodor Däublers (1876–1934) Gedicht „Überraschung" (1910) werden die Gerüche hingegen umfassend vergeistigt. Es evoziert den Traum von einem Leben in Ägypten und scheint mit seinen Landschaftsszenen zunächst den körperlichen Naturgenuss zu feiern, doch Däublers Interesse gilt dem Spiel „astraler" Seelenkräfte, auf die der sinnlich entgrenzte Körper nur zeichenhaft verweist. Olfaktorische, akustische, visuelle und taktile Eindrücke aus der Natur werden in einer Vision über seelische Anziehung innerlich anverwandelt; die Landschaft erscheint als Gebärdenspiel erotisierter Körper:

Durch Pinien lustwandelt der Mond, durch Glyzinien!
Ein blauendes Wasser bringt blauere Blätter.
Ein Windhauch verwiegt und verschmiegt alle Linien,
Das raschelt und scharrt wie von Rosengekletter.

Es scheint, daß der Flieder mit Blüten sich brüste.
Er wogt seine Düfte, fast atmend, ins Freie.
Es ist, als ob alles mit Hauchen sich küßte,
Damit sich die Lust bloß durch Tausche verleihe.

[...]

Der tropische Glutenfluß faßt sich im Leben.
Astrale Gestalten ergreift euch in Bäumen!

---

5 In: Menschheitsdämmerung, S. 156 u. 159.

> Die menschliche Seele, ein Fieberentschweben,
> Entflattere, entwurzle sich ewig in Träumen.[6]

In messianischen Verkündungen *erlöster* Zustände fungiert die Natur als verklärtes Symbol, an dem das riechende Selbst zumindest in der Vision auch körperlich teilhat. Wenn die Natur die *Entfremdung* des Menschen symbolisiert, spiegelt sie einen sozialen oder kulturellen Sinnentzug, der in der Gestalt von Gerüchen die Grenzen des Körper-Selbst bedroht. Johannes R. Becher (1891–1958) stellt den titelgebenden Ort seines Gedichts „Der Wald" (1914) als verbotenen Bezirk dar, der von allem sakralen Sinn verlassen ist und Mensch und Tier ins Verderben lockt:

> Ich bin der Wald voll Dunkelheit und Nässe.
> Ich bin der Wald, den du sollst nicht besuchen,
> Der Kerker, daraus braust die wilde Messe,
> Mit der ich Gott, das Scheusal alt, verfluche.
>
> Ich bin der Wald, der muffige Kasten groß.
> Zieht ein in mich mit Schmerzgeschrei, Verlorene!
> Ich bette euere Schädel weich in faules Moos.
> Versinkt in mir, in Schlamm und Teich, Verlorene!
>
> Ich bin der Wald, wie Sarg schwarz rings umhangen,
> Mit Blätterbäumen lang und komisch ausgerenkt.
> In meiner Finsternis war Gott zugrund gegangen ...
> Ich nasser Docht, der niemals Feuer fängt.[7]

Bilder des körperlichen Verfalls und des Todes bringen „Verhängnis [...] und schneidende Strafe" zum Ausdruck; der Geruch des Verfalls wäre geeignet, den Ekel vor der Verdammung zu steigern, doch die Rede vom Duft verleiht der Atmosphäre eine positive Ambivalenz: „Heulender Hund verreckt die böse Nacht. / Duftender Saft aus Wundenlöchern schwiert." Der Wald, in dessen „Höllenschein" und „Schlangen" die Macht des Bösen zum Ausdruck kommt, fängt schließlich Feuer; sein Widerpart ist die „Ebene", die sich „im Traum" einem „Engel" genähert hatte und das Gute verkörpert. Der brennende Wald bringt Zerstörung, „verbreitend euch betäubenden Geruch, / Bis meine Flamme grell den Horizont durchstößt". Mit diesem Geruch dringt die Macht des Bösen zwar überwältigend in das Selbst ein, doch am Ende verzehrt das Feuer den Wald, der sich in harmonischer Vereinigung

---

6 In: Menschheitsdämmerung, S. 180–182, hier S. 180 u. 182. Zur Entkörperlichung des im Lebensprozess manifesten Wesens vgl. auch Theodor Däubler: Millionen Nachtigallen schlagen. In: Menschheitsdämmerung, S. 164: „Gespenster gleichen unsern sanften Tieren", und „das Lenzgespenst geht um im Hage".
7 Johannes R. Becher: Der Wald. In: Menschheitsdämmerung, S. 155–156, hier S. 155.

mit der Ebene geläutert erneuert. „Lästerung und Raub und Mord ward abgebüßt": der Bann des Zwangs zur entrechtenden Selbstbehauptung ist gebrochen, und die Menschen können im Wald zur Ruhe finden.[8] Der betäubende Geruch zeigt an, dass die soziale Entfremdung auf das Selbst übergreift, doch die bizarre Rede vom Duft des Verfalls scheint auf die positive, apokalyptisch reinigende Kraft des Untergangs vorauszudeuten.

Albert Ehrensteins (1886–1950) Gedicht „Unentrinnbar" (1914) handelt vom naturwüchsigen Lebensprozess im Ganzen; es konstatiert die Unmöglichkeit, als Teil des organischen Lebens in einem heiligen und sinnlich erfüllenden Sinn aufzugehen. Verfall und Tod sind untröstlich, Lebensfreude und Weltekel sind untrennbar, und die Gerüche spiegeln die – im Unterschied zum purgierenden Verfall bei Becher *negative* – Ambivalenz einer Natur, in der selbst das Atmen im Verdacht steht, den eigenen Tod zu befördern:

> Wer weiß, ob nicht
> Leben Sterben ist,
> Atem Erwürgung,
> Sonne die Nacht?
> Von den Eichen der Götter
> Fallen die Früchte
> Durch Schweine zum Kot,
> Aus dem sich die Düfte
> Der Rosen erheben
> In entsetzlichem Kreislauf,
> Leiche ist Keim,
> Und Keim ist Pest.[9]

In Franz Kafkas (1883–1924) Erzählung *Die Verwandlung* (verf. 1912) wird die Erfahrung einer Selbstentfremdung, die das gesamte Körper-Selbst umfasst, zu „kleinen Erstickungsanfällen" gesteigert; Gregor Samsa, der eines morgens als Ungeziefer erwacht, stellt fest, dass er halbverdorbenes Essen bevorzugt, von „frischen Speisen" aber „nicht einmal ihren Geruch vertragen" kann. Der Topos von der Synergie zwischen Duft und expressivem Klang weicht dem Motiv einer Nahrung, die im körperlichen Sinn mit Geruchsekel und im geistigen Sinn mit anziehender Musik verbunden ist. Auch diese Ambivalenz ist unauflösbar; als menschliches Bewusstsein in einem fremdartigen Körper sucht Gregor vergeblich nach einer passenden Speise und erfährt Musik als einen verrätselten Ausdruck dessen, was

---

8 Becher, S. 155–156.
9 In: Menschheitsdämmerung, S. 76.

fehlt: „War er ein Tier, da ihn Musik so ergriff? Ihm war, als zeige sich ihm der Weg zu der ersehnten unbekannten Nahrung."[10] Neben dem Geruchsekel thematisiert der skeptische Expressionismus auch eindeutige Wohlgerüche, die – im Unterschied zu den Düften in Hesses neuromantisch tröstenden Reminiszenzen – einer verlorenen und auch poetisch unwiederbringlichen Zeit entstammen. Georg Trakls (1887–1914) Gedicht „Sebastian im Traum" (1915) evoziert eine Reihe von Eindrücken aus häuslichen und landschaftlichen Szenen, die sich zu keinem kohärenten Sach- oder Sinnzusammenhang fügen. Die Abfolge der Motive konstituiert ein autonomes poetisches Gebilde, dessen Anspielungen auf Christi Geburt und Tod sakralen Sinn suggerieren; die Variation dieser Allusionen ruft aber den Eindruck hervor, dass der Zugang zum Heiligen verloren ist:

> Liebe; da in schwarzen Winkeln der Schnee schmolz,
> Ein blaues Lüftchen sich heiter im alten Holunder fing,
> In dem Schattengewölbe des Nußbaums;
> Und dem Knaben leise sein rosiger Engel erschien.
>
> [...]
>
> Tasten über die grünen Stufen des Sommers. O wie leise
> Verfiel der Garten in der braunen Stille des Herbstes,
> Duft und Schwermut des alten Holunders,
> Da in Sebastians Schatten die Silberstimme des Engels erstarb.[11]

Trakl komponiert Eindrücke und Vorstellungen zu traumartigen Gebilden, deren suggestive Gehalte dissonant gefügt sind. Der Duft des Holunders, der im *Sommer* blüht, bekräftigt am Ende die Erinnerung an *herbstlichen* Verfall und Verlust, und die rauschhafte Entgrenzung von Imagination und Wahrnehmung bewirkt einen sinnenfälligen Sog des Verfließens von Bedeutungen. Das Gedicht inszeniert ein tastendes, hörendes und sehendes Selbst, das seine melancholische Gestimmtheit riechend einzusaugen scheint.[12]

Einen Sonderfall stellen Texte dar, die – wie Käthe Jatho-Zimmermanns (1891–1989) expressionistischer Antikriegsroman *Der Hauptmann Deutschle. Ein Buch für*

---

10 Frank Kafka: Die Verwandlung. In: ders.: Sämtliche Erzählungen, hg. von Paul Raabe. Frankfurt am Main 1980, S. 56–99, hier S. 73 u. 92.
11 Georg Trakl: Sebastian im Traum. In: Menschheitsdämmerung, S. 182–184, hier S. 183 u. 184.
12 Wenn Trakl die Gestalten des Sehens und Tastens dynamisiert und ent-gegenständlicht, nähert er sie den flüchtigen bzw. flüssigen Eindrücken des Hörens und Riechens an (vgl. dazu Hans-Georg Kemper: Droge Trakl. Rauschträume und Poesie. Salzburg 2014, S. 304–305).

*Enkel* (1919)[13] – erhellende Visionen eines Wahnsinnigen gestalten. Der Erzähler stellt Deutschles Lebensgeschichte aus Erinnerungen eines ehemaligen Soldaten zusammen, der in einer psychiatrischen Klinik einsitzt. Der Bericht aus dritter Hand lässt die Frage, ob oder inwiefern einzelne Figuren real oder imaginär sind, ins Leere greifen. Wie Däublers Traum von einer erotisierten Sinnenwelt zeigt, können Gerüche als Tropen auch in der visionären Fiktion positive Bedeutung annehmen; das körperliche Riechen bleibt in solchen Fiktionen aber der wesenlosen Erscheinung verhaftet.[14]

Bei Jatho-Zimmermann ist die utopische Vision weitgehend desodoriert; Geruchsmotive stellen zum einen das Kriegsgrauen bloß:

> Am Nachmittag hielt ich es nicht mehr aus in meiner Baderuhe.
> Ich machte mich tief in den Wald hinein.
> Ich kam an einem Rehkadaver vorbei und stand und schaute mir diese weit vom Körper abgestreckten, im Todeskampf abgestreckten Beinchen an.
> Der Gedanke an dies einsame Erlöschen rief alles Grauen des Krieges vor meine Seele.
> So hatte es gestunken, als wir bei Poperinghe drei Tage und Nächte lang die Engländer in den Drahtverhauen wimmern hörten – und wir konnten nicht helfen – und das Wimmern wurde immer schwächer – und dann war es endlich ganz still.
> Ich sass bei meinem toten Reh, bis mich die Aasfliegen verjagten.[15]

Der Hauptmann harrt – ähnlich wie der Protagonist von Wilhelm Lehmanns Roman *Der Überläufer* (siehe Kap. 16) – in der Nähe eines riechbar verwesenden Tieres aus, dem er sich verbunden fühlt. Bei Lehmann zeigt sich der intrinsische Wert des vom Krieg missachteten Lebensprozesses auch im organischen Zerfall; bei Jatho-Zimmermann fungiert das tote Tier als Sinnbild des Kriegsgrauens, bei dessen Anblick Deutschle der geschundenen Kreatur nachfühlt, ohne vom Gestank überwältigt zu werden. Die kriegskritische Gesinnung der „Handlanger" des „heiligen Geistes", der

---

**13** Sie veröffentlichte den Roman unter dem Pseudonym Karl Zimmermann; vgl. Reinhard Schilf: Die Kalltalpresse. In: Experiment Kalltalgemeinschaft. Die Kölner Progressiven in Simonskall 1919 – 1921, hg. von Reinhard Schilf. Weilerswist 2008, S. 9 – 19, hier S. 9 u. 13. Die folgende Analyse von Jatho-Zimmermanns Roman findet sich auch in Frank Krause: Leichengeruch im Ersten Weltkrieg. Zur Inszenierung affektiver Höhepunkte abstoßender Weltbeziehungen im literarischen Expressionismus. In: Expressionismus (2023), H. 18 (im Erscheinen).
**14** In expressionistischen Visionen, in denen das Riechen eine positive Bedeutung annimmt, finden sich teils auch Vorstellungen eines Astralleibs oder einer Lichtmaterie; vgl. dazu Frank Krause: Geruch der Utopie. Messianische Baumeister in Schriften der „Gläsernen Kette" (1919/20). In: Joachim Henneke, Dagmar Kift u. Thomas Schleper (Hg.): die welt neu denken. Beiträge aus dem Eröffnungssymposion „100 jahre bauhaus im westen". Münster 2020, S. 221 – 227.
**15** Karl Zimmermann: Der Hauptmann Deutschle. Ein Buch für Enkel. Zürich 1919, S. 54.

über das profane Leben erhaben ist,[16] drückt sich in einem gläubigen Gesang aus,[17] der sich dem riechenden Verwobensein mit der Sinnenwelt entwindet; dem „lärmenden Sumpf" eines Krankentransports

> entblühte ein Gesang, erst formlos, wie umwölkt von dem Schweissgeruch des rollenden Elends, dann sich klärend und unendlich überblühend den versinkenden Schrei der Gequälten. Ein Chor von alten Männerstimmen sang:
> 
> „Heil'ge Nacht, o giesse du
> Himmelsfrieden in dies Herz;
> Gib dem armen Pilger Ruh,
> Holde Labung seinem Schmerz.
> [...]"[18]

Gerüche sind im Roman von Anfang an ambivalent: ob sich der Geruch alter Kleider mit Soldatenliedern mischt, ob der Klang einer Schiffsglocke, die den Duft von Wellen, Tang, Teer und Bohlen begleitet, Tod und Leben zugleich bedeutet, ob in der von Säften duftenden Ackerkrume ein Liebesschrei zu ertönen scheint, dem der impotente Kriegsinvalide nicht mehr antworten kann, ob Wälderduft vom Lärm singender Patrioten und Pressemeldungen eingerahmt wird, oder ob der Gott des Krieges in einem Traum den Verwesungsgestank als Weihrauchopfer genießt und das Röcheln Sterbender als Lobgesang würdigt, während an fauligen Blutlachen ein Wimmern zu hören ist: immer wieder verweisen expressive Klänge im Verbund mit Gerüchen von Stadt und Land auf eine defiziente Wirklichkeit.[19] Selbst die „heilige Sanftmut der Natur" ist vom Krieg kontaminiert, wenn im Frühling ein Schwarm heimgekehrter Vögel davon singt, dass der Krieg „nach Aas" „riecht";[20] „die frische, würzige, vom Strome [...] herüberwehende Morgenluft" verstärkt nur das Gefühl des Hungers, das vom imaginierten „Duft und Geknatter brechender Weizenbrote" im biblischen Lande Gosen (vgl. 1. Mos. 45: 10) nicht gestillt wird.[21] Nur in der figurativen Rede oder in irrealen Symbolen von der endzeitlichen Erlösung des Menschen im Diesseits verbinden sich Duft und Klang auf positive Weise; so hört der Hauptmann den „Menschheitsvogel", der vom Reich der Erlösung „ewig singt", und ist sich seiner Naherwartung gewiss, da er „den Duft seiner Gefilde" atmet.[22]

---

16 Zimmermann, S. 162.
17 Zum Klang sakralisierter Appelle im Expressionismus siehe auch Frank Krause: Klangbewußter Expressionismus. Moderne Techniken des rituellen Ausdrucks. Berlin 2006, S. 82–103.
18 Zimmermann, S. 157–158.
19 Zimmermann, S. 5–6, 23–24, 31–32 u. 72.
20 Zimmermann, S. 79 u. 81.
21 Zimmermann, S. 108.
22 Zimmermann, S. 139.

Der schlechte, sozial desengagierte Kulturbetrieb wird mit Geruchsmetaphern bloßgestellt: ein Wochenblatt duftet aromatisch wie Mist, und ein Inserat für deutsche Parfums riecht nach Kriegsfrühling.[23] Der alte Bettler Rodius, der den Geist der herrschenden Kultur aus kritischer Distanz antiquarisch in sich aufbewahrt, imaginiert, wie der Tempel der Untugend zusammenbricht, so dass „der teure Teppich brenzlich röche".[24] Die Kultur erscheint als ein Bezirk, der den reinen „Atem" der „Gott-Natur" im heiligen „Menschengeist" so lange außen vor lässt, wie sein „Duft", der in Wahrheit „stinkt", die Menschen von den Quellen der Erlösung abschottet. Die Kultur wird als eingemauerter Bereich imaginiert, „überdeckelt vom heiligen Geiste der Brauchbarkeit".[25] Die Gebärden des erlösten Menschenleibes bringen eine desodorierte Heiligkeit zum Ausdruck:

> Wenn Ihr seid, was Ihr sein müsst: Besessene Eures Gottes, so seid Ihr es heute, morgen, immerdar. In jedem Atemzug, den Ihr tut, weht der Odem Eures Gottes; in jedem Worte, das Eure Lippen lallen, klingt es: Ich bin das Wort Gottes. Im leisesten Druck Eurer Hände: der Strom der Gnade. Im Heben Deines Fusses: der Wandel des Heiligen. In jedwedem Tanz Deines Leibes: der Leib des Herrn.[26]

Im Atem des erlösten Körpers als geruchslosem Träger der Seele manifestiert sich ein übersinnlicher Geist; der biblische Topos von der Seele als lebendigem Odem Gottes (siehe 1. Mos. 2: 7) wird im Glauben an die Gottnatur des Menschen säkularisiert. Die Gerüche der Natur, die im Roman gelegentlich auf Gefühle von Liebe und Sanftmut verweisen, fungieren allenfalls als Vorzeichen einer Erlösung, deren heiliger Geist die Sinnenwelt transzendiert; der schlechte Geruch des beschädigten Lebens zeigt symbolisch an, dass das geistige Wesen des Menschen noch nicht befreit aufatmen kann.

Hans Henny Jahnns skeptischer Roman *Perrudja* (1929) ist ein Sonderfall des Spätexpressionismus. Das Kapitel „Der Gesang der gelben Blume" setzt mit einer plötzlichen synästhetischen Wahrnehmung ein, die an romantische Synästhesien von Geruch und Klang erinnert:

> [...] nicht nur lau und milde war die Luft. Fast schwül vor Süßigkeit. Sie schwelte im gelben Duft blühender Lupinen. Im Tal mußte ein Feld sein, das heraufdampfte. Prangende Kerzen. Ein Schall von Geruch breitete sich aus. Und ihm war, als verstände er deutlich den Gesang.[27]

---

23 Zimmermann, S. 114–115.
24 Zimmermann, S. 152.
25 Zimmermann, S. 153–154.
26 Zimmermann, S. 167.
27 Hans Henny Jahnn: Perrudja. Roman. Hamburg 1998, S. 522.

Der Gesang des Geruchs wird im Text mit Noten für ein Instrumentalstück repräsentiert; der Klang evoziert das Bild eines Tempels des Friedens und der Versöhnung, in dem der vitalistische Geist von Perrudjas früher Jugend zum Ausdruck kommt.[28] Die Synästhesie geht aber in eine Vision über, deren Sinn verblasst ist. In einer von Ausbeutung und Krieg geprägten Gesellschaft, die ihren Gegnern den Einsatz eben der wirtschaftlichen und militärischen Macht aufzwingt, die sie abschaffen wollen, ist der Friede, den der junge Perrudja genossen hatte, in unerreichbare Ferne gerückt. Es ist „[k]ein Raum mehr für die Vernunft des Fleisches",[29] und die Entfremdung wirkt auf die menschliche Natur zurück. Der unvollendete Roman harrt in einem unaufhebbaren Widerspruch zwischen dem utopischen Gehalt der unrettbar verlorenen Vergangenheit und der umfassenden Entfremdung in der Gegenwart aus. Er weigert sich mit spätexpressionistischer Beharrlichkeit, die Bedingungen der Neuen Sachlichkeit anzuerkennen, denen Wilhelm Lehmann, wie sich nun zeigen wird, von innen heraus ein Schnippchen schlägt.

---

[28] Jahnn, S. 524–525.
[29] Jahnn, S. 706.

# 16 Natur als eratmetes Geschenk: Wilhelm Lehmann

Die gesellschaftliche Situation zwischen dem Ersten und Zweiten Weltkrieg begünstigte die Abkehr von einer Gewissenskultur, die Personen abverlangt, ihr eigenes Handeln nach Maßgabe unveräußerlicher Normen zu regulieren. Die ökonomischen und politischen Institutionen der Weimarer Republik, die den Wettbewerb um monetäre und administrative Macht normativ einhegen sollten, versagten oft im Wirkungsfeld von Erstem Weltkrieg und niedergeschlagener Revolution. Auf Inflation, Aufstände und Staatsstreiche in der ersten Phase der Republik folgte eine Stabilisierung auf brüchiger Basis, die von einer Krise der Weltwirtschaft und einer Dauerkrise des Parlamentarismus abgelöst wurde. Diese Verhältnisse gaben einer Konkurrenz um Gelegenheiten zur Selbstbehauptung Raum, die eben die Teilnehmer begünstigte, die bereit waren, ihre Skrupel im Interesse am Erfolg zu überwinden. In der Literatur wurden entsprechende „Verhaltenslehren der Kälte" entworfen, die einen klugen, erfolgsorientierten Abstand von den Belangen der Mitmenschen und den eigenen sozialen Gefühlen einfordern. Der ungeschützte Ausdruck einer ethisch gebundenen Subjektivität gilt diesen Lehren als schwächende Entblößung der menschlichen Natur.[1]

Bernhard Malkmus hat die Haltungen, für die Wilhelm Lehmann mit seinem Roman *Der Überläufer* (verf. 1925–1927) und dem *Bukolischen Tagebuch aus den Jahren 1927–1932* wirbt, als „Verhaltenslehren der Wärme" bezeichnet.[2] Auch Lehmann kultiviert den beobachtenden Abstand vom eigenen Selbst und eine sachliche Beziehung zur Welt. Er will jedoch die Sinne für die besonderen Gestalten der äußeren Natur schärfen, deren morphologische Betrachtung das positive Gefühl der Verbundenheit mit einem Lebensprozess hervorruft, der allen Wesen einen Eigensinn schenkt und dem Sinnverstehen entrückt ist. Sein bejahendes Staunen über das Lebendige rückt auch das Sterben in unsentimentales Licht. Lehmann schert aus den Zwängen der kühl berechnenden Selbstbehauptung im und nach dem Ersten Weltkrieg in die Öffnung des verletzlichen Selbst für den Eigenwert alles Lebendigen aus. Der neusachliche Habitus, auf eine Welt aufzumerken, die im eigenen Lebensentwurf nicht aufgehen kann, wird von der sozialen auf die natürliche Umwelt übertragen, um das sozial erkaltete Selbst an den Wärmestrom des

---

1 Vgl. Helmut Lethen: Verhaltenslehren der Kälte. Lebensversuche zwischen den Kriegen. Frankfurt am Main 1994.
2 Bernhard Malkmus: „Wir leben vom Nichterklärten". Wilhelm Lehmanns Bukolisches Tagebuch erscheint in einer bibliophilen Neuausgabe. In: Ecozon@ (2018), H. 1, S. 151–156, hier S. 155.

Lebendigen anzuschließen.³ Das Selbstbewusstsein, das diesem Aufmerken entspricht, ist entgrenzt: „Der Unterschied von Innen und Außen schwindet. Ich löse mich auf in das All, denn ich streife das Nichts."⁴ Lehmanns Ansatz ist zugleich typisch für Versuche der Literatur zwischen 1918 und 1933, unter den Bedingungen der „Auflösung der Metaphysik" in einer irreversibel verzeitlichten Welt „zu einem neuen Absolutum vorzustoßen".⁵

Das naturfromme Riechen in den *Bukolischen Tagebüchern* erinnert weniger an Vergils *Bucolica* als an dessen Lehrgedicht vom Landbau im Wirkungsbereich der Götter, das mehrfach den besonderen Geruch einzelner Pflanzen, Bäume, Harze und Hölzer erwähnt.⁶ Lehmann spürt „ganze Wellen des Moschusgeruches unter den Haselbüschen der Hecken in der kühlen Luft", vernimmt „Heuduft" und den „prägnanten Geruch des Holunders", erinnert den Duft von Seidelbast in der „Kühle des Vorfrühlings" und riecht den „Rainfarn", der „im Duft seines ganzen Leibes noch einmal die dringende Kraft des Sommers" „versammelt".⁷ Präzise unterscheidet er die jahreszeitlichen Düfte einzelner Pflanzen: „wie würzig-heftig duftet das gefiederte Blatt des Rainfarns, der erst im August blüht, zwischen den zupfenden Fingern".⁸ In Lehmanns Tagebuch sind diese Wahrnehmungen datiert; Anfang Juni 1929 „flutet" ein „betäubender Duft" von „Hagedorn" „über die Sandwege", der vanilleartige Geruch des „Mädesüß" hat sich Ende Juli 1929 verloren, ist 1930 „mit seinen duftenden Spitzen" aber auch Anfang August noch zu vernehmen, und am 10. September 1930 steht „Acker [...] überblüht von schwefelgelbem Hederich. Er schwängert den Herbstnachmittag mit deutlichem Duft, und die Bienen stürzen sich gierig in die Kelche".⁹

Artspezifische Gerüche verdichten sich zu landschaftstypischen Atmosphären einzelner Monate oder Jahreszeiten. So heißt es von der Mitte des Aprils: „Erst wenn eine warme Nacht sich auf die gequälte Erde wagt, springt die Dose auf, und ein Duft, ich finde ihn der Zitrone ähnlicher als dem des Moschus, beschenkt die

---

3 Siehe dazu genauer Bernhard Malkmus: Wilhelm Lehmann. Nature Writing als Verhaltenslehre. In: Gabriele Dürbeck u. Christine Kanz (Hg.): Deutschsprachiges Nature Writing von Goethe bis zur Gegenwart. Kontroversen, Positionen, Perspektiven. Stuttgart 2020, S. 207–226.
4 Wilhelm Lehmann: Bukolisches Tagebuch und weitere Schriften zur Natur. Berlin 2017, S. 157–158.
5 Lothar Köhn: Überwindung des Historismus. Zu Problemen einer Geschichte der deutschen Literatur zwischen 1918–1933 (Erster Teil). In: Deutsche Vierteljahrsschrift für Literatur und Geistesgeschichte (1974), H. 4, S. 704–766, hier S. 750 u. 752, u. Zweiter Teil. In: DVjs (1975), H. 1, S. 94–165.
6 Siehe Kap. 2, Fn. 11.
7 Lehmann: Bukolisches Tagebuch, S. 40, 48, 49 u. 50.
8 Lehmann: Bukolisches Tagebuch, S. 87.
9 Lehmann: Bukolisches Tagebuch, S. 83, 88, 114 u. 117.

wartende Luft."¹⁰ In einer Zeit zu Ostern, in der das Pflanzenwachstum schwächer ausfiel, als die warme Luft zu erwarten gab,

> waren die männlichen Blüten der Salweide wie mit Eigelb bespritzt, und ihnen antworteten mit mildem Wohlgeruch die gespaltenen Griffel des weiblichen Baumes. Schwaden seidelbastsüßen Duftes schwebten in der kühlen Luft, als tauchten plötzlich Gewürzinseln in arktischer See auf.¹¹

Lehmann bindet das genaue sinnliche Aufmerken in Vorstellungen vom Ganzen der Natur als einer sozialen Welt belebter Körper ein; der Wandel und das Wirken einzelner Wesen oder Prozesse wird bisweilen als Gebärde einer schenkenden oder antwortenden Natur wahrgenommen. Die romantische Tradition, Düfte als expressive Gebärde der Natur zu deuten, wird in den Horizont eines paganen Allbeseelungsglaubens eingeholt.

Die Gerüche unterliegen nicht nur dem jahreszeitlichen Wandel; sie spiegeln zudem, dass die zyklisch wiederkehrenden Zeitabschnitte der Natur in jedem Jahr anders ausfallen. Auf diese Weise prägen sie ein präzises Zeitbewusstsein:

> Auch der Duft der Frühlingsblumen ist anders: frisch und scharf unmittelbar aus unverbrauchter Erde gewonnen. Jetzt aber [...] duftet es aromatisch und schwer. [...] mit dem Sommergetreide wird es sogar September werden. Vielleicht klafft dann die Lücke zwischen Sommer und Winter nicht so empfindlich, wird ein sommerlicher Duft sich in den Winter spinnen, wie er aufquillt, wenn wir im Winter auf den Heuboden steigen.¹²

Die Düfte der Natur strukturieren auch den gelebten Raum:

> Die Gerüche des Sommers füllen die abendliche Luft.
> Vom warmen Kornfeld steigt der stechende Geruch der Schuppenmiere, indes der grünverhangene Knickweg, der von der Chaussee seitwärts in die Heimlichkeit des Sommerlebens führt, vom Duft des unermüdlichen Geißblatts gewürzt ist. [...] der kremweiße Schaum des Mädesüß glimmt bleich unter den Schatten. Er duftet. Es ist, als wenn in ihm die Seele des Sommers letzte Gestalt gefunden habe.¹³

Lehmann nutzt die bukolische Technik, einfache Themen in einem „hohen" Ton darzustellen, doch eine religiöse Naherwartung, wie sie in der vierten Ekloge von Vergils *Bucolica* verkündet wird, ist in seinen Tagebüchern nicht zu finden.¹⁴ Zwar

---

10 Lehmann: Bukolisches Tagebuch, S. 79.
11 Lehmann: Bukolisches Tagebuch, S. 36.
12 Lehmann: Bukolisches Tagebuch, S. 51.
13 Lehmann: Bukolisches Tagebuch, S. 147.
14 Malkmus: Wilhelm Lehmann, S. 221.

„überläuft" vor Weihnachten ein „frommer Schauder [...] alle Kreaturen, etwas Erlösendes liegt in der Luft, und in der Christnacht sprechen Kühe und Pferde", doch es bleibt bei der suggestiven Anmutung.[15] Ähnlich verhält es sich mit der Vorstellung, die Metalleulen – eine Art von Faltern – könnten sich einen Gott vorstellen: „Wenn sie einen Gott zu dichten vermöchten, dann trüge er sicher die Gestalt, die Farbe, den Duft der hohen purpurnen Flockenblumen, um die sie emsig schwirrten."[16] Unter rituellem Aspekt sind vor allem Gerüche des Herbstes bedeutsam, da zu dieser Jahreszeit Werden und Vergehen sichtbar ineinander übergehen: „Der Pflug geht über das Feld, das eben noch sommerlich die Lupine durchduftete, und zieht sie als Gründünger in die Furchen." Einerseits wird das Zusammenspiel von Sterben und Zeugen, das dem Zyklischen in der Natur eine unumkehrbare Richtung gibt, sachlich registriert: „So kennt auch die Natur kein sentimentales Zögern, und Vernichtung bedeutet ihr zugleich Zeugung."[17] Andererseits nimmt Lehmann Herbstszenen als kultische Naturgebärde wahr; so heißt es vom Spätherbst: „Über den trockenen Leib der Erde haucht das Licht streichelnd wie über die Stirn eines mit Blumen geschmückten Opfertieres."[18] Das Bild am Ende der Tagebücher lässt sich als Echo des guten Omens in Vergils achter Ekloge lesen, in der sich duftende Kräuter, harziges Grün und Weihrauch als magisches Medium eines Liebeszaubers ohne Zutun der Menschen in der Asche des Altars für Rauchopfer entzünden:[19]

> Es ist so still, wie es nur im Herbst sein kann. Der Baum opfert. Die kleinen, wilden Äpfel umwallt es wie Weihrauch. Sie fallen in den Schlamm, sie geben sich zurück der Stille, die nach dem dumpfen Klang anschwillt. Wachstum löst sich in Duft auf. Das Opfer wird angenommen.[20]

Der Apfelbaum opfert seine Früchte, deren Fleisch verfällt, um einen Samen freizugeben, aus dem ein neuer Baum hervorgeht. Der einzelne Baum bejaht das Leben

---

15 Lehmann: Bukolisches Tagebuch, S. 144.
16 Lehmann: Bukolisches Tagebuch, S. 54.
17 Lehmann: Bukolisches Tagebuch, S. 119.
18 Lehmann: Bukolisches Tagebuch, S. 56.
19 Vergil [P. Vergilius Maro]: Bucolica. Hirtengedichte, hg. von Michael von Albrecht. Stuttgart 2015, S. 70–75 (VIII. 65–66, 82, 95 u. 105–106). Dass Vergil den Corydon Blumen mehrerer Jahreszeiten zusammendenken lässt, um der Natur zu huldigen (S. 21, Fn. 3), verweist auf eine überschießende Phantasie, der sich Lehmann programmatisch enthält (vgl. Wilhelm Lehmann: Auf den Menschen reimt sich die ganze Natur. In: ders.: Bukolisches Tagebuch, S. 182–185, hier S. 183).
20 Lehmann: Bukolisches Tagebuch, S. 149–150.

im Ganzen, das aufzehrt, was er seiner natürlichen Bestimmung gemäß hervorbringt, und das Leben erkennt diese Bejahung an, indem es sich die Produkte des Baums im duftenden Verfall aneignet. Der Duft des zeugenden Verfalls bringt so die Sakralität des Lebensprozesses zum Ausdruck. Drei Jahre zuvor hatte Lehmann diesen Prozess aus der besorgten Sicht des Einzelwesens biologisch betrachtet:

> Wie die Sorge durchs Schlüsselloch zieht mit der Feuchte die Verwesung herbei. Aber Verwesung bedeutet nicht immer Verlust des Wesens, und Auflösung des Fruchtfleisches läßt den Samenkern frei, daß er fallen und keimen kann.[21]

Im abschließenden Bild der Tagebücher gerät dieser Vorgang zum Symbol der Natur als dem bejahenswerten Ursprung einer schöpferischen Auflösung, dessen substantieller Eigenwert im Geruch besonders prägnant offenbar wird. Das Riechen nimmt in einem lebenserhaltenden Atemzug auf, was das äußere Leben im Augenblick eines schöpferischen Vergehens freisetzt. Ein Denken, das sich diese Synergie von Leben, Sterben und Zeugen vergegenwärtigt, vernimmt *in* der verzeitlichten Natur ihr *ewiges* Prinzip:

> Spannen wir alle Sinne an, um keinen Blick, keinen Ton, keinen Geruch zu versäumen, denken wir in Düften – dann ist es, als geriete unter der menschlichen Aufmerksamkeit jede Gebärde des Planeten vollkommen, und die Flucht der Zeit sammelt sich zu ewiger Gegenwart.[22]

Ende der 1940er Jahre merkt Lehmann an, dass der Mensch seine Teilhabe an einem Lebensprozess, in dem er im Anderen zu sich selbst gelangt, vor allem riechend erschließt. Auch hier stehen herbstliche Gerüche im Vordergrund:

> Der Mensch, auch ein körperliches Ereignis, flüchtet vor der Fülle der Mitwesen in die Einfachheit des Gedankens, doch vermag er auch, sich dem Gedankenlosen einzubetten. Sein Bemühen, sich des Unmittelbaren zu versichern, gelingt am besten in der Erfahrung des Geruches. Nur stammelnd vermag er sie zu bezeichnen: sie widersetzt sich der Verarbeitung durch das Wort. Wenn der lautlose Kampf der Verwesung beginnt, entsteht der jodartige, feucht-dumpfe Herbstgeruch. „Wie gekohltes Wasserstoffgas, mit der Einwirkung eines Elektrophors auf das Geruchsorgan", bestimmt Nees von Esenbeck ihn. Condillac versuchte zu zeigen, daß der Geruchssinn schon ausreiche, dem Menschen die wesentlichsten Ideen zu verschaffen, aus denen alle seine Erkenntnisse gebildet werden: *je suis d'abord odeur de rose*.[23]

---

21 Lehmann: Bukolisches Tagebuch, S. 93.
22 Lehmann: Bukolisches Tagebuch, S. 86.
23 Wilhelm Lehmann: Bukolisches Tagebuch aus dem Jahr 1948. In: ders.: Bukolisches Tagebuch, S. 151–166, hier S. 164.

Das Riechen ist für Lehmann also besonders dazu geeignet, die natürliche, am Ewigen partizipierende Verwobenheit des Menschen mit seinen Mitwesen zu versinnlichen, und es bietet sich daher auch zur kultischen Inszenierung an.

Im Roman *Der Überläufer* inszeniert Lehmann ebenfalls Gerüche, um die Sakralität des Lebensprozesses poetisch heraufzubeschwören.[24] Das Sterben des Protagonisten Hanswilli Nuch wird als ein heiliger Prozess dargestellt; kurz vor seinem Tod gibt er sich ganz dem Atmen als leibhaftem Austausch mit der Natur hin:

> Kein Gedanke drängte sich laut stachelnd vor, gemächlich vergnügte sich sein Blut, von seinen Atemzügen sanft gerillt. Der Wind war seine einzige Speise, so daß sein Leib leicht wurde wie die Luft, und nur seine Zehen auf der Erde hafteten.[25]

Er vernimmt einen „Ruf", dem er „im heiligen Lauf" folgt; in einer Vision, in der er fernliegende Bezirke der irdischen Natur durchfliegt, „fällt er" seiner „letzten, stummen Einsamkeit" zu,[26] „und wer" wie er „auf dem Berge Chirinda saß, dem war selbst die Verwesung ein frommer Geruch." Bald findet er sich wieder dicht „an der Erde": „Herausgerissen aus dem heiligen Bezirke, vergebens bemüht, sich wieder zu erheben, wie ein angeschossener Vogel einen Anlauf nehmend, stand Nuch." Im Moment des Todes spricht ihn die Natur an: „In sein zerrinnendes Bewußtsein aber, ehe sein Herz den letzten Schlag tat, hörte er eine Stimme sich lassen: ‚Da du so fleißig, so emsig gelebt hast, erschein und bleibe, bleib! Bleib und erscheine!'"[27] Im postmortalen Fortwirken der Lebensäußerung eines Organismus, der das Heilige im Verfall mit seinen letzten Atemzügen auch riechend fromm bejaht, offenbart sich der Imperativ des Absoluten.

Nuchs Wesen kann fortwirken, weil Hermann Kreishöfer, der Protagonist der Rahmenhandlung, die autobiographischen Aufzeichnungen Nuchs ordnet, im Lichte seiner eigenen Erfahrungen ergänzt und zu einer Lebenserzählung fügt, die er seiner Geliebten vorliest. Indem er Nuchs Leben als eine „Himmelshölle des ewigen Wagnisses" literarisch bejaht, entspricht er dem sakralen Anruf der Natur

---

24 Zu den magischen bzw. mythischen Zügen der Natur*lyrik* Lehmanns und seiner Zeitgenossen vgl. Hermann Korte: Lyrik am Ende der Weimarer Republik. In: Literatur der Weimar Republik 1918–1933. München/Wien 1995, S. 601–635, hier S. 630–635; die kosmische Ausrichtung dieser Naturlyrik betont auch Helmuth Kiesel: Geschichte der deutschsprachigen Literatur 1918–1933. München 2017, S. 1053–1054.
25 Wilhelm Lehmann: Der Überläufer [verf. 1925–1927]. In: ders.: Gesammelte Werke in acht Bänden. Bd. 3: Romane II. Stuttgart 1989, S. 361.
26 Lehmann: Der Überläufer, S. 362.
27 Lehmann: Der Überläufer, S. 363.

an den Sterbenden.[28] Der Romantitel ist mehrdeutig; er deutet an, dass Nuch im Ersten Weltkrieg desertiert, doch die Kriegszeit nimmt weniger als ein Viertel des Textumfangs in Anspruch. Nuchs Desertion ist nur *ein* prägnantes Beispiel für seine allgemeine Neigung, aus den entfremdeten sozialen Beziehungen zur Natur überzulaufen. Auch als ihn englische Soldaten als Deserteur gefangennehmen, kehrt er zur Landschaft als seiner eigentlichen Mitwelt zurück:

> Er war frei. Die Schöpfung begann aufs neue, mit weißer Keimhaut. Geschrei und Mord versanken machtlos. Vor den Augen gaukelten ihm die Blüten des Ahorns im Mai. An ihren roten, kannelierten Staubbeuteln hatten wie an der Trommelhaut der Zikade, die von ihrem Gesange lebt, die Jahrhunderte gearbeitet. Sie hatten alle Körper bereitet bis zu den Kotklümpchen, mit denen diese dem Chaos verpflichtet waren. Er stieg auf. Die Schöpfung bewahrte sich durch ihn. Er mußte sie überliefern. Sein Leben gab allen wieder recht. Glücklich verehrend beantwortete seine Hand das Anstreifen der Weideblätter.[29]

Schon auf deutscher Seite zog sich Nuch aus sozialen Kontakten zurück und wandte sich der Landschaft zu. Die ethische Grundhaltung seiner Fluchten zeigt sich beispielhaft in einer außergewöhnlichen Haltung zum Verwesungsgeruch. In Ludwig Renns neusachlichem Roman *Krieg* (1928) wird der Geruch mit reduzierter emotionaler Beteiligung als Zumutung oder bloßes Faktum registriert;[30] für Nuch gehört er zu einer Atmosphäre, der er emotional verbunden ist:

> Aus dem ergrauenden Abgrunde ringsum ragte der Kopf des toten Pferdes, seine Augen glasten, aus seinen Nüstern krochen Fliegen über den gedunsenen Bug. Einmal rief Jaeschke herüber: „Kommen Sie rüber, da stinkt es ja!" – „Das ist nicht so schlimm", gab Nuch halblaut zurück. Es war nicht der Mühe wert, anders zu antworten. Er saß gut allein mit dem Pferde, das die Fliegen geschäftig bearbeiteten. [...] Schwer erhob sich Nuch, stolperte aus seiner Freundschaft mit dem Pferdeleichnam.[31]

Nuchs soziale Gefühle für das tote Pferd erfordern eine gewisse Toleranz für Gestank, die aber – bei aller Verwandtschaft mit neusachlich desensitivierten Haltungen – einer Verhaltenslehre der Wärme zuarbeitet. Seine Nähe zum Anderen, in der er sich immer wieder neu findet, ist von einer ausgehandelten Selbstdistanz geprägt.

Lehmanns Zugang zum Verwesungsgeruch nimmt in der Kriegsliteratur eine Sonderstellung ein. Der individualistische Protagonist von Gabriel Chevalliers (1895 –

---

28 Lehmann: Der Überläufer, S. 364.
29 Lehmann: Der Überläufer, S. 171–172.
30 Frank Krause: Geruchslandschaften mit Kriegsleichen. Deutsche, englische und französische Prosa zum Ersten Weltkrieg. Göttingen 2016, S. 77–79.
31 Lehmann: Der Überläufer, S. 151–152.

1969) Kriegsroman *La Peur* (1930) nimmt die physiologisch anregende Wirkung des Gestanks einer Leiche als eine *verstörend* ambivalente Synergie von Zerfall und Leben wahr.[32] Während der Gestank eines verwesenden Tieres bei Jatho-Zimmermann an den mörderischen Krieg erinnert und ein mitleidiges *Grauen* hervorruft (siehe Kap. 15), ist der streng riechende Kadaver bei Lehmann grundsätzlich bejahenswert. Lehmann kehrt zentrale Topoi eines naturfrommen Patriotismus gezielt um. Hatte Walter Flex' (1887–1917) Erzählung *Der Wanderer zwischen beiden Welten* (1916) das wachsende Grün eines Kirchhofs zum Symbol einer Verjüngung des Lebens durch den Kriegstod stilisiert,[33] stellt Lehmann zu Beginn seines Romans einen Friedhof dar, dessen Symbolik gegen Kriegstreiber gerichtet ist, die meinen, „einzig der Tod im Kriege sei ein rechtschaffener Tod". Sichtbar attraktive Mädchen, die ihren Spaten scherzend als Gewehr bezeichnen, setzen das Gartengerät ein, um Primeln auf ein Grab zu pflanzen; sie „machten sich an das Einsetzen wie an ein derbes, gedankenbefreites Geschäft, das nur noch den Sinn hatte, ihrer Lust zu dienen". Auf Hermann wirken sie wie lebenskräftige Mänaden, die imstande wären, einen „schönen Toten als Buhlen" auszugraben.[34] An die Stelle einer Feier des Todes im heroischen Leben tritt das ekstatische Ja zum Leben im exaltierten Umgang mit dem Tod. Als ihn „ein herrlicher Schauder erfaßte", versinnlichen die Gerüche die Substanz des Lebens:

> [...] vom daseinsbrünstigen Ort erregt, die Besessenheit mit Geruch und lautlos tobendem Lebenswirbel der Zentifolien, der Lilien. Er strich vom Kirchhof herunter, aber noch auf der Straße sog es an ihm mit den Lippen des Schauders, es war wie ein Tod, in dem das Dasein selbst nistete als unter dem gefeitesten Schutze. Er wäre fast gefallen, vergessend seines lahmen Beines, er sah Leute kommen, murmelte: „Das ist auch eine Theologie" und ging, endlich ruhiger, den Vater begrüßen.[35]

Als Soldat im Gelände ist auch Nuch für belebenden Verfall empfänglich: „Sie fuhren einen braunen, mit Wasserlachen bestandenen Waldweg; die Blätter zersetzten sich, aber ihre Auflösung roch gut."[36] Hermann, der Nuchs Nachlass einfühlsam betreut, arbeitet dessen religiösen Gehalt explizit heraus. Wenn Nuch das

---

32 Krause: Geruchslandschaften mit Kriegsleichen, S. 110–114.
33 Krause: Geruchslandschaften mit Kriegsleichen, S. 53–56.
34 Lehmann: Der Überläufer, S. 11 u. 12.
35 Lehmann: Der Überläufer, S. 12. Lehmanns Blutmetaphorik unterstreicht die Auffassung vom Duften als Verausgabung einer lebenserhaltenden Substanz: „Der Türkenbund dickte seine lila kupferroten Blätter mit ruhigem Blut. Gegen ihn stand der Leib der weißen Lilien wie kasteit; ihr Blut hatte sich in den Duft geflüchtet, der schon weit vor dem Kirchhof den Wanderer überströmte. Der mächtige Duft erzeugte eine große Ruhe. Hermann suchte diese Ruhe." (S. 11) Lehmann aktiviert die erotische Konnotation dieser Blumengewächsblüte und betont die spannungslösende Wirkung ihres Duftes (vgl. zu diesem Motiv auch Kap. 1 u. 13).
36 Lehmann: Der Überläufer, S. 158.

Gefühl der Verbundenheit mit der Landschaft sucht und die „Verzweiflung des Ausgeschlossenseins" beklagt, in der er nur „von einem leisen Traum der Hingenommenheit getragen" wird,[37] verharrt er in der Perspektive der ersten Person. Hermann versucht, Gefühle und Probleme des Einklangs mit der Natur mit theologischen Begriffen einzukreisen:

> Vielleicht hatte er die Theologie gewählt, weil er wußte, daß ihm der Versuch, dem Unfaßbaren mit Begriffen nahe zu kommen, ungefährlich sei, Sinne und Sinn aber ineinander zu versenken, dahin schien ihm die ihn umgebende Welt von selbst zu neigen. Er kannte körperliche Zustände, in welchen er sich selbst und seine ganze Umgebung wie in einer Gleitbewegung zueinander empfand. Verließ ihn diese Gunst des Körpers, so fühlte er sich oft ausgestoßen, verlassen von der Verheißung des Zusammenklanges, schwerer Bedrängnis ausgesetzt, bis ihm in der Leere wieder unbegreifliche Wohltat winkte, der man nicht danken konnte, der wohl immer einen Ausdruck über die gegenwärtige Empfindung hinaus zu geben ihn gelüstete, von welcher aber jeder Ausdruck immer wieder abfiel wie von der Schlange die Haut. Mit Entzücken hatte er in einer gelehrten Vorlesung vernommen, daß die Gnostiker die Schönheit als die Frau Gottes definierten.[38]

Das Sakrale zeigt sich auch in der Musik, die Hermann als Epiphanie eines Gottes auslegt, den der daseinsbejahende Mensch selbst verkörpern kann: „Er sann dem heidnischen Gotte nach, den" seine Geliebte im Konzert „zu sich gelassen hatte, und fand es einzig wert, als solcher Gott mit ihr die Erde zu umarmen, wenn es auch mit dem Tode zu enden drohte."[39] Die christliche Unterscheidung zwischen entgöttertem Diesseits und Transzendenz wird im neuheidnischen Allbeseelungsglauben unterlaufen; auch wenn die Präsenz des heiligen Ursprungs des Lebensprozesses erst im Rahmen kultischer Exerzitien wahrnehmbar wird, ist er in der Natur immer schon gegenwärtig. In einem christlichen Sakralbereich wirkte diese Vergottung des Diesseits deplatziert; die Musik eines Gottesdienstes bringt Apotheosen der weltlichen Liebe im Roman denn auch nur unfreiwillig zum Ausdruck. Als Jutta ein Kirchenlied über die geistige Vorbereitung auf die Ankunft des Herrn heimlich auf

---

37 Lehmann: Der Überläufer, S. 203.
38 Lehmann: Der Überläufer, S. 10. In einer metaphysischen Ontologie lässt sich das Seiende in bifokaler Einstellung auf das Gemeinsame des Seienden im Ganzen und auf den Ursprung dieses Ganzen beziehen: „Denkt die Metaphysik das Seiende im Hinblick auf seinen jedem Seienden als solchem gemeinsamen Grund, dann ist sie Logik als Onto-Logik. Denkt die Metaphysik das Seiende als solches im Ganzen, d.h. im Hinblick auf das höchste, alles begründende Seiende, dann ist sie Logik als Theo-Logik." (Martin Heidegger: Die onto-theo-logische Verfassung der Metaphysik. In: ders.: Identität und Differenz [1957]. Pfullingen 1982, S. 31–67, hier S. 63). In Hermanns nachmetaphysischer Ontologie besteht kein Unterschied zwischen dem Gemeinsamen des Seienden und seinem verzeitlichten Ursprung.
39 Lehmann: Der Überläufer, S. 35.

ihr vergebliches Begehren nach Nuch bezieht, verrät sich ihr verkümmerndes Liebesverlangen im Geruch ihrer Person, der auf eine Christin störend wirkt:

> „Mache dich, mein Geist, bereit", sang die kleine Gemeinde. Jutta sang es inbrünstig mit und deutete die Worte blasphemisch nach ihrem Gefallen. Ein durchdringender Duft von welkenden Rosen strömte von ihr aus. Das alte Fräulein von Beck [...] saß hinter Jutta. Sie rümpfte die Nase und rückte seitwärts. Es war keine Hochzeit, und Rosen gehörten nicht in die Andacht.[40]

Hermann wird sich der resignativen Entsagung, die der Verhaltenslehre der Wärme zugrundeliegt, im Blick auf seinen Vater bewusst, der die Luft als ein lebendiges Wesen empfindet, das Anerkennung erheischt:

> Der Vater ließ sich von den Ereignissen umweben. So wurde es um ihn gelassen. Er nahm jeden Tag wie ein Geschenk; er war durchdrungen von der Rätselhaftigkeit des bloßen Existierens, und nichts konnte vor ihm vertrocknen. Hermann lernte von ihm; er ahnte freilich, daß diesem Hinnehmen eine Resignation zugrunde lag. Der Vater mußte die Vergeblichkeit jeder empörerischen Gewalt erfahren haben, er floh deren Geister als frevlerisch, und Hermann verhielt sich ihm zuliebe. Um den Vater herum streckten die Kommoden ihre Kanten wie Schultern, und die Luft strömte in seine Stube wie ein sichtbares Wesen, das seine Art besaß und wohl beachtet werden durfte.[41]

Malkmus betont zu Recht, dass Lehmann eine „Ethik der Gabe" vertritt:[42] was lebt, aktualisiert seinen inkarnierten Eigensinn, indem es sich Anderem schenkt, das seinerseits eigenwillig bleibt. Auch die eigene Vergängnis kann so zur freien Hingabe werden, die keiner heroischen Entsagung bedarf. Der Zusammenhang der Lebewesen erscheint in der Wahrnehmung natürlicher Prozesse als einer gebenden Gebärde. Dem Menschen ist aufgegeben, mit geschärften Sinnen den natürlichen Formenwandel zu betrachten, um in der Daseinsweise des Anderen das Wirken der Kraft zu erkennen, die auch ihn zu einer „Gebärde der Natur" macht.[43] Erst auf diese Weise kommt die All-Einheit der natürlichen Wesen zur Erscheinung; indem

---

40 Lehmann: Der Überläufer, S. 358.
41 Lehmann: Der Überläufer, S. 32–33.
42 Malkmus: Wilhelm Lehmann, S. 218. Bei Lehmann zehren die Beschenkten von der Verausgabung anderen Lebens. Theodor W. Adornos Überlegung zu einer Ethik des Geschenks zielt in eine andere Richtung: „Alle nicht entstellte Beziehung, ja vielleicht das Versöhnende am organischen Leben selber, ist ein Schenken." (Theodor W. Adorno: Minima Moralia. Reflexionen aus dem beschädigten Leben [1951]. Frankfurt am Main 2020, S. 47). Die vitalistische Affirmation des Lebens im Ganzen ist Adorno suspekt: „Der Begriff des Lebens in seiner Abstraktion [...] ist gar nicht zu trennen von dem Unterdrückenden, Rücksichtslosen, eigentlich Tödlichen und Destruktiven. Der Kultus des Lebens an sich läuft stets auf den jener Mächte heraus." (Adorno, S. 95).
43 Lehmann: Bukolisches Tagebuch, S. 41.

der Mensch konkrete Einzelwesen anerkennt, sorgt er zugleich für den Bestand der Natur als eines sinnenfälligen Ganzen.

Das Sehen spielt beim genauen Aufmerken auf die Morphologie und die Morphogenese natürlicher Wesen die zentrale Rolle. Das Gehör nimmt die Naturlaute als expressive Gebärden wahr, der Tastsinn erfasst die Bezüge des eigenen Körpers zur leiblich anmutenden Natur und ihrem Wetter, und der Geschmackssinn nimmt Aromen, die vom Lebensprozess ausgehen, im Inneren des Körpers wahr. Nur das atmende Riechen versinnlicht den körperlichen *Austausch* des Selbst mit seiner Umgebung; schlechte Atmosphären sind daher besonders geeignet, gestörte Bezüge zur Natur anzuzeigen. Die Entfremdung des Menschen vom Lebensprozess im Krieg manifestiert sich bei Lehmann immer wieder in schlechter Luft. Soldaten erscheinen Nuch wie mechanisch bewegte Figuren,[44] die alles Naturwüchsige eingebüßt haben, in Quartieren herrscht „verunreinigte Luft" oder „Pestluft", ein Gasmaskentest führt ihn in ein „von übelriechendem Qualm erfülltes [...] Haus", und da die Maske nicht funktioniert, „atmete" er „schwer, erstickte fast". Im Schießstand beseitigt Nuch Urinspuren, die eventuell mehrfach „verriechen" müssen, und „Witze" der Soldaten „gingen meistens auf die Gase, die aus den ruhenden Leibern stiegen".[45] Mit ihrer Rede über solche Gase stellen die Soldaten scherzend einen abgeklärten Habitus zur Schau, der sich dem Zwang zum glatten Funktionieren fügt: „Das muß gehen wie ein geölter Furz auf Schienen". Auf dem Gefangenentransport saugt Nuch vor dem Betreten des ungelüfteten Wagens „bis zum letzten Augenblick die freie Luft ein", und erst bei offener Tür „blühten" „die Lungen" später wieder „auf".[46] Im stinkenden Quartier kann Nuch die Kräfte der All-Natur aber immer noch hörend vernehmen, nachdem er sich auf den Grund des Meeres phantasiert hat:

> Er war aufgenommen in das Weltall. Sein Auge starrte in die Nacht. Atemgeräusche drangen durch den stickigen Raum. Auf fremden Befehl zusammengepreßt, lösten sich die Menschen im Schlaf voneinander und sprachen unhörbar mit sich selbst, jeder für sich.[47]

Die spürbare Teilhabe am Weltganzen entrückt die Anderen dem Fremdverstehen. Das „Nichterklärte" darf – um mit Malkmus zu reden – „keinem hermeneutischen Furor" unterworfen werden.[48] An anderer Stelle zeigt sich die Deutungsresistenz der Nacht: „Aber lautlos wogte die Nacht, unzerstörbar von menschlichen Gedan-

---

44 Lehmann: Der Überläufer, S. 168–169.
45 Lehmann: Der Überläufer, S. 124, 131, 134 u. 135.
46 Lehmann: Der Überläufer, S. 128 u. 172.
47 Lehmann: Der Überläufer, S. 131.
48 Malkmus: Wilhelm Lehmann, S. 224.

ken, keiner Deutung willfährig, sich selbst lauschend."⁴⁹ Lehmanns poetische Sprachmagie kommt in vielen Passagen mit auditiven oder taktilen Motiven aus; mit der kultischen Evokation olfaktorischer Motive wird die topophile Naturerfahrung indessen zur fraglosen leiblichen Verbundenheit mit dem Ganzen der Natur gesteigert.⁵⁰

Malkmus merkt hilfreich an, dass Lehmanns Poetik „mit Hartmut Rosas Resonanztheorie" in Verbindung gebracht werden kann;⁵¹ die Erfahrung einer „Resonanz" des Menschen mit Lebewesen oder Dingen „setzt voraus, dass ich mich *anrufen* lasse, dass ich *affiziert* werde, dass mich etwas von außen erreicht."⁵² Diese Erfahrung „ist nur möglich zwischen einem Subjekt und einem Gegenüber, das mit eigener Stimme zu sprechen vermag und sich dadurch als eine Quelle starker Wertungen erweist", die von den aktuellen „Wünschen, Bedürfnissen und Begehrungen" des Betroffenen insofern unabhängig sind, als der pathische Anteil des maßgebenden Affiziertseins in den intentionalen Gehalten hervorgerufener Emotionen nicht aufgeht.⁵³ Zwar lässt sich ein resonantes Weltverhältnis nur stabilisieren, wenn die Spielräume der Öffnung für einschlägige Erfahrungen auch erreichbar sind, doch Resonanz selbst ist unverfügbar; sobald die Ding- und Mitwelt nur als Gegenstand möglicher Beherrschung ins Auge gefasst wird, ist Resonanz nicht länger möglich. Lehmann und seine zentralen Figuren vernehmen expressive Gebärden konkreter Landschaften, auf die sie antwortend eingehen; ihre Exerzitien, die als umfassende Abkehr vom profan ernüchterten sozialen Verkehr gewiss kritisierbar sind, können auch als Versuch gewürdigt werden, für die ethische Bedeutsamkeit von An-Rufen der Natur eine verbindliche Sprache zu finden, um deren Verstummen infolge instrumenteller Eingriffe, rechtsförmiger Regelungen und anthropozentrischer Sinnzuschreibung entgegenzuwirken.⁵⁴ Auf die Be-

---

49 Lehmann: Der Überläufer, S. 264.
50 Auch in den Tagebüchern sucht Lehmann die Manifestation des Ewigen im Hörbaren: „Wie ließ es sich tun, Anfang in die Unaufhörlichkeit zu flechten, als faßliche Freiheit die Entzweiung zu durchwirken, so tiefes Zwiegespräch zwischen Erschaffendem und Erschaffenem zu entlocken, daß ergreifender Laut und ergriffenes Gehör so dicht aneinander blieben wie Wandel der Raupe und ihre Schmetterlingsgewißheit." (Lehmann: Der Überläufer, S. 188). Der Kontaktsinn des Riechvermögens wirft diese Frage gar nicht erst auf.
51 Malkmus: Wilhelm Lehmann, S. 222, Fn. 58.
52 Hartmut Rosa: Unverfügbarkeit [2018]. Berlin 2000, S. 50.
53 Hartmut Rosa: Resonanz. Eine Soziologie der Weltbeziehung. Frankfurt am Main 2019, S. 456.
54 Rosa stellt die rechtlichen und administrativen Versuche, das gesellschaftliche Leben im Lichte von Prinzipien der Gerechtigkeit zu *regeln*, als Beitrag zur Schrumpfung von Spielräumen des Handelns nach Maßgabe möglicher Resonanzerfahrungen kritisch dar, erkennt den Beitrag des Rechts zur Konstituierung einer verläßlichen Welt, innerhalb derer Resonanzen möglich wären, aber an (Rosa: Unverfügbarkeit, S. 103–106).

deutung des Resonanzbegriffs für den in dieser Studie erprobten Ansatz wird gegen Ende des Schlusskapitels kurz zurückzukommen sein: wenn Gerüche selbst Anlass zu Resonanzerfahrungen geben, lassen sie sich nicht auf die Funktion reduzieren, einen *vorgängigen* Weltbezug zu intensivieren, da sie starke Werte eigener Art erschließen. Bei Lehmann zeigt sich diese Resonanz vor allem dort, wo Gerüche nicht kultisch überhöht werden.

# 17 Nachwirkende Realpräsenzen: Elisabeth Langgässer und Johannes Bobrowski

Lehmann verfügt über ein naturkundliches Detailwissen und Fähigkeiten zum nuancierten Ausdruck von Naturbeobachtungen, die der „Gegenwartskultur abhandengekommen" sind,[1] und das Pathos der Heimkehr, mit dem er die spürbare Aufnahme ins Ganze der Natur inszeniert, mag vor dem Hintergrund heutiger Umweltschäden befremden. Die Hoffnung, dass die affektive Wirkung der Gerüche natürlicher Umwelten das ökologische Engagement begünstigen könnte, hatte Alan R. Hirsch schon vor drei Jahrzehnten skeptisch beurteilt; in nostalgischen Erinnerungen an Gerüche aus der Kindheit spielte die Natur einer stichprobenartigen Studie in Chicago zufolge für nach 1960 geborene Bewohner von Städten und Vorstädten kaum noch eine Rolle.[2] Gewiss, auch die Gegenwart schätzt den Duft von Landschaften; als Studierende Ende der 2000er Jahre eine *smell map* der Stadt Wien erstellten, die durch Parks, Gärten und nah angrenzende Landschaften geprägt ist, nannten sie positive Gerüche der Natur an erster Stelle,[3] und Marion Poschmann bezeugt im Blick auf das Ruhrgebiet, dass auch der Geruch renaturierter Landschaften urbaner Ballungszentren zur Naturerkundung anregen kann. Im Vergleich zu Lehmann betreten die Zeitgenossen aber vor allem in taxonomischer Hinsicht Neuland:

> Ich bin an einem Fluß aufgewachsen. Mit dem Fahrrad fuhr ich regelmäßig durch die renaturierte Auenlandschaft. In feuchten Senken sammelte sich der schwere Duft einer purpurblühenden Uferpflanze, es war ein spezifischer, libidinös besetzter Duft, der für mich Kindheitslandschaft, Heimweh, Nostalgie, alle Gefühlsverwirrungen der Jugend bedeutete. Wenn ich gewußt hätte, wie diese Pflanze hieß, hätte ich sie damals womöglich bedichtet. Dies ist der Welt erspart geblieben, aber nur weil diese Pflanze, obgleich nicht gerade selten, in meinen mitteleuropäischen Naturkundebüchern nicht zu finden war.[4]

---

[1] Bernhard Malkmus: Wilhelm Lehmann. Nature Writing als Verhaltenslehre. In: Gabriele Dürbeck u. Christine Kanz (Hg.): Deutschsprachiges Nature Writing von Goethe bis zur Gegenwart. Kontroversen, Positionen, Perspektiven. Stuttgart 2020, S. 207–226, hier S. 217.
[2] Alan R. Hirsch: Nostalgia, the Odors of Childhood and Society [1992]. In: Jim Drobnick (Hg.): The Smell Culture Reader. Oxford/New York 2006, S. 187–189.
[3] Mădălina Diaconu: Mapping Urban Smellscapes. In: dies., Eva Heuberger, Ruth Mateus-Berr u. Lukas Marcel Vosicky (Hg.): Senses and the City. An Interdisciplinary Approach to Urban Sensescapes. Wien/Berlin 2011, S. 223–238, hier S. 224–225.
[4] Marion Poschmann: Energie der Störung. Bemerkungen zu Naturbildern und Poesie. In: dies.: Mondbetrachtung in mondloser Nacht. Über Dichtung. Berlin 2016, S. 11–18, hier S. 11.

Schon Lehmanns Nuch ist ein Sonderling, der zur Natur überläuft; er ist aber noch in einer feldbiologischen Praxis verwurzelt, die seither rarer geworden ist. Der taxonomisch geübte Blick jüngerer Texte nimmt das Artspezifische als eine Kontrastfolie unvergleichlicher Einzelformen wahr. Wenn Peter Handke (1942 –) den Protagonisten seines bislang letzten *Versuchs* achtzig Jahre nach Lehmanns bukolischen Tagebucheinträgen in die Pilze schickt, wird die kindliche Praxis des entlohnten Pilzesammelns zur Wahrnehmungskunst eigener Art weiterentwickelt, und Poschmann interessiert sich vor allem deshalb für Taxonomien, weil ihre Anwendung klassifikatorische Unschärfen mit ästhetischem Eigenwert nach sich zieht.

Dieser Sprung von Lehmann zu Handke und Poschmann verdankt sich nicht nur dem – bei einem weit ausgreifenden ersten Überblick unvermeidlichen – Mut zur Lücke. Seit der Nachkriegszeit sind deutschsprachige Erzählungen, die nach der Stellung des Menschen im eigensinnigen „Gewebe des Lebens" fragen, „rarer" geworden, und auch in jüngeren Texten wurden solche Fragen, wie sie etwa bei Handke und Poschmann ausgelotet werden (siehe Kap. 18 u. 19), noch bis vor kurzem eher selten gestellt.[5] Zudem hat sich die Religiosität, die in den nächsten Kapiteln zu besprechen sein wird, erst in den letzten drei Jahrzehnten etabliert. Anfang der 1990er Jahre hatte Silvio Vietta die Heiligung der Dinge in den seinerzeit neuesten Texten Handkes noch als provokative Neuerung betrachtet und die Religiosität der Spätmoderne vielmehr an einer kritischen Negation des Bestehenden festgemacht, die implizit an einem absoluten metaphysischen Maßstab festhalte, der sich nicht mehr positiv bestimmen lasse.[6] Auch Handkes Auslotung von Möglichkeiten des Glücks im Zusammenhang mit ästhetischen Epiphanien markierte am Ende der 1970er Jahre eine auffällige, von der Kritik häufig argwöhnisch re-

---

5 Bernhard Malkmus: Maikäfer flieg! Das Sterben der Arten und das Schweigen der Literaten. In: Merkur (2018), H. 2, S. 34–43, hier S. 37 u. 40. Zur jüngeren deutschsprachigen Literatur siehe Gabriele Dürbeck u. Christine Kanz: Gibt es ein deutschsprachiges Nature Writing? Gebrochene Traditionen und transnationale Bezüge. In: dies. (Hg.), S. 1–38, und Simone Schröder: From Both Sides Now. Nature Writing auf Literaturfestivals. In: Dürbeck u. Kanz (Hg.), S. 317–333.
6 Silvio Vietta: Die literarische Moderne. Eine problemgeschichtliche Darstellung der deutschsprachigen Literatur von Hölderlin bis Thomas Bernhard. Stuttgart 1992, S. 318 (zu Handke) u. S. 321–322 (zur negativen Metaphysik der späten Moderne). Zur Irritation, die in den 1980er Jahren von Handkes ästhetisch-religiösem „Ja" zum Leben ausging, siehe auch Hermann Glaser: Kleine Kulturgeschichte der Bundesrepublik Deutschland 1945–1989. Bonn ²1991, S. 378 u. 392–393. Zu generellen kulturwissenschaftlichen Vorbehalten gegen eine Literatur, die unter den sozialen Bedingungen des 20. Jahrhunderts am Gelingen resonanter Weltbeziehungen arbeitet, siehe Hartmut Rosa: Resonanz. Eine Soziologie der Weltbeziehung. Frankfurt am Main 2019, S. 530–531.

gistrierte Abkehr vom „Sog der Entfremdung", der die Literatur bis dahin beherrschte.[7]

Die Lyrik der Wiederaufbauzeit versucht gelegentlich, einer *überlieferten* Realpräsenz des Heiligen in der Natur zur Nachwirkung zu verhelfen. Während Lehmann, Handke und Poschmann ein Gespür für die unvergleichliche Gestalt einzelner sinnlicher Phänomene kultivieren, konzentriert sich diese Lyrik auf historische Epiphanien oder heilsgeschichtliche Ereignisse, deren sakraler Gehalt in Landschaften verkörpert ist oder mit Hilfe organischer Formen der Natur symbolisch vergegenwärtigt werden kann. Oskar Loerke (1884–1941) hatte diesen Ansatz in den 1930er Jahren bereits vorgedacht. Die Poesie gilt ihm als Medium einer Meditation, die das kosmisch gedeutete Leiden an der Welt asketisch überwindet.[8] Dieser Ritus rückt auch sakrale Bereiche duftender Landschaften in den Blick:

> Zuckerhut und Zimmetrohre
> Rochen damals vom Azur
> Aus dem Jenseits dicht am Tore
> Voller Bann und Geisterschwur.[9]

Der heilige Bezirk liegt unwiederbringlich unter dem Zuckerhut „begraben", der ihn einst beduftet hatte, während die „Süßholzhaine" der Zimtrohre bitterer werden;[10] die Welt zeigt ihren leidbringenden Grundzug in entzauberter Gestalt. In einem späteren Gedicht verweist die Epiphanie eines heiligen Märtyrers in der herb duftenden Herbstnatur auf das Welt-Leid:

> Durch Blätterhecken, rot und schütter,
> Bohren silbern Pfeile, Speere;
> Duftherb ging vorüber die Seele
> Sankt Sebastians in ihrer Ehre.[11]

---

[7] Gerhard Melzer: „Lebendigkeit: ein Blick genügt." Zur Phänomenologie des Schauens bei Peter Handke. In: ders. u. Jale Tükel (Hg.): Die Arbeit am Glück. Peter Handke. Königstein/Ts. 1985, S. 126–152, hier S. 130. Handkes Frage nach der Darstellbarkeit des Glücks war historisch prägnant genug, um einer ganzen Biographie den entsprechenden Titel zu liefern; siehe Georg Pichler: Die Beschreibung des Glücks. Peter Handke. Eine Biographie. Wien 2002.
[8] Vgl. Thomas Pieper: Überwindung des Welt-Leids. Loerkes Lyrik im Spannungsfeld zwischen Nietzsche und Schopenhauer. Frankfurt am Main u. a. 1992.
[9] Oskar Loerke: In den Tagen Milch und Blut [1930]. In: ders.: Die Gedichte. Frankfurt am Main 1984, S. 322.
[10] Loerke: In den Tagen Milch und Blut, S. 322.
[11] Oskar Loerke: Herbstsage [1936]. In: ders.: Die Gedichte, S. 523.

Erwähnung verdient zum einen das in Westdeutschland nach 1945 populäre Naturgedicht,[12] das bei Elisabeth Langgässer (1899–1950) als Medium poetischer Frömmigkeit fungiert.[13] Sie gehört zu den wichtigen christlichen Autoren des 20. Jahrhunderts[14] und führt die Tradition des frommen Riechens in der Natur fort. Damit will sie auch auf den „Zusammenhang von aggressiv fortschreitendem, schließlich total herrschendem Faschismus und regressiv vor dem Faschismus ins Naturgefühl sich rettender literarischer Innerlichkeit" reagieren; der Gefahr einer solchen Regression, die sie – bei aller kritischen Würdigung mancher Gedichte aus der Zeit des Nationalsozialismus – als „weltlos" ablehnt,[15] will sie im christlichen Glauben begegnen.[16] Langgässer ist insofern konfessionell gebunden, als sie die katholische Kirche als Ausgangspunkt einer Neubelebung des Urchristentums begreift; von der Mysterientheologie erhofft sie sich eine umfassende kulturelle Erneuerung, in deren Zentrum die liturgische Offenbarung Gottes steht. An der transzendierenden Kraft der Liturgie hegt sie keinen Zweifel: „An der unter uns wirkenden Realität des sakramentalen Fortlebens Christi zerbrechen Raum und Zeit."[17] Ihre Lyrik will diese Realität unter anderem im Blick auf Naturformen zur Geltung bringen.

Ihr Gedicht „Schneckenhaus und Rose" (1947) imaginiert das Gehäuse der Schnecke als eine labyrinthische Kultstätte:

Zart gedrehte, kleine Tschorte,
wolkengraues Haus.
Spiel der Luft vor deiner Pforte
tanzt die Klage aller Orte:
„Weiß nicht Ein, noch Aus ..."

Ariadnes leere Schale,
dunklen Fadens Gang,
süßer Zauber der Spirale –

---

12 Wolfgang Emmerich: Kleine Literaturgeschichte der DDR. Leipzig 1996, S. 109–110; zu den besonderen Merkmalen des ostdeutschen Naturgedichts siehe S. 110–112.
13 Zu Langgässers Bedienung des kulturellen Bedarfs nach „Sinndeutung sub specie aeternitatis" in der Zeit nach dem 2. Weltkrieg siehe Glaser, S. 132.
14 Vietta, S. 115.
15 Ralf Schnell: Literarische Innere Emigration 1933–1945. Stuttgart 1976, S. 67.
16 Zu den antijüdischen Einstellungen in Langgässers religiösem Geschichtsbild, den völkischen Grundlagen ihres Denkens, Affinitäten zur Blut-und-Boden-Literatur und gegenaufklärerischen Tendenzen ihres Werks siehe Hans-Christian Kirsch: Elisabeth Langgässer. Literatur und Landschaft. Ingelheim 2004.
17 Elisabeth Langgässer: Der geistige Raum des christlichen Schriftstellers in Deutschland. In: Akzente (1958), H. 2, S. 123–132, hier S. 130.

> Theseus! ruft es hundertmale,
> Theseus? fragt es bang.
>
> Kehre wieder! summt die Höhle,
> seufzt das Heiligtum.
> „Nicht zu dir – die ich erwähle,
> Rose, der ich mich vermähle,
> dir kehrt Theseus um!"[18]

Im Mythos hatte Theseus versprochen, Ariadne zu ehelichen, wenn sie ihm hälfe, den Minotaurus zu töten, dem sonst im Labyrinth auf Kreta weiterhin Menschen geopfert werden müssten. Ariadne gibt Theseus ein Wollknäuel, dessen Ende er am Eingang des Labyrinths befestigt, um später mit Hilfe des abgewickelten Fadens aus der unübersichtlichen Kultstätte herauszufinden. Theseus tötet den Minotaurus und reist zunächst nach Naxos, wo er Ariadne schlafend am Strand zurück lässt. Im Gedicht nimmt Ariadne ein leeres Schneckenhaus – vermutlich am Strand – als Symbol des Labyrinths wahr und bittet Theseus, sie nicht allein zu lassen; die ersehnte Umkehr des Geliebten wird indessen von der Vorstellung seiner Rückkehr aus dem Labyrinth überlagert. Das lyrische Ich stilisiert das Labyrinth, das seine Rolle als Opferstätte mit der Tötung des Minotaurus einbüßt, gleich zu Beginn zur heiligen Reliquienstätte (tibetanisch: „Tschorte"). Aus dieser Perspektive gilt der Tod des Minotaurus als eigentlicher Gegenstand der kultischen Verehrung; der Sieg über ein monströses Wesen, das halb Mensch und halb Stier ist, wird zur christlichen Allegorie der Erlösung vom Sündhaften im Menschen. Theseus' Abkehr von Ariadne erweist sich als asketischer Verzicht zugunsten der Rose als Symbol geistiger Liebe. In einem symbolischen Sinne kehrt er aus dem Labyrinth als Ort des Bekenntnisses zum Glauben an die christliche Botschaft in der Tat nicht mehr zurück.

Am Ende des zweiten Teils des Gedichts ergreift das lyrische Ich für die Rose Partei und beschwört Ariadne, Theseus vom Liebesschwur zu entbinden. Die Rose wird als Symbol einer keusch liebenden Güte dargestellt, die das bisher labyrinthisch verborgene Ereignis der Erlösung von der Sünde offenkundig macht:

> Unverführter Liebesgüte
> innerstes Gezelt!
> Wo sich Duft und Form der Mythe
> (Labyrinth und reine Blüte)
> weithin offenhält,

---

[18] In: Ergriffenes Dasein. Deutsche Lyrik 1900–1950, hg. von Hans Egon Holthusen u. Friedhelm Kemp. Ebenhausen bei München 1953, S. 268–269, hier S. 268.

ganz in Hauch gelöster Hades,
wenn einst Blatt um Blatt
fällt, und an dem Ziel des Pfades
Krümmung und der Schwung des Rades
Endlich Ruhe hat –

sprichst du nicht: da unter Laren
Liebe ihr euch schwurt,
Ariadne, laß nun fahren
deinen Helden in den klaren
Schoß der Neugeburt![19]

Der Duft, in dessen „Hauch" (als Ursprung des Lebens nach 1. Mos. 2: 7) der „Hades" (als Stätte der Toten) „gelöst" ist, indiziert die Präsenz des Ewigen im Vergänglichen;[20] die duftende Rose versinnlicht das christliche Mysterium der göttlichen Offenbarung. Nicht zufällig bleibt am Ende des ersten Teils offen, ob Theseus oder ein Dritter das Ereignis kommentiert. Theseus bleibt mehrdeutig, denn als Besieger des Minotaurus scheint er Christus zu entsprechen, doch sein gebrochener Liebesschwur erweist ihn als fehlbaren Menschen. Das Motiv der Rose im Kontext einer Neugeburt ließe sich auf Maria als Begleiterin Christi im Umfeld der Himmelfahrt beziehen, doch als Symbol eines in Ruhe vollendeten Lebens, an dessen Ende die Auferstehung winkt, scheint sie eher einen frommen Menschen anzudeuten. Nur als Figuration der *Imitatio Christi* kann Theseus beide Lesarten auf sich vereinen; da sich nicht entscheiden lässt, ob die Figur des Theseus den Sinn christlicher Liebe als Mensch leiblich *verkörpert* oder als *Zeichen* Christi offenbart, ahmt das Gedicht zugleich die Ambiguität des christlichen Mysteriums nach (vgl. dazu 2. Kor. 12: 2). Die Natur verweist im Sinne von Augustinus *zeichenhaft* auf Gott, verweist *als* Zeichen aber auf die sakramental manifestierbare Realpräsenz Gottes in Christo. Ariadnes weltliche Liebe muss diesen Bräutigam fahren lassen.

Auch Langgässers Poem „Die Rose" (1947) stellt die Blume als Symbol einer transzendenten Liebe im Vergänglichen dar; der Duft als Verausgabung des Lebens zehrt vom Hauch als seinem heiligen Ursprung. Der Name der Rose als Metonymie für die Dichtung wird zur leeren Gruft stilisiert, und aus dieser Sicht bezeugt die

---

19 In: Ergriffenes Dasein, S. 269.
20 Auch Kirsch deutet das Motiv der Rose bei Langgässer als Symbol der Präsenz eines Ewigen im sich verausgabenden Leben, das sein transzendentes Wesen im Geruch erahnen lässt (Kirsch, S. 25). Kirsch zeigt, dass Langgässers Prosa die Natur im Licht des Mythos als Bezirk dämonischer Kräfte wahrnimmt (S. 63, 66 u. 83); der Leib und seine Sinne (vgl. auch S. 96) bedürfen des Glaubens, der zwar versinnlicht wird (S. 102), die natürliche Sinnlichkeit aber nicht sakralisiert. In der Landschaftsdarstellung lädt Langgässer auch andere Naturmotive symbolisch auf; so fungiert das Wasser bei ihr als Symbol der Kräfte des Glaubens (S. 70–72).

Poesie die Auferstehung Christi. Der Duft, der aus der Gruft entweicht, verweist im Zusammenhang mit dem Hauch, der in die Welt strömt, auf Gott und Christus als einigem Ursprung des Lebens als Heilsgeschehen. Auch hier wird der Rosenduft zum Medium einer poetischen Kommunion:

> Begreift ihr nun?   Mein Ursprung ist der Hauch.
> Ein Hauch ist nichts.   Und ist der Name auch.
>
> Erfühlt es tief.   Mein Ende ist der Duft.
> Sehr sanft entläßt ihn meines Namens Gruft.
>
> Die Gruft ist leer.   O neu gehauchtes Glück:
> die Welt strömt ein.   Ich atme sie zurück.[21]

Langgässers poetische Frömmigkeit will die Resonanz der katholischen Liturgie verstärken; das zentrale heilsgeschichtliche Ereignis soll in der außerkirchlichen Kontemplation natürlicher Formen nachwirken. In der Eucharistie wirkt es dem Anspruch nach freilich nicht nur weiter, sondern ereignet sich jedes Mal aufs Neue. Die Tradition einer christlichen Lyrik, die den Bezug zur kirchlichen Religiosität wahrt, ist auch heute noch lebendig; als wichtiger Repräsentant mit evangelischer Prägung wäre Christian Lehnert zu nennen (siehe Kap. 20).

Die Landschaftsdarstellungen von Johannes Bobrowski (1917–1965) sind vom kultischen Anspruch Langgässers weit entfernt. Bobrowski interessiert sich nicht für poetische Äquivalente des überzeitlichen Gehalts eines heilsgeschichtlichen Mysteriums, sondern für Kulturen und ihre Sakralbereiche in einem diesseitigen historischen Prozess. Für ihn ist „die Landschaft erst im Zusammenhang und als Wirkungsfeld des Menschen" literarisch relevant; seine Gedichte über Sarmatien handeln vom „Siedlungsraum", in dem die Deutschen ihre meist „aggressiven" Beziehungen zu ihren „östlichen Nachbarvölkern (Polen, Litauern, Russen – und immer wieder den Juden)" unterhielten.[22] Als erinnerungspolitische Einlassungen können diese Gedichte nur mit Vorbehalt als „Naturlyrik" bezeichnet werden;[23] die Landschaft interessiert im Hinblick auf das Ethos vergangener kultureller Le-

---

21 In: Ergriffenes Dasein, S. 269.
22 Emmerich, S. 169 u. 170.
23 Bezeichnend ist Bobrowskis Haltung zu Lehmann. Er verweist auf dessen Pensionsansprüche, die es ihm allererst ermöglichen, sich der nicht-menschlichen Natur anzuverwandeln; der Bezug zur Natur ist vom sozialen Kontext nicht zu trennen (Johannes Bobrowski: Naturdichter Lehmann. In: ders.: Gesammelte Gedichte, hg. von Eberhard Haufe. München 2017, Teil I, S. 242). – Auch Langgässers Landschaften sind geschichtsträchtige Orte (Kirsch, S. 78–80), doch Bobrowski geht es darum, den Eigensinn der vom Christentum *verdrängten* Kulturen wieder zur Geltung zu bringen und einen produktiven Kontakt mit dem *Fremden* zu erneuern.

bensformen, denen die Lyrik nachträglich zur Geltung verhelfen soll. Aus der Sicht des lyrischen Ichs ist die Landschaft im Gedichtband „Sarmatische Zeit" (1961) insofern heilig, als ihre poetisch anverwandelte Gestalt die substantielle Autorität eines erinnerten inklusiven Ethos vergangener Kulturen versinnlicht:

> Heiliges schwimmt,
> ein Fisch,
> durch die alten Täler, die waldigen
> Täler noch, der Väter
> Rede tönt noch herauf:
> Heiß willkommen die Fremden.
> Du wirst ein Fremder sein. Bald.[24]

Die Sprachmagie der Gedichte will den heiligen Anspruch überlieferter Epiphanien in die ästhetische Überzeugungskraft ihrer Fremdheit retten. Im Gedicht „Die Jura" spiegelt sich das Ufer in den schillernden Farben eines Pilzes, die an die *einstmalige* Erscheinung eines Gottes im heute duftenden Grün erinnern und den fremdartigen Geist einer vergangenen vorchristlichen Kultur vergegenwärtigen:

> Uferweide, bittrer Geruch,
> ein Grün wie aus Nebeln.
> Und der Tau. Es hockt im verwachsnen Hang
> vor dem Dorf im Gebüsch
>
> der Graukopf, mit klammen Fingern
> malt er deine Röte, dein Grün, die fremde
> Bläue, den Silberlaut:
>
> Einst
> erhob ein großer
> Gott der Fluren, ein Hartmaul,
> das Gesicht. Über dem Uferwald
> stand er
> in der Schwärze der Opferstatt,
> glänzte vom Fett,
> sah in den Wiesen das rötliche Erz,
> und die Quellen
> schossen hervor, seiner Blicke
> sandige Spur.[25]

---

24 Johannes Bobrowski: Anruf. In: ders.: Gesammelte Gedichte, S. 3.
25 In: Bobrowski: Gesammelte Gedichte, S. 9–10.

Der Duft der Uferweide markiert – ähnlich wie in der Romantik – die *Schwelle* zu einem Heiligtum; von *dieser* Schönheit geht jedoch ein fremdartiger Schrecken aus. Die sarmatische Landschaft kommt den Menschen, die auf ihren poetischen Gehalt *hören* wollen, mit ihren *Geruch* entgegen, der die Zone der Begegnung von Stadt und Ebene markiert:

> Aber
> sie hören dich ja,
> lauschen hinaus, die Städte,
> weiß und von altem Getön
> leise, an Ufern. Deine
> Lüfte, ein schwerer Geruch,
> wie Sand
> auf sie zu.[26]

Im Vergleich zu Hardenberg und Hesse nimmt sich das poetisch erinnerte Hören und Riechen aus der Kindheit bei Bobrowski konkreter, ambivalenter und zeitlich entrückter aus. Die Natur kann beim Kind auch „Angst" hervorrufen und wächst sich zu einer „Finsternis" aus, die mit dem Duft und Klang eines bergenden Zimmers kontrastiert. Auf das Lampenlicht folgt eine lange Nacht, die den fühlbaren Abstand zur Vergangenheit wachsen lässt:

> Da sang die Alte in ihrer
> duftenden Kammer. Die Lampe
> summte. Es traten die Männer
> herein, sie riefen den Hunden
> über die Schulter zu.
>
> Nacht, lang verzweigt im Schweigen –
> Zeit, entgleitender, bittrer
> von Vers zu Vers während:
> Kindheit –
> da hab ich den Pirol geliebt –[27]

Ein erinnertes „Holzhaus über der Wilia" – gemeint ist wieder einmal ein Wald am Fluss als erfüllender Zone des Übergangs – verströmt einen Duft, der im Gesang vergegenwärtigt wird:

> Deine Stille, der Lauchduft
> und der Nesseln bittere

---

26 Johannes Bobrowski: Die Sarmatische Ebene. In: ders.: Gesammelte Gedichte, S. 30–31, hier S. 30.
27 Johannes Bobrowski: Kindheit. In: ders.: Gesammelte Gedichte, S. 6–7, hier S. 7.

> Schärfe, die Brunnenkühle –
> Freund, wir lebten einst
> über dem Fluß, auf der Wälder
> Schattenrand, mit verschränkten
> Händen laß uns singen, singen
> wieder vom alten Haus.[28]

Sarmatien wird auf zwei Ebenen erinnert: als heimatlicher Raum der Kindheit, der so nicht mehr zugänglich ist, aber ein unabgegoltenes Erbe enthält, und als ein Siedlungsraum, dessen vergessene kulturelle Wurzeln erst noch sichtbar gemacht werden müssen.

So klingt auch im Gedicht „Die alte Heerstraße" das Echo eines vergangenen Geschehens im Wirkungsfeld der Götter an. Im Tönen eines Wald scheint die längst verstummte Klage eines Halbgotts über den unwiederbringlichen Verlust seiner Liebe nachzuwirken; die geliebte Landschaft erscheint als Kulturraum, der durch Verluste geprägt ist. Das symbolische Zentrum dieser Kultur, die sich im Kontakt mit der Fremde erhält, ist ein von Birken umgebener Brunnen; einmal mehr scheint das Vergangene dort auf, wo Wald und Wasser sich berühren:

> Und wir dürsten.
> So ist dein
> Herz ein Brunnen geworden
> uns, im Saft der Birken
> duftend, im farnigen, goldnen
> Nest deiner Schlangen,
> Heimat. So sind zu lieben
> deine Söhne gekommen
> schattigen Auges immer
> von fremden Tischen zurück. –
>
> Einst,
> vor Zeiten ist Orpheus
> hier gegangen am Hang
> dunkel. Es tönt herüber
> der Wald seine Klagen ewig.[29]

Die Landschaften werden wiederholt als Bezirke sakraler Erscheinungen aus vorchristlichen Kulturen dargestellt, deren Präsenz nachholend anerkannt wird, um die Engführungen eines durch die mittelalterliche Ostkolonisation geprägten Ge-

---

28 Johannes Bobrowski: Das Holzhaus über der Wilia. In: ders.: Gesammelte Gedichte, S. 19–20, hier S. 19.
29 Johannes Bobrowski: Die alte Heerstraße. In: ders.: Gesammelte Gedichte, S. 16–17.

schichtsbewusstseins zu überwinden; mit dem Motiv der goldenen Schlangen wird der pagane Kulturraum positiv bewertet. In den Nöten und Freuden, die in paganen Mythen zur Sprache kommen, erkennt das lyrische Ich ein archaisches Erbe, an dem sich die Gegenwart erst noch abzuarbeiten hätte. Zu einer Zeit, in der sich die Deutsche Demokratische Republik als eigenständiger sozialistischer Staat konsolidiert hatte,[30] rückt diese Diagnose auch die politische Situation Anfang der 1960er Jahre in skeptisches Licht:

> Einst,
> wulstigen Munds, Perkun
> kam, eine Feder im Bart,
> kam in der Hufspur des Elchs,
> der Stotterer kam,
> fuhr auf den Strömen, Finsternis
> zog er, ein Fischernetz, nach.
>
> Dort
> war ich. In alter Zeit.
> Neues hat nie begonnen. Ich bin ein Mann,
> mit seinem Weibe ein Leib,
> der seine Kinder aufzieht
> für eine Zeit ohne Angst.[31]

Dass sich der Großraum Sarmatien zwischen Weichsel und Wolga Anfang der 1960er Jahre auf mehrere sozialistische Staaten erstreckt, die unter der Führung der Sowjetunion im Rat für gegenseitige Wirtschaftshilfe (1949–1991) und in der Warschauer Vertragsorganisation (1955–1991) einen politischen Block bildeten, ist ebenfalls bedeutsam. Die Gegenwart gilt Bobrowski nicht schon als Anfang einer besseren Zukunft, und das Bekenntnis zur Vorbereitung auf eine angstfreie Zeit knüpft an die erinnerte Epiphanie des baltischen Gewittergottes. Es bedürfte der Erinnerung an verlorene regionale Heimaten, in denen sich Eigenes und Fremdes auf produktive, zu Unrecht vergessene Weisen mischte, um vom Menschen die Furcht zu nehmen. Als poetischer Großraum ist Sarmatien lehrreich, weil seine Landschaften ihre Bedeutung als fraglos beständige Heimaten im historischen Prozess längst eingebüßt haben; Heimat wäre im Kontakt mit dem Fremden allererst zu erarbeiten. Motive wie „Schilflaut, Brunnenrauch, harziger Wälder

---

30 Hans Jaeger: Geschichte der Wirtschaftsordnung in Deutschland. Frankfurt am Main 1988, S. 250–257; V. R. Berghahn: Modern Germany, Society, Economy and Politics in the Twentieth Century. Cambridge 1987, S. 216–225.
31 Johannes Bobrowski: Absage. In: ders.: Gesammelte Gedichte, S. 73.

Rauch",[32] „der Wälder trockner Duft, / Rauschbeere und Erdmoos",[33] „Bienenrauch", „Atem / vom Himbeerstrauch" und „der Moore bittere Luft"[34] erinnern daran, dass die Natur im körperlich spürbaren Bezug zur Landschaft einen Eigensinn entfaltet, der ganz von dieser Welt ist. Quelle der poetischen Erkenntnis ist die natürliche Schönheit von Kulturräumen, in der vergangene epiphanische Momente einen *ästhetisch* maßgebenden Nachhall entfalten.

Loerke, Langgässer und Bobrowski beziehen sich – bei allen Unterschieden der poetisch angeeigneten Glaubensinhalte – auf *überlieferte* göttliche Präsenzen, die in der Gegenwart in einer meditativen, sakramentalen oder erinnerungspolitisch orientierten Sprachmagie *nachwirken* sollen. Die olfaktorische Spur des Heiligen ist mit Leid, Schmerz, Verlust, Verzicht, Vergänglichkeit oder Schrecken verbunden, und sie verweist damit immer auch auf Grenzen eigener Ansprüche. Mit ihrer starken Wertung dessen, was im eigenen Anspruch nicht aufgeht, berühren sich diese Inszenierungen duftender Heiligtümer in der Natur mit der Sakralisierung des Anderen seit Lehmann. Erst gegen Ende der 1970er Jahre regeneriert sich der literarische Anspruch auf sprachmagische Verzauberung der *zeitgeschichtlichen* Wirklichkeit. Zu den wichtigsten Autoren dieser Richtung gehört Peter Handke,[35] auf dessen Darstellung von Gerüchen in sakralen Kontexten nun genauer einzugehen ist.

---

32 Johannes Bobrowski: Die Memel. In: ders.: Gesammelte Gedichte, S. 67–68, hier S. 67.
33 Johannes Bobrowski: Die Heimat des Malers Chagall. In: ders.: Gesammelte Gedichte, S. 56.
34 Johannes Bobrowski: Die Kirche „Lindere meinen Kummer". In: ders.: Gesammelte Gedichte, S. 48.
35 Glaser, S. 378 u. 392–393.

# 18 Gerüche erzauberter Spiel-Räume: Peter Handke

Für Peter Handke ist Literatur insofern religiös, als sie ihre Stoffe poetisch verwandelt, um deren materialen Eigensinn zur Geltung zu bringen, der ihre Alltagsgestalt transzendiert: „Was auch immer die ist, es gibt eine andere Zeit. Wahrscheinlich ist das mein religiöses Element, auf dem ich aber bestehe, weil es *Stoff* ist, weil es Materie ist."[1] Wie sein Vergleich der Liturgie mit dem Fußball unterstreicht,[2] offenbart diese religiöse Literatur keinen jenseitigen Sinn; sie geht einer diesseitigen Substanz nach, die erst im Akt der poetischen Verwandlung aufscheint:

> Wie es Anhänger von Bayer Leverkusen gibt, so bin ich ein begeisterter Anhänger der Liturgie der heiligen Messe. Also, für mich ist das das geheimnisvollste und auch das klügste und schlauste Zeremoniell, das je erfunden wurde oder das, besser gesagt, sich herausgebildet hat. In diesem Vorgang, in der Dramatik der Messe ist alles, was der Mensch geistig braucht, enthalten.[3]

Das Spiel der Formgebung mutet profan an, hat aber einen sakralen Anspruch: „Im Grunde darf die Literatur nicht profan sein. Sie darf profan tun, oder soll profan tun, soll profan spielen, das ist das Spiel, aber im Grunde – wirklich im Grunde – hat sie nicht profan zu sein."[4] In der Erzählung *Die Lehre der Sainte-Victoire* (1980) zeigt Handke den Maler Paul Cézanne (1839–1906) als vorbildlichen Vertreter einer solchen „Glaubensform", deren „Geheimnis" dem Verstand entzogen ist. Der Erzähler nimmt Cézannes Bilder als Beiträge zur „Verwandlung und Bergung der Dinge in Gefahr" wahr.[5] Der kosmozentrische Glaube, dass die Dinge der Anerkennung ihres erst in der künstlerischen Form aufscheinenden Eigensinns bedürften, heiligt das poetisch verwandelnde Aufmerken auf je unvergleichliche Gebilde.

Die gläubige Verwandlung kann auch darin bestehen, prätendierten Sinn *gegen* den Strich zu lesen; wenn der irakische Informationsminister im Zweiten Golfkrieg

---

1 … und machte mich auf, meinen Namen zu suchen. Peter Handke im Gespräch mit Michael Kerbler. Klagenfurt/Celovec 2007, S. 50.
2 Zur Analogie von Eucharistiefrömmigkeit und Fußballbegeisterung aus nicht-religiöser Sicht siehe Hans Ulrich Gumbrecht: Crowds. Das Stadion als Ritual von Intensität. Frankfurt am Main 2020, S. 99–121.
3 Peter Handke u. Peter Hamm: Es leben die Illusionen. Gespräche in Chaville und anderswo. Göttingen 2006, S. 131.
4 Handke u. Hamm, S. 81–82.
5 Peter Handke: Die Lehre der Sainte Victoire. Frankfurt am Main 1996, S. 66.

(1990–1991) wider besseres Wissen behauptet, die Amerikaner seien gar nicht in Bagdad, hat er – so Handke – vielleicht insofern Recht, als die Soldaten das, was die irakische Hauptstadt ausmacht, im Lichte ihres kulturellen Vorverständnisses erst gar nicht wahrnehmen. Eine solche Deutung verfährt wie die Konsekration: „bei der Messe, bei der Wandlung, wenn zuerst die Wandlung des Brotes in den Leib Christi stattfindet und danach des Weins in das Blut, sagt man ‚simili modo' – in gleicher oder in ähnlicher, eigentlich in gleicher Weise".[6] Der ethische Sinn einer entsprechenden poetischen Verwandlung liegt für Handke „vielleicht" im „Zur-Geltung-Bringen des ... Übersehenen". Sie ähnelt einer Sorge für Gebilde der Natur: „So kam mir das Erzählen manchmal vor. Daß man in den Apfelkeller geht und immer wieder die daliegenden Äpfel umdreht, damit der Duft erhalten bleibt."[7] Im Rahmen einer Erzählweise, die das Mysterium des Eigensinns ihrer Stoffe im vorstellenden Denken erscheinen lassen will, gerät das Schreiben zum sprachmagischen Akt.

An Orten der poetischen Inspiration ist Handke nicht grundsätzlich auf Gerüche angewiesen. Im *Versuch über den Stillen Ort* (2012) erinnert er sich an das seltsam anregende Licht im Holzverschlag mit Sitzloch über dem Misthaufen im Haus seines Großvaters: „Es ist das ein Licht, welches schachtaufwärts steigt – erwartet euch bitte kein ‚zugleich mit dem Gestank' [...]." Handke lenkt die Rezeption von möglichen Geruchsvorstellungen ab: „Geräusche, gleichwelche, taten und tun nichts zur Sache. (Geschweige denn tun Gerüche, seltsam, oder auch nicht.) [...] nichts als ein Schauen, damals wie jetzt." Die Evokation des einschlägigen Geruchs „stiller Orte" würde den Sinn für ihre feinen Nuancen trüben; ästhetisch maßgebende Erfahrungen werden in diesem Essay daher in desodorierter Form vergegenwärtigt. Wenn Olfaktorisches überhaupt erwähnt wird, gehört es der poetischen Form an, die das Wahrgenommene verwandelt: „[...] auch wenn kein Geißblattduft durch so eine Sommernacht strich, nichts als der leichte Nachtwind, so galt der doch gleich viel wie das Südstaaten-und-Mississippi-Geißblatt in den Büchern Wilhelm Faulkners."[8] Der geruchslose Wind wirkt *simili modo* wie ein konkreter ortsspezifischer Geruch.[9]

---

6 Peter Handke u. Adolf Haslinger: Einige Anmerkungen zum Da- und zum Dort-Sein. Ehrendoktorat an Peter Handke durch die Universität Salzburg. Salzburg/Wien 2004, S. 47. Im „Gedankenspiel" kann sich die „Wendung zu Gott" darin zeigen, „daß man innerlich sich angeschaut sieht" (Handke u. Hamm, S. 33).
7 Handke u. Hamm, S. 72 u. 73.
8 Peter Handke: Versuch über den Stillen Ort. Berlin 2012, S. 14–15, 16 u. 32–33.
9 In Faulkners Roman *The Sound and the Fury* (1929) erinnert Quentin am Tag seines Selbstmords den Geruch des Geißblatts (engl. *honeysuckle*) als eindringlich bedrückendes Merkmal einer Südstaaten-Atmosphäre, die mit dem – aus seiner Sicht moralisch korrumpierten – Sexualleben seiner

In anderen Bezirken der Inspiration spielen die Gerüche der Natur eine wichtige Rolle. So handelt Handkes *Versuch über den Pilznarren* (2013) vom Leben eines Mannes, der auf der Pilzsuche seinen Blick für eigensinnige Formen der natürlichen Sinnenwelt schärft;[10] dabei erliegt er einem prekären Zauber, der auch und gerade durch Gerüche erschlossen und gelöst wird. Als Kind war der Mann in die Pilze gegangen, um sie an einer Sammelstelle gegen Geld einzutauschen, von dem er sich Bücher kaufte. Die Pilze erschienen ihm aber schon damals, als noch ihr Tauschwert bestimmend war, als ein „Schatz", zu dessen Entdeckung er „berufen" war. Wie im Märchen sammelte er „im Bewußtsein, oder meinetwegen in der Einbildung, eines höheren Auftrags":[11]

> Und es fällt mir dazu auch noch ein, daß mein Narr in der Kindheit sich einbildete, obgleich jeweils nur für Augenblicke, oder einen einzigen, die Kraft zum Zaubern in sich zu haben. Er glaubte, eine Zauberkraft in sich zu spüren, in seinen Muskeln, aus denen in solchem Moment sich ein einziger, der Zaubermuskel ballte. – Und wie, oder was, wollte er dann zaubern, oder verzaubern? – Sich selber. – Und wie? Und als was? – Wegzaubern wollte er sich, mit geballter Muskelkraft sich vor aller Augen wegzaubern, und zugleich dableiben. Nein, nicht da, nicht an Ort und Stelle, vielmehr vorhanden bleiben, umso vorhandener und das zum Staunen aller. [...] Und ich rieche, ich erschnüffle es geradezu: Mein Freund, der Nachbarjunge, wird nicht aufgeben. Er ist sich gewiß, beim nächsten Mal, und wenn nicht dann, so gewiß irgendeinmal, wird ihm das Sichwegzaubern, weg von uns anderen, gelingen.[12]

Damit ist auch das Grundproblem der Geschichte skizziert: der Versuch, im Bann der Pilze fern von den anderen wie im Märchen magisch zu sich selbst zu finden,[13] gerät mit den Ansprüchen der sozialen Welt immer wieder in Konflikt. Die Brechung des gesuchten Zaubers wird von abstoßendem Gestank markiert. Zunächst ist es der Rucksack, in dem der Schatz gesammelt, aber eben auch zum Ort seines Verlustes gebracht wird, „der noch nach den Pilzen roch (und stank)".[14] Die Lebensphase des „jugendlichen" Pilznarrentums endet mit einem Albtraum, in dem das Gelb der „Pilze des heiligen Johannes" derart in den jungen Mann eindringt, dass er zu ersticken droht.[15] Schul- und Ortswechsel sowie neue „Liebschaften" und

---

Schwester assoziiert ist (William Faulkner: The Sound and the Fury, hg. von Michael Gorra. New York/London 2014, S. 85, 88, 97–104, 107, 112 u. 115). In Handkes *Versuch über den Stillen Ort* wird dieser Geruch hingegen mit dem leichten Wind einer anziehend ruhigen Sommernacht in Verbindung gebracht, deren poetische Verwandlung auch den entlehnten Stoff affiziert.

10 Peter Handke: Versuch über den Pilznarren. Eine Geschichte für sich. Berlin 2013, S. 123.
11 Handke: Versuch über den Pilznarren, S. 19, 20 u. 21.
12 Handke: Versuch über den Pilznarren, S. 24–25.
13 Handke: Versuch über den Pilznarren, S. 40 u. 216.
14 Handke: Versuch über den Pilznarren, S. 36.
15 Handke: Versuch über den Pilznarren, S. 38–40.

„Freundschaften" tragen das ihre dazu bei, dass die Pilzsuche einstweilen hintangestellt wird. Den Geruch der absichtslos dennoch gefundenen Pilze schätzt weder die Mutter, die sie zubereitet, noch der junge Esser, der sie nun in seiner sozialen Umwelt wahrnimmt.[16] In der Zeit zwischen jugendlichem und erwachsenem Pilznarrentum „bedeutete" „ihm die Welt der Pilze kaum mehr etwas", und „wenn, dann im eher unguten Sinn".[17] Als er sich nach der Entdeckung eines Steinpilzes im Alter von fast fünfzig Jahren wieder der Pilzsuche widmet, wird die „Schwelle" zum „Pilznarrentum" von einem Verfallsgeruch markiert, der von den märchenhaften Schätzen selbst ausgeht:

> Der ihm bestimmte Schatz [...] war etwas im ersten Moment durchaus Hartes [...], dann aber weich und weicher Werdendes, etwas spürbar Verderbliches, entfallen [...] auch der ursprünglich so reine Duft – nach ‚Nüssen', wie man sagte? –, rein der Duft ‚Duft' – verpufft nicht nur durch die Stadtluft, und übergehend in Zwiespältigkeit [...].[18]

Dass seine Frau „allergisch gegen Waldluft" ist, verweist einmal mehr auf das Spannungsverhältnis von Pilzsuche und sozialem Leben. Im Wald löst sich dieser Konflikt zeitweilig auf, als der Sucher lernt, andere Menschen ohne Anspruch auf Liebe und Nähe gelten zu lassen. Diese Zeit gerät ihm zu einer „glücklichen Periode":[19]

> Und jeder Fund bescherte ihm eine Überraschung, ein ungeahntes Ding-Wesen, einen neuen Ort, Farbton, Formakzent, Geruch. Und fast ein jedes Mal witterte er schon im voraus eine neue Fundstelle – ein Wittern, welches hieß: Alle Sinne wurden wach.[20]

Der bei aller möglichen Zwiespältigkeit *anziehende* Geruch markiert die Schwelle zum *Ursprung* des Zaubers. Als ihm die „Leidenschaft" zur lasterhaften „Sucht" wird und das herrische Streben nach punktueller Ekstase alle anderen Belange übertrumpft, beginnt die dritte, unglückliche Phase des Pilznarrentums.[21] Zu Hause

---

16 Handke: Versuch über den Pilznarren, S. 40 u. 42.
17 Handke: Versuch über den Pilznarren, S. 44.
18 Handke: Versuch über den Pilznarren, S. 79.
19 Handke: Versuch über den Pilznarren, S. 88 u. 119; zum Geltenlassen der Anderen siehe S. 112–113.
20 Handke: Versuch über den Pilznarren, S. 109; vgl. S. 133 (ebenfalls zum Wittern) u. 136 (zum guten „Geruch und Geschmack"). Der maßgebende Geruch der Natur ist teils auch streng; so wittert der Pilznarr scheinbar Hundedreck, doch „der duftet", „duftet wie eine Trüffel", ist auch eine Trüffel und „duftet und duftet" (S. 139). Ausdrücklich lobt der Narr das „Wilde, in Gestalt, Farbe, Duft" (S. 148).
21 Handke: Versuch über den Pilznarren, S. 155.

gehen angehäufte Pilze in Fäulnis über, Frau und Kind verlassen ihn, und im Berufsleben als Anwalt beschnüffelt er sogar noch im Gerichtssaal seine mitgebrachten Pilze.[22] Der Riss zwischen Pilzleidenschaft und gesellschaftlichem Leben zeigt sich auch im Scheitern seines Projekts, ein Pilzbuch zu schreiben. Von diesem berichtet nur der Erzähler, der sich an Gespräche mit dem närrischen Freund über seinerzeit erwogene Themen erinnert.

Aus Überdruss an seinem reduzierten Weltbezug hatte dieser sogar mit dem Gedanken gespielt, ein „Antipilzbuch" zu schreiben, in dem es heißen müsse: „Wälder und überhaupt die Waldluft seien schlecht auf die Dauer, zutiefst ungesund, drückten auf die Lungenflügel undsoweiter, strahlten üble Dünste und insgesamt zuletzt nur Übles aus."[23] Der Spürsinn des Erzählers ist unterdessen ungetrübt; als er von der glücklichen Phase im Leben des Narren erzählt und „dessen, auch leibliche, Nähe" „seit einigen Tagen hier zu spüren und zu riechen" glaubt, täuscht er sich nicht,[24] denn der zeitweise Verschollene taucht gegen Ende der Geschichte im Garten des Erzählers wieder auf. Die beiden unternehmen eine gemeinsamen Wanderung, der Narr findet – ohne krisenhafte Folgen – wieder einmal einen Steinpilz, und der Erzähler ruft am Geburtstag des Freundes dessen Frau herbei. Die Geschichte endet bei einem gemeinsamen Mahl mit offenem Ausgang in einer Herberge.

Die Erzählung spielt Konflikte zwischen Liebe und Magie durch. Das Ethos, im bejahenden Aufmerken auf eigensinnige Formen verzauberter Naturdinge zu sich selbst zu finden, untergräbt die liebende Nähe zu Frau und Kind, die dem Pilznarren abverlangte, sich die Ansprüche der anderen zu eigen zu machen und deren unteilbare Andersheit dabei auszublenden.[25] Auf die Zeit der kindlichen Naturerkundung folgt eine lange Phase der Gemeinschaft mit Geliebten, in der er schließlich den Zauber der Natur wiederentdeckt. Anfangs scheint dieser Zauber die Liebe zu Frau und Kind zu ergänzen; tatsächlich zerbricht sein suchtartiger Bann erst die Familie und anschließend auch die Identität des Pilznarren. Gelöst wird der Konflikt zwischen Selbst, Geliebten und Anderem durch den Erzähler. Er erkennt die Lebensgeschichte des Pilznarren an und bringt ihren Eigensinn noch dort zur Geltung, wo dieser scheitert. Damit ermöglicht er die Rückkehr des Verschollenen, der frei von Obsessionen zur Natur zurückfindet. Am Ende greift der Erzähler in das Leben des Freundes ein, indem er dessen Frau erscheinen lässt. Die Probleme, die dem Narren aus der Hingabe an den Formenzauber der Natur erwachsen,

---

22 Handke: Versuch über den Pilznarren, S. 155 u. 161.
23 Handke: Versuch über den Pilznarren, S. 200.
24 Handke: Versuch über den Pilznarren, S. 125.
25 Vgl. Handke: Versuch über den Pilznarren, S. 111–112.

werden durch die Aufzeichnungen und Eingriffe des Erzählers gleichsam magisch verwandelt. Anziehende Gerüche kennzeichnen das gelungene Eintauchen in den Zauber der Natur, während unguter Verfallsgestank auf aktuelle oder mögliche Störungen der Grenze zwischen Magie und Alltag verweist. Eine solche Störung kann aber auch von einer Natur ausgehen, der den Zauber der *Liebe* löst. Als das Leben des Narren noch in der Familie aufgeht, tritt ein besonderer Pilz in unliebsamer Weise hervor:

> Mit dem halbverfallenen Haus war er auch Besitzer eines verwilderten Gartens geworden, in dem, selbst nach Roden, Ausreißen, Umgraben, jahraus und jahrein, und ein jedesmal an einer grundanderen Stelle als im Vorjahr, die sogenannten Stinkmorcheln aufschossen, von denen dann ein Gestank durch Garten und ins Haus, in dessen entlegenste, eben noch vielleicht wie von Liebe und Geheimnis verzauberte Winkel puffte, ein Gestank, von dem der Name des Pilzes nicht einmal annähernd einen Begriff gab. Ja, als ein Zauberbrecher wirkte dieses Gewächs, welches gerade noch kaum sichtbar zwischen altem Laub, in der Form eines schneeweißen Eis, übrigens wohlriechend trotz seiner Weichheit, meerrettichhaft unter einem Busch gelegen hatte und von einem Moment zum nächsten, wie in einem natürlichen Zeitraffer, zur Stinkmorchel aufschoß, ein Stiel wie aus Styropor, „was ja noch anging", erzählte er mir, „aber dann der Kopf: unvermeidlich das Bild eines menschlichen Peniskopfes, freilich eines im ersten Augenblick an der Luft, außerhalb des Eis, auf der Stelle verwesten [...], überwimmelt von einem wie aus dem Nichts dahergebrausten Fliegenschwarm, welcher sich so heftig über die Gallertmasse hermacht, daß der so brüchige Styroporstiel einknickt und der Kopf samt dem Fliegenpelzbesatz zu Boden schlägt, was die Fliegen bei ihrem Aasfraß keine Sekunde stört und den Aasgeruch um keine Nuance mindert; der Anblick der Schmeißfliegen den zauberbrecherischen Gestank noch verstärkend? Nein, stärker war nicht möglich."[26]

Der Gestank der Stinkmorchel bricht den Zauber der sexuellen Liebe, und sein eigentümlicher Formwandel symbolisiert den Verfall maskuliner Sexualität. Der nuanciert beobachtete Wandel der Morchelform deutet die Krise des Liebes- und Familienlebens im suchtartigen Bann der Pilze zu einer Zeit an, da der erwachsene Narr die Pilzsuche noch gar nicht wieder aufgenommen hat. Dieses Bild fügt sich in eine ganze Serie von Anspielungen, die das Geschehen aus der Perspektive der Erzählinstanz symbolisch strukturieren und poetisch verwandeln.

Als sich der junge Pilznarr am Ende einer Reihe von Liebesverbindungen mit einer ehemaligen „Nachbardorffrau" zusammentut, ahnt er bereits, dass es ihn wieder fort von ihr in die Wälder ziehen könnte, und bemerkt zum Erzähler: „Die Frau, sie hat mich heimliche Wege geführt, wie's bei Deinem Wolfram von Eschenbach heißt."[27] Das gemeinsame Mahl, das am Ende der Erzählung in der

---

26 Handke: Versuch über den Pilznarren, S. 45–47.
27 Handke: Versuch über den Pilznarren, S. 60.

*Auberge du Saint Graal* stattfindet,[28] lässt daher an Wolframs *Parzival* denken, auf den eine Reihe von Handkes Pilzmotiven anzuspielen scheint. Der stinkende Morchel-Phallus erinnert an die übel riechende Wunde im Genitalbereich des Gralskönigs Anfortas. Zudem begegnet die Hauptfigur an den entscheidenden Wendepunkten zu Beginn und am vorläufigen Ende des erwachsenen Narrentums einem Steinpilz, der an Parzivals zweifache Begegnung mit dem bei Wolfram als Stein dargestellten Gral denken lässt. Auch die Rede des Erzählers von Pfeil und Bogen, Einhorn, Löwe und Hirsch suggeriert Bezüge zu Wolframs höfischem Roman (zu dessen Geruchmotiven siehe Kap. 2).[29]

Handkes Anspielungen auf Wolframs *Parzival* unterstreichen den Gegensatz zwischen dem wohlriechenden Bezirk des Heiligen und einem Gestank,[30] der aus der Strafe für die Verletzung von heiligen Pflichten im Zusammenhang mit sexueller Liebe resultiert. Die Allusionen bleiben aber – bei aller deutlichen Nähe zur mittelalterlichen Literatur[31] – mehrdeutig; während der Pilznarr die Liebe ver-

---

28 Handke: Versuch über den Pilznarren, S. 216.
29 Handke: Versuch über den Pilznarren, S. 70.
30 Positive Geruchsmotive in metaphorischen Vergleichen unterstreichen im *Parzival* ein intaktes Ethos, das sich durch Treue und Liebe auszeichnet: „lûter virrec als ein valkensehe / was balsemmaezec staete an ir." [„Durchsichtig klar wie das scharfe Falkenauge und wie der köstliche Balsamduft war ihre feste Treue."] (Wolfram von Eschenbach: Parzival. Bd. 1: Buch 1–18. Mittelhochdeutsch/Neuhochdeutsch. Stuttgart 1981, S. 724 u. 725 (I.8: 427, 16–17); „balsemmaezec" unterstreicht die Beständigkeit des Geruchs); „ist diu nieswurz in der nasen / draete unde strenge, / durch sîn herze enge / kom alsus diu herzogîn, / durch sîniu ougen oben în." [„Wie der Geruch des Nieswurz rasch und stark in die Nase steigt, so drang das Bild der Herzogin durch seine Augen in sein Herz."] (Wolfram von Eschenbach: Parzival. Bd. 2: Buch 9–16. Mittelhochdeutsch/Neuhochdeutsch. Stuttgart 1981, S. 276 u. 277 (II.12: 593, 14–18); im Original wird dieser Geruch nicht ausdrücklich genannt, ist aber impliziert).
31 Das Spannungsfeld von Herrscherpflicht und Geschlechtsliebe wird auch im unvollendeten Epos *Tristan* (1210) von Gottfried von Straßburg (um 1170 – um 1210) mit Geruchsmotiven hervorgehoben. Tristan zieht sich in den Kämpfen, die ihn in die Nähe zu Isolde bringen, einen belastenden, an Unheil gemahnenden Körpergeruch zu; beide Male „ist es Gestank, der" Tristan „hilf- und kraftlos hat werden lassen" (Claudia Brinker-von der Heyde: Geliebte Mütter – Mütterliche Geliebte. Rolleninszenierung in höfischen Romanen. Bonn 1996, S. 313). Von der Wunde, die ihm Morold mit einer vergifteten Schwertspitze zugefügt hatte, heißt es: „dar zuo gevie der selbe slac / einen sô griulîchen smac / daz ime daz leben swârte, / sîn eigen lîp unmârte." [„Zudem bekam diese Wunde / einen so scheußlichen Geruch, / daß sein Leben ihm lästig wurde / und sein eigener Körper ihn abstieß."] (Gottfried von Straßburg: Tristan. Bd. 1: Text Mittelhochdeutsch/Neuhochdeutsch Verse 1–9982. Stuttgart 1984, S. 440 u. 441 (V. 7275–7278)). Den anderen ist der Gestank ebenfalls unerträglich: „sô smacte ie der veige slac / und machete einen solhen smac, / daz nieman keine stunde / bî ime belîben kunde." [„roch ototo die häßliche Wunde / und verbreitete einen solchen Gestank, / daß niemand es auch nur eine Stunde / bei ihm aushalten konnte."] (S. 472 u. 473 (V. 7835–7838; vgl. V. 7842)). Auch die Ausdünstung („rouch" S. 544 (V. 9088)) der abgeschnittenen Drachenzunge, die Tristan zum Beweis

säumt, hatte Anfortas über der Liebe die Herrscherpflicht vernachlässigt. Zunächst ähnelt Handkes Narr, der auf den Steinpilz trifft, ohnehin eher Parzival, der in jungen Jahren ein Narrenkleid trägt und am Hof des Anfortas zweimal dem steinernen Gral begegnet. Wie Anfortas' Verwundung Parzivals Begegnung mit dem steinernen Gral vorausgeht, zeigt auch die Stinkmorchel den Konflikt zwischen Liebe und heiliger Berufung vor der Begegnung des Narren mit dem Steinpilz an. Wie im *Parzival* löst sich der Konflikt auch in der Geschichte vom Pilznarren erst nach der zweiten Begegnung mit einem heiligen Gegenstand. In seiner Suchtphase leidet der Narr aber wie der Gralskönig und ist daher auch am Ende eher mit Anfortas vergleichbar: er hat wie dieser Grund zur Klage über schlechte Luft, taugt nicht länger zur sexuellen Liebe und ist ganz von der Hilfe anderer abhängig. Überdies lässt sich die Stinkmorchel auch als Hinweis auf den Ritter Gawan deuten: als dieser nach dem Verlust seiner Lebensfreude in der Geliebten Orgeluse sein Heilmittel findet, spricht das Epos von ihr als „hirzwurz" („Hirschkraut").[32] Herbert Kolb führt Wolframs Verwendung dieser Bezeichnung auf das stark riechende Kraut *dictamnum* zurück, das in der Aeneis erwähnt wird und gegen Pfeilwunden und Schlangengift eingesetzt wurde,[33] während Vagn J. Brøndegaard „hirzwurz" als Bezeichnung für die Stinkmorchel interpretiert, die auch als „Hirzswamm" be-

---

seiner Tötung des Untiers bei sich führt, bevor er sich erneut Isolde nähert, zehrt „an crefte und an der varwe" [der Geruch nimmt ihm „seine Kräfte und Gesichtsfarbe"] (S. 544 u. 545 (V. 9090)), und später wird er vom „tampf" der Zunge [durch die „giftigen Dämpfe"] (S. 564 u. 565 (V. 9441)) ohnmächtig (S. 564 u. 565 (V. 9430–9431)). Der Topos des schlechten Drachen-Geruchs ist im christlichen Volksglauben verankert; zur Inzenierung monströsen Drachen-Gestanks in Pfingstprozessionen der Stadt Tarascon seit dem ausgehenden Mittelalter siehe Lucienne A. Roubin: Fragrant Signals and Festive Spaces in Eurasia. In: Jim Drobnick (Hg.): The Smell Culture Reader. Oxford/New York 2006, S. 128–136, hier S. 134–135. An anderen Stellen sind Gerüche im Epos allenfalls impliziert; die Rede vom „balsemen der minne" [„Balsam der Liebe"] bleibt metaphorisch (Gottfried von Straßburg: Tristan. Band 2: Text Mittelhochdeutsch/Neuhochdeutsch Verse 9983–19548. Stuttgart 1994, S. 394 u. 395 (V. 16500)), und wenn es von Winden unter den Blättern einer Linde heißt, sie seien „süeze, linde, küele" [„lieblich, sanft und kühl"] (Straßburg: Tristan. Bd. 2, S. 436 u. 437 (V. 17177)), erlaubt das Wort „süeze" [„lieblich"], Wohlgeruch mitzudenken (vgl. S. 448 (V. 17382)), hebt ihn aber nicht eigens hervor. Im *Tristan* bleibt der Konflikt zwischen Herrscherpflicht und Liebe ungelöst.
**32** Eschenbach: Parzival. Bd. 2, S. 362 u. 363 (II.13: 643, 28).
**33** Herbert Kolb: Isodorsche „Etymologien" im „Parzival". In: Wolfram-Studien, hg. von Werner Schröder. Berlin 1970, S. 117–135, hier S. 121–125. Um die Brücke zwischen dem dictamnum und dem Hirschmotiv zu schlagen, müssen zwei Stellen aus der Aeneis zusammengedacht werden, die weit auseinanderliegen (vgl. Vergil [P. Vergilius Maro]: Aeneis [verf. 29–19 v.Chr.]. Lateinisch/Deutsch, hg. von Edith u. Gerhard Binder. Stuttgart 2012, S. 176 (IV.68–73) u. 676 (XII.412–415)); Kolb zufolge greift Wolfram auf naturkundliche Quellen zurück, die diese Verbindung bereits hergestellt haben.

zeichnet wurde und als Aphrodisiakum bekannt war.³⁴ Handkes *Versuch*, der zum produktiven Mitlesen einlädt, fordert indessen nicht dazu auf, philologische Fragen nach der Etymologie von „hirzwurz" eindeutig zu beantworten; er nimmt auf einen Text Bezug, dessen suggestives Potential die Mehrdeutigkeit einschlägiger Anspielungen verstärkt.

Der *Versuch über den Pilznarren* spielt selektiv auf Gerüche an, die über den Zustand des sakralen Ethos einer höfischen Gesellschaft Auskunft geben; das abenteuerliche Pilznarrentum wird so in Beziehung zur ritterlichen Aventiure gesetzt, wobei die Ähnlichkeiten des Narren mit den Helden Anfortas, Parzival und Gawan je nach Lebensphase variieren. Der gerade erwachsene Pilznarr ähnelt mit seinen Frauengeschichten und dem Gelingen seiner Berufung zunächst Gawan; das Scheitern des Bemühens, seiner Berufung nachzukommen, lässt ihn zu einem Parzival werden; und schließlich wird er wie ein moderner Anfortas mit fremder Hilfe erlöst. Auch wenn Pilznarr und Erzähler als Figurationen *derselben* Person gedeutet werden, die ungelöste Probleme ihrer Lebenspraxis erzählend auflöst: die Suggestion einer im zweiten Anlauf erfolgreichen Gralssuche trägt ironische Züge, denn der Narr taugt bestenfalls zum post-heroischen Gralsritter, und seine Ähnlichkeiten mit Ritterfiguren, deren ethische Stärken und Schwächen stark kontrastieren, repräsentieren kein kohärentes Tugendideal. Die ironischen Anspielungen auf *Parzival* verwandeln das Erzählte *simili modo* in ein Epos, um den singulären Eigensinn einer Lebensform herauszuarbeiten, die der Anerkennung eines heiligen Anderen gewidmet ist.

In diesem Kontext können Anspielungen auf andere Werke und Traditionen den Eigensinn von Dingen und Geschichten ohnehin nur insofern erhellen, als sie verdeutlichen, dass die Bedeutung der Darstellung im Vergleichstext nicht aufgeht. Anspielungen auf eindeutig Vergleichbares würden die einzigartige Substanz des Verglichenen verfehlen. So tritt der Pilznarr und „Dorfkindheitsfreund" des Erzählers gegen Ende der Geschichte in dessen „wie anders, seit jeher, frei nach Vergils *Eklogen*, glaube ich, ‚armen' Garten".³⁵ Auf diese Weise bringt Handkes Text die Naturerkundungen des Narren auch mit der Bukolik in Verbindung. Als der Erzähler bei der „schaurigste[n] Periode" im Leben des Pilznarren angelangt war, entschloss er sich indessen, der „‚homerischen Quelle', die Antonio Machado einmal beschworen hat als Rhythmusbild und Tonangabe", nicht mehr zu folgen. Auch die Tradition der Bukolik, idealisierte Szenen aus dem einfachen Landleben im hohen

---

34 Siehe Vagn J. Brøndegaard: Stinksvampen. Ikke for sarte næser og øjne. In: Etnobotanik. Planter i skik og brug, i historien og i folkemedicinen. Vagn J. Brøndegaards biografi, bibliografi og artikler i udvalg på dansk. Bd. 2, hg. von Håkan Tunón. Uppsala 2015, S. 1067–1074, hier S. 1070.
35 Handke: Versuch über den Pilznarren, S. 194 u. 196.

Ton des homerischen Helden-Epos darzustellen, wäre demzufolge für „das Kommende" nicht mehr angemessen.[36]

Der Verzicht auf einen homerischen Ton unterstreicht, dass der Pilznarr nur *simili modo* zum epischen Helden taugt; mit der Annäherung an die Bukolik, in der jener hohe Ton ohnehin ironische Züge trägt, wird dieser Verzicht scheinbar wieder zurückgenommen, doch die Anspielung auf Vergil ist komplizierter. In dessen siebter Ekloge spricht Thyrsis die Statue des Priapus als den Hüter des Gartens eines Armen an („custos es pauperis horti"). Sein Plan, die marmorne Figur demnächst zu vergolden, verweist auf ein krasses Missverhältnis von Form und Inhalt: die „weniger vornehme Gottheit" des Priapus wurde in der Regel mit Holzfiguren dargestellt, und im Garten eines armen Mannes wirkte der geplante Prunk einmal mehr übertrieben.[37] Da Handkes Geschichte märchenhaft endet, geht auch sie das Risiko der Übertreibung ein, doch im Unterschied zu Vergils Erzählung, die den mangelnden Geschmack einer naiven Figur bloßstellt, rückt Handke auch die Erzählinstanz, die sich der Spannung von Form und Inhalt bewusst ist, in ironisches Licht.[38] Der *Versuch* und die *Bucolica* berühren sich am Ende motivisch und formal, ohne dass die Anspielungen in einer kohärenten Entsprechung aufgehen könnten. Die Hinweise auf Wolfram und Vergil laden zu Vergleichen der Formen und Stoffe von Texten ein, die einander nicht entsprechen können; die Bezugstexte stellen Material für spielerisch-imaginative Auslegungen des Erzählten bereit, die kein kohärentes Gesamtbild ergeben.

Der Leser wird ermutigt, Ähnlichkeiten auszuloten, die am Ende vor allem den Sinn fürs Unvergleichliche schärfen; jeder Versuch, das Vergleichbare zu einem sinnhaften Ganzen zu fügen, überanstrengt das Material, was indessen nicht gegen die Sinn*suche* spricht. In einem früheren Märchen von Handke, das ebenfalls von einem Pilzsucher handelt, gilt der irrende Vergleich vielmehr als ausgezeichnetes Erkenntnismittel:

> Indem ich das bestimmte Ding, das ich hier suche, fortwährend mit diesem und jenem anderen verwechsle, gibt mir das die Gelegenheit, dieses andere [...] auf eine Weise in Augenschein zu nehmen, wie ich das ohne die Verwechslung [...] niemals getan hätte, mit der Folge, daß mir sowohl einerseits das verwechselte Ding [...] als auch andererseits dasjenige, womit ich die

---

36 Handke: Versuch über den Pilznarren, S. 168.
37 Vergil [P. Vergilius Maro]: Bucolica. Hirtengedichte, hg. von Michael von Albrecht. Stuttgart 2015, S. 61 (VII.34), u. Michael von Albrecht: Kommentar. In: Vergil: Bucolica, S. 93–225, hier S. 179.
38 Der Erzähler bringt seine Geschichte gleich zu Anfang mit dem Filmtitel DIE TRAGÖDIE EINES LÄCHERLICHEN MANNES in Verbindung; damit betont er die hybride Mischung „hoher" Formen mit „niederen Inhalten", die auch für die Bukolik typisch ist, dort aber eine neue Gattung begründet (Handke: Versuch über den Pilznarren, S. 7).

Schnecke [...] auf den ersten Blick verwechselt habe, genauer und schärfer vor Augen gerät [...].[39]

Der Vergleich des Gesuchten, das in der Vorstellung gegenwärtig ist, mit dem Gesehenen, das anfangs mit jenem verwechselt wurde, schärft mit dem Sinn für Unterschiede auch den Blick fürs Singuläre. Handkes literarische Anspielungen, die zum Vergleich von einander nur partiell ähnelnden Motiven und Techniken einladen, verlangen vom Leser, *simili modo* selber in die Pilze zu gehen. Auch der Pilznarr lobt den Irrtum, und am Ende der Geschichte irren sich alle in der Zeit. Auch wenn der Zauber der Pilzgründe ebenso märchenhaft scheint wie die Erlösung des Pilznarren im Ausgang der Erzählung, werden die Ansprüche des Pilzsuchers und des Märchenerzählers, sehend und erzählend einen mysteriösen Eigensinn des Profanen einzukreisen und so ins „Offene" zu gelangen,[40] nicht zurückgenommen. Die „Märchenluft", die Erich Auerbach dem höfischen Epos bescheinigt hatte,[41] wird anspielungsreich im Zauber eines poetischen Spiels gerettet, dessen *befreiende* Kraft nicht religiös gesichert ist. Als dem Pilznarren die begehrten Naturgegenstände anstelle der Duftstoffe erscheinen, die der kultischen Verehrung Christi dienen, steht er vielmehr im Bann eines *Fluchs*, der ihn mit Bildern überwältigt: „angesichts einer jahrtausendalten Skulptur der drei Könige aus den Morgenländern, die dem neugeborenen Gottessohn ihre Gaben darbieten, waren das in ihren Händen Pilze statt des Golds, des Weihrauchs und der Myrrhe."[42]

Der Erzähler gibt sich auch als Autor einiger Werke von Handke zu erkennen; teils erkennt sich der Pilznarr in ihnen wieder, teils distanziert er sich von ihnen.[43] Erzähler und Pilznarr lassen sich daher als Figurationen von reflektierendem und reflektiertem Autor lesen, die nicht ganz ineinander aufgehen, doch eine Lektüre *ad hominem* wäre dem Text, der für den Eigensinn einer verzauberten Wirklichkeit wirbt, nicht angemessen. Das Lesepublikum ist eingeladen, die Geschichte vom Pilznarren auch als Kommentar zu Handkes eigenem *Werk* zu lesen. In Handkes *Gedicht an die Dauer* (1986) war die Stinkmorchel schon einmal als eine Art Zauberbrecher aufgetreten:

---

39 Peter Handke: Lucie im Wald mit den Dingsda. Eine Geschichte. Frankfurt am Main 1999, S. 55–56.
40 Handke: Versuch über den Pilznarren, S. 194.
41 Erich Auerbach: Der Auszug des höfischen Ritters. In: ders.: Mimesis. Dargestellte Wirklichkeit in der abendländischen Literatur, Bern ²1959, S. 120–138, hier S. 126.
42 Handke: Versuch über den Pilznarren, S. 180.
43 Handke: Versuch über den Pilznarren, S. 59 u. 72.

> die alle Jahre an einer anderen Stelle
> wiederkehrende Stinkmorchel im Gartendickicht,
> [...]
> Das alles vergeht zwar nicht
> – wird nie vergehen, wird nimmer aufhören –,
> doch es hat keine Dauerkraft,
> es strahlt nicht die Wärme der Dauer aus,
> es gibt nicht die Tröstung der Dauer.[44]

Der *Versuch über den Pilznarren* erweist sich so als fortgesetzte Arbeit an einem Makro-Text, der das Werk, auf das er sich bezieht, zugleich fortschreitend verwandelt. In der jüngeren Erzählung *Mein Tag im anderen Land* (2021) spricht Handke vom Geruch eines verzauberten Bezirks im Zusammenhang mit der negativen Macht von Dämonen, die eine Phase des Ungenügens an der Schöpfung einleiten: „Die Birnenblüten seit Anbeginn nach Aas riechend."[45] Der Duft, der sich mit der Befreiung vom faulen Zauber dieser wahnhaften Haltung einstellt, wird nicht mehr eindeutig mit der Natur assoziiert und kann in jeder Atmosphäre einer gelungenen Lektüre Gestalt annehmen:

> Da war er endlich, der Gute Zuschauer, wie er mir all die Zeit meines Wahns so notgetan hatte. Und, wahrhaftig „im Nu", war ich ihn los, den Dämon; fuhren sie aus aus mir, die Dämonen. Von Gestank dabei freilich keine Rede. Es war, als ob sie eher bloß so verduftet seien.
> (Und jetzt im Aufschreiben der Geschichte weht mir auch, wirklich-echt, eine Duftwolke in die Nase, ein gar nicht so übles Gemisch rarer Parfums, die jeder, der das liest, sich selber nahkommen lassen möge.)[46]

---

44 Peter Handke: Gedicht an die Dauer [1986]. Frankfurt am Main 2009, S. 13–14.
45 Peter Handke: Mein Tag im anderen Land. Eine Dämonengeschichte. Berlin 2021, S. 24.
46 Handke: Mein Tag im anderen Land, S. 46–47.

# 19 Verzeitlichte Unendlichkeit: Ralf Rothmann und Marion Poschmann

Seit der Aufklärung bringt die Literatur die Gerüche der Natur immer wieder mit Liebe in Zusammenhang; bis zur Romantik und zum Expressionismus hofft eine solche Literatur auch auf Gegenliebe, die von Gott, Freunden, Gatten, Geliebten oder dem befreiten Gattungswesen ausgehen mag. Schon die Klassik kennt eine Liebe zum Absoluten, die keine Gegenliebe erheischen will; die „von Spinoza beschriebene selbstlose Gottesliebe meint in Goethes Version eine Liebe, die keine Erwiderung erwartet und den glücklos Liebenden deshalb nicht schmerzen kann".[1] Der Symbolismus gestaltet indessen *Erfahrungen* eines *schlechthin* Anderen, das sich den Bedingungen der Reziprozität entzieht. Rilke entwickelt in diesem Kontext seine Vorstellung der „intransitiven" Liebe. Wenn das Selbst im Eigensinn einer geliebten Anderen aufgeht, könnte diese Andere die Andersheit jenes liebenden Selbst nur lieben, indem sie von den Empfindungen absähe, die dem gelten, was ihr eigen ist. Nur im wechselseitigen Verzicht auf Liebeserklärungen, die immer schon auf Gegenliebe hoffen, wäre diese asymmetrische Zuneigung auf beiden Seiten möglich; dabei erwiese sich die Andere als eine von vielen Manifestationen einer Alterität, die ebenso in Klang und Duft zum Ausdruck kommen kann. In Rilkes Roman *Die Aufzeichnungen des Malte Laurids Brigge* wird diese Liebe besungen:

> Du machst mich allein. Dich einzig kann ich vertauschen.
> Eine Weile bist dus, dann wieder ist es das Rauschen,
> oder es ist ein Duft ohne Rest.
> Ach, in den Armen hab ich sie alle verloren,
> du nur, du wirst immer wieder geboren:
> weil ich niemals dich anhielt, halt ich dich fest.[2]

Während Rilke die Liebe dem Sog eines schlechthin Anderen anpasst, erkunden die Texte von Lehmann und Handke den Anspruch des Anderen auf einsamen Gängen durch die Landschaft. Beide arbeiten sich an der Liebe zu Menschen, die Gegenseitigkeit erfordert, als einer Neigung ab, die vom Zauber der singulären Formen ablenkt. Lehmanns Hanswilli Nuch zerbrechen die Liebesbeziehungen ebenso wie Handkes Pilznarren. Nuch nimmt das Anstreifen von Blättern als Antwort wahr,

---

1 Cornelia Zumbusch: Die Immunität der Klassik. Berlin 2012, S. 237.
2 Rainer Maria Rilke: Die Aufzeichnungen des Malte Laurids Brigge, hg. von Hansgeorg Schmidt-Bergmann. Berlin 2000, S. 195.

doch die Gegenliebe des Alls kann er erst im Tod erfahren,[3] und Handkes Narr wahrt am Ende gegenüber Pilz und Frau die Fassung, doch alles Weitere bleibt offen. Malte Herwig merkt zu Recht an, dass Handkes Schreiben mit einem Zwang zur Einsamkeit verbunden ist, der sich – wie letzterer selbst betont – bei Rilke in dieser Dringlichkeit nicht stellt.[4] Bei Ralf Rothmann (1953–) findet das Gespür für eigensinnige Alterität in paradoxer Form wieder Anschluss ans soziale Leben. Manche seiner Figuren können in Momenten eines mystischen Schweigens einzelne Mitmenschen als Verkörperung ihrer nicht aktualisierten, unbestimmt gebliebenen Potentiale wahrnehmen. Das metasoziale Andere, das im Leben nicht Fuß fassen konnte und – um mit Rilke zu reden – nur eine „Richtung der Liebe" anzeigt, ohne einen „Liebesgegenstand" abzugeben,[5] offenbart sich enigmatisch als verdeckte immaterielle Rückseite des beschädigten Lebens. Es ist der Welt inhärent, transzendiert aber die Erfahrung. Oft stimmen Gerüche einer meist entstellten Natur in Rothmanns Texten auf die Offenbarung jener im Entzug evidenten Halbtranszendenz ein.

Bei Rothmann zeigen schlechte Gerüche immer wieder an, dass die heilige Würde natürlicher Wesen an ihrer Entfaltung gehindert wurde. Im Gedicht „Du, der Küchenstuhl" (1987) riecht ein altes, abstoßend zugerichtetes Möbelstück aus einem Baum, dem der „Engel aus dem Leib" gehobelt wurde, nach „Sperrmüll".[6] Sein Roman *Wäldernacht* (1994) will den ewigen Möglichkeiten in der Seele eines Sterbenden nachspüren. Racko stirbt im Beisein von Jan in der Menagerie eines Parks, in der Tiere gehalten werden: „Fasanen, Ziegen, Äffchen, Tauben". Die Männer sind auf der Flucht vor der Polizei zum Eingang der Menagerie geraten, wo es „nach verschmortem Kabel" stank, seitdem bei einem Schusswechsel das elektronische Türschloss zerstört wurde. Nach ihrer Flucht in den Futterhof betreten sie ein „Kabuff", in dem es nach „Fäulnis, Heu, Ammoniak" riecht. Racko ist angeschossen, die „Atemluft schien zu brodeln in seinen Lungen", und der „Boden roch nach Vogelsand und Blut". Ein verängstigtes Äffchen im Käfig, die „Ellenbogen" „kahlgescheuert", scheint die Situation zu verstehen; als Racko im Sterben liegt, herrscht Unruhe unter den Mitwesen, das „Tier seufzte leise", und Jan resümiert:[7]

Bedenke die Hand eines Sterbenden, die verblassenden Linien, das Zeichen des Baumblatts, das sich fortsetzt in wem? Was ahnen wir von seiner Nacht in welchen Wäldern, von seiner feierlichen Einsamkeit? – Wohin du denn wolltest, es war deine Richtung, dein Fall, nicht

---

3 Auch das Gefühl der Freundschaft, das er für ein Pferd empfindet, gilt einem toten Tier.
4 Malte Herwig: Meister der Dämmerung. Peter Handke. Eine Biographie. München 2011, S. 270.
5 Rilke: Die Aufzeichnungen des Malte Laurids Brigge, S. 196.
6 In: Ralf Rothmann: Kratzer und andere Gedichte. Frankfurt am Main 1987, S. 68.
7 Ralf Rothmann: Wäldernacht. Frankfurt am Main 1996, S. 290, 294, 295, 296, 298 u. 301.

umzukehren, ein prachtvoller dunkler Weg, und immer erfüllten sich Wünsche und Möglichkeiten, nur nicht immer hier. Denn in deiner Seele, verschwieg der Song, bekräftigte die Stille: Auch in deiner Seele ruht sich Ewiges aus. Und eine Gnade gibt's.[8]

Der Tote braucht den Rauch der Patrone, die die Polizei durchs Fenster wirft, nicht mehr einzuatmen. Die leidenden, in bedrückenden Gerüchen lebenden Tiere werden Zeuge, wie einem gehetzten Menschen die Luft ausgeht, und ihre Unruhe lässt die Teilhabe von Mensch und Tier an einem verborgenen Ganzen erahnen. Der Gestank stimmt auf eine mystische Stille ein, in der sich das Ewige der Seele im Augenblick seines Entzugs zeigt.[9] In einem Keller scheinen die Sortennamen gezüchteter Speisekartoffeln synästhetisch mit dem muffigen Geruch einer vom Menschen angeeigneten und zugerichteten Natur zu verschmelzen; hier wird die leidhafte *Entzauberung* der Natur sinnenfällig:

> Unter Fensterluken an der hinteren Wand gelegen, waren Brennstoffhaufen und Kartoffelkiste das Zentrum des Raums – und mittlerweile auch beliebte Verstecke für den Schnaps der Eltern. Die Kohlensorte, die sie sich zuteilen ließen, wechselte alle paar Jahre mit dem Ofenmodell, das gekauft wurde; zur Zeit war es die kantige, fast vornehm glänzende Fettkohle, deren unsagbar schwarzes Schwarz ich schon in der Kindheit gern gemocht hatte, weil man hier und da, als wäre sie dem Erdreich kurz vor ihrer märchenhaften Verwandlung entrissen worden, einen Hauch Katzengold finden konnte. Dagegen verband ich mit der Kartoffelkiste nur einen muffigen Geruch und ebensolche Wörter: Hansa, Grata, kochfest, mehlig.[10]

Gerüche der Natur markieren auch hier wieder den Eintritt in Zonen, in denen ein Zauber sich entfaltet oder gebrochen wird.

Rothmanns Roman *Feuer brennt nicht* (2009) inszeniert einen fiktiven Cameo-Auftritt des Pilzsammlers Handke. Der Protagonist Wolf entschließt sich, seiner Lebensgefährtin Alina bei einem Kurzurlaub in Paris zu eröffnen, dass er schon seit längerem eine sexuelle Beziehung zu einer anderen Frau unterhält. Kurz bevor sie das Lokal betreten, in dem er sich erklären wird, hört der Lärm des Verkehrs für einen Augenblick auf: „Dann ist die Ampel rot, und in dem kurzen Augenblick ohrenbetäubender Stille steigt ein Mann mit einem Hut in der Hand aus dem Bus; er ist bis zum Rand mit Pilzen gefüllt."[11] Das enigmatische Bild steht zunächst für sich;

---

8 Rothmann: Wäldernacht, S. 302.
9 Schon Hubert Tellenbach hatte an Beispielen aus der Literatur auf die Rolle überwältigender Atmosphären als Auslöser religiös bedeutsamer Krisen hingewiesen (Hubert Tellenbach: Geschmack und Atmosphäre. Salzburg 1968, S. 69–116); auch die metaphysische Erleuchtung von Rothmanns Erzähler erwächst aus der Übermacht einer durch starke Gerüche gekennzeichneten Krisensituation.
10 Rothmann: Wäldernacht, S. 261–262.
11 Ralf Rothmann: Feuer brennt nicht. Frankfurt am Main 2009, S. 193.

erst kurz vor dem selbstbestimmten Tod der schwer erkrankten Alina taucht ein weiteres Pilzmotiv im Zusammenhang mit Stille auf. Auf dem Weg zur Stelle, die sie sich zum Sterben ausgesucht hat, hört sie „manchmal [...] das leise Platzen der Kappen, wenn sie auf Pilze trat. Aus manchen puffte ein pfeffriger Staub hervor". Als sie am gewählten Ort ankommt, riecht es bedrückend: „Modrig roch es, nach Verrottendem, nach Kot, und die Stille im Wald kam ihr wie ein Atemanhalten vor, ein Stutzen gar [...]." Da sie ihren friedlichen Tod aus freiem Entschluss herbeiführt, ist die Atmosphäre jedoch komplexer: „Trotz der Frühe roch man bereits das Harz der Nadelbäume, ein warmer Duft [...]." Dass sie von ihrem Hund gefunden wird, der Wolf kurz zuvor entlaufen war, suggeriert einmal mehr einen olfaktorischen Spürsinn für das Leid eines beseelten Wesens, dessen Potential an seiner Entfaltung gehindert wurde. Am Ende ist es so still, dass man von den „Schemen", die sich im „Schatten" bewegten, nicht einmal „ein Knistern hörte". Da Alina allein stirbt, können die Gerüche nur den Leser auf ein stilles Geschehen einstimmen, das vom Erzähler am Ende mit der Mystik verbunden wird: „Auf dem Deckblatt ihrer halbfertigen Dissertation ist noch ein Zitat von Meister Eckardt zu lesen, ein mögliches Motto, mit Bleistift geschrieben und nur flüchtig wieder ausradiert". Der religiöse Gedanke wird aus säkularer Sicht nur tentativ erwogen, aber eben auch nicht eindeutig wieder fallengelassen: „,Wisset: meine Seele ist so jung, wie sie da geschaffen ward, ja, noch viel jünger!', steht da. ‚Und wisset: es sollte mich nicht wundern, wenn sie morgen noch jünger wäre als heute.'"[12] Es scheint, als könnte der Tod auf ein seelisches Geschehen verweisen, das eben die inneren Möglichkeiten, die in der Natur nicht Fuß fassen konnten, in einem metaphysischen Bereich aufbewahrt. Dem Mann in Paris mit den Pilzen im Hut scheint indessen schon in diesem Leben etwas zu gelingen.

Gleich zu Beginn des Romans arbeitet der Ich-Erzähler, der bald darauf in die dritte Person wechselt,[13] seine Sicht des Sterbens heraus. Er bekennt sich nicht zu einem religiösen oder metaphysischen Weltbild, sondern zu einer mysteriösen Anmutung:

> Wir wissen nichts, wenn jemand stirbt, nicht viel, wir stehen vor einem Rätsel, und will man Obskures vermeiden, schweigt man besser. [...] wie die Natur, der physische Bereich, in Wahrheit keinen Tod kennt, sondern immer nur Verwandlung, endlos, so wird es im metaphysischen Bereich eine Entsprechung geben.[14]

---

12 Rothmann: Feuer brennt nicht, S. 298, 299, 301, 302 u. 304.
13 Rothmann: Feuer brennt nicht, S. 14.
14 Rothmann: Feuer brennt nicht, S. 7–8. In einem Interview konstatiert Rothmann einen metaphysischen Ursprung seines Schreibens: „Ich glaube, dass die geistige, die metaphysische Verwurzelung die eigentlich wichtige ist. Irgendwann wird jeder einmal von irgendwo vertrieben werden. Wehe dem, der dann keinen Ort über dem Ort hat." (Sebastian Hammelehle: „... dass sie uns Kin-

Seine Einsicht, „am Ende" sei man „religiöser", „als man ahnt",[15] wird von Richard, einem älteren Schriftsteller und früheren Förderer, als Bekenntnis zur Gegenaufklärung bewertet. Tatsächlich will Wolf sich der Opazität persönlicher Erfahrungen zuwenden, bei denen der Anspruch auf Aufklärung nicht greift:

> „[...]. Was kann es Vornehmeres für einen Schriftsteller geben als die Aufklärung. Sie ist die Essenz aller Literatur. Ich jedenfalls will aufklären, verstehst du!"
> [...] Und er, wen oder was sollte er aufklären? Dazu gehört seiner Meinung nach ein Überblick, den er nicht besitzt; dazu ist ihm selbst zu wenig klar. Von sich, von seinen Erfahrungen zu schreiben, findet er mühsam genug; Aufklärung ist ihm einfach ein zu großes Wort. „Ich weiß nicht", sagt er und legt sich in das warme Gras, verschränkt die Finger im Genick. „Jeder Dorfdepp könnte *mich* aufklären – aber ich? Wahrscheinlich möchte ich eher verzaubern."[16]

Dem Programm einer Literatur, deren sprachmagischer Zauber eine mysteriöse immaterielle Substanz des Faktischen sinnenfällig einkreisen will, entspricht auch der Roman; seine Affinitäten zu Handke sind offensichtlich.

Die Beispiele für Gerüche im Vorfeld mystischen Schweigens ließen sich mehren. In Rothmanns Erzählung „Alte Zwinger" (2012) lässt Raskin erst dann von seinem verstörenden Vorhaben ab, die von ihm schon zu Lebzeiten sexuell ausgebeutete Frau Morian auch als Leiche noch einmal zu „pimpern", als er den Geruch ihrer Verwesung vernimmt, während der Ich-Erzähler, dem die Tote auf etwas ewig Lebendes zu verweisen schien, „lautlos" gebetet hatte.[17] In „Abschied von Montparnasse" (2012) arbeitet Rothmann das positive Gegenstück zu seiner negativen Metaphysik heraus; erneut – und eindeutiger als in *Feuer brennt nicht* – spielt er mit der Figur eines Pilzsammlers auf Handke an. Eine junge Frau, die den Sammler in einem Café zu erkennen glaubt, kann in dessen Hut „Ritterlinge, Schirnlinge und Rotkappen erkennen, und plötzlich roch sie das erdige Aroma und fragte sich, wie man hier, mitten in der Stadt [...], an einen Hut voller Waldpilze kam."[18] Sie geht auf den Mann zu, sagt auf deutsch: „Entschuldigung? Ich kenne Sie!" und fügt, um der Situation das Peinliche zu nehmen, unbeholfen hinzu: „Aus einem Traum ...". „Ja!',

---

dern das Taschengeld aus den Sparbüchsen klaute". Wie viel eigene Familiengeschichte steckt in den Büchern von Bestseller-Autor Ralf Rothmann? In: Der Spiegel (2.5.2018) 'https://www.spiegel.de/spiegel/bestseller-autor-ralf-rothmann-ueber-seine-familiengeschichte-a-1205343.html' (Zugriff 22. September 2022)).

15 Rothmann: Feuer brennt nicht, S. 173.
16 Rothmann: Feuer brennt nicht, S. 172.
17 In: Ralf Rothmann: Shakespeares Hühner. Berlin 2012, S. 69–93, hier S. 86; vgl. S. 87.
18 Ralf Rothmann: Abschied von Montparnasse. In: ders.: Shakespeares Hühner, S. 9–16, hier S. 12–13.

sagte er endlich und lächelte ernst. ‚Ich erinnere mich ...'",[19] bevor er er das Lokal verlässt. Hier markieren gute Gerüche der Natur die Schwelle zum Zauber der spontanen spielerischen Inszenierung einer Fiktion, die an ein Ereignis knüpft, das eben nicht aktualisiert wurde. Dieses Spiel stellt die erfüllende Ergänzung zum mystischen Schweigen im beschädigten Leben dar. Auch geglückte Momente in der Literatur führt Rothmann auf einen Ursprung zurück, der das Faktische transzendiert:

> Wenn das, was wir Wirklichkeit nennen, schon die Wahrheit wäre, sähen wir wohl arm aus. Jeder, der halbwegs schöpferisch arbeitet, macht ja die Erfahrung, dass da etwas wirkt, das willensstärker ist als er selbst. Die wirklich guten, schönen oder bewegenden Textstellen kann man sich nicht ausdenken, die kommen, die sind plötzlich da. Aber woher kommen sie? Meine besten Texte waren immer noch weiser als ich.
> [...]
> Ich will von niemandem hören, was er denkt oder meint, wenn ich seine Romane lese. Ich will von niemandem hören, was ich denken soll. Ich will etwas gestaltet sehen. In der Poesie scheint etwas auf, das über aller Realität ist und einem die Augen für das Wunderbare öffnet. Das interessiert mich.[20]

Rothmann bringt seine poetische Religiosität mit der Säkularisierung katholischer Empfindlichkeiten in Verbindung, setzt sich im Vergleich zu Handke aber stärker von der Liturgie ab:[21]

> Was heißt schon religiös? Ich bin katholisch und denke manchmal noch mit so einer sentimentalen Anhänglichkeit an den Verein. Aber ich gehe in keinen Gottesdienst. In meiner Kindheit in der verrußten Bergarbeitersiedlung war die Kirche allerdings ein Trost, auch in ästhetischer Hinsicht: Diese üppigen Blumensträuße, das Gold und der Kostümflitter im Weihrauchduft. Ich war schon leidenschaftlich gern Ministrant. Aber das hat sich mit der Pubertät alles erledigt.[22]

---

19 Rothmann: Abschied von Montparnasse, S. 15 u. 16.
20 Hammelehle.
21 Auch Handke selbst hatte – unter anderem mit Blick auf *Wäldernacht* – im poetischen Denken Rothmanns einen Bezug zum Wunderbaren ausgemacht: „In den schlimmsten Situationen, so wie der Held in *Schau heimwärts, Engel!*, wenn in der Familie es drunter und drüber geht, so schaut auch der Held Ralf Rothmanns in der Wohnküche in den leersten Winkel und sagt: Nun, mein lieber Engel, nun schau, nun hör dir dies an, was mit mir und den Meinen vor sich geht. / Diese Wendung zu dem Engel in der leeren Wohnküche, oder Wohnzimmerecke, ist die eigentliche Bewegung der Prosa, der epischen, der zunehmend epischen, von Ralf Rothmann." (Peter Handke: Zu Ralf Rothmann. Rede zum Hermann-Lenz-Preis 2001. In: ders.: Meine Ortstafeln. Meine Zeittafeln. 1967–2007. Frankfurt am Main 2007, S. 265–271, hier S. 270).
22 Hammelehle.

Rothmanns Texte sind als Beispiele für die anhaltende Vitalität eines gläubigen Zugangs zu Gerüchen der Natur interessant, der sich im Unterschied zu seinen Vorläufern eben dem zuwendet, was der Lebenspraxis entgleitet. Das Riechen erschließt keine verzauberte Landschaft, sondern Übergänge zu erleuchtenden Krisenerfahrungen.

Auch Marion Poschmann inszeniert Gerüche der Natur in sprachmagischer Absicht. Für Poschmann besteht „das Geheimnis der Natur" indessen nicht in einer verborgenen Latenz, sondern darin, „daß die Dinge aus dem Nichtsein erscheinen"; ihre Poesie will dieses Geheimnis in der „Schönheit des leeren Raumes" und im „Spiel der Gestaltbildung" zur Geltung bringen.[23] Wollte der Naturalismus den Ursprung der Morphogenese an wissenschaftlich fassbaren Gestalten der gegenständlichen Natur ablesen,[24] so spürt Poschmann jenem Geheimnis in der Weise nach, auf die sich der poetische Prozess der im Fluss befindlichen Wahrnehmung annähert. Eine gelungene poetische Form verleiht einem Werden, das sich aller Bestimmung entzieht, eine provisorische Ordnung, die ihre Differenz zur Fluidität der unter sie gefassten Gestalt bewusst hält. Die poetische Form, die Gebilde evoziert, deren dynamischer Eigensinn ihre formale Bestimmung überschreitet, entspringt – Poschmann zufolge – den autonomen Leistungen eines transzendentalen, der Gesamtheit möglicher Erfahrung immer schon vorausliegenden Ichs.[25] Das schöpferische „literarische Ich"[26] nähert sich dem geheimnisvollen Formschaffen der Natur an, die fluide Gestalten in der Sinnenwelt hervorbringt.

Dieser Ansatz begreift den Wandel poetischer und sinnlicher Formen als schöpferische Manifestationen weltimmanenter Ursprünge der Innen- und Sinnenwelt. Das transzendentale Ich der Bewusstseinsphilosophie konnte sich nicht in der Sinnlichkeit konkretisieren;[27] bei Poschmann findet das literarisch schöpferische Ich im autonomen ästhetischen Eigensinn der Kunst seinen enigmatischen Ausdruck und erhellt zugleich das Mysterium der Natur. Der dichterischen Sprache wird ein „quasi-magisches" Potential zugeschrieben, und das kreative „Schreiben"

---

23 Marion Poschmann: Kunst der Unterscheidung. Poetische Taxonomie. In: dies.: Mondbetrachtung in mondloser Nacht. Über Dichtung. Berlin 2016, S. 113–132, hier S. 132.
24 Vgl. Ernst Haeckel: Art Forms in Nature. 100 Plates [1899–1904]. New York 1974.
25 Marion Poschmann: Kunst der Überschreitung. In: dies.: Mondbetrachtung in mondloser Nacht, S. 133–196, hier S. 185–186.
26 Poschmann: Kunst der Überschreitung, S. 186.
27 „Also hat alles Mannigfaltige der Anschauung eine notwendige Beziehung auf das: Ich denke, in demselben Subjekt, darin dieses Mannigfaltige angetroffen wird. Diese Vorstellung ist aber ein Actus der Spontaneität, d. i. sie kann nicht als zur Sinnlichkeit gehörig angesehen werden. [...] Ich nenne auch die Einheit derselben die transzendentale Einheit des Selbstbewußtseins, um die Möglichkeit der Erkenntnis a priori aus ihr zu bezeichnen." (Immanuel Kant: Kritik der reinen Vernunft 1 [1781/1789]. Frankfurt am Main 1981, S. 136).

erscheint als „animistischer Vorgang".[28] Die Kategorie des Glaubens lässt sich auf diese Poetik nur mit Vorbehalt anwenden, da der Animismus das Wirkliche nicht übersteigt, sondern etwas vernimmt, das immer schon präsent ist, auch wenn es unbemerkt bleibt. Yasuko Stucki hatte in den 1960er Jahren im Blick auf William Butler Yeats' (1865–1939) Anleihen beim japanischen No-Theater betont, dass die ästhetischen Formen, mit denen der irische Neuromantiker eine entseelte materiale Realität okkultistisch überschreiten will, in ihrem ursprünglichen Kontext eine animistisch erfahrene Sinnenwelt erhellen, in der die Unterscheidung von empirischem Wissen und transzendierendem Glauben gar nicht greift.[29] Poschmanns neoanimistische Poesie siedelt sich diesseits des entzauberten Scheins einer objektivierten Realität an; ihre Sprachmagie kehrt zu einem Weltverständnis zurück, das von den Weltbildern des Monotheismus und der Metaphysik verdrängt wurde.[30] Während Handke die Liturgie säkularisiert und Rothmann mystische Ahnungen ästhetisiert, löst sich Poschmann entschiedener vom religiös-metaphysischen Erbe.[31]

Sakralbereiche, die eine klare Scheidung von faktischer und transzendenter Welt implizieren, können Poschmann nicht überzeugen. In ihrem poetischen Essay *Laubwerk* (2021) deutet sie ornamentale Blattformen als Versuch, „den belaubten Gegenstand wieder zu sakralisieren", und auch „in der Buchkunst" komme „dem Blattwerk die Aufgabe zu, den Text nicht nur zu zieren, sondern ihn zu einem geistigen Garten zu machen, zu einem paradiesischen Bereich, dem Raum der Schrift".[32] In dieser Kunst würden heilige Formen „weniger auf die Bäume im Wald als auf den Baum der Erkenntnis" verweisen, während der naturwüchsige Eigensinn je einzigartiger Bäume der „Wildheit" zugeordnet werde.[33] Poschmann wendet sich auch gegen eine Erlebnislyrik, die in der Natur nur einen Spiegel menschlicher Stimmungen erblickt: diese Lyrik lenkt – auch in ihren religiösen Spielarten, die „Mystik" betreiben oder „Verklärung" suchen[34] – von den Nuancen der Natur als eines Anderen, mit dem wir unausweichlich verbunden sind, zu Unrecht ab. Eine

---

28 Poschmann: Kunst der Unterscheidung, S. 139 u. dies.: Kunst der Überschreitung, S. 193.
29 Yasuko Stucki: Yeats's Drama and the Nō. A Comparative Study in Dramatic Theories. In: Modern Drama (1966), H. 1, S. 101–122.
30 Ein Beispiel für die „Steigerung einer quasi sakralen Konzentration" im japanischen *Kabuki*-Theater siehe Marion Poschmann: Die Kieferninseln. Roman. Berlin 2017, S. 98–100, hier S. 99; zur Bedeutung des für den Roman zentralen Motivs der Schwarzkiefer für das No-Theater siehe S. 145.
31 Wenn sich Poschmann positiv auf Greiffenberg bezieht, betont sie deren Empfindlichkeit dafür, dass die „Dinge" „in ihrem Benanntsein" nicht aufgehen (Marion Poschmann: Du ungeseh'ner Blitz. Zur Dichtung Catharina Regina von Greiffenbergs. Heidelberg 2017, S. 18).
32 Marion Poschmann: Laubwerk. Berlin 2021, S. 32.
33 Poschmann: Laubwerk, S. 35.
34 Poschmann: Laubwerk, S. 41 u. 44.

Sakralisierung, bei der die Natur zum bloßen Träger eines transzendenten Sinns wird, überzeugt Poschmann nicht; ihre Forderung nach einer „Romantisierung" der Natur, mit der die „Fragilität und Einzigartigkeit lebender Wesen"[35] zur Geltung gebracht wird, beruft sich auf ein unendliches Potential, dessen partielle Aktualisierung in den Kontingenzen des Endlichen sinnenfällig wird. Brockes' Poesie (siehe Kap. 5) ist in diesem Zusammenhang vor allem als inspirierende Quelle pantheistischer Anmutungen von Interesse.[36]

In sprachmagischen Exerzitien, die animistische Zusammenhänge evident machen, verhält es sich ähnlich wie im Mythos: die Kräfte, die das Endliche überschreiten, sind diesem inhärent und fundieren keinen *gesonderten* Bereich jenseits des Faktischen. Sofern diese Kräfte aber poetisch versinnlicht werden, stehen einschlägige Formen qua Performanz immer schon in einem sakralen Kontext; zudem kommen animistische Praktiken bei Poschmann auch zur Darstellung. Wenn sich besondere Orte in Japan in ihrem Roman *Die Kieferninseln* (2017) durch schlechte Gerüche auszeichnen, wird deren mangelnde Eignung zum rituellen Suizid unterstrichen, mit dem Yosa ein unbestimmtes Zeichen setzen will; die „mörderischen Dünste" eines Vulkans könnten seiner vagen Absicht indessen entgegenkommen.[37] Die japanische Schwarzkiefer, die der salzigen Atmosphäre am Meer eine harzige Note gibt, gilt als „Ort der göttlichen Manifestation" und lebensbejahenden Kontemplation. Nicht zufällig wird der Protagonist von einem witternden Fuchs dazu inspiriert, sich der Schwarzkiefer-Bucht von Matsushima zu nähern; auch der lebensmüde Yaso hatte einst den „Fuchsgeist" vernommen, den er allerdings ebenso begehrte wie fürchtete.[38] Anziehende Gerüche zeigen auch hier wieder Schwellen zu Bereichen an, in denen Heiliges sinnenfällig wird, während abstoßender Geruch als Zauberbrecher wirkt.

In Poschmanns Lyrik wird das Transzendierende im Zeitlichen gelegentlich angesprochen – im Gedicht „die Angst vor dem Meer" wirkt ein Anblick „ganz diesseitig jenseitig"[39] –, braucht aber nicht explizit benannt zu werden. Das Blau der Wegwarte, das mit dem Goldgrund mittelalterlicher Himmelsdarstellungen asso-

---

35 Poschmann: Laubwerk, S. 44.
36 Poschmann: Die Kieferninseln, S. 113.
37 Poschmann: Die Kieferninseln, S. 115; vgl. S. 47, 51 u. 57.
38 Poschmann: Die Kieferninseln, S. 145; zum harzigen Geruch der Schwarzkiefer siehe S. 159–161; zu einem verwandten Pinien-Motiv siehe S. 138; zum „unheilverkündenden modrigen Duft" des Waldes aus Rotkiefern, der zur gegenläufigen Vorstellung von Schwarzkiefern in „salziger Gischt" provoziert, siehe S. 57 u. 64; zum Fuchs-Motiv siehe S. 107–108 u. 156.
39 In: Marion Poschmann: Grund zu Schafen. Gedichte. Frankfurt am Main 2004, S. 87–89, hier S. 88.

ziiert wird und Unerreichbares suggeriert, bleibt „ganz diesseitig".[40] Auch Gerüche werden bei Poschmann nicht auf die Rolle festgelegt, Epiphanien des Unendlichen anzudeuten; vielmehr kommen sie dem zentralen Anliegen ihrer Poesie allgemein entgegen. Als flüchtige Eindrücke sind sie zur Gestaltung der fluiden Evidenzen, auf die es Poschmann ankommt, besonders geeignet,[41] zumal sie ästhetische Erfahrungen ermöglichen; so kann „Parfüm" durchaus „schön" sein.[42] Sofern Gerüche zur Signatur von Landschaften gehören, von denen das lyrische Ich ästhetisch angesprochen wird, eignen sie sich zur Markierung von Schwellen zu Orten, die zu einer sprachmagischen Inszenierung anregen.

Im Gedicht „Nimbus" (2020) wird eine Landschaft, über die sich eine Leere ausbreitet, die auch Betrachter und Betrachtetes erfasst, als Präsenz des Yugen erwogen, was „in der Ästhetik des Ostens erhabene Tiefe" heißt. Yugen ist „das gestaltlose Dunkel", in dem die Dinge in Erscheinung treten.[43] Um in der Leere aufzugehen, will sich das lyrische Ich in dieser Landschaft zum Verschwinden bringen und aus dem duftenden Wind „ausnehmen":

> Weiße Aussparungen, die verschneiten Stellen.
> Hingestreutes, Wege voll Rindenmulch, Wind
> in den Kiefern. Wie etwas Ausgeschüttetes,
> das sich nie wieder einsammeln ließ. Ich wollte mich
> in der unauffälligen Falte des Tales verstecken,
> wollte mich ausnehmen aus jenem Wind, der den
> Harzgeruch weitertrug, keiner der Gegenstände mehr,
> die gegen die Leere stehen, die Leere hemmen
> in ihrer vollkommenen Ausbreitung über den Berg.[44]

Der Versuch, sich dem leeren Raum der Gestaltwerdung durch das Ausnehmen des Selbst anzuverwandeln, bleibt problematisch; im zweiten Teil des Gedichts wird die Dunkelheit des Yugen indessen mit Wind assoziiert, und dem formlos gewordenen Selbst gelingt es, in den wahrnehmbaren Formen zu sich selbst zu kommen.

Der Gedichtband *Geliehene Landschaften* (2016) lotet die Weisen aus, in denen das Selbst an den Schwellen bedeutsamer Landschaften körperlich präsent ist. Der Band widmet sich Gärten, die so angelegt sind, dass sie ihre Umgebung formal einbeziehen; die Gedichte stehen unter einem Motto, das Johann Georg Hamanns

---

[40] Marion Poschmann: Cichorium intybus (Wegwarte). In: dies.: Geistersehen. Gedichte. Berlin 2010, S. 61.
[41] Marion Poschmann: Acorus calamus (Kalmus). In: dies.: Geistersehen, S. 62.
[42] Marion Poschmann: Über Schönheit. In: dies.: Mondbetrachtung in mondloser Nacht, S. 87–88, hier S. 87.
[43] Marion Poschmann: Nimbus. In: dies.: Nimbus. Gedichte. Berlin 2020, S. 112–115, hier S. 112.
[44] Marion Poschmann: Nimbus, S. 113.

(1730–1788) *Aesthetica in nuce* (1762) entnommen ist: „*Poesie ist die Muttersprache des menschlichen Geschlechts*".[45] Hamann hatte Gott als „absoluten Autor und Poeten verstanden, der seine Wahrheit den ersten Menschen in einer ihnen verständlichen bilderreichen Sprache vermittelt habe [...]". Im Sturm und Drang führte dieser Gedanke zur „Entwicklung einer am Inspirationsgedanken orientierten Autor- und Genieästhetik nach dem Modell des göttlichen Autors".[46] Für Poschmann ist Hamann als Verfechter einer sakralen Poiesis interessant, die sich im Gartenbau manifestieren kann. An die Stelle des göttlichen Autors tritt die Sprachmagierin, die den substantiellen Eigensinn singulärer Landschaften versinnlicht. Schwellen werden in den *Geliehenen Landschaften* wiederholt mit Gerüchen markiert. So heißt es im Gedicht über die Schweizer Berge „Mönch und Jungfrau":

> und Abluft in haushaltsüblichen Mengen verfängt sich
> in Hecken, steigt auf zu den glitzernden Wolken der Welt.
>
> Wir traten in diese Gespanntheit aus Felsen und Schnee.
> Du mochtest die radikale Privatheit erwachsener,
> kontemplativer Landschaft, Sakralgewand, Faltenreichtum
>
> der Sprache. Sie glich einem Mops im Silberkranz, Silben
> bildend, als würfe man halbreife Beeren, Schneebälle
> nach einem langen, verschachtelten Satz.[47]

Die Abluft, die sich in Hecken fängt und zu den Wolken aufsteigt, markiert einen eigentümlichen Zwischenbereich, in dem sich die Zonen der zwecktätig verwerteten und der ästhetisch gestalteten Natur an der Schwelle zum unberührt wirkenden Anteil der Landschaft überschneiden. Die verbrauchte Luft steht der sakralen Anmutung der Berge, deren Gestalt als Sprache mit eigenem Rhythmus wahrgenommen wird, nicht im Wege; diese Sprache wird in ein vorstellendes Denken übersetzt, dessen spielerischer Gehalt sich dem Zwang zur komplexen Aussage widersetzt. In den *Geliehenen Landschaften* sind die Übergangszonen des poetischen Erkennens immer wieder von uneinladenden Gerüchen geprägt, die den Kontingenzen des Alltags entspringen. In den Garten eines Kindergartens dringen Gerüche der Naturverwertung: „Starke Winde tragen den Rauch von / Kartoffelfeuern herüber, von Kohleöfen, von Altpapier".[48] In waldumringten Rieselfeldern müffelt es: „Unser

---

45 In: Marion Poschmann: Geliehene Landschaften. Berlin 2016, S. 7.
46 Hans-Georg Kemper: Von der Reformation bis zum Sturm und Drang. Stuttgart 2012 (Geschichte der deutschen Lyrik. Bd. 2), S. 161.
47 In: Poschmann: Geliehene Landschaften, S. 110.
48 Marion Poschmann: Kindergarten Lichtenberg, ein Lehrgedicht. In: dies.: Geliehene Landschaften, S. 19–29, hier S. 28.

Naturparadies, ummantelt von / waldreichen Pufferzonen, bestand bereits ansatzweise aus Goldgrund. / Es war der Wind, der hier nach Socken roch und uns folgte."[49] Von einer Evakuierungszone heißt es: „Unsere Bäume kippen nicht um, und sie sind keine Leitkörper. Sollte dennoch ein Blitz einschlagen, so riecht es nur nach geschmolzener Folie."[50] In „Teershampoo" erkennen Menschen, „renaturierte Trümmerberge im Rücken", „sich selbst / am kalten Geruch, der sich in den Frisuren festsetzt".[51] Und ein einschlafender Dichter sieht sich als Kühlschrank, „mechanisch / vibrierende Schwanenbarke. Sie schwamm mit dem trügerischen, / dem Traummaterial [...] / durch die Abtauflüssigkeit, faules Gemüse, den abgestandenen / Teichgeruch".[52] Positive Gerüche von Landschaften markieren Schneisen und andere Ränder der Bebauung: „Er übernachtet jetzt / in einem Unterstand. Und die ganze Straße riecht nach Harz."[53] „Du legst dich am Abend dicht an den Feldrand. Erdiges. Baustellenatem".[54] „Moos-Odem, / Moos. Bewegungen aus der Natur / kamen zu nahe wie zahme Tiere in Städten".[55] „Harzgeruch steht über der / Autobahn."[56] Das Riechen erschließt die Ambivalenz der Orte, an denen Landschaften poetisch anverwandelt werden.

An Poschmanns Werk stößt der Ansatz dieser Studie aus mehreren Gründen an seine Grenzen; die Kategorie des Glaubens greift hier nur bedingt, das Riechen erschließt unauflösbar ambivalente Situationen, und die Annahme, das Körper-Selbst erfahre seine Permeabilität vor allem riechend, erweist sich im Kontext ihres Debutromans *Baden bei Gewitter* (2002) als grobe Vereinfachung. Er stellt dar, wie Licht, Wärme und Geräusche körperlich ins Selbst eindringen und das Gefühl einer räumlichen Entgrenzung auslösen,[57] an dem kein Geruch beteiligt ist. Gewiss, auch

---

49 Marion Poschmann: Künstliche Landschaften. In: dies.: Geliehene Landschaften, S. 43–53, hier S. 47.
50 Marion Poschmann: Kyoto: Regional Evacuation Site. In: dies.: Geliehene Landschaften, S. 55–65, hier S. 62.
51 Marion Poschmann: Helsinki, Sibeliuspark. Elegie. In: dies.: Geliehene Landschaften, S. 93–103, hier S. 102.
52 Marion Poschmann: Geliehene Landschaften. In: dies.: Geliehene Landschaften, S. 105–115, hier S. 113.
53 Poschmann: Künstliche Landschaften, S. 53.
54 Poschmann: Kyoto, S. 61.
55 Marion Poschmann: Matsushima, Park des verlorenen Mondscheins. In: dies.: Geliehene Landschaften, S. 67–80, hier S. 78.
56 Poschmann: Helsinki, Sibeliuspark, S. 96.
57 Marion Poschmann: Baden bei Gewitter. Roman. Frankfurt am Main 2002, S. 201. Zur Bedeutung des Riechens für die Konstituierung eines durchlässigen Selbst siehe auch Michel Delville: The Smell of Disgust. Modernism and the Social Politics of Olfaction. In: Katharina Herold u. Frank Krause (Hg.): Smell and Social Life. Aspects of English, French and German Literature (1880–1939). München 2021, S. 35–54.

ein dergestalt fluides Selbst stößt beim Riechen als atmendem Austausch des Körpers mit der Sinnenwelt an die Grenzen der verhandelbaren Permeabilität, doch eben weil der riechende Körper immer schon entgrenzt ist, neigen die Hauptfiguren des Romans dazu, Gerüche abzuwehren. Die Erzählerin und ihr Bekannter Peter Fischer arbeiten sich auf unterschiedliche Weisen an der Fragilität ihres Selbst ab und erfahren Gerüche als besondere Herausforderung. Fischer bekämpft die unerwünscht eindringlichen Gerüche der Mitwelt mit begrenztem Erfolg durch synthetische Düfte.[58] Die Erzählerin erfährt abstoßende Gerüche, die aus ungewollter soziale Nähe resultieren, als penetrante Belastung, die sich nur begrenzt physisch und psychisch abwehren lässt; wenn ihr Selbst vor solchem Geruch kapituliert, kann Ekel in Lust umschlagen.[59] Die unwirtliche Mitwelt gibt topophilem Riechen keinen Raum; sie begünstigt das Wunschbild eines semipermeablen, nur von innen nach außen offenen, prothetisch gestützten Selbst. Im muffigen Dunst einer Zimmergardine wird diese abkapselnde Art der Grenzerhaltung, die dem Werden ihr eigenes Muster aufdrängt, sinnenfällig:

> Semipermeabel: nur in eine Richtung durchlässige Membran. Der Schutzwall ist zugleich das Angriffslager. Stirn und Wangen von innen an den Stoff geschmiegt. Heimlichkeiten, verknüpft mit dem Einatmen des dumpfen, staubigen, alten Geruchs. Die spähenden Blicke von Fäden durchkreuzt. Eine Welt aus fadenscheinigen Ereignissen. Bilder, die gerastert sind wie Zeitungsfotos.[60]

Poschmanns Sprachmagie schert aus den Rastern des begrifflichen Denkens, das für die Teilhabe des Selbst an der im Fluss befindlichen Natur unempfindlich ist, aus, ohne die betrüblichen Kontingenzen des täglichen Lebens auszublenden. Handkes Pilznarr konnte noch phasenweise in Bezirke einer erfüllenden Magie abtauchen; bei Poschmann ist der Zauber des eigensinnigen Gestaltwandels mit den Tücken des Alltags oft genug verschwistert.

Während Rothmann am latent gebliebenen Potential einer Biographie ihre unvergleichliche Signatur erahnen möchte, konzentriert sich Poschmann auf manifeste Gebilde einer poetischen Wahrnehmung, in der das Selbst nicht recht heimisch werden kann. Bei beiden Autoren ist der Faden zwischen Sprachmagie und gutem Leben meist gerissen. Das seit der Romantik immer wieder verfolgte Projekt, im Medium des poetischen Denkens nachträglich an einer gelungenen Kindheit zu arbeiten, die ihren eigenen Duft entfaltet, weicht dem Staunen im unversöhnten Leben, dessen Ambivalenz sich auch im Riechen zeigt. Die von Brockes bis Handke

---

58 Poschmann: Baden bei Gewitter, S. 270–273.
59 Poschmann: Baden bei Gewitter, S. 169–170.
60 Poschmann: Baden bei Gewitter, S. 26.

reichende Tradition, mit der literarischen Inszenierung des gläubigen Riechens in der Natur einen Höhepunkt der erfüllenden Entgrenzung des Selbst zu evozieren, arbeitete sich schon bei Loerke und Bobrowski an profanen Schrecken und Verlusten ab; Rothmann und Poschmann treiben die Ausfaserung dieser Tradition voran. Im Blick auf eine Natur, die das vom Menschen beschädigte Leben nicht aus eigener Kraft heilen kann, vernimmt ihr Glaube eine Ambivalenz, die Bertolt Brecht (1898–1956) im Gedicht „Finnische Landschaft" (verf. 1940) aus materialistischer Sicht ausgelotet hatte:

> Fischreiche Wässer! Schönbaumige Wälder!
> Birken- und Beerenduft!
> Vieltöniger Wind, durchschaukelnd eine Luft
> So mild, als stünden jene eisernen Milchbehälter
> Die dort vom weißen Gute rollen, offen!
> Geruch und Ton und Bild und Sinn verschwimmt.
> Der Flüchtling sitzt im Erlengrund und nimmt
> Sein schwieriges Handwerk wieder auf: das Hoffen.
>
> Er achtet gut der schöngehäuften Ähre
> Und starker Kreatur, die sich zum Wasser neigt
> Doch derer auch, die Korn und Milch nicht nährt.
> Er fragt die Fähre, die mit Stämmen fährt:
> Ist dies das Holz, ohn das kein Holzbein wäre?
> Und sieht ein Volk, das in zwei Sprachen schweigt.[61]

Dass ein literarhistorischer Ansatz in der Gegenwartsliteratur nur bedingt greifen kann, weil sich die Geschichtlichkeit ihres Problembewusstseins erst aus dem historischen Abstand zu erkennen gibt, liegt in der Natur der Sache. Der aktuelle Wandel der Tradition, die in diesem Band umrissen wurde, legt es nahe, den historischen Teil der Darstellung mit dem vorläufig letzten Versuch Handkes abzuschließen. Mit seiner gegenwärtigen Tendenz, sich der Ambivalenz eines beschädigten Bezugs zur Natur zu stellen, öffnet sich das gläubige Riechen für starke Werte des Profanen. Ob und inwieweit diese Literatur mit einem religiös unmusikalischen Publikum ins Gespräch kommt, das von Empfindlichkeiten des gläubigen Riechens lernen will, wird sich zeigen. Brechts Landschaftsgedicht, das verunklarende Synergien von Duft und Klang in der Natur ebenso genießt wie durchschaut, belegt immerhin, dass sich beide Seiten einiges zu sagen hätten. Das Problem, für einen solchen Dialog die geeignete Sprache zu finden, beschäftigt – wie am Ende des folgenden Kapitels skizziert wird – auch die Germanistik.

---

[61] In: Bertolt Brecht: Gesammelte Werke. Bd. 9: Gedichte 2. Frankfurt am Main 1977, S. 822.

## 20 Gläubiges Riechen im literarhistorischen Befreiungsnarrativ

Diese Arbeit stellt literarische Motive von Gerüchen der Natur im Rahmen einer Säkularisierungserzählung dar. Sie operiert mit einem Säkularisierungsbegriff, der keinen kontinuierlichen historischen Prozess umreißt, sondern verschiedenartige Weisen der Aneignung religiöser Traditionen umfasst. Die Darstellung stützt sich auf die hinlänglich bekannten Merkmale historischer Epochen und Bewegungen; anders als Studien zur Säkularisierung, die einem spezifischen Prozess gewidmet sind – etwa der Übertragung religiöser Muster der Legitimation ethischer Gehalte auf säkulare Liebes- und Herrscherpflichten im Mittelalter, der innerweltlichen Fundierung religiöser Ansprüche in der frühen Neuzeit oder der Ermächtigung des Menschen zur Einnahme eines vormals Gott vorbehaltenen Standpunkts im 18. Jahrhundert – trägt diese Arbeit zur Definition einzelner Mikro- und Makro-Epochen kaum Neues bei. Auch die leitende These, dass die säkulare Religiosität der Literatur seit der Aufklärung an der Ästhetisierung des Heiligen arbeitet, ist nicht neu; von gängigen Epochendarstellungen weicht der Säkularisierungsbegriff dieser Studie nur insofern ab, als er eine Verwandtschaft zwischen Tendenzen herausarbeitet, deren säkulare Ansprüche deutlich unterschieden sind.

Selbst in dieser Hinsicht wiederholt diese Arbeit zum Teil nur Bekanntes; so sind die Affinitäten der Genie-Religion des Sturm und Drang zur Kunstreligion der Romantik seit langem vertraut. Während jene einen Autor vergottet, der mit der Natur den Schöpfer nachahmt, will diese den Gestalter autonomer poetischer Gebilde an der historischen Vollendung der göttlichen Schöpfung beteiligen. Auch die Zäsuren der obigen Darstellung bestätigen Altbekanntes; dass der Übergang zur autonomen Poesie in den Kunstreligionen des 19. Jahrhunderts einen Bruch mit der älteren ästhetisch-religiösen Tradition markiert, ist ebenso offensichtlich wie der Abschied moderner kosmozentrischer Seher von monotheistischen und metaphysischen Lehren. Die motivgeschichtliche Forschung muss indessen auch Tendenzen nachgehen, die solche radikalen Brüche überdauern; wer überlieferte Topoi in den Horizont eines innovativen Bezugsrahmens einholt, stiftet gerade dort Kontinuitäten, wo traditionelle Periodisierungen – gewiss zu Recht – klare Grenzen ziehen. Zwischen der Metaphysik eines Rubiner und dem Paganismus eines Lehmann liegen Welten, doch der neusachlich inspirierte Verkünder des verzeitlichten Absoluten fällt nicht ins Stadium der seherischen Unschuld vor der Achsenzeit zurück, sondern eignet sich das kunstreligiöse Erbe des poetischen Sehertums auf seine Weise an. Um die Evolution literarischer Motive über Epochengrenzen hinaus zu erfassen, ist der Blick auf Verwandtschaften zwischen Verschiedenartigem unumgänglich. Diese Arbeit hat solche Zugänge im Feld der Geschichte olfaktorischer

Motive in der Literatur zum ersten Mal im Blick auf einen längeren Zeitraum erprobt; abschließend sei versucht, den Dialog mit der älteren, kulturhistorisch orientierten Forschung zur Geruchswahrnehmung in der Literatur aufzunehmen.

Seitdem die säkulare Religiosität den Anspruch aufgegeben hat, eine sinnhafte Ordnung der Welt im Ganzen zu bestimmen, gerät sie in den Sog von Exerzitien, die keinen verbindlichen sozialen Sinn mehr zu erkennen geben. Ihre Vorläufer konnten diesen Sinn bis in den Expressionismus hinein sakralisieren;[1] jüngere Beiträge zum Riechen als gläubiger Öffnung des Selbst zur Natur sind hingegen stärker mit Verlusten sozialer Orientierung befasst. Die Geschichte des gläubigen Riechens in der Natur seit der Aufklärung ist immer auch eine Geschichte des Versuchs, die körperliche Bestätigung des Selbst durch eine heilige Macht zu erheischen, die zum sinnlichen Weltgenuss, zur kreativen Selbstentfaltung oder zu einem erstaunten Aufmerken inspiriert, das vor allem in jüngerer Zeit kaum noch birgt. Am vorläufigen Ende dieser Suche nach metasozialer Anerkennung, die sich vom narzisstisch kränkenden *deus absconditus* abgewandt hatte, steht die *substantia abscondita*, deren ästhetische Einkreisung zunehmend auch untröstliche Schäden des Lebensprozesses erhellt. Der Ansatz dieser Arbeit erfasst freilich nur *einen* Ausschnitt der vitalen Tradition religiöser Dichtung. Christian Lehnert (1969–), der sich vom Barock inspirieren lässt, stellt Wahrnehmungen der Natur als Sinnbilder von Antworten Gottes dar, die „nicht in derselben Welt" weilen wie unsere Fragestellungen; dabei gerät ihm das „Beten" gelegentlich zum „Wittern". Als öffentliches Gebet eröffnet die Poesie einen rituellen Bezug zu Gott, der sich dem Gläubigen als Abwesender zu erfahren gibt: „Daß er mir fehlt, ist, wie mich Gott bedrängt."[2] Lehnerts Angebote zum gläubigen Riechen stehen in der Tradition

---

1 Außerhalb der Literatur finden sich indessen nach wie vor spiritualistische Zugänge zu Gerüchen, die ausgearbeiteten Weltbildern anhängen. Manche Zeitgenossen vernehmen in Gerüchen die Präsenz von Verstorbenen, und neuheidnische Spielarten der Aromatherapie knüpfen mit dem Glauben an die spirituelle Kraft vaginaler Dampfbäder an antike Auffassungen über Heilkräfte des Geruchssinns an. Vgl. William u. Judith Guggenheim: Olfactory After-Death Communications. In: Jim Drobnick (Hg.): The Smell Culture Reader. Oxford/New York 2006, S. 427–430, und Margaret Day Elsner: From Gorgons to Goop. Scent Therapy and the Smell of Transformation in Antiquity and the Holistic Health Movement. In: Adeline Grand-Clément u. Charlotte Ribeyrol (Hg.): The Smells and Senses of Antiquity in the Modern Imagination. London 2022, S. 77–99.

2 Christian Lehnert: *Warum ist GOtt vom Tod so ungewiß verstellt* u. *Morgengebet*. In: ders.: *Cherubinischer Staub. Gedichte.* Berlin 2018, S. 47 u. 73, und Christian Lehnert: *Die Bänke bilden einen Korridor.* In: *Aufkommender Atem. Gedichte* [2011]. Berlin 2017, S. 65. – Lehnerts Lyrik als öffentliches Gebet wäre im Zusammenhang mit der These von Wolfgang Braungart zu diskutieren, dass „auch die Moderne der Zukunft ohne öffentliche, kollektive Rituale und eine öffentliche sorgfältig gepflegte, symbolische Ästhetik nicht auskommt, auch wenn sie ganz sicher zum mythopoetischen und kunstreligiösen Pathos ihres Anfangs nicht mehr umstandslos zurückkehren kann" (Wolfgang

einer kirchlich einhegbaren Frömmigkeit, während die vorliegende Arbeit – mit Ausnahme der Bemerkungen zu Langgässer – den Spielarten eines weitgehend entkirchlichten Glaubens nachgeht. Auch die Kritiker des gläubigen Riechens in der Natur werden in dieser Studie einseitig beleuchtet; neben der Entzauberung religiöser Geruchskulturen wäre die produktive Aneignung profanierter Gehalte stärker zu berücksichtigen. Wielands nachsichtiges Vertrauen in die fehlbare menschliche Bedürfnisnatur steht der Empfindsamkeit näher, als seine Schwärmerkritik glauben macht, und Goethes vielfältige Zugänge zum profanen olfaktorischen Verlangen konnten oben nur angetippt werden.[3] Kurzum: den Beiträgen der Profanierungen gläubiger Weisen des Riechens zur Neuausrichtung der literarischen Geruchskultur wäre in Folgestudien ebenso nachzugehen wie der Verzweigung des gläubigen Riechens in die Sprachmagie nachmetaphysischer Seher und die frommen Exerzitien konfessionell gebundener Christen, denen die Natur noch immer antwortet: „Ich bin es nicht, aber er hat mich gemacht."[4] Der motivgeschichtliche Ansatz ist gut beraten, sich nicht zu einer Alternative zur kulturhistorisch ausgerichteten Forschung aufzubauschen.

Die Einsichten dieses Bandes rücken eine Grundthese der älteren Forschung in kritisches Licht. Rindisbachers Annahme, mit der „olfaktorischen Explosion" in der Literatur des ausgehenden 19. Jahrhunderts entlade sich ein aufgestautes Begehren, das sich aller Zweckbindung anarchisch entzieht und eben darum zur Kritik einer Macht eignet, die sich mit der Unterdrückung sinnlicher Spontaneität erhält, leuchtet tendenziell ein. Der Symbolismus schert aus den Imperativen der Zwecktätigkeit und Moral aus, öffnet sich einem poetischen Prozess, der die innere Einheit des zielgerichtet agierenden Selbst unterbricht, und befreit die Sinne im eigensinnigen Spiel poetischer Prozesse; auch Rindisbachers These, im Realismus sei das olfaktorische Begehren noch einer instrumentell und moralisch verfassten Vernunft unterworfen, die Gerüche mit Weiblichkeit und Natur assoziiert, die es zu beherrschen gilt, werden durch die Befunde dieser Arbeit gestützt.[5] Bei Stifter erfordert die heilige Gattenliebe sinnliche Selbstbeherrschung; am Schluss der zweiten Fassung des Romans *Der grüne Heinrich* (1880) kommt Kellers Protagonist nur um den Preis sexueller Entsagung in den Genuss der Liebe einer sorgenden Freundin; wenn der

---

Braungart: Georg Heym. *Versuch einer neuen Religion* (1909). Mit einem Blick auf Hölderlin (*Über Religion, Ältestes Systemprogramm*). In: Literatur für Leser (2018), H. 3, S. 225–237, hier S. 237).
3 Auch die Bedeutung der Synergien von Duft und Klang im profanen Kontext ist in dieser Arbeit ausgeklammert worden; siehe dazu Rüdiger Görner: Das parfümierte Wort. Die fünf Sinne in literarischer Theorie und Praxis. Baden-Baden 2014, S. 218–221, hier S. 219.
4 Augustinus: Confessiones/Bekenntnisse. Lateinisch/Deutsch, Stuttgart 2017, S. 473 (X.VI.9).
5 Hans J. Rindisbacher: The Smell of Books. A Cultural-Historical Study of Olfactory Perception in Literature. Ann Arbor, MI 1992, S. 82–83 u. 143–154.

Medizinstudent in Raabes *Holunderblüte* einer fieberhaften Sinnlichkeit erliegt, liebt er nicht wirklich; und Schaumanns Hang zum sinnlichen Behagen in Raabes *Stopfkuchen* nimmt – bei allen sympathischen Zügen – groteske Formen an, wenn er sich schnaufend der Fresslust hingibt, nach dem Ur-Faultier forscht und fossilen Kot sammelt. Zudem arbeiten die kritischen Inszenierungen des gläubigen Riechens bei Keller und Raabe der moralisch-praktischen Vernunft zu.

Ergänzungsbedürftig ist Rindisbachers Annahme, das anarchische Potential des olfaktorischen Begehrens käme erst in der Literatur der Jahrhundertwende zur Entfaltung.[6] Rindisbacher teilt die Annahme Freuds und der älteren Frankfurter Schule, dass das olfaktorische Begehren der Sublimation grundsätzlich entzogen ist.[7] Unsublimierte Lust resultiert aus der ungehemmten Abfuhr von Trieben, deren körperlich-sinnliches Ziel nicht durch normative Ideale modifiziert wird, und spielt an erogenen Zonen des Körpers.[8] Der Einwand, dass sich literarische Texte, die eine solche Triebabfuhr darstellen, auf modifizierte, in die Phantasie verschobene Triebziele richten, ließe sich mit Theodor W. Adorno entkräften: der Begriff der Sublimation greift hier nicht, weil Literatur und Kunst nicht einer halluzinatorischen Wunscherfüllung dienen, die ursprüngliche Triebziele hemmt und modifiziert, sondern dem offenen Protest gegen Triebunterdrückung durch schlechte Verhältnisse.[9] Doch weder aus der Sicht von Herbert Marcuse (1898–1979), der jede Lust am Riechen für unsublimiert hält, noch aus der Perspektive von Adorno, der die sublimierende Funktion der Kunst bestreitet, leuchtet ein, warum Herders ekstatisches Schwelgen im Bohnenduft oder Eduards Genuss süßlich-übler Teichgerüche in Raabes *Stopfkuchen* keine anarchische Energie zum Ausdruck bringt. Gewiss, Herders ekstatisches Riechen bleibt in eine christliche Liebesethik eingebunden, und Eduards Offenheit für den Genuss eigensinniger Ambivalenzen ist mit seiner zweckrationalen Selbstbehauptung als kolonialer Farmer durchaus vereinbar, doch im Blick auf das olfaktorische Begehren ist der Unterschied zwischen der punktuellen Ekstase bürgerlicher Figuren und den antibürgerlichen Ekstasen seit der „olfaktorischen Explosion" im *fin de siècle* graduell. Rindisbacher betont zu Recht, dass die Literatur der Jahrhundertwende die kulturellen Grenzen

---

6 Zum Geruch als Gegenstand der Kontrolle in westlichen Kulturen und im Bürgerlichen Realismus siehe Rindisbacher, S. 3, 53 u. 275.
7 Rindisbacher, S. 150–154.
8 Zum unsublimierten Genuss, den das Riechen bietet, vgl. Herbert Marcuse: Eros and Civilization [1955]. London 1973, S. 44; um eine Regression auf die Stufe der Partialtriebe zu verhindern, bedarf dieser Genuss allerdings einer zwanglosen Selbstsublimation der erwachsenen Bedürfnisnatur (S. 146–147).
9 Theodor W. Adorno: Minima Moralia. Reflexionen aus dem beschädigten Leben [1951]. Frankfurt am Main 2020, S. 284–286 (Aphorismus 136).

des sinnlichen Begehrens radikal überschreitet; sie lotet eine Faszination am Ekel aus, die für Romantiker allenfalls von psychologischem Interesse war.[10] Sie erweitert den Spielraum unsublimierter Lust, indem sie die Zwänge der Zwecktätigkeit und der Moral umfassend abweist; dabei inauguriert sie aber keinen neuen Modus einer erstmals anarchischen Triebabfuhr, sondern schöpft das anarchische Potential des olfaktorischen Begehrens, das sich bislang allenfalls lokal gegen Imperative der Selbsterhaltung durchgesetzt hatte, im prinzipiellen Widerspruch gegen seine Verdrängung besonders weiträumig aus. Die Literatur der Jahrhundertwende ist mit den zahmeren Vorkämpfern für Spielräume der olfaktorischen Hingabe auch unter einem anderen Gesichtspunkt verwandt: wenn die Symbolisten ihren Ausbruch aus der instrumentellen und moralischen Vernunft mit einem spiritistischen oder psychophysischen Glauben rechtfertigen, stellen sie die Sinnlichkeit ebenso in kultisch-sakrale Kontexte wie ihre gehemmteren religiösen Vorläufer.

Die Religiosität ist am Befreiungskampf des olfaktorischen Begehrens seit der Frühaufklärung maßgebend beteiligt; im Symbolismus erreicht der Kampf gegen die rationale Kontrolle des Riechens, der in den profanen Bewegungen der historischen Avantgarde fortgesetzt wird, einen ersten Höhepunkt. Die These, seither nähme die profane Bedürfnisnatur der menschlichen Gattung in der Literatur ungehemmt Witterung auf, vernachlässigt indessen den Fortbestand sprachmagischer Positionen von Lehmann bis Poschmann. Das Modell einer Entfesselung des olfaktorischen Begehrens im Wirkungsfeld von Nietzsches profanem Lob der Gerüche erfasst nur einen von vielen Zweigen der literarischen Geruchskultur. Die Befreiungserzählung, mit der die historische Forschung zu Gerüchen in der deutschsprachigen Literatur einsetzte, wäre durch eine – gewiss allenfalls in Ansätzen geleistete – Säkularisierungserzählung zu ergänzen und zu rekontextualisieren. Studien, die nach der Bedeutung der Gerüche für literarische Darstellungen marginalisierter sozialer Gruppen fragen, sind – wie Daniela Babilon im Feld der US-amerikanischen Literatur gezeigt hat[11] – ebenfalls gut beraten, profane und religiöse Perspektiven zu berücksichtigen. Konvergenzen profaner und religiöser Geruchskulturen zeigen sich auch unter mentalitätsgeschichtlichen Aspekten: wenn Lehmann, Handke, Rothmann und Poschmann gläubig aus den Ansprüchen einer autonomen Praxis ausscheren, die den Sinn für das trüben, was rationalen Regelungen vorausliegt, kommen sie den profanen Spielarten des Nature Writing entgegen, die der ethischen Bindung des Men-

---

10 Winfried Menninghaus: Ekel. Theorie und Geschichte einer starken Empfindung. Frankfurt am Main 2002, S. 194.
11 Daniela Babilon: The Power of Smell in American Literature. Odor, Affect, and Social Inequality. Frankfurt am Main 2017.

schen an das unverfügbare Andere der Natur nachspüren.¹² Mit ihrer Skepsis gegenüber dem profanen Verstand berühren sie sich zudem mit Patrick Süskinds (1949 –) Roman *Das Parfum* (1985), dessen Protagonist die Gerüche in den Dienst eines narzisstischen Allmachtsstrebens stellt.¹³

Mein Vorschlag, die Perspektive der literarhistorischen Geruchsforschung zu erweitern, zieht auch evaluative Fragen nach sich. Rindisbacher, der die profane Kraft der Gerüche betont, dem Zwang zur normativen Codierung zu widerstehen, interessiert sich aus triftigen Gründen für den Beitrag des Riechens zur freien Aktualisierung der menschlichen Bedürfnisnatur; es besteht aber kein zwingender Grund, die Metamorphosen dieses ethisch bedeutsamen Widerstands gegenüber anderen Spielarten der literarischen Geruchskultur zu privilegieren. Die Energien des Projekts, mit den anarchischen Kräften einer unsublimierten Sinnlichkeit den revolutionären Eros des Menschen zu entbinden, sind kulturell bis auf weiteres erschöpft, und das profane Begehren muss sich im westlich geprägten Konsum gegen religiöse Hemmungen allenfalls lokal behaupten. Gewiss werden die Spielräume der Sinne auch durch Hygiene-Regimes und eine absatzfördernde Warenästhetik abgesteckt; der Befund, dass Prophylaxe und Konsum ästhetische Grundbedürfnisse einschränken, mobilisiert neoavantgardistische und andere kulturelle Widerstände,¹⁴ die keiner weiteren Rechtfertigung bedürfen, legitimiert aber keinen theoriepolitischen Vorrang der von Rindisbacher eingenommenen Perspektive. Die Frage nach dem Beitrag der Geruchskultur zur Geschichte von Projekten der Emanzipation von heteronomen Zwängen ist nach wie vor relevant; sie berührt aber ein breiteres Spektrum literarischer Zugänge zu Gerüchen,¹⁵ als die bisherige Forschung zur deutschsprachigen Literatur zu erkennen gibt, und sie erfasst nur

---

[12] Ludwig Fischer: Natur im Sinn. Naturwahrnehmung und Literatur. Berlin 2019; zum Abstand des Nature Writing von der religiösen Lektüre der Natur als Schrift siehe S. 129–133. Poschmann positioniert sich in der Nähe zum Nature Writing (vgl. Marion Poschmann: Laubwerk. Berlin 2021, S. 49–50 u. 53–54).
[13] Vgl. Richard T. Gray: The Dialectic of „Enscentment": Patrick Süskind's Perfume as Critical History of Enlightenment Culture. In: Drobnick (Hg.), S. 235–253, hier S. 251.
[14] Zum Einschluss von Gerüchen in neodadaistischen Installationen siehe Maurice Berger: Forms of Violence. Neo-Dada Performance. In: Susan Hapgood (Hg.): Neo-Dada. Redefining Art 1958–62. New York 1994, S. 66–83, hier S. 69; zum Ausschluss störender Gerüche siehe Susan Hapgood: Arman (Interview, New York City, 4 November 1992). In: dies. (Hg.), S. 106–113, hier S. 110.
[15] In diesem Kontext wäre die Forschung zu Geruchs-Stereotypen und deren Subversion in der französischen und amerikanischen Literatur wegweisend; siehe dazu Maria Weilandt: Stereotyped Scents and „Elegant Reality" in Edmond de Goncourt's *Chérie* (1884) und Sophie-Valentine Borloz: „We are beginning to suffer indigestion from the flowers of innocence". The Subversion of Floral Fragrance in French Literature of the End of the Nineteenth Century. In: Katharina Herold u. Frank Krause (Hg.): Smell and Social Life. Aspects of English, French and German Literature (1880–1939). München 2021, S. 55–66 u. 107–126, sowie Babilon.

eines von mehreren Grundanliegen der säkularen Literatur. Um mit Rindisbacher zu reden: „There will be a lot left to do."[16]

Der Literaturwissenschaft als säkularer Institution stellt sich indessen schon jetzt die Frage, wie das Riechen im sakralen Kontext zu bewerten wäre. „[N]icht nur die 5 Sinne, sondern auch die sogenannten geistigen Sinne, die praktischen Sinne (Wille, Liebe etc.), mit einem Wort der *menschliche* Sinn, die Menschlichkeit der Sinne wird", wie Karl Marx (1818–1883) angemerkt hatte, „erst durch das Dasein *seines* Gegenstandes, durch die *vermenschlichte* Natur". Auch „der Sinn für die Schönheit und eigentümliche Natur des Minerals" bedarf des *menschlichen* Sinns;[17] noch die Anerkennung dessen, was menschlicher Aneignung entzogen ist, bezieht sich auf das, was die Natur *für* den Menschen darstellt.[18] Die Bejahung eines permeablen Körper-Selbst, das riechend den Sog des Heiligen vernimmt, ist in einigen Fällen eine rituelle Antwort auf den Tod als einer unerbittlichen Grenze der Selbstaktualisierung in der Natur. Christliche Autoren ergänzen das „Ja" zum Leben durch den Glauben an die Auferstehung, während die Kunstreligion die Endlichkeit des Lebens teils gefasst oder exaltiert aufschönt und teils – wie die romantische Todesmystik – mitbejaht.[19] Handke, Rothmann und Poschmann geht es aber darum, die Verbundenheit des Menschen mit einem ethisch bedeutsamen Lebensprozess vor die Sinne zu stellen, der auch untröstliche Folgen zeitigt; hier zeigen Gerüche vielmehr an, dass die kreative Verfügung über die Welt, wie schon Joris-Karl Huysmans (1848–1907) wusste,[20] am eigenen Körper eine hartnäckige Grenze findet.

Der spätaufklärerische Einwand, dass die Heiligung der Sinnlichkeit weder die Natur noch die Religion zu ihrem Recht kommen lasse, kann die gläubigen Poeten nicht überzeugen, und religionsskeptische Bewertungen gläubiger Deutungen lassen sich auf Glaubensfragen erst gar nicht ein; in beiden Fällen wird die Stoß-

---

16 Rindisbacher, S. x.
17 Karl Marx: Ökonomisch-philosophische Manuskripte aus dem Jahre 1844. In: Karl Marx u. Friedrich Engels: Werke, hg. vom Institut für Geschichte der Arbeiterbewegung Berlin. Bd. 40. Berlin 1990, S. 465–588, hier S. 541. Die Frage, inwieweit diese Frühschrift für die Problematik einer Zerstörung der Natur empfindlich ist, die aus deren selbstbestimmter Aneignung durch freie und gleiche Produzenten resultieren könnte, sei an dieser Stelle ausgeklammert.
18 Vgl. dazu auch Christine Lötscher: Laudatio. In: Poschmann: Laubwerk, S. 59–66, hier S. 64, und den Diskussionsbeitrag von Poschmann in Simone Schröder: From Both Sides Now. Nature Writing auf Literaturfestivals. In: Gabriele Dürbeck u. Christine Kanz (Hg.): Deutschsprachiges Nature Writing von Goethe bis zur Gegenwart. Kontroversen, Positionen, Perspektiven. Stuttgart 2020, S. 317–333, hier S. 327.
19 Zu Duft- und Klangmotiven in Wagners *Tristan und Isolde* im Zusammenhang mit dem Tod siehe Görner, S. 172–173.
20 Siehe dazu im Bezug zum Riechen Joris-Karl Huysmans: Gegen den Strich [1884], hg. von Walter u. Myriam Münz. Stuttgart 1992, S. 139–152.

richtung gläubiger Geruchskulturen meist gar nicht ernst genommen. Nur gelegentlich würdigen Texte wie Raabes *Das Odfeld* den konstruktiven Beitrag religiöser Deutungen zur Erhellung der Kontingenzen des Alltags. Das gläubige oder – um mit Poschmann zu reden – „geistige" Riechen in der Natur zieht wiederum affektstarke Grenzen zur profanen Vernunft, die etwas auszublenden scheint, das unser Selbst angeht. Die Germanistik braucht dem Anspruch dieses Riechens nicht zu folgen, um zu fragen, was die profane Vernunft aus der Geschichte jener Grenzziehung über den Wandel ihrer eigenen Probleme lernen könnte. Eine profane Vernunft, die von den säkularen Religionen lernt, operiert nicht von vornherein im Kampfgebiet zwischen der Aufklärung und ihren Feinden; anders als Langgässer verstehen sich Rothmann und Poschmann nicht als Gegenaufklärer, und Handkes Narrentum reflektiert seine Aporien und den ästhetischen Schein ihrer Überwindung. Die literarischen Inszenierungen von Gerüchen der Natur in sakralen Kontexten verdanken sich dem Ungenügen an einer profanen Vernunft, die nicht in der Lage ist, ethisch bedeutsame Zugehörigkeiten zur desozialisierten Umwelt aus eigener Kraft zu bestimmen; diese Aufgabe wird dem ästhetisch-religiösen Bewusstsein angewiesen, das mittlerweile ebenfalls kaum noch fraglos birgt und verstärkt eine aktive Sorge für das Andere einfordert.

Zu fragen bliebe, ob die ästhetische Religiosität dieser Aufgabe gewachsen ist. Jürgen Habermas (1929–) hatte anlässlich von Wim Wenders' (1945–) Film DER HIMMEL ÜBER BERLIN (1987), der die Menschwerdung eines Engels feiert, Fragen gestellt, die auch im Zusammenhang mit der Geschichte des gläubigen Riechens von Bedeutung sind:

> Verklärt er nicht das Außeralltägliche auf Kosten der trivialeren Erfahrungen, aus denen wir lernen? Entwertet er nicht zugunsten eines Seinsgeschicks die Kontingenzen, die die Kräfte des Ich herausfordern? Verwischt er nicht den Unterschied zwischen Benjamin und Heidegger – zwischen profaner Erleuchtung und einer gegen das Profane gerichteten Erweckung?[21]

Diese Ambiguität zwischen Erleuchtung und Erweckung kennzeichnet auch eine Reihe der in dieser Arbeit herausgearbeiteten Spielarten des gläubigen Riechens. Die kultischen Inszenierungen eines Lebens, „das dem Leben entrückt ist",[22] naturalisieren zum Teil die göttliche „Einhauchung der Inspiration",[23] und in der sprach-

---

21 Jürgen Habermas: Die neue Intimität zwischen Politik und Kultur. In: Die Zukunft der Aufklärung, hg. von Jörn Rüsen, Eberhard Lämmert u. Peter Glotz. Frankfurt am Main 1988, S. 59–68, hier S. 66–67.
22 Habermas: Die neue Intimität zwischen Politik und Kultur, S. 66.
23 Cornelia Zumbusch: Die Immunität der Klassik. Berlin 2012, S. 72. In seinem Frühwerk erprobt auch Carl Einstein diesen Zugang, bevor er sich vom religiösen Riechen dezidiert abwendet; siehe

magischen Nachahmung der duftenden Natur findet der göttliche Akt der einblasenden Belebung (1. Mose 2: 7) eine – gewiss schwache – anthropozentrische Entsprechung. Jüngere Texte schieben der exaltierten Verzauberung des Lebens aber auch innerhalb literarischer Exerzitien mit verstörenden Gerüchen einen Riegel vor. Inwieweit diese und andere Texte, die sich den Kontingenzen des Alltags momenthaft entwinden, zugleich dessen Verfassung erhellen, wenn sie unscheinbar Gebliebenes in außergewöhnliches Licht rücken, wäre am Einzelfall zu diskutieren.

Der Anspruch, die profane Vernunft mit der Sakralisierung des diesseitigen Eigensinns ästhetischer Erfahrungen zu überschreiten, erneuert sich heute unter Bedingungen, bei deren Analyse Jürgen Habermas' Unterscheidung zwischen Anti-, Prä- und Post-Modernismus noch immer lehrreich ist.[24] Vom Modernismus als Projekt, die autonomen Geltungsansprüche der technisch-instrumentellen, moralisch-praktischen und ästhetisch-expressiven Vernunft praktisch aufeinander abzustimmen, setzt sich das gläubige Riechen der Gegenwart ab. Es verbindet den antimodernistischen Anspruch, die Autorität der begründenden Vernunft mit Evokationen des Eigensinns ästhetischer Erfahrungen punktuell zu überbieten, mit dem nachgeahmten Prä-Modernismus einer kosmozentrischen Ethik, die sich der agnostischen Ernüchterung des Modernismus und einer zum bloßen Schein depotenzierten Kunst des Post-Modernismus entwindet. Das gläubige Riechen der Gegenwart arbeitet aber nicht bloß an einer Überbietung der Vernunft, die dem profanen Denken zu Recht suspekt ist; es knüpft auch eine Ethik, die sich auf nicht-universale Gehalte der Erfahrung als produktivem Kern des Handelns stützt.[25] Wenn jüngere Texte einen Eigensinn heiligen, der in den Ansprüchen des Selbst nicht aufgeht, verleihen sie einzelnen Aspekten der polyzentrischen Vielfalt wertstiftender Erfahrungen einen verbindlichen Nachdruck, der im Augenblick des Riechens besonders intensiv erlebt wird; solange entsprechende Sinngehalte die Regelung sozialer Beziehungen im Lichte universalistischer Normen nicht grundsätzlich blockieren, bedürfen sie keiner rationalen Rechtfertigung. Im Rahmen seiner Analyse von Resonanzbeziehungen als Weltbezügen, in denen eigensinnige Ausschnitte der Ding- oder Mitwelt das Selbst auf maßgebende Weise verstörend oder bereichernd ansprechen und zu einem antwortenden Verhalten bewegen, hat Hartmut Rosa gezeigt, dass starke Wertungen aus Erfahrungen der Affizierung

---

Frank Krause: „sie werden in dionysischen Sandalen stinken ..." Zur Problemgeschichte von Geruchsmotiven im Werk von Carl Einstein. In: Juni (2022), H. 59/60, S. 99–104.
24 Jürgen Habermas: Die Moderne – ein unvollendetes Projekt [1980]. In: ders.: Die Moderne – ein unvollendetes Projekt. Philosophisch-politische Aufsätze. Leipzig 1994, S. 32–54, hier S. 52–54.
25 Vgl. dazu Bernhard Waldenfels: Die Herkunft der Normen aus der Lebenswelt. In: ders.: In den Netzen der Lebenswelt. Frankfurt am Main 1985, S. 129–149.

*hervorgehen.*[26] Eben darum stößt der in dieser Arbeit erprobte Ansatz, das Riechen als Modus der affektiven Steigerung eines ethisch maßgebenden Weltbezugs zu analysieren, dessen Sinngehalt der Geruchswahrnehmung vorausliegt, vor allem in jüngeren Texten an seine Grenzen: dort werden Werterlebnisse durchs Riechen nicht bloß intensiviert, sondern allererst erschlossen. Eine Literaturgeschichtsschreibung, die dem vielfältig verzweigten historischen Wandel der Darstellung und Evokation von Resonanzerfahrungen systematisch nachgeht, um die Bedeutungen des Riechens in diesen und anderen Zusammenhängen auf der ganzen Breite ihrer Spielarten zu ermitteln, steht indessen noch aus.[27]

---

26 Hartmut Rosa: Resonanz. Eine Soziologie der Weltbeziehung. Frankfurt am Main 2019, S. 281–298; zur Unterscheidung zwischen verstörender Resonanz und Beziehungen der bloßen Repulsion siehe auch S. 390–391.
27 Die Resonanztheorie käme diesem Vorhaben entgegen, ließe sich an die Befunde dieser Studie aber nicht ohne Weiteres anschließen. In einigen Bereichen decken sich die Ergebnisse: auch Rosa betont den gewichtigen Beitrag von Empfindsamkeit, Sturm und Drang und Romantik für die Geschichte der Steigerung von Empfindlichkeiten für Resonanzen (Rosa: Resonanz, S. 609), und er verweist auch auf die zentrale Bedeutung der Kindheit für romantische Utopien einer verzaubert klingenden Welt (S. 604–605). Im Anschluss an Charles Taylor bringt Rosa mit der Unterscheidung zwischen dem vormodern porösen und dem modern abgepuffertem Selbst zudem Grundbegriffe ins Spiel (S. 651–653), die auch für die Analyse eines modernen Selbst von Interesse wären, das riechend versucht, seine prekäre Porösität lokal zu retten. Andererseits arbeitet Rosa mit einem Verständnis von Religiosität, demzufolge Resonanzqualitäten gläubiger Weltbezüge magisch aufgeladen sind (S. 550–552), während die vorliegende Arbeit zwischen Magie und Sakrament, sakralen Ordnungen und göttlicher Realpräsenz zu unterscheiden versucht; diese unterschiedliche Akzentsetzung steht der Kooperation von Literaturgeschichtsschreibung und Resonanztheorie aber nicht im Weg. Als problematisch erweist sich vielmehr der Anspruch von Rosa, „Resonanz im Sinne eines ‚normativen Monismus' als ein Metakriterium des gelingenden Lebens zu etablieren" (S. 749). Die universalistischen Gehalte der Moral und des Rechts, in deren Lichte Personen ihre interpersonalen Beziehungen selbstbestimmt zu regeln versuchen, lassen sich aus Erfahrungen der Resonanz, die sich den Grundbegriffen autonomer und heteronomer Weltbezüge notorisch entziehen, nicht zureichend entwickeln. Rosas Abschied von Theorien der Moderne als eines normativen Projekts (S. 672–675) scheint zudem zu unterstellen, dass einschlägige Ansätze ihre Normen immer schon von außen an den historischen Prozess herantragen. Damit verfehlt Rosa die Pointe von Theorien, die sich auf Normen berufen, die dem kommunikativen Handeln allgemein und unausweichlich innewohnen und auch der sprachlichen Verständigung über die Verbindlichkeit starker Wertungen unter Glaubensgeschwistern oder Gleichgesinnten im Rücken liegen. Die Geschichte der Ermächtigung des Menschen zur Suche nach einem guten Leben im Rahmen normativer Bedingungen, die gleichermaßen gut für alle wären, berührt Weisen des Zusammenspiels autonomer Regulierungen und resonanter Weltbezüge, die Rosas Monismus unterbestimmt lässt. Das schmälert freilich nicht seine verdienstvolle Neubestimmung des Begriffs eines guten oder gelungenen Lebens; auch Rosas Analysen von Religion, Natur, Kunst und Geschichte als „Resonanzachsen" der Moderne (S. 435–514) bieten einer Literaturwissenschaft, die der Geschichte der Darstellung oder Evokation von Resonanzerfahrungen nachgeht, wichtige Anhaltspunkte.

Die irritierende Ambiguität zwischen profaner Erleuchtung und entrückter Erweckung, die den jüngeren sprachmagischen Verzauberungen der Sinnenwelt eigen ist, erweist sich als modernes Gegenstück zur Ambivalenz der älteren Naturfrömmigkeit, die den Unterschied zwischen Gott und der Welterfahrung verwischt hatte.[28] In beiden Fällen soll die profane Verengung der Vernunft in heiligen ästhetischen Erfahrungen überschritten werden. Die lange Tradition, im Riechen affektive Höhepunkte einschlägiger Erfahrungen zu erschließen, belegt das starke emotionale Gewicht, das diese Heterodoxien in der Literatur seit der Aufklärung beanspruchen. Die Bewertung des Beitrags einschlägiger Gefühls- und Bewusstseinslagen zur Erhellung lebenspraktischer Fragen sollte weder einem Konservatismus überlassen werden, der Religion und Vernunft gegeneinander ausspielt, noch von einem Säkularismus blockiert werden, der meint, vom religiösen Denken, das in der ästhetischen Moderne gewiss auch bizarre Formen annimmt, nichts lernen zu können. Das Problem, für Erfahrungen der Resonanz mit der Natur eine überzeugende Sprache zu finden, die im Forum der Vernunft nur partikulare Geltung beanspruchen könnte, stellt sich der profanen und der theologischen Ethik ebenso wie der ästhetischen Religiosität.[29] Auch die Figur des kauzigen Magister Buchius, der mit der spielerischen Erprobung überlebter religiöser Deutungen die Unverfügbarkeit einer maßgeblich von Angst geprägten Welt einkreist, ist noch immer aktuell.[30]

---

**28** Leon Dische Becker merkt an, dass die Vergottung lebender oder verstorbener Personen für die Gründungsphase von Religionen typisch ist (Leon Dische Becker: Das Rasta-Wunder. In: Akzente (2019), H. 1, S. 27–48, hier S. 36). Aus dieser Sicht erweist sich die Versinnlichung des Sakralen nicht als Rückfall hinter die theologische Entgötterung des Diesseits, sondern als ein Grundzug der Religionsstiftung, der erst dann zur Häresie wird, wenn er mit dem anerkannten Anspruch etablierter Religionen in Konkurrenz tritt, die sich auf die Autorität *vergangener* Epiphanien berufen.
**29** Nicht-universale Werte, die zu Tätigkeiten motivieren, „die nach gemeinschaftlich geteilter Überzeugung dem Wohl der ganzen Gesellschaft dienen" (Axel Honneth: Der arbeitende Souverän. Eine normative Theorie der Arbeit. Berlin 2023, S. 143), wären auf einer mittleren Ebene zwischen bloß partikularer und universaler Geltung angesiedelt. Die ästhetische Religiosität ließe sich auch als Reaktion auf den Konflikt ihrer starken Wertungen mit den Zielsetzungen gesellschaftlicher Arbeit verstehen.
**30** Michel Serres erinnert daran, dass das gläubige Riechen unsere Befähigung zur Witterung der Gemische von Tod und Leben als einer wichtigen Grenze unserer Sinneswahrnehmung schwächt: „Wir nähern uns dem Heiligen, geleitet von flüchtigen Geistern, wir rühren an Schmutz und Reinigung, wo der Spürsinn die Erkenntnis und das Religiöse gemeinsam zu erwecken scheint. […] Der Priester einst und der Wissenschaftler heute löschen den Spürsinn aus, lassen uns die unüberschreitbare Grenze vergessen oder verstärken sie. Sie lehren uns Abscheu vor unserer Nase. […] Düfte des Lebens diesseits der Schwelle, Modergeruch jenseits." (Michel Serres: Die fünf Sinne. Eine Philosophie der Gemenge und Gemische [frz. 1985]. Frankfurt am Main 1998, S. 221–222). Eben weil Buchius dem überlieferten Glauben nicht mehr traut, kann er den kreatürlichen Spürsinn für die Grenze aufwerten, an der sich Tod und Leben unentwirrbar mischen.

# Bibliographie

## Primärquellen

Aristoteles: Poetik. Griechisch/Deutsch, hg. von Manfred Fuhrmann. Stuttgart 1994.
Aristoteles: Über die Seele. Griechisch/Deutsch, hg. von Gernot Krapinger. Stuttgart 2020.
Aristoteles: Über die Wahrnehmung. In: ders.: Kleine naturwissenschaftliche Schriften (Parva naturalia), hg. von Eugen Dönt. Stuttgart 2010, S. 47–86.
Aue, Hartmann von: Erec [verf. 1180–1190]. Mittelhochdeutscher Text und Übertragung. Frankfurt am Main 1987.
Aue, Hartmann von: Gregorius der gute Sünder [verf. 1187–1189 o. 1190–1195]. Mittelhochdeutsch/Neuhochdeutsch. Stuttgart 1986.
Aue, Hartmann von: Der arme Heinrich [verf. Ende d. 12. Jahrhunderts]. Mittelhochdeutscher Text und Übertragung. Frankfurt am Main 1987.
Augustinus: Confessiones/Bekenntnisse. Lateinisch/Deutsch. Stuttgart 2017.
Basedow, Johann Bernhard: Ausgewählte pädagogische Schriften. Paderborn 1965.
Blake, [William]: When Klopstock England Defied. In: ders.: The Complete Poems, hg. von W. H. Stevenson. London/New York 2007, S. 482–483.
Bobrowski, Johannes: Gesammelte Gedichte. München 2017.
Brecht, Bertolt: Finnische Landschaft. In: ders.: Gesammelte Werke. Bd. 9: Gedichte 2. Frankfurt am Main 1977, S. 822.
Brockes, Barthold Heinrich: Irdisches Vergnügen in Gott, bestehend in Physicalisch- und Moralischen Gedichten, Erster Theil [²1723]. Hamburg 1732 ˂http://diglib.hab.de/drucke/lo-677-1-1/start.htm˃.
Brockes, Barthold Heinrich: Irdisches Vergnügen in Gott, bestehend in Physicalisch- und Moralischen Gedichten, nebst einem Anhange verschiedener dahin gehöriger Übersetzungen. Zweyter Theil [1727]. Hamburg 1734 ˂http://diglib.hab.de/drucke/lo-677-1-3/start.htm˃.
Brockes, Barthold Heinrich: Irdisches Vergnügen in Gott, bestehend in Physicalisch- und Moralischen Gedichten, Sechster Theil. Hamburg 1740 ˂https://www.deutschestextarchiv.de/book/show/brockes_vergnuegen06_1740˃.
Brockes, Barthold Heinrich: Physikalische und moralische Gedanken über die drey Reiche der Natur, Nebst seinen übrigen nachgelassenen Gedichten, als des Irdischen Vergnügens in Gott Neunter und Letzter Theil. Hamburg/Leipzig 1748 ˂https://www.deutschestextarchiv.de/book/view/brockes_vergnuegen09_1748˃.
Büchner, Georg: Lenz. Der hessische Landbote. Stuttgart 1986.
Bürger, Gottfried August: Gedichte, hg. von Jost Hermand. Stuttgart 1981.
Calderón de la Barca, Pedro: La señora y la criada. In: Las Comedias de D. Pedro Calderón de la Barca, hg. von Juan Jorge Keil. Bd. 4. Leipzig 1830, S. 503–526.
Cicero, Tullius: Cato maior de senectute/Cato der Ältere über das Alter. Lateinisch/Deutsch, hg. von Harald Merklin. Stuttgart 1998.
Claudius, Matthias: Aus dem Wandsbecker Boten, hg. von Konrad Nussbächer. Stuttgart 1981.
Dauthendey, Maximilian: Glück. In: Einakter und kleine Dramen des Jugendstils, hg. von Michael Winkler. Stuttgart 1979, S. 25–54.
Des Pedanios Dioskurides aus Anarzabos Arzneimittellehre in fünf Büchern, übers. von Julius Berendes. Stuttgart 1902 ˂https://archive.org/details/despedaniosdios00pedagoog/page/n4/mode/2up˃.

Die Pegnitz-Schäfer. Nürnberger Barockdichtung, hg. von Eberhard Mannack. Stuttgart 1988.
Dioscorides, Pedanios: Kräuterbuch Deß vralten vnd in aller Welt berůhmtesten Griechischen Scribenten PEDACII DIOSCORIDIS ANAZARBÆI, übers. von Johann Danz u. Peter Uffenbach. Frankfurt am Main 1610 ˃https://archive.org/details/despedaniosdios00pedagoog/page/n4/mode/2up˂.
Döhl, Reinhard (Hg.): Hermann Finsterlin. Eine Annäherung. Stuttgart 1988.
Eichendorff, Joseph von: Maria Magdalena [verf. 1808]. In: Werke. Bd. 4: Nachlese der Gedichte. Erzählerische und dramatische Fragmente. Tagebücher 1798 – 1815. München 1980, S. 26 – 28.
Eichendorff, Joseph von: Gedichte. Eine Auswahl. Stuttgart 1975.
Epikur: Von der Überwindung der Furcht. Katechismus · Lehrbriefe · Spruchsammlung · Fragmente. München 1983.
Ergriffenes Dasein. Deutsche Lyrik 1900 – 1950, hg. von Hans Egon Holthusen u. Friedhelm Kemp. Ebenhausen bei München 1953.
Eschenbach, Wolfram von: Parzival. Bd. 1: Buch 1 – 18. Mittelhochdeutsch/Neuhochdeutsch. Stuttgart 1981.
Eschenbach, Wolfram von: Parzival. Bd. 2: Buch 9 – 16. Mittelhochdeutsch/Neuhochdeutsch. Stuttgart 1981.
Euripides: Die Bakchen. Stuttgart 2005.
Faulkner, William: The Sound and the Fury, hg. von Michael Gorra. New York/London 2014.
Fénélon [!], François de Salignac de la Mothe: Voyage dans l'îsle des plaisirs. In: ders.: Œuvres. Bd. 4. Paris 1787, S. 502 – 509.
[Forster, Jakob]: IV. Auszug aus J. Forsters Reise um die Welt. In: Der Neue Teutsche Merkur (1778), H. 3, S. 144 – 164.
Gellert, Christian Fürchtegott: Leben der schwedischen Gräfin von G*** [1750]. Stuttgart 1982.
Goethe, Johann Wolfgang: Götz von Berlichingen [1773]. In: Goethes Werke. Hamburger Ausgabe in 14 Bänden (= HA). Bd. 4: Dramatische Dichtungen. Zweiter Band. Hamburg 1962, S. 73 – 175.
Goethe, Johann Wolfgang: Zueignung [verf. 1784]. In: HA. Bd. 1: Gedichte und Epen. Erster Band. Hamburg 1964, S. 149 – 152.
Goethe, Johann Wolfgang: Die Leiden des jungen Werther [Zweitf. 1787]. In: HA. Bd. 6: Romane und Novellen. Erster Band. Hamburg 1963, S. 7 – 124.
Goethe, Johann Wolfgang: Egmont [1788]. In: HA. Bd. 4, S. 370 – 454.
Goethe, Johann Wolfgang: Unterhaltungen deutscher Ausgewanderten [1795]. In: HA. Bd. 6, S. 125 – 241.
Goethe, Johann Wolfgang: Wilhelm Meisters Lehrjahre [1796]. In: HA. Bd. 7: Romane und Novellen. Zweiter Band. Hamburg 1965.
Goethe, Johann Wolfgang: Die Wahlverwandtschaften [1809]. In: HA. Bd. 6, S. 242 – 490.
Goethe, Johann Wolfgang: Italienische Reise [1816 – 1817]. In: HA. Bd. 11: Autobiographische Schriften. Dritter Band. Hamburg 1964, S. 7 – 349.
Goethe, Johann Wolfgang: Westöstlicher Divan [1819]. In: HA. Bd. 2: Gedichte und Epen. Zweiter Band. Hamburg 1965, S. 7 – 125.
Goethe, Johann Wolfgang: Faust. Eine Tragödie [Ausg. l. Hd.: Erster Teil 1828 – 1829]. In: HA. Bd. 3: Dramatische Dichtungen. Erster Band. Hamburg 1964.
Goethe, Johann Wolfgang: Zweiter römischer Aufenthalt [1829]. In: HA. Bd. 11, S. 350 – 556.
Greiffenberg, Catharina Regina von: Des Allerheiligsten [!] Lebens JESU Christi Ubrige Sechs Betrachtungen. Nürnberg 1693.

Grimmelshausen, Hans Jacob Christoph von: Der abenteuerliche Simplicissimus Teutsch. Stuttgart 2012.
Haeckel, Ernst: Art Forms in Nature. 100 Plates [1899–1904]. New York 1974.
Haller, Albrecht von: Die Alpen und andere Gedichte, hg. von Adalbert Elschenbroich. Stuttgart 2017.
Hammelehle, Sebastian: „… dass sie uns Kindern das Taschengeld aus den Sparbüchsen klaute". Wie viel eigene Familiengeschichte steckt in den Büchern von Bestseller-Autor Ralf Rothmann? Der Spiegel (2.5.2018) ‛https://www.spiegel.de/spiegel/bestseller-autor-ralf-rothmann-ueber-seine-familiengeschichte-a-1205343.html'.
Handke, Peter: Gedicht an die Dauer [1986]. Frankfurt am Main 2009.
Handke, Peter: Lucie im Wald mit den Dingsda. Eine Geschichte. Frankfurt am Main 1999.
Handke, Peter: Zu Ralf Rothmann. Rede zum Hermann-Lenz-Preis 2001. In: ders.: Meine Ortstafeln. Meine Zeittafeln. 1967–2007. Frankfurt am Main 2007, S. 265–271.
Handke, Peter: Versuch über den Stillen Ort. Berlin 2012.
Handke, Peter: Versuch über den Pilznarren. Eine Geschichte für sich. Berlin 2013.
Handke, Peter: Mein Tag im anderen Land. Eine Dämonengeschichte. Berlin 2021.
Handke, Peter u. Peter Hamm: Es leben die Illusionen. Gespräche in Chaville und anderswo. Göttingen 2006.
Handke, Peter u. Adolf Haslinger: Einige Anmerkungen zum Da- und zum Dort-Sein. Ehrendoktorat an Peter Handke durch die Universität Salzburg. Salzburg/Wien 2004.
Handke, Peter, im Gespräch mit Michael Kerbler: … und machte mich auf, meinen Namen zu suchen. Klagenfurt/Celovec 2007.
Hermes Trismegistos: Erkenntniß der Natur und des darin sich offenbarenden großen Gottes, übers. von Aletophilus [1786]. Sauerlach bei München 1997.
Hesse, Hermann: Verlorener Klang [1917]. In: ders.: Die Gedichte, hg. von Volker Michels. Frankfurt am Main 2002, S. 236.
Hesse, Hermann: Die Märchen, hg. von Volker Michels. Frankfurt am Main 2006.
Historia von D. Johann Fausten, hg. von Richard Benz. Stuttgart 1986.
Hoffmann, E.T.A.: Der goldene Topf [1814/1819]. Stuttgart 1994.
Hoffmann, E.T.A.: Klein Zaches genannt Zinnober [1819]. Stuttgart 2014.
Hofmannsthal, Hugo von: Erzählungen. Stuttgart 2014.
Homer: Ilias, hg. von Roland Hampe. Stuttgart 2015.
Homer: Werke in zwei Teilen, hg. von Eduard Stemplinger. Berlin u. a. o. J.
Horaz [Quintus Horatius Flaccus]: Oden und Epoden. Lateinisch/Deutsch, hg. von Bernhard Kytzler. Stuttgart 2015.
Huysmans, Joris-Karl: Gegen den Strich [1884], hg. von Walter u. Myriam Münz. Stuttgart 1992.
Jahnn, Hans Henny: Perrudja. Roman. Hamburg 1998.
Kafka, Franz: Die Verwandlung. In: ders.: Sämtliche Erzählungen, hg. von Paul Raabe. Frankfurt am Main 1980, S. 56–99.
Keller, Gottfried: Der grüne Heinrich, nach der ersten Fassung von 1854/55 hg. von Jörg Drews. Stuttgart 2019.
Kelletat, Alfred (Hg.): Der Göttinger Hain. Hölty – Miller – Stolberg – Voß. Stuttgart 1984.
Kleist, Ewald Christian von: Sämtliche Werke, hg. von Jürgen Stenzel. Stuttgart 1971.
Kleist, Heinrich von: Der Schrecken im Bade. Eine Idylle. In: ders.: Sämtliche Werke und Briefe in vier Bänden, hg. von Helmut Sembdner. München/Wien 1982, Bd. I, S. 15–20.
Klopstock, Friedrich Gottlieb: Der Messias. Gesang I–III [1748]. Stuttgart 1995.
Klopstock, Friedrich Gottlieb: Oden, hg. von Karl Ludwig Schneider. Stuttgart 1986.

Klopstocks gesammelte Werke in vier Bänden, hg. v. Franz Muncker. Bd. 3: Oden und geistliche Lieder in Auswahl. Stuttgart/Berlin 1885.
Langgässer, Elisabeth: Der geistige Raum des christlichen Schriftstellers in Deutschland. In: Akzente (1958), 5. Jg, H. 2, S. 123–132.
Lasker-Schüler, Else: Sämtliche Gedichte. Frankfurt am Main 2004.
Lehmann, Wilhelm: Bukolisches Tagebuch und weitere Schriften zur Natur. Berlin 2017.
Lehmann, Wilhelm: Der Überläufer [verf. 1925–1927]. In: ders.: Gesammelte Werke in acht Bänden. Stuttgart 1982–2009. Bd. 3: Romane II. 1989.
Lehnert, Christian: Aufkommender Atem. Gedichte [2011]. Berlin 2017.
Lehnert, Christian: Cherubinischer Staub. Gedichte. Berlin 2018.
Loerke, Oskar: Die Gedichte. Frankfurt am Main 1984.
Menschheitsdämmerung. Ein Dokument des Expressionismus [1920], hg. von Kurt Pinthus. Berlin 1978.
Minucius Felix, M.: Octavius. Lateinisch/Deutsch, hg. von Bernhard Kytzler. Stuttgart 1977.
Moritz, Karl Philipp: Anton Reiser. Ein psychologischer Roman [1785–1790]. Stuttgart 1980.
Moritz, Karl Philipp: Andreas Hartknopf. Eine Allegorie [1786]/Andreas Hartknopfs Predigerjahre [1790], hg. von Martina Wagner-Egelhaaf. Stuttgart 2001.
Novalis [Hardenberg, Friedrich von]: Heinrich von Ofterdingen. Ein Roman [1802]. Stuttgart 1997.
Ovid [P. Ovidius Naso]: Metamorphosen. Lateinisch/Deutsch. Stuttgart 2015.
Paracelsus [Philippi Theophrasti Paracelsi Bombast]: Liber de occulta philosophia. Auß einem uhralten tractat wegen seiner einhabenden Hochwichtigkeiten von neuem hervor gebracht / und dem curiosen Liebhaber zum offenen Druck befördert von einem unbekanten Philosopho. Ohne Ort 1686 ˇhttps://digital.blbkarlsruhe.de/blbihd/content/titleinfo/4697485ˇ.
Platon: Protagoras. In: ders.: Sämtliche Werke. Bd. 1, hg. von Ursula Wolf. Reinbek bei Hamburg 1994, S. 271–335.
Platon: Hippias I. In: ders.: Sämtliche Werke. Bd. 1, S. 501–540.
Platon: Politeia. In: ders.: Sämtliche Werke. Bd. 2, hg. von Ursula Wolf. Reinbek bei Hamburg 1994, S. 195–537.
Platon: Phaidros. In: ders.: Sämtliche Werke. Bd. 2, S. 538–609.
Platon: Timaios. In: ders.: Sämtliche Werke. Bd. 4, hg. von Ursula Wolf. Reinbek bei Hamburg 1994, S. 11–103.
Plinius der Ältere: Naturalis historia/Naturgeschichte, Lateinisch/Deutsch. Stuttgart 2021.
Poschmann, Marion: Baden bei Gewitter. Roman. Frankfurt am Main 2002.
Poschmann, Marion: Grund zu Schafen. Gedichte. Frankfurt am Main 2004.
Poschmann, Marion: Geistersehen. Gedichte. Berlin 2010.
Poschmann, Marion: Mondbetrachtung in mondloser Nacht. Über Dichtung. Berlin 2016.
Poschmann, Marion: Geliehene Landschaften. Gedichte. Berlin 2016.
Poschmann, Marion: Die Kieferninseln. Roman. Berlin 2017.
Poschmann, Marion: Du ungeseh'ner Blitz. Zur Dichtung Catharina Regina von Greiffenbergs. Heidelberg 2017.
Poschmann, Marion: Nimbus. Gedichte. Berlin 2020.
Poschmann, Marion: Laubwerk. Berlin 2021.
Raabe, Wilhelm: Die schwarze Galeere. Geschichtliche Erzählung [1861]. Stuttgart 1995.
Raabe, Wilhelm: Holunderblüte [1863], hg. von Dieter Arendt. Stuttgart 1996.
Raabe, Wilhelm: Höxter und Corvey. Eine Erzählung [1875]. Nach der Handschrift von 1873/74, hg. von Hans-Jürgen Schrader. Stuttgart 2011.

Raabe, Wilhelm: Horacker [1876]. Stuttgart 1980.
Raabe, Wilhelm: Zum wilden Mann. Eine Erzählung [1884], hg. von Axel Dunker. Stuttgart 2011.
Raabe, Wilhelm: Pfisters Mühle. Ein Sommerferienheft [1884]. Stuttgart 2015.
Raabe, Wilhelm: Das Odfeld. Eine Erzählung [1888]. Stuttgart 2010.
Raabe, Wilhelm: Stopfkuchen. Eine See- und Mordgeschichte [1891]. Stuttgart 2011.
Raabe, Wilhelm: Die Akten des Vogelsangs. Erzählung [1896]. Stuttgart 2017.
Raabe, Wilhelm: Altershausen [verf. 1899–1902]. Stuttgart 1981.
Raabe, Wilhelm: Sämtliche Werke. Dritte Serie. Bd. 3, 4 u. 6. Berlin 1916.
Reuental, Neidhart von: Lieder, hg. von Helmut Lomnitzer. Stuttgart 1984.
Richter, Jean Paul: Leben des Quintus Fixlein, aus funfzehn Zettelkästen gezogen; nebst einem Musteil und einigen Jus de tablette. Stuttgart 2008.
Rilke, Rainer Maria: Die Aufzeichnungen des Malte Laurids Brigge [1910], hg. von Hansgeorg Schmidt-Bergmann. Berlin 2000.
Rilke, Rainer Maria: Duineser Elegien. Die Sonette an Orpheus [1923]. Frankfurt am Main 1977.
Rothmann, Ralf: Kratzer und andere Gedichte. Frankfurt am Main 1987.
Rothmann, Ralf: Wäldernacht. Frankfurt am Main 1996.
Rothmann, Ralf: Feuer brennt nicht. Frankfurt am Main 2009.
Rothmann, Ralf: Shakespeares Hühner. Berlin 2012.
Scheffler, Hermann: Pia. In: Die Frauen-Illustrierte (1928), H. 12, S. 17 ˆhttps://digital.zlb.de/viewer/image/15599725_1928/285/ˆ.
Schnabel, Johann Gottfried: Insel Felsenburg, hg. von Volker Meid u. Ingeborg Springer-Strand. Stuttgart 1982.
Shakespeare, William: Twelfth Night [1602], hg. von J. M. Lothian u. T. W. Craik. London/New York 1975.
Shakespeare, William: The Tempest [1611], hg. von Virginia Mason Vaughan u. Alden T. Vaughan. London u. a. 2011.
Silesius, Angelus [Johannes Scheffler]: Cherubinischer Wandersmann. Kritische Ausgabe, hg. von Louise Gnädinger. Stuttgart 2000.
Sophokles: Antigone [uraufg. um 443/442 v. Chr.]. Tragödie, hg. von Mario Leis u. Nancy Hönsch. Stuttgart 2019.
Sophokles: Philoktet [uraufg. 409 v. Chr.], hg. von Paul Dräger. Stuttgart 2012.
Stadler, Ernst: Der Aufbruch und andere Gedichte, hg. von Heinz Rölleke. Stuttgart 2014.
Stifter, Adalbert: Brigitta. Stuttgart 1974.
Straßburg, Gottfried von: Tristan, Band 1: Text Mittelhochdeutsch/Neuhochdeutsch Verse 1–9982. Stuttgart 1984.
Straßburg, Gottfried von: Tristan, Band 2: Text Mittelhochdeutsch/Neuhochdeutsch Verse 9983–19548. Stuttgart 2014.
Swift, Jonathan: Gulliver's Travels [1726], hg. von Albert J. Rivero. London 2001.
Tertullian: Vom Kranze des Soldaten. In: Tertullians ausgewählte Schriften. Kempten/München 1915, S. 576–609.
Theokrit: Gedichte. Griechisch/Deutsch, hg. von Regina Höschele. Stuttgart 2016.
Tieck, Ludwig: Prinz Zerbino oder Die Reise nach dem guten Geschmack. Berlin 1828.
Vergil [P. Vergilius Maro]: Bucolica. Hirtengedichte [verf. 42–39 v. Chr.], hg. von Michael von Albrecht. Stuttgart 2015.
Vergil [P. Vergilius Maro]: Georgica. Vom Landbau [verf. 37–29 v. Chr.], hg. von Otto Schönberger. Stuttgart 2010.

Vergil [P. Vergilius Maro]: Aeneis [verf. 29–19 v. Chr.]. Lateinisch/Deutsch, hg. von Edith u. Gerhard Binder. Stuttgart 2012.

Virgilio, Giovanni di: an Dante Alighieri. In: Dante Alighieri's lyrische Gedichte und poetischer Briefwechsel, hg. von Carl Krafft. Regensburg 1859, S. 345–352 "https://archive.org/details/bub_gb_oVpMzENKNPIC/page/347/mode/2up".

Voltaire: Candide ou l'Optimisme [1759], hg. von Thomas Baldischwieler. Stuttgart 1991.

Voß, Johann Heinrich: Luise. Ein ländliches Gedicht; Idyllen. Leipzig 1869.

Wagner, Richard: Tristan und Isolde. Handlung in drei Aufzügen, hg. von Wilhelm Zentner. Stuttgart 1984.

Wieland, Christoph Martin: Geschichte des Agathon [1766–1767]. Stuttgart 1979.

Wieland, Christoph Martin: Musarion oder Die Philosophie der Grazien [1768], hg. von Alfred Anger. Stuttgart 1979.

Wieland, Christoph Martin: Betrachtungen über J. J. Rousseaus ursprünglichen Zustand des Menschen [1770]. In: C. M. Wielands sämmtliche Werke. Bd. 14: Beyträge zur geheimen Geschichte der Menschheit. Leipzig 1795, S. 145–212.

Wieland, Christoph Martin: Geschichte der Abderiten [1781]. Stuttgart 1984.

Zimmermann, Karl [Käthe Jatho-Zimmermann]: Der Hauptmann Deutschle. Ein Buch für Enkel. Zürich 1919.

Zweig, Stefan: Die Welt von gestern. Erinnerungen eines Europäers [1942]. Berlin/Weimar 1990.

# Forschungsliteratur

Adorno, Theodor W.: Minima Moralia [1951]. Frankfurt am Main 2020.

Alt, Peter-André: Aufklärung. Stuttgart/Weimar 1996.

Ariès, Philippe: Geschichte des Todes. München 2009.

Auerbach, Erich: Der Auszug des höfischen Ritters. In: ders.: Mimesis. Dargestellte Wirklichkeit in der abendländischen Literatur. Bern $^2$1959, S. 120–138.

Babilon, Daniela: The Power of Smell in American Literature. Odor, Affect, and Social Inequality. Frankfurt am Main u. a. 2017.

Baßler, Moritz: Figurationen der Entsagung. Zur Verfahrenslogik des Spätrealismus bei Wilhelm Raabe. In: Jahrbuch der Raabe-Gesellschaft 2010, hg. von Dirk Göttsche und Ulf-Michael Schneider. Berlin u. a. 2010, S. 63–80.

Becker, Leon Dische: Das Rasta-Wunder. In: Akzente (2019), H. 1, S. 27–48.

Berger, Maurice: Forms of Violence. Neo-Dada Performance. In: Susan Hapgood (Hg.): Neo-Dada. Redefining Art 1958–62. New York 1994, S. 66–83.

Berghahn, V. R.: Modern Germany. Society, Economy and Politics in the Twentieth Century. Cambridge 1987.

Bishop, Paul: Rilke: Thought and Mysticism. In: The Cambridge Companion to Rilke, hg. von Karen Leeder u. Robert Vilain. Cambridge 2010, S. 159–173.

Borloz, Sophie-Valentine: „We are beginning to suffer indigestion from the flowers of innocence": The Subversion of Floral Fragrance in French Literature of the End of the Nineteenth Century. In: Herold u. Krause (Hg.), S. 107–126.

Bradley, Mark: Foul Bodies in Ancient Rome. In: ders. (Hg.), S. 133–145.

Bradley, Mark (Hg.): Smell and the Ancient Senses. London/New York 2015.

Brant, Clare: Fume and Perfume: Some Eighteenth-Century Uses of Smell. In: Journal of British Studies (2004), H. 4, S. 444–463.
Braungart, Wolfgang: Georg Heym: *Versuch einer neuen Religion* (1909). Mit einem Blick auf Hölderlin (*Über Religion, Ältestes Systemprogramm*). In: Literatur für Leser (3/2018), S. 225–237.
Brinker-von der Heyde, Claudia: Geliebte Mütter – Mütterliche Geliebte. Rolleninszenierung in höfischen Romanen. Bonn 1996.
Brøndegaard, Vagn J.: Stinksvampen. Ikke for sarte næser og øjne. In: Etnobotanik. Planter i skik og brug, i historien og i folkemedicinen. Vagn J. Brøndegaards biografi, bibliografi og artikler i udvalg på dansk, hg. von Håkan Tunón. Uppsala: Centrum för biologisk mångfald; Stockholm 2015. Bd. 2, S. 1068–1074.
Burdorf, Dieter, Christoph Fasbender u. Burkhard Moennighoff (Hg.): Metzler Lexikon Literatur: Begriffe und Definitionen. Stuttgart/Weimar ³2007.
Butler, Shane: Making Scents of Poetry. In: Bradley (Hg.), S. 74–89.
Canova-Green, Marie-Claude: Faire le roi. L'autre corps de Louis XIII. Paris 2018.
Carlisle, Janice: The Smell of Class: British Novels of the 1860s. In: Victorian Literature and Culture (2001), S. 1–19.
Carlisle, Janice: Common Scents. Comparative Encounters in High-Victorian Fiction. Oxford 2004.
Chinca, Mark: Der Horizont der Transzendenz. Zur poetologischen Funktion sakraler Referenzen in den Erec-Romanen Chrétiens und Hartmanns. In: Susanne Köbele u. Bruno Quast (Hg.): Literarische Säkularisierung im Mittelalter. Berlin 2014, S. 21–38.
Classen, Constance, David Howes u. Anthony Synnott: Aroma. The Cultural History of Smell. London 1994.
Clements, Ashley: Divine Scents and Presence. In: Bradley (Hg.), S. 46–59.
Corbin, Alain: Pesthauch und Blütenduft. Eine Geschichte des Geruchs [frz. 1982]. Berlin 1984.
Corrente, Giulia: The „Persistence" of an Ancient Perfume. The Rose of Paestum. In: Grand-Clément u. Ribeyrol (Hg.), S. 174–192.
Damian, Peter u. Kate Damian: Environmental Fragrancing. In: Drobnick (Hg.), S. 148–160.
Dartnell, Lewis: Origins. How the Earth Shaped Human History [2019]. London 2020.
Davies, Paul C.: Augustan Smells. In: Essays in Criticism (1975), H. 4, S. 395–406.
Dawson, Jim: Who Cut the Cheese? A Cultural History of the Fart [1999]. Berkeley 2018.
Declercq, Amandine: The Frangrance of Ancient Kyphi. An Experimental Workshop (Interview). In: Grand-Clément u. Ribeyrol (Hg.), S. 193–204.
Delville, Michel: Senses. In: Sascha Bru, Ben De Bruyn and Michel Delville (Hg.): Literature Now. Key Terms and Methods for Literary History. Edinburgh 2016, S. 87–97.
Delville, Michel: The Smell of Disgust: Modernism and the Social Politics of Olfaction. In: Herold u. Krause (Hg.), S. 35–54.
Deneke, B.: Fegfeuer. [2] Volksglauben. In: Lexikon des Mittelalters. 10 Bde, hg. von Robert-Henri Bautier. Bd. 4: Erzkanzler–Hiddensee, hg. von Robert Auty. München/Zürich 1989, Sp. 330–331.
Deutsches Wörterbuch. Elektronische Ausgabe der Erstbearbeitung von Jacob Grimm und Wilhelm Grimm (DWB), hg. vom Kompetenzzentrum für elektronische Erschließungs- und Publikationsverfahren in den Geisteswissenschaften an der Universität Trier in Verbindung mit der Berlin-Brandenburgischen Akademie der Wissenschaften. Frankfurt am Main 2004.
Diaconu, Mădălina: Tasten – Riechen – Schmecken. Eine Ästhetik der anästhesierten Sinne. Würzburg 2005.

Diaconu, Mădălina: Mapping Urban Smellscapes. In: dies., Eva Heuberger, Ruth Mateus-Berr u. Lukas Marcel Vosicky (Hg.): Senses and the City. An Interdisciplinary Approach to Urban Sensescapes. Wien/Berlin 2011, S. 223–238.

Diaconu, Mădălina: Wenn Museen beginnen zu atmen. Möglichkeiten und Herausforderungen der Duftgestaltung von Ausstellungen (unveröff. Ms. 2017) ʿhttps://www.researchgate.net/publication/317095709_Wenn_Museen_beginnen_zu_atmen_Moglichkeiten_und_Herausforderungen_der_Duftgestaltung_von_Ausstellungen)ʾ.

Diaconu, Mădălina: Being and Making the Olfactory Self. Lessons from Contemporary Artistic Practices. In: Nicola Di Stefano u. Maria Teresa Russo (Hg.): Olfaction. An Interdisciplinary Perspective from Philosophy to Life Sciences. Cham 2022, S. 55–73.

Dräger, Paul: Nachwort. In: Sophokles: Philoktet, S. 129–141.

Drobnick, Jim (Hg.): The Smell Culture Reader. Oxford/New York 2006.

Dürbeck, Gabriele u. Christine Kanz: Gibt es ein deutschsprachiges Nature Writing? Gebrochene Traditionen und transnationale Bezüge. In: dies. (Hg.), S. 1–38.

Dürbeck, Gabriele u. Christine Kanz (Hg.): Deutschsprachiges Nature Writing von Goethe bis zur Gegenwart. Kontroversen, Positionen, Perspektiven. Stuttgart 2020.

Ehrenpreis, Irvin: Show and Tell in *Gulliver's Travels*. In: Swift: Gulliver's Travels, S. 450–467.

Elsner, Margaret Day: From Gorgons to Goop. Scent Therapy and the Smell of Transformation in Antiquity and the Holistic Health Movement. In: Grand-Clément u. Ribeyrol (Hg.), S. 77–99.

Emmerich, Wolfgang: Kleine Literaturgeschichte der DDR. Leipzig 1996.

Experiment Kalltalgemeinschaft. Die Kölner Progressiven in Simonskall 1919–1921, hg. von Reinhard Schilf. Weilerswist 2008.

Expressionismus (2023), H. 18.

Fick, Monika: Sinnenwelt und Weltseele. Der psychophysische Monismus in der Literatur der Jahrhundertwende. Tübingen 1993.

Fick, Monika: Sinnstiftung durch Sinnlichkeit. Monistisches Denken um 1900. In: Wolfgang Braungart, Gotthard Fuchs u. Manfred Koch (Hg.): Ästhetische und religiöse Erfahrungen der Jahrhundertwenden. Bd. II: um 1900. Paderborn u. a. 1998, S. 69–83.

Freitag, Klaus: Zwischen religiösen Tabus, ökonomischen Rahmenbedingungen und politischer Instrumentalisierung: Das schwierige Verhältnis der Griechen zum toten Körper. In: Dominik Groß u. Jasmin Grande (Hg.): Objekt Leiche. Technisierung, Ökonomisierung und Inszenierung toter Körper. Frankfurt am Main/New York 2010.

Frick, Werner: Providenz und Kontingenz. Untersuchungen zur Schicksalssemantik im deutschen und europäischen Roman des 17. und 18. Jahrhunderts. 2 Bde. Tübingen 1988.

Friedman, Emily C.: Reading Smell in Eighteenth-Century Fiction. Lewisburg 2016.

Gehrke, Manfred: Probleme der Epochenkonstituierung des Expressionismus. Diskussion von Thesen zur epochenspezifischen Qualität des Utopischen. Frankfurt am Main u. a. 1990.

Glaser, Hermann: Kleine Kulturgeschichte der Bundesrepublik Deutschland 1945–1989. Bonn ²1991.

Görner, Rüdiger: Das parfümierte Wort. Die fünf Sinne in literarischer Theorie und Praxis. Baden-Baden 2014.

Graham, Mark: Queer Smells: Fragrances of Late Capitalism or Scents of Subversion? In: Drobnick (Hg.), S. 305–319.

Grand-Clément, Adeline u. Charlotte Ribeyrol (Hg.): The Smells and Senses of Antiquity in the Modern Imagination. London u. a. 2022.

Gray, Richard T.: The Dialectic of „Enscentment": Patrick Süskind's Perfume as Critical History of Enlightenment Culture. In: Drobnick (Hg.), S. 235–253.

Green, Deborah A.: Fragrance in the Rabbinic World. In: Bradley (Hg.), S. 146–157.
Guggenheim, William u. Judith Guggenheim: Olfactory After-Death Communications. In: Drobnick (Hg.), S. 427–430.
Gumbrecht, Hans Ulrich: Crowds. Das Stadion als Ritual von Intensität. Frankfurt am Main 2020.
Habermas, Jürgen: Die Moderne – ein unvollendetes Projekt [1980]. In: ders.: Die Moderne – ein unvollendetes Projekt. Philosophisch-politische Aufsätze. Leipzig 1994, S. 32–54.
Habermas, Jürgen: Theorie des kommunikativen Handelns [1981]. 2 Bde. Frankfurt am Main 1988.
Habermas, Jürgen: Die neue Intimität zwischen Politik und Kultur. In: Die Zukunft der Aufklärung, hg. von Jörn Rüsen, Eberhard Lämmert u. Peter Glotz. Frankfurt am Main 1988, S. 59–68.
Habermas, Jürgen: Nachmetaphysisches Denken II. Berlin 2012.
Haferland, Harald: Säkularisierung als Literarisierung von Glaubenselementen der Volkskultur. Wiedergänger und Vampire in der *Krone* Heinrichs von dem Türlin und im Märe von der *Rittertreue* bzw. im *Märchen vom dankbaren Toten*. In: Köbele u. Quast (Hg.), S. 105–138.
Hamanaka, Haru: *Körper* und *Sinne* in der deutschen Gartenliteratur um 1800. In: Neue Beiträge zur Germanistik (2004), H. 1, S. 32–46.
Hapgood, Susan: Arman (Interview, New York City, 4 November 1992). In: dies. (Hg.): Neo-Dada. Redefining Art 1958–62. New York 1994, S. 106–113.
Harvey, Susan Ashbrook: Scenting Salvation. Ancient Christianity and the Olfactory Imagination. Berkeley u. a. 2006.
Hausmann, Albrecht: Erzählen diesseits göttlicher Autorisierung: *Tristan* und *Erec*. In: Köbele u. Quast (Hg.), S. 65–86.
Heidegger, Martin: Die onto-theo-logische Verfassung der Metaphysik. In: ders.: Identität und Differenz [1957]. Pfullingen 1982, S. 31–67.
Henne, Hermann: Nachwort. In: Aue: Der Arme Heinrich, S. 85–95.
Herold, Katharina: „European noses […] have never smelt anything like it": Satirical Scents in Paul Scheerbart's Decadent Orient. In: Herold u. Krause (Hg.), S. 127–144.
Herold, Katharina u. Frank Krause (Hg.): Smell and Social Life: Aspects of English, French, and German Literature (1880–1939). München 2021.
Hirsch, Alan H.: Nostalgia, the Odors of Childhood and Society. In: Drobnick (Hg.), S. 187–189.
Hödl, L.: Arme Seelen. In: Lexikon des Mittelalters. 10 Bde, hg. von Robert-Henri Bautier. Bd. 1: Aachen–Bettelordenskirchen, hg. von Robert Auty. München/Zürich 1980, Sp. 971–973.
Honneth, Axel: Der arbeitende Souverän. Eine normative Theorie der Arbeit. Berlin 2023.
Horkheimer, Max u. Theodor W. Adorno: Dialektik der Aufklärung. Philosophische Fragmente [1947]. Frankfurt am Main 1984.
Jaeger, Hans: Geschichte der Wirtschaftsordnung in Deutschland. Frankfurt am Main 1988.
Jaspers, Karl: Vom Ursprung und Ziel der Geschichte [1949]. KJG I/10. Basel 2017.
Johansen, Thomas K.: Aristotle on the Sense of Smell. In: Phronesis (1996), H. 1, S. 1–19.
Kant, Immanuel: Kritik der reinen Vernunft 1 [1781/1789]. Frankfurt am Main 1981.
Kemper, Hans-Georg: Deutsche Lyrik der frühen Neuzeit, Bd. 3: Barock-Mystik. Tübingen 1988.
Kemper, Hans-Georg: Deutsche Lyrik der frühen Neuzeit, Bd. 5/II: Frühaufklärung. Tübingen 1991.
Kemper, Hans-Georg: Deutsche Lyrik der frühen Neuzeit, Bd. 6/I: Empfindsamkeit. Tübingen 1997.
Kemper, Hans-Georg: Deutsche Lyrik der frühen Neuzeit, Bd. 6/II: Sturm und Drang. Tübingen 2002.
Kemper, Hans-Georg: Von der Reformation bis zum Sturm und Drang (Geschichte der deutschen Lyrik. Bd. 2). Stuttgart 2012.
Kemper, Hans-Georg: Droge Trakl. Rauschträume und Poesie. Salzburg/Wien 2014.
Kiesel, Helmuth: Geschichte der deutschsprachigen Literatur 1918–1933. München 2017.

Kimber, Ida M.: Barthold Heinrich Brockes. Two Unacknowledged Borrowings. In: The Modern Language Review (1969), H. 4, S. 806–808.
Kimpel, Dieter: Der Roman der Aufklärung (1670–1774). Stuttgart 1977.
Kirsch, Hans-Christian: Elisabeth Langgässer. Literatur und Landschaft. Ingelheim 2004.
Knox, Bernard: Introduction. In: Sophocles: The Three Theban Plays. Antigone, Sophocles, Oedipus at Colonus. Harmondsworth 1984, S. 35–53.
Köbele, Susanne u. Bruno Quast (Hg.): Literarische Säkularisierung im Mittelalter. Berlin 2014.
Köhn, Lothar: Überwindung des Historismus. Zu Problemen einer Geschichte der deutschen Literatur zwischen 1918–1933 (Erster Teil). In: Deutsche Vierteljahrsschrift für Literatur und Geistesgeschichte (48/1974), S. 704–766 u. Zweiter Teil. In: DVjs (49/1975), S. 94–165.
Kohl, Stephan. Realismus: Theorie und Geschichte. München 1977.
Korte, Hermann: Lyrik am Ende der Weimarer Republik. In: Literatur der Weimar Republik 1918–1933. München/Wien 1995, S. 601–635.
Kramer, Andreas: Rilke and Modernism. In: The Cambridge Companion to Rilke, hg. von Karen Leeder u. Robert Vilain. Cambridge 2010, S. 113–130.
Kramer, Andreas: „Dada smells like nothing". Sniffing out the Dada Corpus. In: Herold u. Krause (Hg.), S. 210–226.
Krause, Frank: Sakralisierung unerlöster Subjektivität. Zur Problemgeschichte des zivilisations- und kulturkritischen Expressionismus. Frankfurt am Main u. a. 2000.
Krause, Frank: Von der Theodizee-Krise zur ästhetischen Anthropodizee. Literarische Modernität in Romanen der Aufklärung. In: German Life and Letters (2002), H. 1, S. 1–23.
Krause, Frank: Klangbewußter Expressionismus. Moderne Techniken des rituellen Ausdrucks. Berlin 2006.
Krause, Frank: Mütterlichkeit unter Geliebten und Kameraden. Zeitdiagnosen über Genderkrisen in deutscher und englischer Prosa. Göttingen 2014.
Krause, Frank: Literarischer Expressionismus. Göttingen 2015.
Krause, Frank: Geruchslandschaften mit Kriegsleichen. Deutsche, englische und französische Prosa zum Ersten Weltkrieg. Göttingen 2016.
Krause, Frank: The Stench of Corpses: On the Poetic Coding of Smell in the Literature of the Great War (1914–1933). In: The Intellectual Response to the First World War. How the Conflict Impacted on Ideas, Methods and Fields of Inquiry, ed. by Sarah Posman, Cedric Van Dijck u. Marysa Demoor. Brighton u. a. 2017, S. 171–184.
Krause, Frank: Geruch der Utopie. Messianische Baumeister in Schriften der „Gläsernen Kette" (1919/20). In: Joachim Henneke, Dagmar Kift u. Thomas Schleper (Hg.): die welt neu denken. Beiträge aus dem Eröffnungssymposion „100 jahre bauhaus im westen". Münster 2020, S. 221–227.
Krause, Frank: Barthold Heinrich Brockes und das Nature Writing. In: Dürbeck und Kanz (Hg.), S. 39–55.
Krause, Frank: Smell-Sound Synaesthesia as Revelatory Medium. A Brief History with Emphasis on German Literature (1900–1930). In: Perras u. Wicky (Hg.): Mediality of Smells/Médialité des Odeurs, S. 323–340.
Krause, Frank: „Follow the scent: one will seldom err": The Stench of Failed Nietzschean Practice in André Gide's *The Immoralist* (1902) and Thomas Mann's *Death in Venice* (1912). In: Herold u. Krause (Hg.), S. 267–284.
Krause, Frank: „sie werden in dionysischen Sandalen stinken ..." Zur Problemgeschichte von Geruchsmotiven im Werk von Carl Einstein. In: juni (2022), H. 59/60, S. 99–104.

Krause, Frank: Avantgarde, Olfaktion und Vernetzung: *Die Vergiftung* (1920) von Maria Lazar (1895–1948). In: Zagreber germanistische Beiträge (2023), H. 23 (im Erscheinen).
Krause, Frank: Leichengeruch im Ersten Weltkrieg. Zur Inszenierung affektiver Höhepunkte abstoßender Weltbeziehungen im literarischen Expressionismus. In: Expressionismus (2023), H. 18 (im Erscheinen).
Lahouati, Gérard: „Un français parfumé." Casanova. In: Littérature: Sociabilités du parfum (2017), H. 2, S. 9–23.
Lamoine, Georges: Notes on Religion in *Gulliver's Travels*. In: Caliban (1973), H. 10, S. 23–33.
Largier, Niklaus: Säkularisierung? Mystische Kontemplation und ästhetisches Experiment. In: Köbele u. Quast (Hg.), S. 357–369.
Le Guérer, Annick: Scent. The Mysterious and Essential Powers of Smell [frz. 1988]. New York 1992.
Lethen, Helmut: Verhaltenslehren der Kälte. Lebensversuche zwischen den Kriegen. Frankfurt am Main 1994.
Lexer, Matthias: Mittelhochdeutsches Taschenwörterbuch. Stuttgart 1979.
Link, Jürgen: Literaturwissenschaftliche Grundbegriffe. Eine programmierte Einführung auf strukturalistischer Basis. München ²1979.
Littérature: Sociabilités du parfum (2017), H. 2.
Malkmus, Bernhard: Maikäfer flieg! Das Sterben der Arten und das Schweigen der Literaten. In: Merkur (2018), H. 2, S. 34–43.
Malkmus, Bernhard: „Wir leben vom Nichterklärten". Wilhelm Lehmanns Bukolisches Tagebuch erscheint in einer bibliophilen Neuausgabe. In: Ecozon@ (2018), H. 1, S. 151–156.
Malkmus, Bernhard: Wilhelm Lehmann. Nature Writing als Verhaltenslehre. In: Dürbeck u. Kanz (Hg.), S. 207–226.
Marcuse, Herbert: Eros and Civilisation [1955]. London 1973.
Martens, Gunter: Vitalismus und Expressionismus. Ein Beitrag zur Genese und Deutung expressionistischer Stilstrukturen und Motive. Stuttgart, Berlin, Köln u. Mainz 1971.
Martin, Alexander M.: Sewage and the City: Filth, Smell, and Representations of Urban Life in Moscow, 1770–1880. In: The Russian Review (2008), H. 2, S. 243–274.
Marx, Karl: Ökonomisch-philosophische Manuskripte aus dem Jahre 1844. In: Karl Marx. Friedrich Engels. Werke, hg. vom Institut für Geschichte der Arbeiterbewegung Berlin, Bd. 40. Berlin 1990, S. 465–588.
Maxwell, Catherine: Scents and Sensibility. Perfume in Victorian Literary Culture. Oxford 2017.
Maxwell, Catherine: „Unguent from a Carven Jar". Odour and Perfume in Arthur Machen's *The Hill of Dreams* (1907). In: Adeline Grand-Clément u. Charlotte Ribeyrol (Hg.), S. 27–51.
Melzer, Gerhard: „Lebendigkeit: ein Blick genügt." Zur Phänomenologie des Schauens bei Peter Handke. In: ders. u. Jale Tükel (Hg.): Die Arbeit am Glück. Peter Handke. Königstein/Ts. 1985.
Menninghaus, Winfried: Ekel. Theorie und Geschichte einer starken Empfindung. Frankfurt am Main 2002.
Mertens, Volker: Frömmigkeit mit allen Sinnen. Mediologische Paradigmen. In: Albrecht Greule, Hans-Walter Herrmann, Klaus Ridder u. Andreas Schorr (Hg.): Studien zur Literatur, Sprache und Geschichte in Europa. Festschrift für Wolfgang Haubrichs zum 65. Geburtstag. St. Ingbert 2008, S. 143–159.
Moritz, Julia: Inbegriff der Kunst. Die Verwandlung von Zeit und Raum durch die Musik. Metamorphosen des Chronotopos und Paradoxien der Sujet-Gestaltung bei Hermann Hesse. In: Hermann Hesse und die literarische Moderne. Kulturwissenschaftliche Facetten einer

literarischen Konstante im 20. Jahrhundert, hg. von Andreas Solbach. Frankfurt am Main 2004, S. 305–321.
Muchembled, Robert: Smells. A Cultural History of Odours in Early Modern Times. Cambridge 2020.
Pasewalck, Silke: „Die fünffingrige Hand". Die Bedeutung der sinnlichen Wahrnehmung beim späten Rilke. Berlin/New York 2002.
Paterson, Mark W. D.: Digital Scratch and Virtual Sniff: Simulating Scents. In: Drobnick (Hg.), S. 358–367.
Perras, Jean-Alexandre u. Érika Wicky (Hg.): Mediality of Smells/Médialité des Odeurs. Oxford 2021.
Pichler, Georg: Die Beschreibung des Glücks. Peter Handke. Eine Biographie. Wien 2002.
Pieper, Thomas: Überwindung des Welt-Leids. Loerkes Lyrik im Spannungsfeld zwischen Nietzsche und Schopenhauer. Frankfurt am Main u.a. 1992.
Pisano, Giusy u. Érika Wicky: Concerts olfactifs fin-de-siècle. Les parfums entre vibrations et matière. In: Perras u. Wicky (Hg.): Mediality of Smells/Médialité des Odeurs, S. 323–340.
Reichlin, Susanne: Interferenzen und Asymmetrien. Zu einigen Kreuzliedstrophen Hartmanns und Reinmars. In: Köbele u. Quast (Hg.), S. 175–195.
Rickenbacher, Sergej: Literary Halitosis: Bad Breath and Odol in German Literature around 1900. In: Herold u. Krause (Hg.), S. 145–160.
Rindisbacher, Hans J.: The Smell of Books. A Cultural-Historical Study of Olfactory Perception in Literature. Ann Arbor, MI 1992.
Robinson, Katelynn: The Sense of Smell in the Middle Ages. A Source of Certainty. London/New York 2020.
Rosa, Hartmut: Resonanz. Eine Soziologie der Weltbeziehung [2016]. Frankfurt am Main 2019.
Rosa, Hartmut: Unverfügbarkeit [2018]. Berlin 2000.
Roubin, Lucienne A.: Fragrant Signals and Festive Spaces in Eurasia. In: Drobnick (Hg.), S. 128–136.
Schnell, Ralf: Literarische Innere Emigration 1933–1945. Stuttgart 1976.
Schröder, Simone: From Both Sides Now. Nature Writing auf Literaturfestivals. In: Dürbeck u. Kanz (Hg.), S. 317–333.
Schwienhorst-Schönberger, Ludger: Ein Weg durch das Leid: Das Buch Ijob. Freiburg im Breisgau u.a. 2007.
Serres, Michel: Die fünf Sinne. Eine Philosophie der Gemenge und Gemische [frz. 1985]. Frankfurt am Main 1998.
Shiner, Larry: Art Scents. Exploring the Aesthetics of Smell and the Olfactory Arts. Oxford 2020.
Smith, Barry C.: The Hidden Sense of Smell. Recent Scientific Findings. In: Herold u. Krause (Hg.), S. 22–34.
Sprengel, Peter: Geschichte der deutschsprachigen Literatur 1870–1900. Von der Reichsgründung bis zur Jahrhundertwende. München 1998.
Stevick, Philip: The Augustan Nose. In: University of Toronto Quarterly (1965), H. 2, S. 110–117.
Stokes, Adrian: Strong Smells and Polite Society. In: Encounter (1961), H. 9, S. 50–56.
Stucki, Yasuko: Yeats's Drama and the Nō. A Comparative Study in Dramatic Theories. In: Modern Drama (1966), H. 1, S. 101–122.
Sutherland, John: Orwell's Nose. A Pathological Biography. London 2016.
Swann, Elizabeth L.: God's Nostrils: The Divine Senses in Early Modern England. In: Robin Macdonald, Emilie K. M. Murphy u. Elizabeth L. Swann (Hg.): Sensing the Sacred in Medieval and Early Modern Culture. Abingdon 2018, S. 220–244.
Szarke, Margot: Modern Sensitivity. Émile Zola's Synaesthetic Cheeses. In: French Studies (2020), H. 2, S. 203–222.

Tellenbach, Hubert: Geschmack und Atmosphäre. Medien menschlichen Elementarkontaktes. Salzburg 1968.
Toner, Jerry: Smell and Christianity. In: Bradley (Hg.), S. 158–170.
Treu, Martina: Incense on the Grass. A Strongly Perfumed *Libation Bearers* (1999). In: Grand-Clément u. Ribeyrol (Hg.), S. 224–242.
Tullett, William: Smell in Eighteenth-Century England. A Social Sense. Oxford 2019.
Utz, Peter: Das Auge und das Ohr im Text. Literarische Sinneswahrnehmung in der Goethezeit. München 1990.
Verzeichnis der Bibliothek des verewigten Herrn Hofraths Wieland, welche den 3. April 1815 und die folgende Tage, gegen gleich baare Bezahlung, zu Weimar öffentlich versteigert werden soll. Weimar 1814.
Vicci, Raffaella: „Balsama et Crocum per Gradus Theatri Fluere Iussit" (HA HADR. 19.5). The Contemporary Reception of Smells and Senses in the Roman Theater. In: Grand-Clément u. Ribeyrol (Hg.), S. 207–223.
Vietta, Silvio: Die literarische Moderne. Eine problemgeschichtliche Darstellung der deutschsprachigen Literatur von Hölderlin bis Thomas Bernhard. Stuttgart 1992.
Vietta, Silvio: Wie die Natur zur Sprache bringen? Novalis' Lehrlinge zu Sais. In: Dürbeck und Kanz (Hg.), S. 75–93.
Vietta, Silvio u. Hans-Georg Kemper: Expressionismus. München 1996.
Vinge, Louise: The Five Senses. Studies in a Literary Tradition. Lund 1975.
Waldenfels, Bernhard: Die Herkunft der Normen aus der Lebenswelt. In: ders.: In den Netzen der Lebenswelt. Frankfurt am Main 1985, S. 129–149.
Weber, Sandra T. u. Eva Heuberger: Smell and Be Well – Influence of Ambient Odors on Basic Emotions and Affect. In: Mădălina Diaconu, Eva Heuberger, Ruth Mateus-Berr u. Lukas Marcel Vosicky (Hg.): Senses and the City. An Interdisciplinary Approach to Urban Sensescapes. Wien/Berlin 2011, S. 165–188.
Weilandt, Maria: Stereotyped Scents and „Elegant Reality" in Edmond de Goncourt's *Chérie* (1884). In: Herold u. Krause (Hg.), S. 55–66.
Weston, Jessie L.: From Ritual to Romance [1920]. Garden City, NY 1957.
Wilk, Elvia: Und das Wort ward frisch. In: Akzente (2019), H. 1, S. 20–26.
Zumbusch, Cornelia: Die Immunität der Klassik. Berlin 2012.

# Personenregister

Adelung, Johann Christoph  123
Adorno, Theodor W.  101, 104, 214, 259
Alighieri, Dante  150
Angelus Silesius → Scheffler, Johannes
Ariès, Philippe  41
Aristoteles  2, 35, 52, 60–62, 64
Auerbach, Erich  30, 240
Augustinus  25 f., 40, 47, 49, 57, 67, 74, 141, 150, 223, 258

Baßler, Moritz  169
Becher, Johannes R.  16, 198 f.
Becker, Leon Dische  266
Berghahn, V. R.  228
Birken, Sigmund von  56–58
Bishop, Paul  191 f.
Bismarck, Otto von  178
Blake, William  109 f.
Bobrowski, Johannes  218, 224–229, 255
Bodmer, Johann Jakob  94, 104
Borloz, Sophie-Valentine  261
Bradley, Mark  16, 19, 23, 26 f., 32, 35 f.
Brant, Clare  16, 155
Braungart, Wolfgang  1, 184, 257 f.
Brecht, Bertolt  255
Brockes, Barthold Heinrich  3 f., 6–8, 11, 14, 49, 51, 59–70, 83, 85 f., 94, , 250, 254
Brøndegaard, Vagn J.  237 f.
Bru, Sascha  149
Büchner, Georg  164 f.
Burdorf, Dieter  104
Bürger, Gottfried August  4, 6–8, 11, 132–134
Butler, Shane  36

Calderón de la Barca, Pedro  151
Canova-Green, Marie-Claude  8
Carbonnières, Ramond de  112
Carlisle, Janice  16
Cézanne, Paul  230
Chevallier, Gabriel  211
Chinca, Mark  39
Cicero, Tullius  82 f.
Classen, Constance  16, 152

Claudius, Matthias  45, 133 f.
Condillac, Étienne Bonnot de  209
Corbin, Alain  1, 7, 15 f., 124, 136
Corrente, Giulia  6

Damian, Kate  viii
Damian, Peter  viii
Dartnell, Lewis  19
Däubler, Theodor  197 f., 201
Dauthendey, Maximilian  187
Davies, Paul C.  15, 80, 107
Dawson, Jim  15, 37, 78
De Bruyn, Ben  149
Declercq, Amandine  19
Delville, Michel  149, 253
Demokrit (Philosoph)  62, 106
Demokrit (Romanfigur)  102–104, 106
Demoor, Marysa  16
Deneke, B.  73
Di Stefano, Nicola  vii, 8, 161
Diaconu, Mădălina  vii, 1 f., 8, 17, 96, 161, 218
Dilherr, Johann Michael  57
Dionysius Areopagita  45
Dioscorides, Pedanios  123
Dräger, Paul  34–36
Drobnick, Jim  vii, ix, 218, 237, 257, 261
Drouais, Germain-Jean  135–137
Dürbeck, Gabriele  viii, 14, 18, 65, 164, 206, 218 f., 262

Ehrenpreis, Irvin  109
Ehrenstein, Albert  199
Eichendorff, Joseph von  154–158
Elsner, Margaret Day  70, 72, 257
Emmerich, Wolfgang  221, 224
Epikur  62
Eschenbach, Wolfram von  27–30, 235–237
Esenbeck, Nees von  209
Euripides  36 f.

Fasbender, Christoph  104
Faulkner, William  231 f.
Felix, Marcus Minucius  82 f., 150

Fénelon, François de Salignac de la Mothe 104 f., 152
Fick, Monika   1, 184, 191
Finsterlin, Hermann   192 f.
Fleischbein, Johann Friedrich von   117
Flex, Walter   212
Forster, Jakob   106
Freitag, Klaus   32 f.
Frick, Werner   71, 80, 96
Friedman, Emily C.   16, 146
Fuchs, Gotthard   1, 184

Galen   60
Gehrke, Manfred   71
Gellert, Christian Fürchtegott   94 f.
Glaser, Hermann   219, 221, 229
Goethe, Johann Wolfgang   1, 7, 13 f., 95, 111, 114, 134–148, 164, 167, 169, 178, 242, 258
Goll, Iwan   196 f.
Görner, Rüdiger   8, 15, 258, 262
Graham, Mark   ix
Grand-Clément, Adeline   5 f., 17, 19, 31, 70, 72, 149, 190, 257
Grande, Jasmin   32
Gray, Richard T.   261
Green, Deborah A.   27, 36, 39
Greiffenberg, Catharina Regina von   49–51, 65, 161, 249
Grimmelshausen, Hans Jacob Christoph von   71–75, 80
Groß, Dominik   32
Guggenheim, Judith   257
Guggenheim, William   257
Gumbrecht, Hans Ulrich   230
Guyon, Jeanne-Marie Bouvier de La Motte   117

Habermas, Jürgen   ix–xi, 19, 263 f.
Haeckel, Ernst   248
Hagen, Joachim Heinrich   57
Haimendorf, Christoph Fürer von   56
Haller, Albrecht von   56, 81, 83–86, 88, 115
Hamanaka, Haru   14, 128
Hamann, Johann Georg   251 f.
Handke, Peter   219 f., 229–244, 246 f., 249, 254 f., 260, 262 f.
Hapgood, Susan   261
Hardenberg, Friedrich von   152 f., 161, 182, 226

Harsdörffer, Georg Philipp   53–57, 73, 96
Harvey, Susan Ashbrook   1, 16, 40, 47, 81 f.
Hasenclever, Walter   196
Hausmann, Albrecht   40
Heidegger, Martin   213, 263
Henne, Hermann   41
Henneke, Joachim   201
Herdegen, Johannes   55
Herder, Johann Gottfried   4, 6–8, 11, 138, 259
Hermes Trismegistos   25, 38, 65
Herold, Katharina   vii, viii, 16, 60, 253, 261
Hesse, Hermann   162, 188–190, 200, 226
Heuberger, Eva   2, 218
Hirsch, Alan H.   218
Hirzel, Johann Kaspar   87
Hödl, L.   73
Hoffmann, E.T.A.   158–161
Hoffmann, Paul   160, 184
Hofmannsthal, Hugo von   23, 162, 184–188
Hölty, Ludwig Christoph Heinrich   121 f., 155
Homer   32–34, 72, 98, 123–125, 127 f., 135, 143, 151, 172
Honneth, Axel   266
Horaz   37, 80, 120, 170
Horkheimer, Max   101, 104
Howes, David   16, 152
Hufeland, Christian Wilhelm   15
Huysmans, Joris-Karl   262

Jaeger, Hans   228
Jahnn, Hans Henny   162, 203 f.
Jaspers, Karl   19
Jatho-Zimmermann, Käthe   200–203, 212
Jean Paul   42 f.
Johannes vom Kreuz   117
Johansen, Thomas K.   60–62

Kafka, Franz   199 f.
Kant, Immanuel   248
Kanz, Christine   vii, 14, 18, 65, 164, 206, 218 f., 262
Keller, Gottfried   165 f., 194, 258 f.
Kemper, Hans-Georg   xi f., 1, 3 f., 10 f., 14, 24, 45, 47, 49, 51, 54 f., 57, 62, 65 f., 77, 80, 83, 86 f., 89, 96, 113, 117, 121, 195, 200, 252
Kiesel, Helmuth   210
Kift, Dagmar   201

Kimber, Ida M.   67
Kimpel, Dieter   71
Kirsch, Hans-Christian   221, 223 f.
Klaj, Johann   53 f., 56 f.
Kleist, Ewald Christian von   8, 56, 80 f., 83, 86–90, 94, 115, 121, 138
Kleist, Heinrich von   133
Klopstock, Friedrich Gottlieb   64 f., 81, 87, 89–94, 98, 109, 121, 126, 138 f., 151, 155, 182
Knox, Bernard   33
Köbele, Susanne   xi, 38, 40, 75
Koch, Manfred   1, 184
Kohl, Stephan   14, 170
Köhn, Lothar   206
Korte, Hermann   210
Kramer, Andreas   vii, 192
Krause, Frank   vii f., 14, 16 f., 32, 43, 60, 65, 75, 120, 195 f., 201 f., 211 f., 253, 261, 264

Lamoine, Georges   109
Langgässer, Elisabeth   221, 223 f., 229, 258, 263
Largier, Niklaus   xi, 38
Lasker-Schüler, Else   192
Le Guérer, Annick   15
Leeder, Karen   191
Lehmann, Wilhelm   5–8, 12, 70, 192, 201, 204–220, 224, 229, 242, 256, 260
Lehnert, Christian   224, 257
Lenz, Jakob Michael Reinhold   164
Lethen, Helmut   205
Lexer, Matthias   41
Link, Jürgen   47, 142
Loerke, Oskar   220, 229, 255

Machado, Antonio   238
Machen, Arthur   189
Malkmus, Bernhard   19, 205–207, 214–216, 218 f.
Marcuse, Herbert   259
Martens, Gunter   193
Martial   37
Martin, Alexander M.   16
Marx, Karl   262
Mateus-Berr, Ruth   2, 218
Maxwell, Catherine   5, 15 f., 149, 189
Melzer, Gerhard   220
Menninghaus, Winfried   35, 41, 260

Mertens, Volker   17
Meyfart, Johannes Matthaeus   49
Miller, Johann Martin   121
Moennighoff, Burkhard   104
Moritz, Julia   190
Moritz, Karl Philipp   95, 111–120
Muchembled, Robert   7, 16, 69

Nietzsche, Friedrich   13, 260
Novalis → Hardenberg, Friedrich von

Opitz, Martin   51–53, 145
Ovid   20, 22, 26 f., 72, 131

Paracelsus   62, 73 f.
Pasewalck, Silke   14, 190 f.
Pater, Walter   5–8, 12
Paterson, Mark W. D.   vii
Perras, Jean-Alexandre   vii f., 16, 120
Philippus Neri   142
Pichler, Georg   220
Pieper, Thomas   220
Pisano, Giusy   120
Platon   xii f., 23 f., 32, 60, 106, 161
Plautus   152
Plinius der Ältere   25
Poschmann, Marion   7, 192, 218–220, 248–255, 260–263
Posman, Sarah   16

Quast, Bruno   xi, 38, 40, 75

Raabe, Paul   200
Raabe, Wilhelm   3, 43 f., 162, 167–183, 259, 263
Reichlin, Susanne   40
Renn, Ludwig   211
Reuental, Neidhart von   41
Ribeyrol, Charlotte   5 f., 17, 19, 31, 70, 72, 149, 190, 257
Rickenbacher, Sergej   vii f.
Rilke, Rainer Maria   14, 39, 190–192, 242 f.
Rindisbacher, Hans J.   vii–x, 1, 15 f., 154, 163, 166 f., 192, 258 f., 261 f.
Robinson, Katelynn   16, 27, 60 f., 64, 78
Rosa, Hartmut   148, 216, 219, 264 f.
Rosa, Salvator   106
Rothmann, Ralf   242–249, 254 f., 260, 262 f.

Roubin, Lucienne A. 237
Rousseau, Jean-Jaques 106
Rubiner, Ludwig 196, 256
Russo, Maria Teresa vii, 8, 161

Scheffler, Hermann 190
Scheffler, Johannes 46–49, 151, 165f., 193
Schilf, Reinhard 201
Schnabel, Johann Gottfried 18, 71, 74–81, 132
Schnell, Ralf 221
Schopenhauer, Arthur 162, 179
Schröder, Simone 219, 262
Schwienhorst-Schönberger, Ludger 38
Serres, Michel 266
Shaftesbury, Anthony Ashley-Cooper, Earl of 67
Shakespeare, William 152
Shiner, Larry vii
Simmel, Georg 8
Smith, Barry C. 60
Solbach, Andreas 190
Sophokles 32–36
Spalding, Johann Joachim 87
Spinoza, Baruch 242
Sprengel, Peter 178, 182
Stadler, Ernst 192–194
Stevick, Philip 15, 80
Stifter, Adalbert 163f., 258
Stokes, Adrian 15
Stolberg, Friedrich Leopold zu 151
Straßburg, Gottfried von 236f.
Stucki, Yasuko 249
Sulzer, Johann Georg 94
Süskind, Patrick 261
Sutherland, John 15
Swann, Elizabeth L. 48
Swift, Jonathan 106–109
Synnott, Anthony 16, 152
Szarke, Margot 15, 149

Taylor, Charles 265
Teleklides 105
Tellenbach, Hubert 1, 15, 244
Tertullian 82, 149f.

Thales 53
Theokrit 20f., 127, 150
Tieck, Ludwig 160
Toner, Jerry 26, 36
Trakl, Georg 200
Treu, Martina 31
Tükel, Jale 220
Tullett, William 1, 16, 64, 72, 111, 146

Utz, Peter 14, 113

Van Dijck, Cedric 16
Vergil 20–23, 25, 28, 53, 72, 122, 124, 128, 150, 206–208, 237–239
Vicci, Raffaella 31
Vietta, Silvio x, 1, 14, 18, 195, 219, 221
Vilain, Robert 191
Vinge, Louise 17
Virgilio, Giovanni di 150
Voltaire 81, 94, 123
Voß, Johann Heinrich 5–8, 11, 102, 121–132, 134, 138, 155, 172f.
Vosicky, Lukas Marcel 2, 218

Wagner, Richard 160f., 262
Waldenfels, Bernhard 264
Waser, Heinrich 107
Weber, Sandra T. 2, 19
Weilandt, Maria viii, 261
Wenders, Wim 263
Weston, Jessie L. 30
Wicky, Érika viif., 16, 120
Wieland, Christoph Martin 95–107, 109, 111, 118–121, 258
Wilk, Elvia 45

Yeats, William Butler 249

Zimmermann, Karl 201–203
Zumbusch, Cornelia 15f., 64, 96, 114, 135f., 141, 144, 146, 242, 263
Zweig, Stefan 188

# Sachregister

Aas 202, 241
Aberglaube 77, 85
abgemodert → moderig
Abluft 252
Abwässer → Wasser
Achselgeruch 37
Adel 79
Affekt 2, 11, 31, 37, 42, 94, 135f., 139, 141f., 146, 163f., 177
Akazien 188
Alchimie 62
alchimisch 53
Alchimist 44
Allegorie 52, 56, 113, 116, 129, 131f., 150, 222
allegorisch 27, 30, 46, 56, 65, 131, 133f., 150
Allmacht 85
Aloe 29
Alpen 83–86
Amaranthenduft 132
Amber 29, 65
Ambra 3, 63, 84, 89, 130, 147
Ambrosia 20, 23, 99, 128, 132
ambrosiaduftend 126
ambrosisch 20, 98, 99, 103, 122, 124, 127
Ammoniak 145, 243
anakreontisch 89, 98
angeekelt → Ekel
animistisch 249f., 192
Animismus 249
antijüdisch 221
Antike 10f., 16–21, 23, 27, 31f., 36f., 80, 82, 98, 122f., 128, 130, 163, 171, 188, 257
antisemitisch 171
Apfel 73, 131, 166, 208, 231
Apfelblüte 127
Apokalypse 43
apokalyptisch 44, 199
Arabien 50, 99, 126
arabisch → Arabien
Arabsche → Arabien
Arkadien 22, 176, 179, 188
arkadisch 150
arme Seele 73, 78, 131

Aroma 16, 21, 29, 73, 152, 158, 180, 187, 215, 246
Aromen → Aroma
aromatisch 36, 60, 63, 172, 203, 207
Aromatherapie 257
Askese 38, 41, 119, 130, 179
asketisch 40, 220, 222
Ästhetik vii, xii, 1, 96, 136, 144, 192, 251f., 257, 261
Ästhetisierung xii, xiii, 256
Atem 43, 68, 89f., 101, 120, 122, 147, 155, 160, 162, 164, 168, 177, 185f., 199, 203, 209f., 215, 229, 243, 245, 253, 257
atmen 7f., 17, 29f., 90, 97, 101, 105, 125, 153f., 160, 167f., 182, 197, 199, 202f., 205, 201, 215, 224, 244, 254
Atmen → atmen
Äthiopien 102f., 105
Aufklärung 1, 9–11, 30f., 45f., 64, 71, 75, 80–83, 101f., 104, 113, 120, 157f., 169, 242, 246, 256f., 263, 266
Ausdünstung → Dunst
außerkirchlich 224
Autonomie 10, 12, 136, 148
autonom ix, xii, 11f., 30, 45, 80, 159, 183f., 192f., 200, 248, 256, 260, 264f.

Badewasser → Wasser
Balsam 3, 8, 20, 43, 47, 62f., 65, 68, 83, 86, 88, 104, 118, 122, 126, 130, 150, 235f.
balsamieren 56, 79, 86, 89
balsamisch 3, 63, 124, 130, 166, 172, 181
balsamt 83, 104
Barock 10f., 45–47, 49–51, 53, 55–57, 65, 70f., 77, 81f., 96, 151, 161, 166, 257
bergenden → geborgen
Bergluft 143
Biene 21f., 125, 188, 206
Bisam 50, 56, 65, 69f., 130
bebiesamte → Bisam
Biesenduft → Bisam
Biesem → Bisam
Blähung 37, 110

# Sachregister — 285

Blume 4, 26, 33, 39, 42 f., 46, 50, 54–56, 59–63, 66, 70, 82, 84, 87–90, 92–94, 97 f., 102, 115, 122, 126, 128, 130, 133, 140, 146, 153, 157, 159, 162, 166, 169, 182, 185, 189, 196, 203, 207 f., 223, 247
Bluhme → Blume
Blumenduft 24, 46, 63, 82, 129, 142, 146, 167, 183, 185
Blumengeruch → Blumenduft
Blüte 5 f., 11, 21–23, 26, 29, 39, 42, 90, 122, 125, 127, 139, 141, 151, 153, 155, 159, 167, 169, 187, 197, 207, 211 f., 222, 241, 259
Blütenduft 16, 59, 122, 126, 168
Bohne 5, 11
Botanik 123, 238
botanisch 6 f., 122, 163
Brot 130, 166, 202, 231
bürgerlich 5, 7, 9, 16, 102, 121 f., 128 f., 132, 160, 167, 259
Bukolik 10, 20, 22, 55 f., 127, 238 f.
bukolisch 5, 10, 119, 150, 205–207, 219
büßende Jungfrauen 129
Büßer 40
Buße 40, 48, 53, 57, 73
Bußritual 41

Camille 3
Ceder → Zeder
Chlor 183
Christentum 1, 10, 25 f., 36, 40, 82, 125, 149, 170, 188, 121, 224,
christlich xii, 1, 5, 7 f., 10 f., 24 f., 27, 30, 31, 37, 39–41, 45 f., 49 f., 55, 71, 73, 80, 82, 92 f., 95, 98, 104, 113, 121, 124, 130 f., 133, 138, 149 f., 152, 168, 170 f., 213, 221–225, 227, 237, 259, 262
Christus 27, 41 f., 46 f., 49 f., 56 f., 70, 73, 92, 94, 116, 118, 124, 139, 166, 124, 200, 221, 223 f., 231, 240
Christi → Christus
Christo → Christus
Citrone → Zitrone
Cyperus odoratus 123

Dämon 38, 164, 223, 241
dämonisch → Dämon
Dampf 60, 66, 84, 143, 273

Deismus 81
Desodorierung 1, 71, 80 f., 167
Diesseits 10, 24, 29, 37 f., 40–42, 45, 51, 71, 75, 133, 145, 149, 166, 190, 202, 213, 249, 266
Dill 20
Disteln 49, 197
Dornen 49
Dunst 27 f., 28, 44, 51, 61, 63, 68, 76, 78, 84, 94, 98, 105, 114, 126, 131, 142–144, 154, 164, 168, 170 f., 180, 234, 236, 250, 254
Dünste → Dunst
Dunstkreis → Dunst

Eden 91, 132
Edom 57
Einbildungskraft 11, 42, 75, 77, 97 f., 101–103, 105, 108, 116, 120, 141, 144
eingebalsamt → balsamt
Eisenkraut 52
Eiter 83
Ekel 8, 34 f., 37, 41, 68, 79, 83, 104 f., 108, 136, 171, 178, 196, 198, 200, 254, 260
Eckel → Ekel
eckle → Ekel
ekelhaft → Ekel
ekeln → Ekel
Emotion ix, xi, 2–4, 6, 8 f., 12, 14, 30 f., 64, 80, 86, 99, 108, 112, 116, 120 f., 187, 211, 216, 266
emotional → Emotion
Emotionalität → Emotion
Empfindsamkeit 7, 24, 83, 87, 94, 96, 102, 111, 113, 117, 120–122, 134, 258, 265
Empfindung 24, 35, 62, 64, 85, 90, 93, 98, 101, 103, 139, 213, 242, 260
empirisch 64, 75, 169, 173, 249
Engel 43, 80, 92, 121, 144, 176 f., 198, 200, 243, 247, 262 f.
England 1, 16, 48, 64, 72, 109, 111, 146
entkirchlicht 258
Entsagung 101, 140–142, 169, 214, 258
Epiphanie 10, 21, 98, 122, 124, 127, 138, 213, 219 f., 225, 228, 251, 266
Epoche viii, xiii, 1, 9, 11, 14 f., 64, 71, 128, 192, 256
Epochenbegriff → Epoche
Epochenbild → Epoche
Epochendarstellung → Epoche

Epochengrenzen → Epoche
Epochenkonstituierung → Epoche
Epochenwandel 7
epochenspezifisch ix, 2f., 7f., 71
epochentypisch viii, 9, 10f., 16, 41
epochenübergreifend 3
Epos 28, 30, 39, 92, 151, 236–240
Erdbeeren 188
Erdmoos 229
Erinnerung 5, 24, 34, 73, 93, 112, 117, 143, 158, 180, 183, 186–189, 192, 200f., 218, 228
erotisch 5f., 10f., 37, 89, 96, 102f., 125, 129, 158, 166, 177
Erziehung 8, 113, 153
Esau 38f., 191
Ethik 30, 92, 131, 214, 259, 264, 266
ethisch vii–xi, 2, 6, 9f., 12f., 30f., 37–39, 51, 83f., 97, 109, 118f., 121, 144, 159, 172, 196, 205, 211, 216, 231, 238, 256, 260–265
Ethos 7f., 10, 30, 36, 39, 83, 106, 168, 171–713, 224f., 234, 236, 238
Exerzitien 30, 74, 174, 213, 216, 250, 257f., 264
Exerzitium xi, 8, 70
Exkremente 107f.
Expressionismus 10–12, 17, 71, 192f., 195f., 200–202, 242, 257

faul 41f., 44, 51, 104, 108, 143, 152, 179, 198, 241, 253
Fäulnis 34, 41, 141, 234, 243
Fegefeuer 71, 73–75, 77f.
Fett 64, 84, 141, 225
Feuer 3, 29, 49, 52, 63f., 73, 178, 198, 244–246
Firnis (s.a. Ölgeruch) 167
Flieder 3, 155f., 167, 187, 197
Flockenblumen 208
Flos Africanus 63
Frankreich 69
französisch viii, 13, 16, 76, 92, 117, 128,171, 174, 261
Franzose 231
Freiheit 9, 90, 127, 136, 195, 216
Freundschaft 11, 55, 82, 114, 121, 139, 158, 211, 233, 243
Frömmigkeit 7, 17, 40, 70, 80, 93, 112f., 142, 221, 224, 258

Frühaufklärung 3, 42, 62, 65f., 80, 83, 120–122, 131, 260
frühe Neuzeit 1, 3, 11, 14, 16, 24, 47, 62, 77, 87, 96, 113, 256
Frühling 8, 21, 43f., 82, 86–92, 97, 101, 111, 121f., 124, 128, 133, 155f., 167, 186, 202
Frühlingsduft 6, 90, 92, 126, 155
Frühlingsdüfte → Frühlingsduft
Frühromantik 1, 14

Gabriel 92
Galgan 123f.
Galgant 123
Garten 3, 5, 8, 15, 18, 39, 70, 88, 97f., 101, 105, 122, 125, 127, 128, 143, 145f., 153–156, 159, 162, 172, 177, 179, 182, 186f., 189, 200, 212, 218, 234f., 238f., 241, 249, 251f.
Gattung 20, 55, 239, 260
Gebet 37f., 62, 80, 116, 140, 145, 152, 257
geboren 113f., 128, 170, 226
Geborgensein → geboren
Gedüft 23, 125, 128, 130, 171
Gefühl 6, 11, 24, 31, 38, 42, 45, 60, 64f., 67, 87f., 90, 94, 103, 113, 128, 146, 169, 181, 184, 186, 202f., 205, 211, 213, 243, 253, 266
Gegenaufklärung 246
Gehirn 59, 61, 63f.
Geißblatt 124, 207, 231
Geister 52f., 62, 67, 73, 75, 77, 96, 131, 144, 158, 163, 214, 266
Genie 10, 121, 139, 256
Geruchsekel 8, 37, 79, 104, 108, 136, 200
Gewässer → Wasser
Gewürze 26, 29, 63
Gott 3–5, 10, 20, 24–30, 33, 36–42, 45–53, 56f., 59, 61, 64f., 67–70, 72–75, 80, 82, 84–89, 92, 94–96, 110, 115–118, 121f., 125, 133f., 138f., 141, 145, 147, 149f., 157, 161, 163, 165f., 170, 173, 176f., 191, 197f., 202f., 208, 213, 221, 223–225, 231, 242, 252, 256f., 266
Götter 12, 18–21, 23f., 27, 33–35, 57, 99, 103, 105, 124, 128, 130, 149f., 170f., 199, 206, 227
Göttinger Hain 7, 11, 94, 121f., 131, 134, 151, 155

Hagedorn 206
Harz 65, 128, 180, 206, 245, 251–253

## Sachregister

harzig   208, 228, 250
Hecken   4, 87, 97, 206
Hederich   206
Heiliger Geist   203
Herbst   200, 208
hermetisch   25, 38, 65
heterodox   x, 10, 45, 92,
Heterodoxien   266
Heu   3, 131, 243
Hexe   52, 74, 131
Himbeerstrauch   229
Hiob   38, 42
Hoffnung   71 f., 129, 140, 174, 218
höfisch   8, 27, 29 f., 39 f., 236, 238, 240
Hölle   28, 30, 48, 79, 113, 118, 144
Holunder   167, 200, 206
homerisch   23, 99, 123, 128 f., 188, 238 f.
Honig   20 – 23, 25, 59, 188
Humanismus   46, 51, 53, 57, 70 f., 82
Hund   69, 82, 99, 111, 163, 181, 190 – 192, 198, 226, 245
Hundedreck → Kot
Hyazinthe   62 f., 102, 126, 128, 133
Hyacinthe → Hyazinthe
Hyazinthenduft   63
Hygiene   vii – ix, 15 f., 261
hygienisch   viii f., 1, 16, 71, 78, 124, 136, 138

Idumen   66
Idylle   5, 10, 20 f., 42, 44, 121 f., 124 – 131, 133, 172 f., 180
imaginär   71, 99, 148, 152, 161, 201
Imagination   19, 48, 184, 200
imaginativ   8, 11, 31, 46, 49, 98, 101, 108, 139, 161, 166, 187, 239
imaginieren   46, 48 – 50, 88, 93, 105, 116 f., 133, 149, 151, 167, 187, 202 f., 208, 221
Inspiration   12, 87 f., 90, 93, 138, 154 f., 162, 177, 231 f., 263
Inspirationstopos   13
Ironie   43 f., 97, 111, 113, 146, 160, 162, 165, 171, 194
ironisch   3, 13, 81, 104, 126, 129 f., 141, 143, 166, 170 f., 175, 177, 179, 183, 238 f.
ironisieren   9, 42, 44, 57, 98, 102, 112 f., 164, 171, 179, 194

Isaak   38 f.
Italien   142, 146

Jakob   38 f., 48, 191
Jenseits   24, 75, 83, 85, 220, 250, 266
Jesus   47
Jude   170 f., 224
Judentum   27, 39, 169
Judenviertel   168, 170
Jüdin   170
jüdisch   44, 167 f., 171

Kadaver   212
Kardamon   29
Kastanienblütenduft   187
Katholik   76, 170
katholisch   77, 165, 170 f., 221, 224, 247
Katze   50, 69, 135, 141 f.
Kirche   148, 165, 170, 188, 221, 229, 247
Kirchenlied   213
kirchlich   70, 77, 151, 224
Knaster   126
Kölnisch Wasser   177
Komik   101, 128, 162, 181
komisch   100, 109, 198
Konfession   80, 125
konfessionell   170, 221, 258
Konfessionskritik   10, 31, 165
konfessionskritisch   10, 80
Konservatismus   266
Kontingenz   71, 96, 174, 250, 252, 254, 263 f.
Korn   255
Kot   69, 178, 199, 211, 233, 245, 259
Kräuter   6, 20, 29, 52, 56, 70, 75, 84, 86, 112, 123, 130, 150, 166, 208
Kraut   52, 63
Kreuz   72
Kreuzigung   92
Kult   xi, 5, 18 f., 36 f., 80 f., 97, 100 f., 133 f., 184, 188, 214
kultisch   xii, xiii, 1, 3, 5, 10, 12, 14, 18, 20 f., 23 – 26, 30 f., 33, 36 f., 45, 65, 69, 81, 83, 85 f., 101, 114 f., 122, 125, 130, 141, 146, 171, 184, 192, 208, 210, 213, 216 f., 221, 224, 240, 260, 263
Kultstätte   114, 128, 221 f.

Kunst 7, 10, 22, 24, 55, 74, 85, 97, 118, 136, 141, 143, 149, 160, 190, 248f., 259, 264f.
Kypeiros 123

Lab 20
Laub 4f., 90, 97, 124f., 235
Lebensblütengeruch → Blütenduft
Leberblümchen 128
Leiche 31–33, 72, 76–79, 107, 123, 160, 172, 174, 196, 199, 211, 212, 246
Leichnam → Leiche
Leichengeruch 16, 75f., 79f.
Lemmon → Zitrone
Lenz 90f., 126, 154, 156, 164, 247
Liebe 4, 7–9, 11, 13, 23f., 26f., 39, 45–49, 52–57, 67f., 71, 79, 82f., 85f., 88–94, 97, 100–103, 106, 111, 116, 118, 121f., 124, 127–130, 132–134, 138–140, 142, 146f., 150, 153f., 157, 159–164, 167, 176, 185–187, 196, 200, 203, 213, 222f., 227, 233–237, 242f., 247, 256, 258, 262
Liebesethik 30, 131, 259
liebesethisch ix, 10, 51, 83, 118f., 121, 159
Lilie 47, 49, 68, 82, 102, 124, 176f., 212
Linde 29, 93, 237
Locke 36, 103, 108
Lohe 52, 187
Lorbeer 20, 97
Lupinen 203
Lyrik 1, 3, 23f., 45, 47, 53, 62, 70, 77, 80f., 83, 87, 96, 113, 120–122, 125, 154, 162, 193, 196, 210, 220–222, 224f., 249f., 252, 257
lyrisch → Lyrik

Mädesüß 206f.
Magie 27, 29, 38, 44, 51–53, 72–75, 79, 121, 131, 145, 154, 158, 234f., 254
magisch xii, 10, 19, 29, 33, 46, 52, 72, 110, 131, 141, 152f., 158f., 161, 182, 184, 189, 208, 210, 232, 235, 248, 265
Maiglöckchen 63
Mandel 187
Märtyrer 220
Matthäus 176f., 179
Medizin 15f., 25, 61, 173
Metaphysik 14, 25, 50, 96, 206, 213, 219, 246, 249, 256

metaphysisch xii, 25, 84, 91, 96–98, 101, 105f., 115f., 119, 162, 179, 195f., 213, 219, 244f., 249, 256, 258
Mist 41f., 203
Mittelalter 10f., 16, 18, 27, 31, 37–39, 61, 73, 75, 120, 237, 256
Moder 168, 172, 178
Moderduft 32, 131, 169
Modergeruch → Moderduft
moderig 76f., 182
Moderne 1, 10f., 14–17, 30, 149, 190, 192, 202, 219, 238, 256f., 264–266
Moral 138, 184, 258, 260, 265
Moschus 147, 206
Most 59
Mundgeruch 38, 152
Musik 100, 113, 118, 149, 159, 189f., 196, 199f., 213
Muskathyacinthe 126
Muskatnüsse 29
Myrrhe 63, 65, 172, 240
Myrte 20, 97, 100, 131, 167
Myrthe → Myrte
Mystik 38, 45–47, 49–51, 70, 77, 96, 117, 151, 161, 166, 245, 249
Mythos 19–23, 25, 27f., 31, 37, 44, 113, 124, 149f., 222f., 250

Narde 28
Narzissen 50, 128
Nase 4, 13, 61, 64, 66, 69, 72, 76, 83, 97, 102–105, 119, 124, 139, 150, 152, 163, 165, 170, 172f., 175, 180–183, 190, 196, 214, 236, 241, 266
Naturalismus 149, 248
Naturbegriff 18, 118
Naturbeherrschung 71
naturfromm 10, 12, 20, 30, 86, 121f., 125, 138, 165, 173, 194, 206, 212
Naturnachahmung 56, 192
Naturparadies → Paradies
Naturrecht 71
Nektar 20–23, 63, 99–4101, 132
Nectar → Nektar
Nelken 81, 166
neoanimistisch 249
Neologie 87

Nerven 63 f.
neuheidnisch 70, 213, 257
Nüsse 233

Obst 39, 52
Odem 90, 124, 203, 253
Offenbarung 45 f., 88, 133, 155, 195, 221, 223, 243
Öl 36, 65, 97
Ölgeruch 144
Opfer 6, 20, 23, 26, 34 – 37, 41, 48, 70, 150, 171, 202, 208
Opferstätte 222, 225
Orangenblätter 140
orthodox 92, 96, 133, 151
Orthodoxie → orthodox

pagan 26, 129, 150, 207, 228
panentheistisch xii, 51, 55, 86, 250
pantheistisch 86, 138, 148
Papst 40
paracelsisch 62
Paradies 12, 28, 30, 39, 49, 103, 105, 119, 121 f., 127, 132, 189, 192, 253
paradiesisch 28, 72, 92, 249
Parfüm 16, 107, 113, 120, 146, 152, 203, 241, 251, 261
parfümiert 6, 8, 15, 36, 57
parfumé → parfümiert
parfumirt → parfümiert
Paulus 27, 49, 151
Pech 48, 78 f.
Pegnitz-Schäfer 45, 53 – 58, 73, 82, 96
Petrus 125
Pfeife 126, 172
Pferdeäpfel 103 – 105
Pfingstkuchengeruch 162
Pfirsch 103
Pflanze 6, 19, 22, 26, 28, 30, 65, 75, 117, 123, 128, 154, 206 f., 218
Pilz 219, 225, 232 – 246, 254
platonisch 24 f., 97, 99, 101, 106
Platonisme 96
postmodern 8
Post-Modernismus 264
Priapus 239
Priester 5, 77, 188, 266

Primeln 128, 212
Problemgeschichte 14, 195, 264
Prophet 23
protestantisch 76
Pulver 77 f., 174

Quendel 20

Rainfarn 206
Rauch 60, 62, 83, 85, 88, 127, 129, 143, 174, 229, 244, 252
Rauchopfer 34, 208
Rauchwerk 23
Rauschbeere 229
Realismus 9 – 11, 13 f., 16, 31, 43, 162 – 165, 167, 169 f., 258 f.
Recht vii, 32, 71, 99, 117, 140, 161, 172, 176, 216, 262, 265
Religion 1, 5, 10, 14, 45, 92, 94, 96, 109, 113, 148 f., 256, 258, 262 f., 265 f.
Reseda 124
Riechfläschchen 1, 145 f.
Ringelblume 54
Ritter 28 f., 31, 39, 75, 237 f., 240
ritterlich → Ritter
Ritus 33, 38, 112, 184, 220
rituell 19, 20, 22, 30 f., 47, 56, 94, 112, 116, 126, 133, 150, 202, 208, 250, 257, 262
Romantik 10 – 12, 23, 109, 120, 131, 148, 152, 154 f., 158, 160 f., 226, 242, 254, 256, 260, 265
Rose 4, 6, 28, 46, 49, 62, 65, 68, 86, 89, 91 f., 97, 103, 116, 119, 158, 160, 162, 166 f., 187, 199, 209, 214, 221 – 223
Rosenduft 43, 61, 67, 129, 158, 244
Rosmarinzweige 164
Rübezal 52

Säkularisierung x-xiii, 10, 13, 38 f., 71, 75, 247, 256
sakral 6 f., 9, 11 – 13, 18 – 20, 23 – 25, 27 f., 30 f., 33, 35 – 37, 39, 42, 45 f., 51, 53, 55, 57, 69 f., 80, 91, 98, 100 f., 114 f., 118, 124 f., 133, 138, 144, 148 f., 151, 160, 164 f., 167, 170, 173, 183 f., 196 – 198, 200, 210, 213, 220, 227, 229 f., 238, 249 f., 252, 260, 262 f., 265 f.
Sakralbereich 19, 94, 169, 213, 224, 249

Sakralisierung xii, 25, 30, 67, 141, 195, 229, 250, 264
Salbe 23, 26, 28, 47, 56, 97, 100, 102, 107, 150
Salböl 26
Satire 13, 15, 37, 79f., 104f., 107, 109, 152
satirisch → Satire
Scheidewasser 114
Schöpfer 8, 45f., 60, 66f., 70, 74, 84-86, 115, 145, 151, 196, 256
Schöpfung 3, 10, 46f., 57, 65, 67f., 74, 80, 86f., 145, 157, 182, 185, 211, 241, 256
Schuppenmiere 207
Schwärmer 94, 98, 106, 111, 119, 192
Schwarzkiefer 249f.
Schwefel 52f., 56, 78f., 84, 143
Schweine 72, 177, 199
Schweinestallgeruch 179
Schweissgeruch 202
Seele 5, 23f., 38, 46f., 49, 51-55, 57, 60, 62, 67, 73f., 76-78, 83, 91, 93, 96-98, 100, 105, 110, 112, 114, 118, 127, 138, 145, 163f., 190, 195, 198, 201, 203, 207, 220, 243-245
Seidelbast 206
Seidelbastsüß 207
Selbstaktualisierung 262
Selbstbehauptung 19, 75, 80, 199, 205, 259
Selbstbewusstsein 116, 206
Selbstvergottung 166
Selbstverneinung 112
Sexualität 235
sexuell 4, 7f., 11, 37, 52, 71f., 94, 99, 147, 235-237, 244, 246, 258
Socke 178, 253
Spezereien 26, 29, 66, 68, 144f.
Specerey → Spezereien
Sprachmagie x, 10, 13, 24, 30, 216, 225, 229, 249, 252, 254, 258
sprachmagisch xiif., 195, 229, 231, 246, 248, 250f., 260, 264, 266
Stearin 183
Stinkmorchel 235, 237, 240f.
Studentenblume 63
Sturm und Drang 1, 3f., 6f., 10f., 13f., 45, 51, 54f., 57, 80, 83, 86, 89, 94, 121, 128, 131f., 134, 252, 256, 265
Sublimation 259
Sünde 40f., 51, 73, 48, 92, 144, 222

sündenfrei 127
Sündengestank 27
Sündenzeichen 170, 177
Sünder 40, 48, 77f. 148
süß 20-23, 28, 36, 38f., 41, 56, 63, 70, 83, 87, 90, 92, 99, 100f., 103, 116, 121, 124, 126, 128, 130, 132f., 153, 158-160, 164, 166f., 176, 185f., 188f., 193, 203, 221, 259
Süße → süß
süss → süß
Süßholzhaine 220
Süßigkeit 203
Symbol 20f., 47, 49, 88, 90, 120, 138, 141, 145, 147, 151, 153, 167, 169f., 175, 177, 179, 188, 198, 202, 209, 212, 222f.
symbolisch 9, 11, 18, 27, 40, 55-57, 70, 72f., 84, 126, 142, 145f., 148, 162, 169, 174, 176, 183, 196, 203, 220, 222f., 227, 235, 257
Symbolismus 7, 12, 23, 149, 160, 183f., 190, 192f., 242, 258, 260
Synästhesie 6, 16f., 20, 120, 148-152, 157, 160-162, 189f., 203f.
synästhetisch 11, 118, 129, 149, 151f., 159, 189f., 192, 203, 244

Tabak 126, 131, 168
Tampf → Dampf
Tazett' 126
Teich 175f., 179, 186, 198
Theriak 29
Thymian 20-23, 25, 108, 188
Thyme → Thymian
Tiere 12, 19, 26, 30, 107, 131, 141, 143, 180f., 191, 196-198, 201, 212, 243f., 253
Tod 4, 41, 43, 49, 56f., 72, 92-94, 111, 125, 130f., 133, 135f., 145, 168f., 178, 198-200, 202, 210, 212f., 222, 243, 245, 257, 262, 266
Tokajer 62f.
transzendent 24f., 57, 85, 148, 195, 223, 249f.
transzendental 162, 248
Trüffel 233
Tugend 48, 71, 85, 87f., 98f., 118, 121, 129, 134, 140
Tulpen 128, 160
Tulipanen → Tulpen

übel 4, 27, 34f., 77, 102, 170, 236

übelduftend 176
übelriechend 27f., 43, 76, 80, 215
Unflat 175
unsublimiert 259–261
Urin 108

Veilchen 89, 196
Veilgen → Veilchen
vermodert → moderig
Vernunft 10, 13, 26, 38, 45, 65, 67, 74, 85, 94, 109, 113, 133, 136, 140, 143, 204, 248, 258–260, 263f., 266
Verwesung 92, 131, 168, 174, 209f., 246
Violen 49, 59
Vitalismus 193, 204, 214
vitalistische → Vitalismus
Vitriolgeruch 165

Wachholder 52
Wahrheit 85, 119, 146, 177f., 203, 245, 247, 252
Wald 93, 124, 138, 151, 158f., 172, 185, 196–199, 201, 226f., 233, 240, 245, 249f.
Wässer → Wasser
Wasser 23f., 28, 43, 47, 49, 51–53, 60, 65, 90, 97, 104, 109, 125, 143, 145f., 173f., 197, 212, 223, 227, 255
Wasserkünste 156
Wasserlachen → Wasser
Wasserstoffgas 209
Wassertümpel → Wasser
Weide 144
Weiheguss 34
Weihrauch 6, 26, 30, 48, 53, 65, 85, 94, 113, 116, 126, 162, 165, 172, 188, 202, 208, 240

Weihrauchfaß → Weihrauch
Weihrauchkästchen → Weihrauch
Weihrauchopfer → Weihrauch
Weihrauchschalen → Weihrauch
Weyherauch → Weihrauch
Weyrauch → Weihrauch
Weißdorn 5
Weltbild 18f., 31, 182, 245
Weltekel 41, 199
Wildnis 18, 172
Wissenschaft 64, 91, 106, 108, 123, 147, 171, 173, 182
Wollstrumpf → Socke
Wollust 8, 83, 86, 87, 89f., 99, 102–105, 122
wollüstig → Wollust
Wunde 27–29, 47, 66, 80, 107, 135, 141, 174, 176f., 236, 266
Wundgeruch 35

Yugen 251

Zeder 21, 92, 97, 116
Zedernholzkiste → Zeder
Zentifolien 212
Zimt 47, 60, 81, 220
Zimmet → Zimt
Zimmet-Öl → Zimt
Zimmet-Rinden → Zimt
Zimmetrohre → Zimt
Zitrone 63, 72, 101, 103, 107, 206
Ziteronenschällen → Zitrone
Zitronenbäume → Zitrone
Zitronenduft → Zitrone
Zweifel 15, 92, 169, 221

www.ingramcontent.com/pod-product-compliance
Lightning Source LLC
Chambersburg PA
CBHW061707300426
44115CB00014B/2587